U0639676

权威・前沿・原创

皮书系列为
"十二五""十三五"国家重点图书出版规划项目

河北经济蓝皮书

BLUE BOOK OF
HEBEI ECONOMY

河北省经济发展报告
（2017）

ANNUAL REPORT ON ECONOMIC DEVELOPMENT
IN HEBEI (2017)

率先突破与京津冀协同发展

张 贵 吕荣杰 金 浩等／著

社会科学文献出版社
SOCIAL SCIENCES ACADEMIC PRESS (CHINA)

图书在版编目（CIP）数据

河北省经济发展报告. 2017：率先突破与京津冀协
同发展 / 张贵等著. －－北京：社会科学文献出版社，
2017. 12
　　（河北经济蓝皮书）
　　ISBN 978 - 7 - 5201 - 1991 - 7

　Ⅰ. ①河… 　Ⅱ. ①张… 　Ⅲ. ①区域经济发展 - 研究报
告 - 河北 - 2017②区域经济发展 - 协调发展 - 研究报告 -
华北地区 - 2017　Ⅳ. ①F127. 22②F127. 2

　中国版本图书馆 CIP 数据核字（2017）第 314564 号

河北经济蓝皮书

河北省经济发展报告（2017）
——率先突破与京津冀协同发展

著　　者 / 张　贵　吕荣杰　金　浩 等

出 版 人 / 谢寿光
项目统筹 / 恽　薇　高　雁
责任编辑 / 孔庆梅　王蓓遥

出　　版 / 社会科学文献出版社·经济与管理分社（010）59367226
　　　　　　地址：北京市北三环中路甲 29 号院华龙大厦　邮编：100029
　　　　　　网址：www. ssap. com. cn
发　　行 / 市场营销中心（010）59367081　59367018
印　　装 / 北京季蜂印刷有限公司

规　　格 / 开　本：787mm × 1092mm　1/16
　　　　　　印　张：23.25　字　数：351 千字
版　　次 / 2017 年 12 月第 1 版　2017 年 12 月第 1 次印刷
书　　号 / ISBN 978 - 7 - 5201 - 1991 - 7
定　　价 / 98.00 元

皮书序列号 / PSN B - 2014 - 380 - 1/1

本书如有印装质量问题，请与读者服务中心（010 -59367028）联系

▲▲ 版权所有 翻印必究

《河北省经济发展报告——率先突破与京津冀协同发展 (2017)》是河北省高等学校人文社会科学重点研究基地"河北工业大学区域治理协同创新中心"的标志性成果，获得基地资助。研究中心前期相继出版了《河北省经济发展报告——新型城镇化的路径选择与运行模式 (2014)》《河北省经济发展报告——津冀协同发展与河北战略 (2015)》《河北省经济发展报告——新常态与京津冀协同发展 (2016)》。

同时，本书也是 2017 年度河北省社会科学基金委托项目，也是国家社科基金重点项目"基于竞争优势转型的我国产业创新生态系统理论、机制与对策研究"（14AJY006）、河北省科技计划项目"基于生态视角的京津冀协同创新共同体建设及河北省对策"（174576162D）、天津市科技发展战略研究计划项目"推进天津市创新生态系统建设的机制与模式研究"（16ZLZXZF00340）、河北省教育厅人文社会科学研究重大课题攻关项目"京津冀协同发展的区域治理机制、体系与对策研究"（ZD201410）、河北省社会科学基金项目"京津冀协同创新发展背景下河北省以创新引领产业转型升级对策研究"（HB16YJ004）的阶段性研究成果。本书还得到河北省软科学基地——河北工业大学京津冀发展研究中心的支持。

河北经济蓝皮书编委会

马树强　河北工业大学京津冀发展研究中心教授、博导、河北经济蓝皮书编委会主任

刘　兵　河北工业大学京津冀发展研究中心主任、副校长、教授、博导

张　贵　河北工业大学京津冀发展研究中心执行主任、教授、博导

孙久文　中国人民大学区域与城市经济研究所所长、教授、博导

沈体雁　北京大学首都发展研究院副院长、教授、博导

周立群　南开大学滨海开发研究院常务副院长、教授、博导

李家祥　天津师范大学滨海新区经济社会发展研究中心主任、教授、博导

武义青　河北经贸大学副校长、教授、博导

祝尔娟　首都经贸大学北京经济社会发展研究所教授、博导

吕荣杰　河北工业大学经管学院院长、教授、博导

陈鸿雁　河北工业大学宣传部部长、教授

李子彪　河北工业大学文法学院院长、教授、博导

梁慧超　河北工业大学马克思主义学院党委书记、教授

任　亮　河北北方学院副院长、教授、博导

金　浩　河北工业大学经济管理学院教授、博导

王彦林　河北工程大学经管学院院长、教授

李　峰　河北工业大学经管学院副教授

张　超　河北工业大学经管学院副教授

主要编撰者简介

张 贵 河北工业大学京津冀发展研究中心执行主任、教授、博士研究生导师，英国和澳大利亚的访问学者，河北省政府特殊津贴专家、河北省推进京津冀协同发展专家咨询委员会专家委员，中国工业经济学会工业发展专业委员会副主任，中国经济地理学会常务理事，北京城市管理学会副会长，河北省民营科技实业家协会副会长，天津经济学会副会长，河北省政协咨询委员会委员，河北省专家咨询服务协会常务理事，北京市哲学社会科学京津冀协同发展研究基地学术委员会委员，天津发展战略咨询专家，南开大学特约研究员，河北中青年社科专家五十人工程人选，河北省百名优秀创新人才支持计划人选等。研究方向：京津冀区域经济、新型城镇化、战略性新兴产业。在《经济研究》《中国工业经济》等刊物上发表重要学术论文 50 余篇，出版了《高新技术产业成长》《创新驱动与高新技术产业发展》等 10 部学术著作；主持国家社会科学基金项目 3 项，参与国家重大项目和教育部重大攻关项目 4 项，主持完成省部级以上项目 20 多项；获天津市第十四届社科优秀成果一等奖（2016 年）、第七届高等学校科学研究优秀成果二等奖（集体）（2015）以及其他省市级以上学术成果奖 5 项。

马树强 河北工业大学京津冀发展研究中心教授、博士生导师，河北省有突出贡献中青年专家、省管优秀专家。曾获全国普通高校优秀思想政治工作者称号，享受省级劳动模范待遇。研究方向：区域经济学、京津冀地区经济。近年来，主持完成了多项省部级以及委办局科研课题，在《光明日报》《经济日报》《中国高等教育》《中国监察》《学术研究》《理论前沿》等报刊发表论文；主持高等教育教学研究项目 2 项，获国家优秀教学成果二等奖，河北省一等奖、三等奖；主持调研课题获河北省决策科学研究优秀成果一等奖；主编的《托起彩虹的年轻人》一书，由原国务院副总理李岚清亲笔题写书名，被评为河北省社会主义精神文明优秀教材一等奖。

刘　兵　河北工业大学副校长、京津冀发展研究中心主任、教授、博士生导师，河北省高等教育学会常务理事。2003 年被批准为河北省新世纪"三三三人才工程"二层次人选，2006 年被评为河北省"十大杰出青年教师"，2009 年被评为河北省社会科学优秀青年专家，2009 年入选教育部"新世纪优秀人才支持计划"，2010 年被评为河北省有突出贡献中青年专家。研究方向：组织行为与人力资源管理、企业理论、人才学。在《系统工程理论与实践》《系统工程学报》《中国软科学》等重要期刊及国际会议上发表论文 60 余篇，其中 EI、CSSCI 检索 20 余篇，出版《区域人才聚集系统演化理论与实证研究》《企业经营者激励制约理论与实务》《企业人力资源管理外包理论与方法》3 部专著，主持国家自然科学基金、国家软科学等项目 20 余项，获得国家级教学成果二等奖 1 项，天津市级教学成果一等奖 1 项，河北省和天津市社会科学优秀成果二等奖 2 项，三等奖 2 项。

武义青　河北经贸大学副校长、研究员、中国人民大学博士生导师，全国经济复杂性跨学科研究会副理事长，河北经贸大学京津冀协同发展联合创新中心副主任，中共河北省委、省政府决策咨询委员会委员，河北省政府参事，河北省政协常委。研究方向涉及区域经济、产业经济、数量经济等领域。主持完成国家和省部级课题多项，发表学术论文百余篇，出版学术著作多部，获省部级奖励多项。曾获全国优秀科技工作者称号及河北省青年科技奖。

吕荣杰　河北工业大学经济管理学院院长、教授、博士生导师，京津冀发展研究中心副主任。目前担任河北省精品课程"管理学原理"负责人，中国管理现代化研究会理事，全国普通高校经济管理院（系）协作会副理事长，河北省行政管理体制改革与机构编制专家库专家，天津市管理学会常务理事，天津市科技发展战略智库专家，天津市企业联合会、企业家协会理事，河北省商业经济学会副会长。研究方向：组织行为与人力资源管理、公司治理、技术转移。主持河北省自然科学基金项目 2 项、河北省交通厅项目 2 项、河北省科技厅项目 5 项，参与国家自然科学基金项目多项，获得河北省社会科学优秀成果奖 2 项，天津市社会科学优秀成果二等奖 2 项、三等奖 1 项。以第一作者在国内外重要期刊发表学术论文 40 余篇；著有《基于 CAS 理论的复杂公司治理系统》等学术专著，授权发明专利 1 项。

李子彪　河北工业大学人文与法律学院院长、教授、博士研究生导师，京津冀发展研究中心副主任，荷兰马斯特里赫特大学公派访问学者，河北省首批青年拔尖人才，河北省宣传文化系统"四个一批"人才，天津青年"创新创业创优"先进个人，河北省"三三三人才工程"第三层次人选、获评河北省优秀创新创业导师、天津市高校众创空间联盟创新创业导师，入选河北省教育厅百名优秀创新人才支持计划，兼任河北省普通本科高校创业教育专家指导委员会委员、河北省科技发展战略与创新管理软科学研究基地客座研究员、中国科学技术指标研究会常务理事、河北省投入产出协会副理事长、河北省统计学会常务理事兼副秘书长。主要从事技术创新管理与科技政策设计、创业管理等方面的研究，博士学位论文为河北省优秀博士学位论文，主持承担国家自然科学基金、教育部人文社科基金、科技部科技评估与统计专项、中国科协委托课题、河北省自然科学基金、河北省科技计划项目及各类厅局级课题和大型企业委托项目 30 余项，部分成果被科技部、中国生物技术发展中心、河北省科技厅等有关部门采用，获得河北省社科二等奖 2 项、三等奖 1 项，出版专著 4 部，发表各类论文 30 余篇。

梁慧超　河北工业大学马克思主义学院党委书记、教授，京津冀发展研究中心副主任，兼任河北省研究生教育指导委员会哲教思政分委员会委员，北京高校中国特色社会主义理论研究协同创新中心（北京工业大学）学术委员会委员、责任教授。主要从事思想政治教育、区域经济和产业经济方面的相关教学和研究工作。近几年主持并完成省（市）和厅级社科课题 5 项、参与国家和省级社科课题 8 项，发表学术论文 30 余篇，其中核心期刊 16 篇，《中国教育报》发表署名文章 1 篇，获得天津市社会科学优秀成果三等奖 1 项、天津市优秀调研成果三等奖 1 项、天津市教卫系统优秀调研成果二等奖 1 项。

摘　要

时至今日，京津冀协同发展战略演进存在三大标志性节点：一是2014年2月26日，习近平总书记首次提出京津冀协同发展战略，京津冀协同发展作为国家战略自此进入实质推进阶段；二是2015年4月30日，中央政治局审议通过《京津冀协同发展规划纲要》，标志着京津冀协同发展顶层设计已经完成，协同发展进入全面推进、重点突破的重要阶段；三是2017年4月1日，河北雄安新区正式设立，标志着当前京津冀协同一体化步入了一个全新的历史发展阶段。

站在中国特色社会主义新时代的历史起点上，有必要对京津冀协同发展战略的实施效果进行全面评估和总结。有鉴于此，本书在进行广泛调研和专家咨询的基础上，综合考虑了京津冀三地的实际情况和发展方向，对协同发展阶段性进展及未来发展思路进行了全方位解读。全书由总报告、分报告和专题报告等三部分组成，共13篇研究报告。

总报告构建了京津冀协同发展指数评价体系，评估并对比了北京、天津、河北三地在创新协同发展、产业协同发展、交通协同发展、生态协同发展、公共服务协同发展和市场协同发展6个领域近10年间的进展与不足。从地区角度来看，京津冀三地的协同发展综合指数整体呈逐年上升趋势，并且增长速度相对平稳，这表明京津冀协同发展形势稳定并且战略实施已经取得了成效，然而，也应看到：天津、河北两地在协同发展指标得分上面远远落后于北京，并且天津、河北与北京的差距并未缩小，部分时期的差距甚至在逐渐拉大。一方面，由于天津、河北地区的资源禀赋在一开始便落后于北京，"输在了起跑线上"；另一方面，由于当前各地对于协同发展战略存在着执行缺陷，北京地区对于天津和河北的辐射带动效应不足。地区之间差异

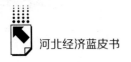

难以缩小的问题将是今后京津冀协同发展中值得注意与反思的问题。根据《京津冀协同发展规划纲要》，京津冀协同发展的近期目标是在产业、交通、生态三大重点领域率先取得突破。2014～2016年的三年间，在产业一体化方面，京津冀三地差异化的功能定位进一步明确，产业链对接延伸初见成效，优势互补的产业体系建设步入良性发展轨道；在交通一体化方面，《京津冀协同发展交通一体化规划》率先发布，区域交通网络正由"单中心放射状"格局向"四纵四横一环"的网络化格局转变；在生态一体化方面，通过多部门联动，京津冀三地联合出台了诸如《关于引滦入津上下游横向生态补偿实施方案》《京津冀协同发展生态环境保护规划》《京津冀区域环境保护率先突破合作框架协议》《共同推进京津冀协同发展林业生态率先突破框架协议》等多项政策，并在工业能耗、节能减排、大气治理城市生态系统还原等多个方面取得突破进展。

为加快京津冀协同发展的步伐，中共中央决定在河北省设立雄安新区。一方面，作为京津冀协同发展的关键布局，雄安新区将成为北京非首都功能的集中承载地，并作为一个反磁力中心，减弱北京对资源要素的强大吸引力，有效缓解北京的大城市病；另一方面，还将带动雄安周边乃至整个河北发展，解决区域经济失衡问题。可以说雄安新区的设立盘活了京津冀协同发展的一盘棋。然而，如果只注意到非首都功能疏解的集中承载地，而忽视这里是新发展理念的创新发展示范区，就看不到雄安新区设计初衷的根本所在。雄安新区的设立绝不只是为了服务京津冀，它更长远的战略意义在于探索中国经济转型发展新模式，打造创新驱动新引擎，成为引领全国创新发展的新的经济增长极。

2017年是京津冀协同发展在产业、交通和生态领域率先取得突破的节点年，分报告分别围绕京津冀产业一体化、交通一体化、生态一体化及地区创新发展进行论述，探讨了京津冀制造业产业转移的现状及趋势、互联网发展对京津冀协同创新的影响、高铁联网对京津冀城市群时空格局重塑、京津冀大气污染的时空格局与污染治理及京津冀水源涵养功能区生态和产业一体化等重大命题。

专题报告则针对京津冀协同发展中的一系列重大举措进行了研讨，分析了创新驱动与京津冀协同创新共同体建设、京津冀人才一体化发展、城乡统筹与京津冀新型城镇化建设、以中关村为核心的全国科技创新中心与津冀协同引领、"环京津贫困带"发展出路、工业绿色全要素生产率及河北省县域农业生产等核心专题。

Abstract

Currently, China's economy steps into the "new normal" phase, economic growth has been turned from the high-speed to the Medium-high speed growth, economic growth model has been developed from scale expansion to connotation development, economic growth has been driven by factors of investment to innovation and entrepreneurship as the main body of the supply side and demand side structure reform drive together. After eliminating backward production capacity, energy-saving emission reduction and structural transformation and other multiple policy synergy, China's economic emergence of new weather: China's industrial structure has begun to move towards high-end, economic development has opened a new power, the "Internet +", smart manufacturing has gradually become the dominant force in the transformation and upgrading of traditional industries, new technologies, new industries, new models, new formats are saving new energy. To accelerate the reform and opening up to the outside world, decentralization, rule of law, mixed ownership, the reform of financial system, the reform of state-owned enterprises and further promote the innovation and entrepreneurial dynamism of social being released, "along the way" strategy began full floor, FTA pilot experience is full swing, the advantage industry of our country is moving toward the forefront of international competition, economic system and the deepening integration; regional coordinated development strategy ordered landing, Beijing, Tianjin and collaborative development, the Yangtze River economic belt construction, ring Bohai Sea economic cooperation has become China's economic and social comprehensive transformation of the core carrier and strong support.

Today, the Beijing-Tianjin-Hebei cooperation strategy with the evolution of the existence of three landmark nodes, first of all, February 26, 2014, Xi Jinping general secretary of the first proposed Beijing-Tianjin-Hebei coordinated development strategy, Beijing-Tianjin-Hebei cooperation as a national strategy since entering the essence Promotion phase; followed by April 30, 2015, "Beijing-Tianjin-Hebei cooperation and development plan" by the Central Political Bureau considered and adopted, marking the Beijing-Tianjin-Hebei cooperation with the development of the top design has been completed, coordinated development into a comprehensive, key breakthrough Stage; the third is April 1, 2017, Xiong'an District, the formal planning, marking the current integration of Beijing-Tianjin-Hebei integration into a new historical stage of development.

It is necessary to carry out a comprehensive assessment and summary of the implementation effect of the Beijing-Tianjin-Hebei cooperation strategy. In view of this, this book on the basis of extensive research and expert advice, taking into account the actual situation and development direction of Beijing, Tianjin and Hebei, Beijing-Tianjin-Hebei cooperation in the development of the stage and the future development of ideas for a comprehensive interpretation The The book consists of general report, sub-report and special report composed of three parts, a total of 13 research reports.

The co-development of the Beijing-Tianjin-Hebei collaborative development index index system was evaluated and compared with each other in Beijing, Tianjin and Hebei. The collaborative development of the two cities in innovation, the coordinated development of the industry, the coordinated development of the environment, the coordinated development of public services and the coordinated development of the market The progress and shortcomings of the field over the past 10 years, and analyzed the causes of the problem. From a regional perspective, the coordinated development of comprehensive index of beijing-tianjin-hebei, Hong Kong and the overall upward trend year by year, and relatively stable growth rate, the growth rate is relatively stable, which indicates that the coordinated development of beijing-tianjin-hebei region is stable and the strategic implementation has achieved results. Also should see, however, Tianjin, Hebei and lags far behind on coordinated development index score, Beijing and Tianjin, the gap between Hebei province and Beijing did not shrink, even in the gradually widening gap of part of the period. On the one hand, the resource endowments in Tianjin and Hebei have lagged behind Beijing in the beginning, "lost in the

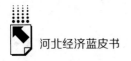

starting line"; On the other hand, because of the implementation defects in the coordinated development strategy, the radiation effect of the Beijing region on Tianjin and Hebei is not sufficient. The difficulty of narrowing the differences between regions will be an important issue in the future of Beijing-Tianjin-Hebei coordinated development. According to the "Beijing-Tianjin-Hebei Cooperation and Development Plan", the recent goal of Beijing-Tianjin-Hebei cooperation is to make the first breakthrough in the three key areas of industry, transportation and ecology. 2014 – 2016 three years, Beijing-Tianjin-Hebei in promoting the industry, transportation, ecological integration has made good progress. Industrial integration, the Beijing-Tianjin-Hebei three different functional positioning to further clarify the extension of the industrial chain docking results, the advantages of complementary industrial system into a healthy development track. Traffic integration, the "Beijing-Tianjin-Hebei cooperation in the development of integrated transport planning", the first release, the regional transport network is from the "single-center radial" pattern to the "four vertical and four horizontal and one ring" network pattern change. Ecological integration, through multi-sectoral linkage, the Beijing-Tianjin-Hebei joint introduction of the three, such as "on the Luan River into the downstream horizontal ecological compensation implementation plan", "Beijing-Tianjin-Hebei coordinated development of ecological environmental protection plan.", "Beijing-Tianjin-Hebei regional environmental protection to break through the framework of cooperation agreement", "jointly promote the Beijing-Tianjin-Hebei cooperation in the development of forestry ecological first break through the framework agreement" and a number of policies, and industrial energy consumption, energy saving, atmospheric management of urban ecosystems Restore and other aspects of a breakthrough.

In order to speed up the pace of coordinated development of Beijing, Tianjin and Hebei, the CPC Central Committee decided to set up Hebei Xiong'an New District in Xiong'an. On the one hand, as the key layout of the coordinated development of Beijing, Tianjin and Hebei, Xiong Anxin will become the focus of Beijing's non-capital function, and as a center of anti-magnetic, weaken Beijing's strong attraction to resource elements, and effectively alleviate the big city of Beijing disease. On the other hand, it will also drive the development of Xiong'an around the whole of Hebei and solve regional economic imbalances. It can be said that the establishment of the new security area of the Beijing-Tianjin-Hebei cooperation with the development of a game of chess. However, if only to pay attention to the non-capital function to ease the burden of the ground, and ignore here is the new development concept of innovation and development demonstration area, we can not see the original intention of the new design. The establishment of the new security zone is not just to serve the Beijing-Tianjin-Hebei. It is more long-term strategic significance, is to explore China's economic transformation and development of new models, to create innovative drive a new engine, to lead the country's innovation and development of new economic growth pole.

2017 is the Beijing-Tianjin-Hebei cooperation in the development of industry, transportation and ecological areas in the first breakthrough in the node year, sub-reports were integrated around the Beijing-Tianjin-Hebei industrial integration, traffic integration, ecological integration and regional innovation and development, The current situation and trend of the transfer of manufacturing industry in Tianjin and Hebei, the influence of Internet development on the innovation of Beijing-Tianjin-Hebei cooperation, the reshaping of the spatial and temporal pattern of Beijing-Tianjin-Hebei urban agglomeration, the temporal and spatial pattern of air pollution in Beijing-Tianjin-Hebei and pollution control and the Beijing Water conservation functional areas of ecological and industrial integration and other major propositions.

The special report is aimed at a series of major initiatives in the coordinated development of Beijing, Tianjin and Hebei. It analyzes the innovation drive and the innovation and community building of Beijing-Tianjin-Hebei cooperation, the integration of Beijing-Tianjin-Hebei people, urban and rural integration and the new urbanization of Beijing and Tianjin , Zhongguancun as the core of the National Science and Technology Innovation Center and Tianjin to promote cooperation, "Beijing-Tianjin poverty zone" development path, industrial green total factor productivity and Hebei Province, the core of agricultural production and other topics.

目　录

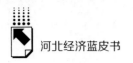
Ⅲ 专题报告

皮书数据库阅读**使用指南**

总 报 告

General Report

B.1

京津冀协同发展综合评价
与率先突破*

张贵 薛伊冰 刘霄 马树强 金浩**

摘 要： 京津冀协同发展自 2014 年起上升至重大国家战略层面，自此
进入实质性加速阶段。本报告构建了京津冀协同发展指数评
价体系，评估并且对比了京津冀三地在创新协同发展、产业
协同发展、交通协同发展、生态协同发展、公共服务协同发

* 国家社科基金重点项目"基于竞争优势转型的我国产业创新生态系统理论、机制与对策研
究"（14AJY006），河北省科技计划项目"基于生态视角的京津冀协同创新共同体建设及河
北省对策"（174576162D），天津市科技发展战略研究计划项目"推进天津市创新生态系统建
设的机制与模式研究"（16ZLZXZF00340），河北省教育厅人文社会科学研究重大课题攻关项
目"京津冀协同发展的区域治理机制、体系与对策研究"（ZD201410）。
** 张贵，河北工业大学教授、博士生导师，京津冀发展研究中心执行主任；薛伊冰，河北
工业大学经济管理学院硕士研究生；刘霄，河北工业大学经济管理学院硕士研究生；马
树强，河北工业大学教授、博士生导师，原京津冀发展研究中心主任；金浩，河北工业
大学教授、博士生导师。

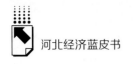
展和市场协同发展六大领域近 10 年间的进展与不足，并且分析了问题及成因。根据 2015 年 4 月审议通过的《京津冀协同发展规划纲要》，京津冀协同发展的近期目标是在产业、交通、生态三大重点领域率先取得突破。2014～2016 年的 3 年，京津冀在推进产业、交通、生态一体化方面已经取得了良好的进展，但仍然有一系列问题需要解决。为了加快京津冀协同发展的步伐，中共中央决定在河北省设立雄安新区。雄安新区将成为北京非首都功能的集中承载地，缓解北京"大城市病"。同时，还将带动雄安周边乃至整个河北地区发展，解决京津冀区域经济失衡问题。在此基础上，雄安新区还将打造创新驱动新引擎，成为引领全国创新发展的新的经济增长极。

关键词：　京津冀协同发展　综合评价　雄安新区

　　京津冀协同发展的前身是京津冀一体化，早在 20 世纪 80 年代便被提及，但长期以来并没有得到足够的重视。直到 2014 年 2 月 26 日，习近平总书记在北京主持召开座谈会，京津冀协同发展的概念才被正式提出，成为我国当前三大国家战略之一。2015 年 4 月 30 日，《京津冀协同发展规划纲要》由中央政治局审议通过，标志着京津冀协同发展顶层设计已经完成，协同发展进入全面推进、重点突破的重要阶段。2017 年 4 月 1 日，雄安新区的规划正式提出，标志着当前京津冀协同一体化步入了一个全新的阶段。

　　然而，京津冀协同发展是一项复杂的工程。由于经济、行政、历史、文化、基础设施等诸多差异的存在，当前京津冀协同发展的过程依然存在着诸多问题。那么，京津冀协同发展的现状如何？哪些方面的成就和不足需要我们关注？应当如何巩固当前的优势，同时纠正当前协同发展存在的问题？上述几个问题将是本报告着重解决的核心问题。

一　京津冀协同发展的绩效评价与分析

（一）京津冀协同发展评价指标的构建

1. 京津冀协同发展评价指标体系的构建意义

自 2014 年 2 月 26 日习近平总书记提出京津冀协同发展以来，京津冀协同发展已经上升为国家战略，并且进入了实质推进阶段。为了监测区域协同发展进程，及时发现问题，为实施有效调控提供决策依据，有必要研究京津冀协同发展指数，构建京津冀协同发展监测指标体系。本报告在借鉴国内外相关研究成果的基础上，综合考察了京津冀三地的实际情况和发展方向，构建了京津冀协同发展指数，旨在对京津冀协同发展现状进行测算、比较与分析，以评估当前京津冀协同发展取得的阶段性成果和不足之处，为政府和专家学者的相关研究提供参考。

2. 京津冀协同发展评价指标的构建原则

为了直观准确地反映近年来京津冀地区的协同发展水平和变化趋势，本报告从创新协同发展、产业协同发展、交通协同发展、生态协同发展、公共服务协同发展和市场协同发展六个维度出发，剖析京津冀协同发展的本质内涵与进展情况。

在构建京津冀协同发展指数的过程中，有以下五大基本原则。

一是坚持创新、协调、绿色、开放、共享的五大理念，通过与五大理念相关的标准监测京津冀协同发展的过程。

二是坚持实事求是的精神，所有指标必须基于官方权威数据，并且能够如实反映京津冀协同发展在所属领域的变化趋势。

三是坚持宏观领域与微观领域、整体监测与局部监测并重的原则，统筹考虑京津冀各区域的发展特性，并据此选取具有代表性的指标。

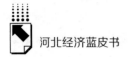

四是坚持问题导向性与目标导向性的结合，指标既要反映当前京津冀协同发展存在的突出问题方面，又要从中探索问题的解决途径，最终实现京津冀协同发展的终极目标。

五是坚持效率与公平兼顾的原则，指标选取既要体现出京津冀协同发展的程度，也要考虑到资源的利用率和投入产出的效率。同时，三地之间协同发展是否公平，是否做到了互利互惠也将是指标的关注点。

3.京津冀协同发展评价指标的研究设计

京津冀协同发展指标的体系主要包括指标设计、权重设定和方法选取3个环节。本报告以京津冀协同发展程度作为总指标，包含创新协同发展（A）、产业协同发展（B）、交通协同发展（C）、生态协同发展（D）、公共服务协同发展（E）与市场协同发展（F）6个一级指标。每个一级指标又根据指标理念的需求下设若干二级指标，并且每个指标都包含京津冀三地各自的发展状况以及综合的协同指标，以具体评价京津冀协同发展的现状。表1是本报告所采用的京津冀协同发展指数评价指标体系。

表1　京津冀协同发展指数评价指标体系

总指标	一级指标	二级指标	指标类型	指标理念
京津冀协同发展程度	创新协同发展（A）	研究与开发经费支出占GDP比重（A1）	+	创新投入
		每万人高等教育在校生人数（A2）	+	创新资源
		技术市场成交额占GDP比重（A3）	+	创新影响
		专利授权量与研发投入之比（A4）	+	创新效率
		新增企业占比（A5）	+	大众创新
	产业协同发展（B）	京津冀人均GDP（B1）	+	产业规模
		第三产业占GDP比重（B2）	+	产业结构
		对外贸易开放度（B3）	+	产业交流
		城镇登记失业率（B4）	−	产业繁荣
		京津冀发电量（B5）	+	产业效能
	交通协同发展（C）	区域间货物周转量（C1）	+	运输便利
		高速公路密度（C2）	+	公路交通
		铁路密度（C3）	+	铁路交通
		交通运输投资金额（C4）	+	资金支持
		交通事故数量（C5）	−	交通安全

总指标	一级指标	二级指标	指标类型	指标理念
京津冀协同发展程度	生态协同发展（D）	京津冀二氧化硫排放（D1）	–	污染减排
		人均水资源（D2）	–	绿水京畿
		人均绿地面积（D3）	+	青山在畔
		空气优良天数（D4）	+	蓝天白云
		单位 GDP 的能源消耗（D5）	–	能源节约
	公共服务协同发展（E）	医疗保险参保率（E1）	+	病有所医
		养老保险参保率（E2）	+	老有所养
		人均住房面积（E3）	+	居有定所
		城乡收入差距（E4）	+	社会平等
		公共预算支出（E5）	+	服务支出
	市场协同发展（F）	京津冀社会消费品零售总额（F1）	+	零售市场
		金融业新增固定资产投资（F2）	+	金融市场
		技术市场成交额度（F3）	+	技术市场
		京津冀外商直接投资（F4）	+	市场开放
		连锁企业门店总数（F5）	+	市场参与

其中，指标类型为"＋"表示该指标为正向指标，指标类型为"－"表示该指标为负向指标，分别对应后文所提及的不同标准化方法。此外，本指标评价体系的每个二级指标都下设京津冀三地的协同发展分指标，例如，A1 指标对应京津冀三地的分指标 $A1_i$，其中 $i=1$，2，3，分别为 $A1_1$、$A1_2$、$A1_3$，依次对应京津冀三地。这样便可以体现京津冀三地之间协同发展程度的具体对比与差异。

4. 京津冀协同发展评价指标的测算方法

（1）数据的标准化处理

为了使得量纲和单位不同的各项数据指标能够做到同质化，本报告在处理数据之前对所有数据进行了标准化处理，将指标的数据转化为便于比较的相对值。

记该指标 t 年份 i 地的原始数据为 x_{it}，x_{min} 为该指标在京津冀三地测算期

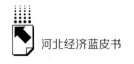

间各年份中出现过的最小值，$x_{\max}$ 为该指标在京津冀三地测算期间各年份中出现过的最大值，该指标 t 年份 i 地标准化之后的指标值为 y_{it}（i 的取值为 1，2，3，依次分别代表京、津、冀三地）。

本报告所引用的正向指标，有：

$$y_{it} = \frac{x_{it} - x_{\min}}{x_{\max} - x_{\min}}$$

本报告所引用的负向指标，有：

$$y_{it} = \frac{x_{\max} - x_{it}}{x_{\max} - x_{\min}}$$

即 x_{it} 越高正向指标得分越高，同样的，对应负向指标越高指标得分越低，指标数值均在 0 到 1 之间。

当某地在统计期间指标评分最高时得分为 1，指标评分最低时得分为 0，所有指标得分都将介于 0 和 1 之间，指标得分越高则代表此时期此地该指标的协同发展程度越好。这样的标准化处理方式的优势在于，既可以实现地区发展的时间纵向比较，也可以对于京津冀三地之间的协同和差异进行横向对比。

（2）指标权重确定原则

总指标下的所有一级指标，以及一级指标下属的二级指标，由于所有的指标都已经进行过去量纲化，而且每个一级指标和二级指标都各自反映了京津冀协同发展的不同侧面，故本报告采用等权重的方法，即创新协同发展、产业协同发展、交通协同发展、生态协同发展、公共服务协同发展和市场协同发展六个指标权重均等，各指标所占权重为 16.67%，其下属的二级指标也采用等权重，各指标所占权重为 20%。

对于每个二级指标下属的京津冀三地的分项，本报告根据其指标类别来决定三地之间的权重。所有比值类的指标的权重都选取用作除数的指标所占比重作为权重。例如，对于人均类别的指标，其权重为京津冀三地各自的人口总数占比，单位 GDP 对应的指标，其权重为京津冀三地各自的 GDP 占比。其他非比值类的指标按照京津冀三地均等权重来计算。

（3）指数合成

每个二级指标的地区综合评价由下属的京津冀三地的指标根据权重综合而成，指标 k 得分为 $Y_k = \sum_{i=1}^{3} a_i \times y_i$，其中 $i = 1$，2，3 分别对应京津冀三地，a_i 为 i 地该指标的权重。通过这种方法计算得出创新协同、产业协同、交通协同、生态协同、公共服务协同和市场协同这些二级指标每个年度的得分。

每个一级指标由各二级指标等权重综合而成，通过创新协同、产业协同、交通协同、生态协同、公共服务协同和市场协同各分项指标的综合计算，得出京津冀协同发展指数在不同年度的总得分。

5. 京津冀协同发展评价指标的数据来源

本报告所引用的数据除特别注明的以外均为国家或京津冀三地的统计局或省（市）职能部门所公开发布的权威数据，包括统计年鉴、经济年鉴、交通年鉴、科技年鉴等，数据涵盖时期为 2005～2015 年。地方数据与国家数据有所冲突时，以国家统计局的数据为准。

对于个别指标如果存在个别年份数据缺失或者统计方式偏离过大的情形，则根据数据变动规律采用相邻年份数值代替，均值代替或其他合理的回归方式，以尽可能保证数据的有效性。具体采用方法根据数据变动规律而定。

（二）京津冀协同发展指数的计算及其结果

1. 京津冀协同发展综合指数结果总体趋势概述

对 2005～2015 年京津冀三地的官方统计数据进行整理，依据上文建立的京津冀协同发展指数的测算方法对数据进行整合分析，最终得到京津冀协同发展指数的各级指标评分，并且据此得出 2005～2015 年京津冀三地的协同发展的综合指数。本报告将分别从京津冀地区角度和创新协同发展、产业协同发展、交通协同发展、生态协同发展、公共服务协同发展和市场协同发

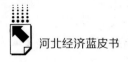

展 6 项一级指标的角度，评价并分析 2005～2015 年京津冀协同发展的进展与不足之处。

以地区作为京津冀协同发展综合指数的划分标准，整体对比京津冀三地在各指标综合下每个年度的得分及其变化趋势。图 1 是以地区划分的京津冀协同发展综合指数对比。

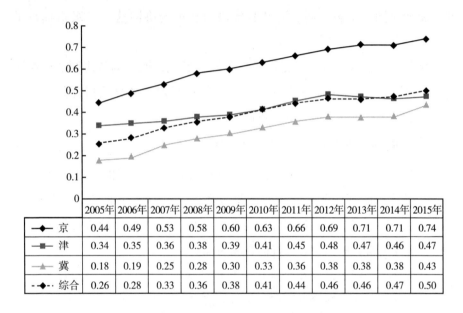

	2005年	2006年	2007年	2008年	2009年	2010年	2011年	2012年	2013年	2014年	2015年
京	0.44	0.49	0.53	0.58	0.60	0.63	0.66	0.69	0.71	0.71	0.74
津	0.34	0.35	0.36	0.38	0.39	0.41	0.45	0.48	0.47	0.46	0.47
冀	0.18	0.19	0.25	0.28	0.30	0.33	0.36	0.38	0.38	0.38	0.43
综合	0.26	0.28	0.33	0.36	0.38	0.41	0.44	0.46	0.46	0.47	0.50

图 1　京津冀协同发展综合指数各地区对比

从地区角度可以看到，京津冀三地的协同发展综合指数整体上呈逐年上升趋势，并且增长速度相对平稳，这表明近 10 年以来京津冀的协同发展形势稳定并且京津冀协同发展的战略实施已经取得了成效。然而，也同样可以看到：天津、河北两地在协同发展指标得分上面远远落后于北京，并且天津、河北与北京的差距并未缩小，部分时期的差距甚至在逐渐拉大。一方面，由于天津、河北地区的资源禀赋在一开始便落后于北京，"输在了起跑线上"；另一方面，由于当前各地对于协同发展战略存在着执行缺陷，北京地区对于天津和河北的辐射带动效应不足。地区之间差异难以缩小的问题将是今后京津冀协同发展中值得注意与反思的问题。

本报告从 6 项一级指标的角度去观察京津冀协同发展指数，对比各一级指标的变化趋势（见图 2）。

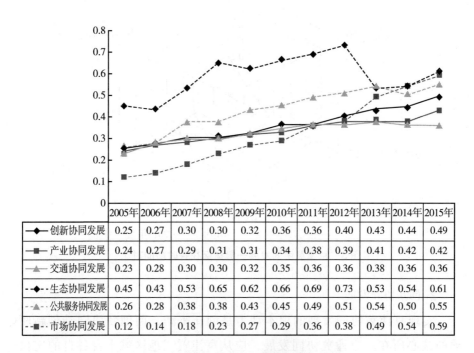

	2005年	2006年	2007年	2008年	2009年	2010年	2011年	2012年	2013年	2014年	2015年
◆ 创新协同发展	0.25	0.27	0.30	0.30	0.32	0.36	0.36	0.40	0.43	0.44	0.49
■ 产业协同发展	0.24	0.27	0.29	0.31	0.31	0.34	0.38	0.39	0.41	0.42	0.42
▲ 交通协同发展	0.23	0.28	0.30	0.30	0.32	0.35	0.36	0.36	0.38	0.36	0.36
◆ 生态协同发展	0.45	0.43	0.53	0.65	0.62	0.66	0.69	0.73	0.53	0.54	0.61
▲ 公共服务协同发展	0.26	0.28	0.38	0.38	0.43	0.45	0.49	0.51	0.54	0.50	0.55
■ 市场协同发展	0.12	0.14	0.18	0.23	0.27	0.29	0.36	0.38	0.49	0.54	0.59

图 2　京津冀协同发展一级指标变化趋势

可以看到，京津冀协同发展各项指标之间得分差异相对较大，变化趋势也不尽相同。其中市场协同指数的发展趋势相对较好，交通协同自 2011 年起便一直处于末位，而生态协同在 2013 年则遭遇了重大滑坡。从现实政策的角度看待，这体现了近些年京津冀协同发展相对更重视与经济相关的市场协同，对于交通运输和生态环境的重视程度不足的问题。

本报告还选取了一张 2005 年、2010 年、2015 年 3 个年度京津冀地区的协同发展指数的各指标得分的雷达图（见图 3），通过这张图，可以更直观地看到这 10 年来各阶段各时期京津冀协同发展的进展与不足。

截至 2015 年，所有指标相对于 2005 年都有所进步，但交通协同的进展相对缓慢，生态协同的得分比 2010 年甚至有所退步。本报告接下来的部分将具体分析各指标的变化趋势及其原因，并提出初步对策与建议。

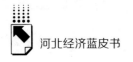

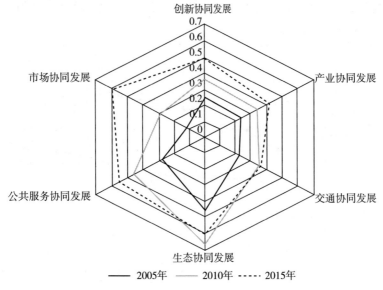

创新协同发展
0.7
0.6
0.5
0.4
0.3
0.2
0.1
0

市场协同发展 产业协同发展

公共服务协同发展 交通协同发展

生态协同发展

—— 2005年 —— 2010年 ----- 2015年

图3 京津冀协同发展一级指标在各时期的对比

2. 创新协同发展

实现京津冀协同发展的根本动力是创新驱动，而创新协同是创新驱动的核心所在。京津冀协同发展，应从京津冀三地区域本身各自的定位出发，制定出切实可行的发展规划和建设项目，实现京津冀三地创新的协同发展。这既要考虑在创新方面的资源与投入，也要同时顾及创新效率与普及度，做到高效创新、大众创新，并且让创新的成果最终能够影响与惠及京津冀三地的发展。基于此，本报告从创新投入、创新资源、创新影响、创新效率、大众创新这五个理念出发构建了创新协同指数。

从图4可以看出，2005～2015年京津冀创新协同发展具有如下特点：一是各地区的创新协同指数整体稳步上升但增速缓慢；二是京津冀三地之间的差距仍然难以缩小，北京遥遥领先，京津冀三地层次分明。值得注意的是，河北省在2015年的创新协同发展指数增长幅度首次达到三地间最高，这是一个可喜的现象，说明随着京津冀协同发展成为国家级战略，河北省的创新正在开始进入追赶的快车道。

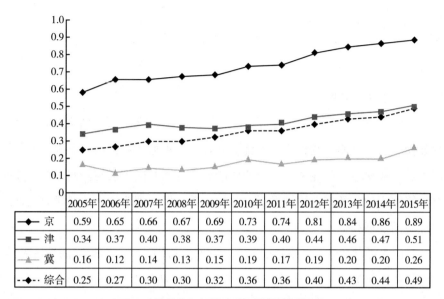

	2005年	2006年	2007年	2008年	2009年	2010年	2011年	2012年	2013年	2014年	2015年
京	0.59	0.65	0.66	0.67	0.69	0.73	0.74	0.81	0.84	0.86	0.89
津	0.34	0.37	0.40	0.38	0.37	0.39	0.40	0.44	0.46	0.47	0.51
冀	0.16	0.12	0.14	0.13	0.15	0.19	0.17	0.19	0.20	0.20	0.26
综合	0.25	0.27	0.30	0.30	0.32	0.36	0.36	0.40	0.43	0.44	0.49

图4　京津冀创新协同发展指数发展趋势

本报告将关注各地各项二级指标的表现差异。由于数据量过大，本报告仅选取每项指标在最新的2015年京津冀三地各项二级指标的得分。若某地的某项指标在2015年之前有明显的变化趋势，也会在下文的论述中有所提及。本报告引用的所有二级指标都将以此方法展示与论述。以下是2015年京津冀创新协同指数各项二级指标理念得分（见表2）。

表2　2015年京津冀创新协同指数各项二级指标理念得分

二级指标理念	北京	天津	河北
A1 创新投入	1.00	0.46	0.11
A2 创新资源	0.68	0.93	0.19
A3 创新影响	1.00	0.16	0.00
A4 创新效率	0.78	0.84	1.00
A5 大众创新	0.57	0.74	0.81

根据各项二级指标理念得分的对比可以看到，河北省A1创新投入、A2创新资源、A3创新影响三个方面仍处于落后地位，但在创新效率和大众创新上有一定优势。北京在创新投入和创新影响两方面领先，而天津

拥有相对更高的大学生占比，因此在创新资源方面有一定优势。今后三地在创新领域应当继续加强合作，实现资金、人才、创意互补，以取长补短，实现三地创新的共同进步。

3.产业协同发展

京津冀产业协同发展的目标，不是单纯的 GDP 提升，既要扩大规模，也要做到层次分明、结构优化、优势互补，并提振就业，在产业规模、产业层次、产业交流、产业繁荣、产业效能五个方面共同发展与协调，这样才能够最终实现地区的产业协同发展。本报告基于以上理念构建了京津冀三地的产业协同发展指数。

从图 5 可以看出，京津冀三地之间的产业协同依然具有很大的地区差异。领先的北京自 2013 年以来得分开始下滑，天津近两年也开始停滞不前，而与此相对，河北在低位的指标得分稳步上涨。这主要是由于现阶段北京的产业已经饱和，近两年开始逐渐疏导非首都功能，大量产业逐渐向周边地区，特别是向河北进行转移。这种情况下，北京指标得分下降的同时河北得分上升并不是坏事。然而河北的得分和上升幅度仍然不够，需要在未来几年继续调整与追赶。

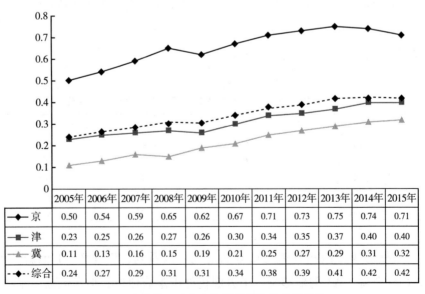

	2005年	2006年	2007年	2008年	2009年	2010年	2011年	2012年	2013年	2014年	2015年
◆ 京	0.50	0.54	0.59	0.65	0.62	0.67	0.71	0.73	0.75	0.74	0.71
■ 津	0.23	0.25	0.26	0.27	0.26	0.30	0.34	0.35	0.37	0.40	0.40
▲ 冀	0.11	0.13	0.16	0.15	0.19	0.21	0.25	0.27	0.29	0.31	0.32
◆ 综合	0.24	0.27	0.29	0.31	0.31	0.34	0.38	0.39	0.41	0.42	0.42

图 5　京津冀三地产业协同发展指数发展趋势

5. 生态协同发展

京津冀生态协同发展是京津冀做到绿色发展与可持续发展的前提，三地之间的生态发展息息相关。无论是治理雾霾的污染减排，还是水资源的调控，都需要三地携手互助、协同发展，没有哪一方能够脱离其他两地独享绿水青山。本报告以污染减排、绿水京畿、青山在畔、蓝天白云、能源节约作为指标理念，选取指标并且构建了京津冀生态协同发展指数。

如图 7 所示，京津冀三地的生态协同发展指数在 2013 年都存在着较大幅度回落。结合后文的二级指标来分析，空气优良天数大幅下降是导致生态协同指数下降的主要原因。一方面，变化产生是空气质量的监测指标由可吸入颗粒物（PM10）变为 PM2.5 导致评价标准发生了变化；另一方面，对雾霾的监测 2013 年左右才开始纳入环保系统，雾霾成为影响京津冀的重要问题。为了实现京津冀的生态协同，大气污染治理是重中之重，一定要尽快还三地人民一个蓝天白云的世界。

表 5 是 2015 年京津冀生态协同发展指数各项二级指标理念得分。

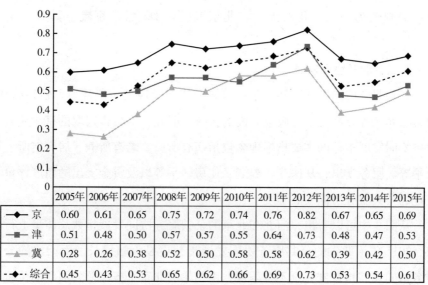

	2005年	2006年	2007年	2008年	2009年	2010年	2011年	2012年	2013年	2014年	2015年
京	0.60	0.61	0.65	0.75	0.72	0.74	0.76	0.82	0.67	0.65	0.69
津	0.51	0.48	0.50	0.57	0.57	0.55	0.64	0.73	0.48	0.47	0.53
冀	0.28	0.26	0.38	0.52	0.50	0.58	0.58	0.62	0.39	0.42	0.50
综合	0.45	0.43	0.53	0.65	0.62	0.66	0.69	0.73	0.53	0.54	0.61

图 7　生态协同发展指数发展趋势

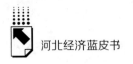

表5 2015年京津冀生态协同发展指数各项二级指标理念得分

二级指标理念	北京	天津	河北
D1 污染减排	1.00	0.92	0.30
D2 绿水京畿	0.20	0.04	0.49
D3 青山在畔	1.00	0.37	0.81
D4 蓝天白云	0.27	0.43	0.29
D5 能源节约	1.00	0.89	0.59

前文已经提到了京津冀三地在空气质量方面存在的问题，在D4蓝天白云指标理念上都不达标，而D5能源节约是三地做得相对不错的一点。对比各项二级指标可以发现，北京和天津在二氧化硫为指标的D1污染减排一项得分较高。此外，北京在D3青山在畔方面也获得满分。而天津虽然D4蓝天白云得分略高于京冀二地，但是在D3青山在畔上的得分则逊色不少，D2绿水京畿方面更是软肋。河北在各项二级指标的得分则较为平均，相对天津、北京来说在D2绿水京畿上具有一定优势。

6. 公共服务协同发展

公共服务协同发展同样是京津冀区域协同发展的重要环节，包括医疗、教育、养老等方面资金与政策方面的扶持。因此，本报告选取的京津冀公共服务协同发展指标的主要指标理念包括病有所医、老有所养、居有定所、社会平等、服务支出，从医疗、养老、住房、平等以及资金支出的角度评价了三地的公共服务协同发展程度。

从图8中可以看出，河北和北京的公共服务协同发展指数总体呈上行趋势，2015年河北省的公共服务协同发展指数更是大幅增长。而天津的公共服务协同发展指数变化则不容乐观，由初始与北京平齐，领先河北的位置滑落至河北之下，特别是在2014年出现了大幅下滑。

表6是2015年京津冀公共服务协同发展指数各项二级指标理念得分。

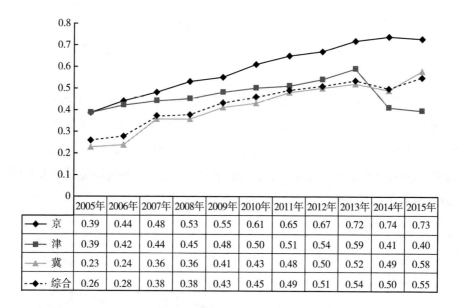

	2005年	2006年	2007年	2008年	2009年	2010年	2011年	2012年	2013年	2014年	2015年
京	0.39	0.44	0.48	0.53	0.55	0.61	0.65	0.67	0.72	0.74	0.73
津	0.39	0.42	0.44	0.45	0.48	0.50	0.51	0.54	0.59	0.41	0.40
冀	0.23	0.24	0.36	0.36	0.41	0.43	0.48	0.50	0.52	0.49	0.58
综合	0.26	0.28	0.38	0.38	0.43	0.45	0.49	0.51	0.54	0.50	0.55

图8 公共服务协同发展指数发展趋势

表6 2015年京津冀公共服务协同发展指数各项二级指标理念得分

二级指标理念	北京	天津	河北
E1 病有所医	1.00	0.43	0.24
E2 老有所养	1.00	0.48	0.14
E3 居有定所	0.73	0.00	1.00
E4 社会平等	0.00	0.62	0.64
E5 服务支出	0.92	0.49	0.90

从2015年三地各项二级指标得分来看，北京在E1病有所医和E2老有所养上做得最好，但在E4社会平等上得分最低，并且城乡收入差距10年以来一直呈扩大趋势。天津最大的软肋在于E3居有定所，买房贵、买房难，是困扰天津居民的一大问题。河北在E3居有定所和E5服务支出方面得分较高，但在E1病有所医和E2老有所养方面得分仍然处于低水平。

7. 市场协同发展

京津冀的市场协同发展既要从宏观层面实现各类市场整体的发展与繁荣，也要在微观层面关注企业，特别是小微企业的生存空间。本指标主要选

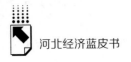
取了零售市场、金融市场、技术市场三种不同类别的市场作为宏观层面评估的代表，也将市场开放和市场参与纳入了评价指标之中并据此构建了京津冀市场协同发展指数。

京津冀三地的市场协同发展指数整体上是各项二级指标中增幅最大的，不过各地区情况略有差异。如图9所示，北京的市场协同发展指数得分依然领先，天津一开始落后于河北，虽然在2014年实现了反超，但在2015年由于得分下滑再次落后于河北。不过总体来说，三地的市场协同发展指数都比2005年有了长足进步。

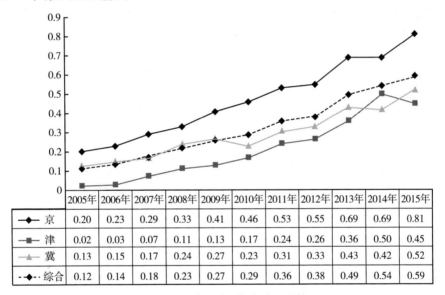

	2005年	2006年	2007年	2008年	2009年	2010年	2011年	2012年	2013年	2014年	2015年
京	0.20	0.23	0.29	0.33	0.41	0.46	0.53	0.55	0.69	0.69	0.81
津	0.02	0.03	0.07	0.11	0.13	0.17	0.24	0.26	0.36	0.50	0.45
冀	0.13	0.15	0.17	0.24	0.27	0.23	0.31	0.33	0.43	0.42	0.52
综合	0.12	0.14	0.18	0.23	0.27	0.29	0.36	0.38	0.49	0.54	0.59

图9 市场协同发展指数发展趋势

表7是2015年京津冀市场协同发展指数各项二级指标理念得分。

表7 2015年京津冀市场协同发展指数各项二级指标理念得分

二级指标理念	北京	天津	河北
F1 零售市场	0.78	0.34	1.00
F2 金融市场	0.68	0.58	0.78
F3 技术市场	1.00	0.12	0.01
F4 市场开放	0.58	1.00	0.22
F5 市场参与	1.00	0.21	0.58

从京津冀三地的 2015 年各项二级指标情况来看，北京的市场协同发展指数依然最好，在 F3 技术市场和 F5 市场参与方面得分最高。天津作为港口城市，F4 市场开放程度相对更有优势，但在 F3 技术市场和 F5 市场参与方面的指标得分存在差距。河北的 F1 零售市场得分最高，但 F3 技术市场得分 10 年来一直很低。在京津冀市场协同发展中，各方仍需取对方之长，补自身之短，以最终实现三地的协同发展、互利共赢。

（三）京津冀协同发展评价指标的结果判别与分析评价

1. 京津冀协同发展评价指标结果的判别标准

参照上述指标的评分标准，本报告结合国内外各类综合评价文献的分级方法，根据阈值原则给出如下判别标准：

得分 < 0.3，该地区该项指标处于协同发展低水平阶段；

得分 $\in$ [0.3, 0.5)，该地区该项指标处于协同发展中低水平阶段；

得分 $\in$ [0.5, 0.7)，该地区该项指标处于协同发展中高水平阶段；

得分 ≥0.7，该地区该项指标处于协同发展高水平阶段。

2. 京津冀地区各项指标及综合水平的分析评价

根据以上标准，结合上文的数据，本报告对京津冀地区各项指标以及综合水平做出如下评价。

（1）北京地区的协同发展指数在 2005 年处于中低水平，自 2007 年起进入中高水平阶段，在 2013 年发展到高水平阶段并且指标得分继续提高直至 2015 年。各分项指标中，创新、产业、公共服务、市场的协同发展在 2015 年均处于高水平阶段，交通协同发展处于中高水平阶段，生态协同发展曾于 2008 年达到高水平阶段但于 2013 年起又回落至中高水平阶段。

（2）天津地区的协同发展指数在 2005 年处于中低水平，2015 年有所波动但至今未能摆脱中低水平阶段。各分项指标中，创新、交通、生态的协同发展在 2015 年处于中高水平阶段，产业、公共服务、市场协同发展仍处于中低水平阶段。

（3）河北地区的协同发展指数在 2006 年处于低水平，2009 年起处于中

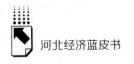
低水平阶段直至 2015 年。各分项指标中，创新协同发展于 2015 年仍处于低水平阶段，产业、交通协同发展处于中低水平阶段，生态、公共服务、市场协同处于中高水平阶段。

（4）京津冀三地综合的协同发展指数在 2005 年均处于低水平阶段，2007 年起进入中低水平阶段，2015 年首次总评达到中高水平阶段。各分项指标中，创新、产业、交通协同发展处于中低水平阶段，生态、公共服务、市场协同处于中高水平阶段。

（5）虽然三地综合的协同指数在 2015 年达到了中高水平，但必须注意到津、冀两地的协同发展水平与北京存在着一定的差距。从整体上来看，北京已经处于协同发展高水平阶段，而天津和河北尚处于中低水平；从一级指标分项来看，2015 年北京所有一级指标的得分都高于天津和河北，且有 4 项指标达到了高水平阶段，而天津和河北无一项指标达到高水平阶段。究其原因，北京作为首都和全国的行政、文化、教育中心以及华北地区的经济中心，与天津、河北的地位并不平等，而且北京在初始资源和政策照顾、政策执行方面都有得天独厚的优势，使得北京的发展程度远高于津冀地区。今后，京津冀协同发展应当更加侧重天津和河北两地的发展加速度，唯有让天津和河北追上北京前进的步伐，才能够更好地实现京津冀三地的协同发展。

二 京津冀协同发展砥砺前行，三大领域率先突破

（一）产业一体化与京津冀协同发展

产业发展与区域发展有着密切的关系。产业的发展依托于一个特定的区域，而区域的发展则离不开产业的支撑。产业协同问题是京津冀协同发展的重要内容，其主要目标即实现京津冀产业一体化。在京津冀区域内进行合理的产业转移与升级，使得三地按各自的优势进行产业互补，实现产业发展的一体化，对提升区域产业竞争力，实现区域协同发展具有重要意义。

1. 京津冀产业一体化的发展目标

京津冀产业一体化，指的是在京津冀区域的空间范围内，三地产业在企业、政府、高校、科研机构、金融机构等行为主体的作用下，在经济条件、社会环境、科技资源等因素的影响下，相互协调、互补合作进行集聚扩散、链式发展的过程。在京津冀产业一体化过程中，要想更好地实现各环节结构的优化、各行业资源的合理配置，需要有总体目标作为一体化的方向。总体发展目标主要包括以下四个方面。

（1）形成优势互补的产业体系

京津冀协同发展思路提出的最初目的是为了疏解北京非首都功能，解决首都"大城市病"的问题，但它的意义绝对不仅止于此。京津冀一体化的最终规划目标在于促进区域协调发展，使得京津冀三地都能实现可持续发展，从而使京津冀成为世界级的创新中心和城市群，并为全国区域协作、体制机制变革、经济发展方式转变树立良好的样板。从产业发展的角度来看，需要在京津冀的空间范围内进行产业转移，使三地按各自的优势产业协同互补，从而形成开放、动态、优势互补的产业体系，达成产业一体化、区域协同发展的最终目标。

（2）明晰三地各自的区域定位

三地各有侧重，明确各自的功能定位是京津冀产业一体化的重要前提和基本前提。三地各自定位可归纳为：北京坚持和强化"全国政治中心、文化中心、国际交往中心、科技创新中心"的核心功能，侧重产业的研发服务；天津坚持"一基地三区"的功能定位——全国先进制造研发基地、北方国际航运核心区、金融创新运营示范区、改革开放先行区；河北的定位也同样是"一基地三区"——全国现代商贸物流重要基地、产业转型升级试验区、新型城镇化与城乡统筹示范区、京津冀生态环境支撑区。

（3）产业链的对接与延伸

北京承担着科技研发、设立、服务的功能，但科研成果总是转移到南方，同时京津产业结构自成体系，重复投资、建设等问题严重，津冀主导产业重叠，存在错位竞争等，这些情况的存在，都是因为京津冀没有完成产业

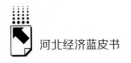

对接，形成延续的产业链。根据产业一体化要求，三地应该按各自的优势产业、龙头企业，将整个区域内的产业从产业链上游的科技服务到下游的制造业串联起来，打造一个高水平的区域产业链布局，既包括产业平移（实体、载体外移），产业链条的延伸、新创、扩大，又包括功能的扩展，这是一个大格局的配置与调整。具体来说：北京应该充分发挥其人才、技术、信息齐备的首都优势，发展知识密集型产业，形成京津冀区域的创新源头之地；天津则应以其天然的港口优势，充分发挥物流、商埠的辐射作用，利用其雄厚的制造业基础，发展成为创新产品的实验和制造基地；河北以资源优势和产业基础条件为依托，转变产业结构，成为协同创新共同体的产业化基地。

（4）打破三地行政区划壁垒

受各地利益诉求、保护主义、科技决策博弈等因素的制约，京津冀三地各自为政，在科技资源分布、知识转移溢出、行政管理、利益分配等方面有严重分歧。京津冀各地固守"一亩三分地"的狭隘站位，正是阻碍产业一体化的突出因素。京津冀产业一体化不仅要求打破城市间的空间障碍，而且要求打破体制机制障碍和行政区划壁垒，如此才能促进资源要素的合理流动，推进产业对接、承接，增强产业的互动效果，激活协同各方的隐形资源，使协同整体释放出更大的潜能，达到增能增效的共赢目的。

2. 京津冀产业一体化发展现状

（1）经济发展水平

区域内经济发展水平是推进产业发展的重要支撑。而衡量区域内经济发展程度的重要指标是人均产值。如图 10 所示，从人均 GDP 来看，自 2001 年以来的 16 年内，三地人均 GDP 均呈不断递增的趋势，其中以天津增速最快。2010 年之前，北京的人均 GDP 高于天津，但差距在不断缩小，2010 年之后天津的人均 GDP 就超过北京。而河北的人均 GDP 在京津冀三地一直是最低的，甚至与京津的差距还在不断扩大。2016 年，北京、天津的人均 GDP 分别为 114690 元/人、115613 元/人，按世界银行划分贫富程度的标准，北京、天津均达到富裕的水平。而河北的人均 GDP 为 42607 元/人，仅为京、津的 37%，甚至还不及全国平均水平 53817 元/人。由此可见，河北与京津之间存在巨大的发展落差，而且差距不仅没有在协同发展的三年中缩小，反而在持续扩大。河北经济发展的落后，也导致了三年来京津冀整体经济的下滑。京津冀三地 GDP 总量占全国的比重由 2014 年的 10.4%，下降至 2015 年的 10.2%，再降至 2016 年的 10.02%，三年下降了 0.38 个百分点。

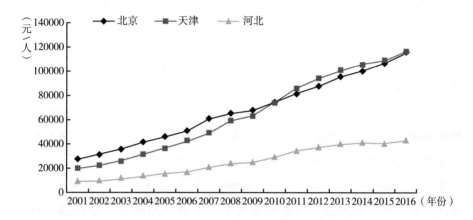

图 10　2001～2016 年京津冀人均 GDP 变化趋势

在区域协同发展研究中，经济增长速度是衡量和反映地区与地区之间能否缩小差距、共同发展的重要指标。图 11 反映了 2001～2016 年京津冀三地的 GDP 增速的变化情况。从图中可以看出，天津的 GDP 增速基本上一直保持领先的状态，尤其是 2007 年之后，更是远超北京、河北。而河北的增速较为缓慢，不过 2009 年之后开始高于北京。三地的 GDP 增速在 2010 年之后都开始下降。2014～2016 年的三年间，三地经济增长保持较为平缓的趋势，天津约 7.5%，北京、河北大概在 6.5% 的水平。这说明京津冀三地中，天津有很好的增长势头，而河北在经济存量不佳的情况下，增速也不出众，与京、津两地之间的经济发展落差并没有缩小，三地未能顺利实现共同发展。

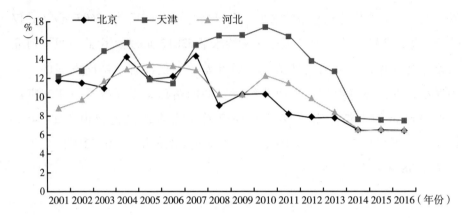

图11　2001~2016年京津冀GDP增速

公共服务水平的高低，对优质生产要素的流动有着决定性的影响，是产业发展的基本动力。公共服务在地区间的差距，是区域产业的协同发展的重要影响因素。如图12所示，从2001~2016年的地方财政一般预算收入来看，三地都呈现出不同程度的增长趋势。在数值上，一直是北京高于河北，河北略高于天津的，但北京的增速最快，与天津、河北逐渐拉大了距离，天津虽是最低的，但也逐渐追平了河北。2016年，京津冀三地的地方财政一般预算收入，分别为5081.3亿元、2723.5亿元、2850.8亿元，北京大约是天津、河北的1.8倍。但若考虑到平均水平，2016年京津冀三地的人均财政一般预算收入分别为2.34万元/人、1.74万元/人、0.38万元/人，北京、天津的人均水平分别达到河北的6.2倍、4.6倍。此外三地的公共资源服务、社会保障机制也存在着巨大的差距。如河北省涞水县蓬家磨村与北京市房山区郑家磨村只是隔了一条马路，但是蓬家磨村的养老金是每月55元，而郑家磨村则是350元，几乎是蓬家磨村的7倍。

通过以上分析可以发现，无论是经济水平、发展阶段还是增长速度，与发达的京、津相比，河北的发展明显落后。在公共服务资源方面，京津冀区域间的分布也同样存在着巨大的不同。整个京津冀区域呈现出两极分化的明显态势。

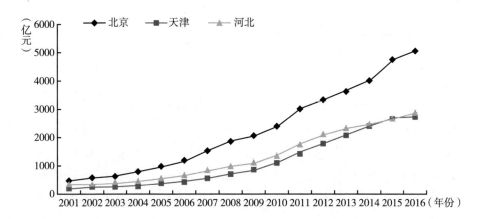

图 12   2001~2016 京津冀财政一般预算收入

（2）产业结构层次

如表 8 所示，从三次产业结构变化来看，近年来北京的第一产业所占比重快速下降，由 2001 年的 2.2% 下降至 2016 年的 0.5%。第二产业比重也处于不断缩小的状态，由 2001 年的 30.8% 降至 2016 年的 19.2%。与此同时，第三产业比重则持续扩大，由 2001 年的 67% 增长至 2016 年的 80.3%，上升了 13.3 个百分点。16 年间，北京一直是由第三产业拉动的，以服务业为主的都市。根据三次产业产值比重与工业化阶段的对应关系，北京自 2001 年开始就一直是"三二一"的发展格局，迈入了后工业化阶段，成功转型为服务业主导型的城市。

表 8   2001~2016 年京津冀三次产业结构变化

单位：%

年份	北京			天津			河北		
	第一产业	第二产业	第三产业	第一产业	第二产业	第三产业	第一产业	第二产业	第三产业
2001	2.2	30.8	67.0	4.1	50.0	45.9	16.6	48.9	34.6
2002	1.9	29.0	69.1	3.9	49.7	46.4	15.9	48.4	35.7
2003	1.7	29.7	68.6	3.5	51.9	44.6	15.4	49.4	35.2
2004	1.4	30.8	67.8	3.4	5.24	2.51	5.75	0.73	3.5
2005	1.3	29.1	69.6	3.0	55.5	41.5	14.0	52.7	33.4

年份	北京			天津			河北		
	第一产业	第二产业	第三产业	第一产业	第二产业	第三产业	第一产业	第二产业	第三产业
2006	1.1	27.0	71.9	2.7	57.3	40.2	12.8	53.3	34.0
2007	1.0	25.5	73.5	2.2	57.7	40.5	13.3	52.9	33.8
2008	1.0	23.6	75.4	1.9	60.1	37.9	12.7	54.3	33.0
2009	1.0	23.5	75.5	1.7	53.0	45.3	12.8	52.0	35.2
2010	0.9	24.0	75.1	1.6	52.5	46.0	12.6	52.5	34.9
2011	0.9	23.4	76.1	1.4	52.5	46.2	12.0	54.1	3.6
2012	0.8	22.7	76.5	1.3	51.7	47.0	12.0	52.7	35.3
2013	0.8	22.3	76.9	1.3	50.6	48.1	12.4	52.1	35.5
2014	0.7	21.4	77.9	1.3	49.4	49.3	11.7	51.1	37.2
2015	0.6	19.7	79.7	1.3	46.6	52.2	11.5	48.3	40.2
2016	0.5	19.2	80.3	1.2	44.8	54.0	11.0	47.3	41.7

天津的第一产业所占比重也在不断减少，由2001年的4.1%下降至2016年的1.2%。而与北京不同的地方在于，天津一直是一个典型的工业化城市，其发展是由第二产业、第三产业共同拉动的，且第二产业比重要略高于第三产业。2001～2016年，天津第二产业比重经历了一个先增后减的过程，由2001年的50.0%上升至2008年的60.1%，再降至2016年的44.8%。相应地，第三产业的比重则是先降后升，由2001年的45.9%降至2008年的37.9%，再升至2016年的54.0%。2014年之前，天津一直是"二三一"的产业格局，处于工业化后期阶段。到了2015年，天津的产业结构变为1.3∶46.6∶52.2，2016年则是1.2∶44.8∶54.0。其经济自2015年起进入"退二进三的后工业化阶段"，逐步完成了产业结构的转型。

河北的产业结构情况与京津明显不同。作为我国的一个农业大省，河北的第一产业比重虽在缓慢降低，由2001年的16.6%降至2016年的11.0%，但一直大于10%，河北的第一产业的比重明显高于京津两地。第二产业属于河北的主导产业，所占比重最高，由 2001 年的 48.9% 上升至 2011 年的 54.1%，之后略有下降，2016 年降至 47.3%。河北第三产业的发展与京津相比处于明显的低水平，第三产业比重从 2001 年的 34.6%，波动上升至 2016 年的 41.7%。河北一直呈现"二三一"的产业格局，处于工业化中期阶段。

从京津冀三地的产业结构来看，河北仍处于向工业化中期迈进的阶段，天津已经引入工业化后期，而北京早已进入后工业化时代，即信息化时代。三地处于不同的经济发展阶段，产业结构存在明显的梯度差异。尤其是河北，与京津相比，其第三产业比重处于比较低的水平，其产业高级化程度明显逊于京津。而且，河北正处于产业结构调整的阵痛期和环境治理的攻坚期，面临着两期叠加的困境。作为京津冀主要区域的河北增速放缓，也使得京津冀整体区域在全国经济版图中的地位下降。河北产业结构的调整应作为京津冀协同发展的重要关注点。

（3）产业协同

产业结构相似系数是用来比较不同地区产业结构的相似性，说明区域间产业布局是否存在差异的指标，被用于对各地区产业同构水平进行测算。其数值越大，说明两地区的产业结构趋同，存在重复建设、重复生产的问题，互补程度不强。数值越小，则意味着两地属于互补性产业结构，可以保持协调共进、合作共生式发展。本报告根据京津冀三地 2001~2016 年的三次产业数值，计算得到三地的产业结构相似系数（见表 9）。

表 9　2001~2016 年京津冀三次产业产业结构相似系数

年份	京津	京冀	津冀
2001	0.922	0.842	0.970
2002	0.912	0.837	0.973
2003	0.899	0.836	0.977
2004	0.887	0.825	0.976
2005	0.861	0.803	0.981
2006	0.825	0.787	0.986

年份	京津	京冀	津冀
2007	0.811	0.77	0.984
2008	0.762	0.738	0.985
2009	0.846	0.768	0.978
2010	0.857	0.768	0.976
2011	0.852	0.752	0.975
2012	0.856	0.759	0.975
2013	0.861	0.760	0.974
2014	0.87	0.770	0.974
2015	0.884	0.794	0.976
2016	0.897	0.806	0.976

从表9可以看出,产业结构相似系数津冀 > 京津 > 京冀。而且十五年来,京津之间、京冀之间的产业结构相似性整体上是下降的。京津的产业结构相似系数由2001年的0.922下降至2016年的0.897,京冀的产业结构相似系数由2001年0.842下降至2016的0.806。而津冀的产业结构相似系数,则有一个先上升后下降的趋势,由2007年的0.970上升至2008年的0.985,再下降至2016年的0.976。由此可见,京津、京冀的产业结构是在趋异发展,尤其是京、冀两地产业结构有很大的差别。而津、冀两地的产业结构则处于很高的水平,原因在于天津、河北多年来都是"二三一"的产业格局。不过,也要注意到,2014~2016年的3年间京津冀产业结构相似系数是在上升,这表明京津冀协同发展3年来产业同构情况不但未得到改善,而且加剧了。

在产业链配置方面,北京的主导产业主要集中于科技研究与现代服务业,处于产业链的高端。天津正在由传统的制造业向研发、电子信息、智能制造等战略性新兴产业转化,处于产业链中端。而河北在基础产业方面有较大的优势,其水、电、燃气供应、采矿业、新能源、新材料、生物医药等方面比较突出。可见,三者之间产业的上下游关联性较小,相互依赖性弱，难以通过产业关联、产业融合而产生产业互动，促进三者的共同发展。

3. 京津冀产业一体化新进展

京津冀产业一体化虽然面临诸多的问题，但在党中央及二地政府的领导下，也取得了一定的进展。2014 年 2 月，习总书记召开座谈会，对京津冀协同发展提出要求，从此京津冀协同发展进入实质提速阶段。

北京的批发零售业、一般制造业、农林牧渔业的产值在不断下降，分别减少了 18.36%、72.75%、62.42%，而战略性新兴产业、科技服务业、文化创意产业等新经济在 2016 年共实现增加值 8132.4 亿元。2015~2016 年北京共疏解了 365 个商品交易市场，向津、冀迁出 2.8 万商户。北京的产业结构发生了积极的变化，与其科技创新中心功能定位相适应的创新型产业发展格局正在形成。北京向津、冀进行的功能疏解，也包括科技成果的转化。2016 年，北京输出到天津、河北的技术合同成交额达 154.7 亿元，增长了 38.7%。北京中关村企业累计在天津、河北设立分公司 2709 家、子公司 3140 家。这说明北京并不是借助协同发展向津、冀甩包袱，而是在谋求三地的共同发展。三年来，河北积极承接来自京、津的装备制造、信息技术、现代商贸物流等产业，引进项目 12716 个。同时，首钢、北汽、三元等一批大型国企纷纷布局天津、河北，通过产业转移带动了当地经济发展，从而有力促进了区域协调发展。跨区域产业布局遍地开花，京津冀产业协同发展如火如荼。

（二）交通一体化与京津冀协同发展

交通运输是社会发展的先决条件、经济发展的基本需求、资源配置的重要载体。京津冀若想顺利实现一体化发展，必须首先抓好交通运输这一重要的前提与基础。而交通的一体化是区域内交通发展到一定阶段的必然产物。推进京津冀协同发展，必须把具有基础性作用、先导性作用的交通一体化作为优先推进的方面。

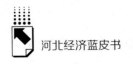

1. 京津冀协同发展为何要实现交通一体化

京津冀交通一体化必须首先明确什么是交通一体化。京津冀交通区位优越，运输通道众多，公路、铁路、航空、海运等交通方式一应俱全，城市内部交通系统（如公交、地铁等）也在迅猛发展。因此，京津冀交通一体化，即京津冀的高速公路、国家干线公路、机场、港口、铁路（尤其是跨区域边界的轨道交通），进行统一的规划、管理、组织、调配，形成覆盖京津冀区域内各省、市、区、县的综合立体、互联互通、衔接顺畅的交通网络体系。京津冀实现交通一体化，将有助于经济的发展、产业的转移对接及京津冀的有效融合。

（1）带动区域经济的发展

京津冀协同发展的重要任务在于，建立以北京为核心，京津双城为主要引擎，京津、京保石、京唐秦为产业发展带和城镇聚集轴，中部核心功能区、东部滨海发展区、南部功能拓展区、西北部生态涵养区为4个重点区域，石家庄、唐山、保定、邯郸等河北省的11个城市为节点的"一核、双城、三轴、四区、多节点"的空间格局。通过以轴带点、以点带面，推动要素的聚集，推进整个区域的发展，各个核心或节点城市之间的交流、联通必须依托交通一体化来实现。跨区域交通体系建设完成后，将推动沿线交通节点人员、要素的快速流动，而沿线房地产、商贸、旅游等产业的发展速度也将大大提升。节点城市的发展规模的不断扩大，将辐射、带动沿线乃至整个京津冀区域内经济的发展。

（2）促使资源、要素高效流动

发达的交通网络可以使资源、要素完成高效流动，从而有利于产业的转移对接。京津冀协同发展的目的在于促进三地的共同发展。然而，目前京津冀三地之间还有不小的差距，尤其是河北与京津相比存在着断崖式的差距，其中突出的一点便是环京津贫困带的存在。完善通畅的交通运输体系，可以使各种资源、要素快速流动，有助于京津产业向周边市县转移。轨道交通的改善，将使得北京非首都功能有力、有效、有序地疏解出去，一方面解决北京"大城市病"的问题，另一方面可以促进京津周边贫困地区经济的发展，缩小三地的差距。京津冀交通一体化，为区域均衡发展带来良好的机遇。

（3）促进京津冀有效融合

交通一体化将模糊三地的界限，推动京津冀的有效融合。高效便捷、成本低廉、节能环保的交通网络，将使要素的流动更加快速有效，人力、资金、技术等不再是分割存在的模式。行政划分界限带来的隔阂将进一步缩小。产业、文化、服务、资源等各方面的融合程度将越来越深。人们对三地一体的认同度将越来越高，京津冀协同发展得以顺利进行。

2. 交通一体化发展的现状

根据 2015 年 12 月 8 日，国家发改委与交通运输部联合公布的《京津冀协同发展交通一体化规划》，京津冀将以现有交通格局为基础，推动区域交通网络由"单中心放射状"向"四纵四横一环"的网络化格局改变。其中"四纵"即沿海通道、京沪通道、京九通道、京承—京广通道，"四横"即秦承张通道、京秦—京张通道、津保通道和石沧通道，"一环"即首都地区环线通道。预计在 2020 年之前，围绕"京津、京保石、京唐秦"三条主轴，实现一小时通勤圈；2030 年，形成以"四纵四横一环"为骨架的城际铁路网络。

围绕"京津、京保石、京唐秦"三条主轴和"四纵四横一环"布局，京津冀区域内铁路、公路、港口、航空等多种交通方式进行无缝对接，全力推进交通网络建设。京津冀交通一体化建设逐步深化，到如今已取得了很大的成效。

（1）公路网络

公路网络方面，重点在于打通"断头路"和"瓶颈路"，打造公路交通大动脉。2014 年以来，已经打通了京台、京港澳、京昆、首都地区环线等12 条高速"断头路"和干线公路"瓶颈路"，共计 1400 余公里，通车里程达到 6500 公里。

高速公路建设方面，除去之前已建设好的京哈、京沪、京港澳等 6 条放射状高速公路，京昆、京台（除台湾海峡段）高速已建成通车，津石、京

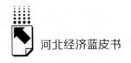

秦、密涿等则处于建设过程中。其中，京秦高速将使唐山北部、秦皇岛北部与北京实现高速直通。津石高速则填补了石家庄与天津之间没有直接相通高速公路的空白。

（2）铁路轨道交通

铁路轨道交通包括干线铁路、城际铁路、市郊铁路以及城市地铁等4个层次的轨道交通网络建设。

干线铁路网，主要连接150公里及以上的如正在建设的区域。在建的京张、京沈铁路将在京沪、京广等的基础上，加强三地间的沟通。

城际铁路，解决的是70～150公里的出行需求，主要连接京津冀区域内的主要城市。由京津冀三地各出资30%，中国铁路总公司出资10%的京津冀城际铁路投资有限公司已在2014年底成立。京唐城际、京滨城际、京霸城际已开工建设，预计2020年建成通车。其中京霸铁路已确定要修改线路，将来连接河北雄安新区。随着通州和雄安新区的发展和建设，未来将会形成以这两个地区为区域枢纽的一个新的交通网状。

市郊铁路解决30～70公里的出行需求，其最高时速达到每小时160公里，运行速度大幅提升。这也是三地目前比较欠缺的轨道交通网。第一条样板线已确定为平谷线。

最后一层，即市民最熟悉的地铁，主要解决短途通勤问题。

（3）港口

不同于路网做"加法"越织越密，京津冀各大港口致力于整合合并，做"减法"。

京津冀区域内港口众多，由北向南依次分布着秦皇岛、唐山、天津、黄骅四大港口。如图13所示，2016年，京津冀港口货物吞吐量共超过15亿吨，其中天津港货物吞吐量、集装箱吞吐量分别为5.5亿吨和1450万标准箱，位列世界港口第4和第10。唐山港、秦皇岛港、黄骅港紧随其后，完成货物吞吐量分别为5.16亿吨、1.86亿吨、2.45亿吨，集装箱吞吐量分别为193.2万标准箱、51.5万标准箱、60万标准箱。

以往由于区位相近，不同省市港口发展各自为战，导致较为集中的港口

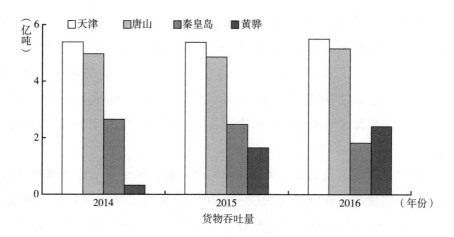

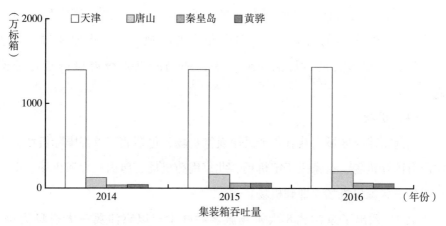

图13 2014~2016年京津冀四大港口货物吞吐量和集装箱吞吐量

资源存在重复建设、无序竞争、结构性产能过剩等问题。为改变这一局面，京津冀港口间需要进行协调发展，让天津、河北两地的"一群港口"，变成一个"港口群"，从而做到以天津港为中心，把周边的唐山、黄骅等港口资源进行系统化的分工、整合、优势互补，避免同质化竞争，实现由竞争走向竞合。

2014年8月，河北港口集团和天津港集团分别出资50%，组建了渤海津冀港口投资发展有限公司。2016年12月，唐山港集团与天津港集

团又合资成立了津唐国际集装箱码头有限公司，提升了津冀港口集装箱双向互通合作水平。天津港与世界 500 多个国家和地区有港口贸易往来。2016 年，天津港货物吞吐量、集装箱吞吐量分别为 5.5 亿吨和 1450 万标准箱，其中超过 70% 的货物吞吐量、超过 80% 的集装箱吞吐量来自京津冀区域。津冀两地通过港口的协同发展，正在实现由竞争向竞合的转变。

2017 年 7 月，交通部、天津市、河北省联合印发了《加快推进京津冀港口协同发展工作方案（2017—2020）》，完善了津冀四大港口规划，明确规定了港口的定位与资源整合，促进港口的合理分工，优化港口的布局。伴随环渤海区港口协同发展机制的初步建立，渤海湾沿岸港口各自为政、相互差价的情况，已得到了很大的改观。河北将加强与天津港的合作，推动津冀港口群的协同发展，环渤海世界级港口群正逐渐形成。

（4）机场

当前京津冀区域内共有 8 个民用航空机场，包括北京首都国际机场、天津滨海国际机场、石家庄正定机场、北京南苑机场、唐山三女河机场、秦皇岛机场、张家口机场、邯郸机场。

表 10 列出了京津冀 8 大机场旅客吞吐量。以京津冀三大机场为例，2015 年首都机场完成旅客吞吐量 8993.9 万人次，2016 年更是突破 9000 万大关。但实际上，首都机场的旅客吞吐设计能力仅为 8262 万人次。也就是说自 2013 年起，首都机场就在超负荷运转。与此同时，天津机场有 2500 万人次的设计能力，但实际完成吞吐量只有 1687.19 万人次，正定机场旅客吞吐量设计能力为 1800 万人次，实际完成 721.46 万人次。过多的旅客吞吐量给北京的机场带来极大的压力，天津、石家庄机场的利用率却很低。随着京津冀一体化的推进，人口、货物的流动愈加频繁，这种机场业务不平衡、资源不均等严重阻碍了京津冀的发展。

表10　2016年京津冀区域机场旅客吞吐量

全国名次	机场	旅客吞吐量(万人次)	同比增速(%)
1	北京/首都机场	9439.25	5.0
20	天津/滨海机场	1687.19	17.9
36	石家庄/正定机场	721.46	20.5
41	北京/南苑机场	558.64	6.1
115	邯郸机场	46.27	86.1
131	张家口/宁远机场	35.20	69.3
143	唐山/三女河机场	24.10	-4.1
146	秦皇岛/山海关机场	23.12	48.6

资料来源：中国民用航空局。

为了解决"首都吃不了，天津吃不饱，石家庄没饭吃"的局面，推进京津冀民航一体化成为迫切需要。一方面可以疏解首都机场的压力，另一方面还可充分发挥天津滨海机场、石家庄机场的作用，带动津冀相关产业发展，进一步扩大开放。

2015年5月，河北省国资委与首都机场集团公司签订协议，河北机场集团公司正式纳入首都机场集团公司管理，从而实现京津冀三地主要机场统一管理、一体化运营。2016年石家庄机场完成旅客吞吐量721.46万人次，同比增加20.5%，位居全国第36位，比去年提升一位。河北其余机场的旅客吞吐量也保持了高速的增长，如邯郸机场、张家口机场、秦皇岛机场分别比2015年增长86.1%、69.3%、48.6%。2016年10月，京津冀民航协同发展石家庄机场推进会召开，首都机场股份有限公司表示，从2017年开始，每年将疏解2%的国内航班到天津机场和石家庄机场。"十三五"期间，京津冀三地机场将打造良性互动、合作共赢的世界级机场群，为"一带一路"倡议及京津冀协同发展等国家战略，提供强有力的支撑。

（5）城市内轨道交通

城市内轨道交通方面，京津冀交通一卡通加速推进。截止到2017年6

月，京津冀区域内，已经实现"2 + 11"个城市覆盖"一卡通"。其中，北京市区 1011 条地面公交线路（除定制商务公交）及 122 条郊区公交线路已全部实现一卡通互联互通，河北省内 643 条公交线路、1.2 万余辆公交车与京津实现一卡通行，天津 119 条公交路线实现一卡通刷卡乘车。

（三）生态一体化与京津冀协同发展

京津冀协同发展必须是可持续发展，这就要求生态环境问题得到解决。而在区域协同发展过程中，解决好环境外部性，推进生态一体化则尤为重要。

1. 京津冀主要的生态环境问题

（1）水资源短缺与污染

京津冀区域内人口密集，水资源短缺现象非常严重。从图 14 可以看出，多年来京津冀的人均水资源一直远远低于全国平均水平，也远低于国际公认的 1000 立方米的缺水警戒线。2016 年，北京人均水资源占有量仅为161.54 立方米，约为全国人均水资源占有量的 1/14。天津作为一座典型的资源型缺水城市，人均水资源量仅为 120.99 立方米，只有全国平均水平的 1/20。河北的情况略好于京津，但也只有 278.85 立方米，为全国人均水平的 1/8。

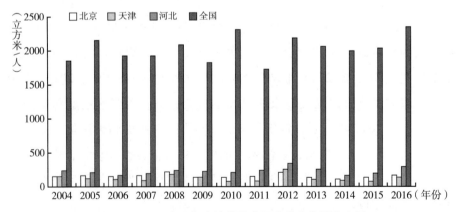

图14　2004～2016 年京津冀及全国人均水资源占有量

除了水资源短缺，京津冀区域内水污染情况也非常严重。京津冀所在区域属于海河流域，海河水系是华北地区的最大水系，也是中国七大流域之一。根据环保部发布的2016年上半年全国地表水环境质量状况显示，海河流域水质为重度污染。2006～2016年，全国劣Ⅴ类水（也就是污染程度很高，以致丧失使用功能的水）河长占比逐年下降，由2006年的21.8%降至2015年的11.5%。与全国情况相比，海河流域劣Ⅴ类水河长占比，多年来一直居高不下，2003～2009年，劣Ⅴ类水河长占比一直超过50%，2011～2015年，占比虽呈下降趋势，但仍接近50%。

根据2015年第四期《海河流域水资源质量公报》，通过对海河流域的59个水功能区进行检测，发现其中达到及优于Ⅲ类水质标准的占32.7%，Ⅳ—Ⅴ类水质标准的占7.7%，劣Ⅴ类则占59.6%（见图15）。

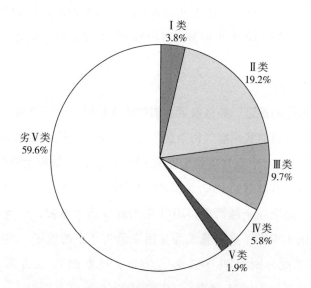

图15 2015年海河流域重点水功能区水质类别比例

（2）水土流失

京津冀水土保持形势不容乐观。根据水利部、中国科学院和中国工程院联合发布的《中国水土流失与生态安全综合科学考察报告》，京津冀区域水土流失情况如表11所示。

表 11 京津冀水土流失面积

单位：平方米，%

地区	水土流失面积	占山区面积
北京	4329.39	41.11
天津	462.45	62.61
河北	51222.00	51.93

资料来源：《中国水土流失与生态安全综合科学考察报告》。

新中国成立初期，北京市水土流失面积为 6640 平方公里，约占山区面积的 66%。在考察报告期间，水土流失面积为 4329.39 平方公里。在 2013 年的北京市第一次税务调查结果中，全市水土流失面积仍有 3202 平方公里。天津水土流失在京津冀中是最严重的，流失面积占山区面积高达 62.61%。河北水土流失也非常严重，报告期间流失面积达 51222 平方公里，占山区面积的 51.93%，之后 2013 年缩减至 47095.88 平方公里。要想全部治理完，还需要近 30 年。

（3）大气污染

随着城市化的推进，经济发展、能源消耗使得大气污染越来越严重，而京津冀区域则是目前我国空气污染最严重的区域。根据环保部的通告，近几年来我国 74 个城市中空气质量最差的 10 个城市，半数以上都位于该区域。京津冀区域内所有城市的 PM2.5 和 PM10 均超标。

随着空气污染越来越严重，2013 年出现雾霾大爆发，严重的雾霾从北向南横扫我国中东部，京津冀成为受污染最为严重的地区。2013 年京津冀地区 PM2.5 浓度分别为 89.5 微克/立方米、95.6 微克/立方米、108 微克/立方米，远远超过年均 35 微克/立方米的国家标准（见图 16）。三地的空气质量达标天数占全年的比重也均低于 50%（见表 12）。2016 年，空气污染情况虽有所改善，但形势依然严峻。大气重污染频发，尤其在冬季，密集雾霾现象频频出现，大幅降低了全年的改善水平。

（4）森林与湿地

京津冀三地中，北京的森林覆盖率最高为 35.8%，河北为 23.5%，天

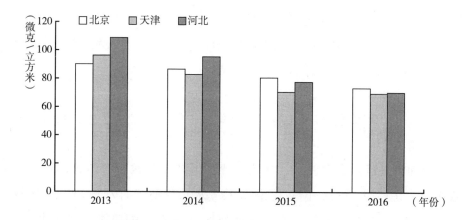

图16 2013~2016年京津冀PM2.5年均浓度

表12 2013~2016年京津冀空气质量达标天数占全年比重

单位：%

地区	2013 年	2014 年	2015 年	2016 年
北京	48.22	47.12	50.96	54.25
天津	39.73	47.95	60.27	61.92
河北	35.34	41.64	52.05	56.71

资料来源：北京环保局、天津环保局、河北环保局。

津最低仅为9.9%，而且这些森林资源中，人工林占大多数。京津冀区域的森林覆盖率仅为25.7%。与长三角的33%、珠三角的50%相比，还有很大的不足。

湿地对调节气候和环境至关重要。当前，北京约有各类湿地面积500平方公里，占辖区面积的3.13%。天津湿地总面积为2487平方千米，占全市总面积的20.87%。河北现有湿地面积为9419平方公里，占地区总面积的5.02%。相比新中国成立之初，京津冀区域湿地面积缩小了一半多，且面临严重的污染威胁。

2. 京津冀生态一体化现状

生态问题是一个跨区域的系统性问题，仅靠一地单打独斗，难以从根本

上解决问题。要想做好生态建设与环境保护，必须打破行政区界限，寻求生态治理合作。面对越来越迫切的区域生态环境问题，生态一体化是京津冀改善生态环境、保障区域生态安全的必然选择。

（1）京津冀生态合作建设

近年来，京津冀已经就生态建设合作做了一些工作，通过多部门联动，出台了相关政策。

京津冀地区水资源匮乏、污染严重。近年来，水资源治理的政策陆续出台。2015年4月，国务院发布了《水污染防治行动计划》（简称"水十条"）。"水十条"要求，京津冀区域丧失使用功能（劣于Ⅴ类）的水体断面比例要下降15个百分点左右，到2020年，京津冀再生水利用率要达到30%。同时，《京津冀协同发展规划纲要》明确提出，要推进包括永定河在内的京津冀区域"六河五湖"的治理与修复。永定河的治理与修复在2017年正式启动，成为京津冀生态一体化的率先突破点。在环保部的协调下，2016年9月，天津与河北签署了《关于引滦入津上下游横向生态补偿实施方案》，提升跨界污染应对能力，促进水资源持续利用。2014年4月，北京和河北达成初步协议，共同实施的首个合作共建水生态项目——"密云水库上游生态清洁小流域建设"，计划用3年时间，建设22条生态清洁小流域，治理600平方公里的水土流失。到2017年该项目已经落地实施，成为京津冀生态一体化发展的一个重要突破。

在大气治理方面，2013年9月，国务院发布了《大气污染防治行动计划》十条措施（简称"大气十条"）。2014年3月，成立了京津冀及周边地区大气污染防治协作小组，共同签署了《京津冀区域环境保护率先突破合作框架协议》，重点关注了会议和极端天气应急处理的大气协同治理。2015年12月，国家发改委、环境保护部联合发布了《京津冀协同发展生态环境保护规划》（简称《规划》）。之前的"大气十条"仅明确了京津冀PM2.5浓度2017年要比2012年降低25%以上。与之相比，《规划》则为京津冀空气质量画出红线，给出了具体的浓度限制，除此之外，《规划》还就能源消费、可再生能源等提出了要求。

在整个"十二五"期间，国家累计投入 161 亿元，进行京津冀林业生态保护与修复，实施三北防护林、京津风沙源治理、自然保护区建设等工程，完成造林 8400 多万亩。2016 年 7 月，国家林业局分别与京津冀三地政府签署了《共同推进京津冀协同发展林业生态率先突破框架协议》（简称《协议》）。该协议规定，将投入数百亿元人民币推进京津冀区域的林业生态建设，努力在国土绿化、森林质量、湿地保护与恢复等方面得到突破。

（2）京津冀生态一体化初步收获

首先，从资源利用情况看（见图 17），京津冀万元工业增加值用水量虽然在个别年份（2009 年）出现了上升，但总体呈下降趋势。2016 年北京的万元工业增加值用水量为 9.78 立方米，再生水用量达 10 亿立方米，占全市用水总量的 26%，2017 年再生水利用量计划达到 10.5 亿立方米。北京其余各项节水指标均居全国前列。天津 2016 年万元工业增加值用水量降至 7.60 立方米，节水水平继续保持全国领先。河北 2016 年万元工业增加值用水量为 16.60 立方米，相较全国 53 立方米的平均水平，处于较领先的状态。京津冀的用水效率逐渐提升，节水工作取得了不错的成效。同时，关于单位 GDP 能耗，北京 2015 年万元 GDP 能耗为 0.3374 吨标准煤（按 2010 年可比价格计算），2016 年万元 GDP 能耗比 2015 年下降 4.79%，达到全国最低水平。天津 2015 年万元 GDP 能耗为 0.499 吨标准煤，仅为全国水平的 79.2%，2016 年万元 GDP 能耗又同比下降了 8.4%，超额完成年度节能指标。河北 2015 年的万元 GDP 能耗比去年下降 3%，比 2010 年下降 23.1%，2016 年河北单位 GDP 能耗高于全国平均水平 3.3 个百分点。综合三地能耗、水耗指标来看，京津冀工业高投入、高消耗发展的情况有很大改善。

其次，京津冀地区近几年来，尤其是 2011 年之后 SO_2 排放（见图 18）下降趋势明显。2016 年京津冀区域 PM2.5 的年平均浓度比 2013 年下降了约 33%。这说明了京津冀生态环境保护已进入攻坚突破阶段，节能减排效果显著，大气治理有所成效。

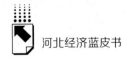
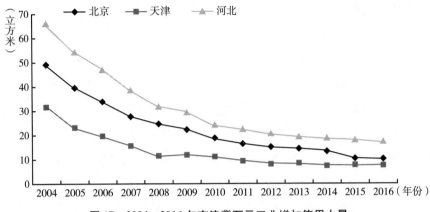

图 17　2004～2016 年京津冀万元工业增加值用水量

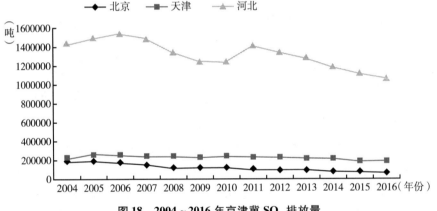

图 18　2004～2016 年京津冀 SO_2 排放量

最后，关于京津冀生态环境状况，其城市建成区绿化覆盖率（见图19）、城市绿地面积（见图20）的变化趋势一直呈上升状态。2016年，北京完成人工造林面积12667公顷，全市林木绿化率达到59.3%，建成区绿化覆盖率达48.1%，各项指标均位居全国前列。天津生态建设力度同样很大，自然保护区面积达9.06万公顷，建成区绿地率31.71%，人均公园绿地面积9.29平方米。河北2016年全年完成造林面积34.9万公顷，自然保护区达34个，预计全省森林覆盖率为32%。这说明，京津冀确实是在大力推进生态文明建设，推进绿色城镇化。京津冀在还原城市生态系统功能、改善居民生活环境质量方面，已经取得了积极的成效。

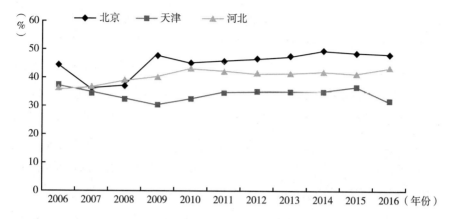

图19　2006~2016年京津冀城市建成区绿化覆盖率

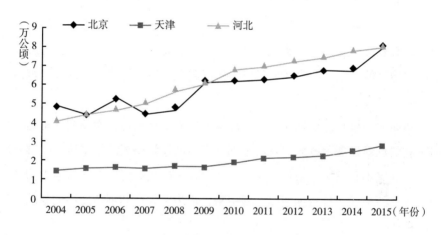

图20　2004~2015年京津冀城市绿地面积

三　雄安引领：京津冀协同发展的新阶段

（一）雄安新区设立的意义

京津冀协同发展的战略核心在于京津冀三地作为一个整体协同发展，其关键环节、重中之重则是疏解北京非首都功能，缓解北京的"大城市病"。在京津冀协同发展上升为国家战略的三年时间里，中央与三地政府共同努力，取得了

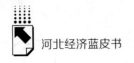

很大的突破。但是，由于北京、天津在京津冀城市群在地理位置和空间结构中处于核心地位，具有极强的吸附力与凝聚力，而河北的众多中小城市吸纳能力弱小。导致了虽有一系列政策的引导，北京的"大城市病"却没有从根本上得到解决，河北与京津的差距并未缩小，京津冀区域在全国经济版图中的位置不升反降。

为了摆脱这一困境，习近平总书记多次到北京、天津、河北深入考察，寻求适合地段打造北京非首都功能的集中承载地，建设一座以新发展理念引领的创新城区。2017年4月1日，中共中央、国务院印发通知，决定在河北省的雄县、安新、容城三县设立河北雄安新区。

中共中央关于设立雄安新区的消息一经发布，瞬间引爆舆论，街谈巷议。一方面，作为京津冀协同发展的关键布局，雄安新区将成为北京非首都功能的集中承载地，并作为一个反磁力中心，减弱北京对资源要素的强大吸引力，有效缓解北京的"大城市病"。另一方面，还将带动雄安周边乃至整个河北地区的发展，解决区域经济失衡问题。可以说雄安新区的设立盘活了京津冀协同发展的全盘棋。

然而，如果只注意到非首都功能疏解的集中承载地，而忽视这里是新发展理念的创新发展示范区，就看不到雄安新区设计初衷的根本所在。雄安新区的设立绝不只是为了服务京津冀，它更长远的战略意义在于探索中国经济转型发展新模式，打造创新驱动新引擎，成为引领全国创新发展的新的经济增长极。

（二）雄安的根本动力：打造创新驱动新引擎

关于千年大计的雄安新区如何定位、怎样建设，党中央对此高度重视。习近平总书记强调：雄安新区千万不能搞成工业集聚区，更不是传统工业和房地产主导的集聚区，要在创新上下功夫，成为改革先行区。国务院副总理张高丽指出，（雄安新区）有利于培育全国创新驱动发展新引擎。通过推动创新驱动发展，可以集聚京津冀乃至全国以及国际创新要素和资源，能够打造具有世界影响力、国内领先的科技新城，培育经济发展新亮点，构建促进创新的体制机制，为全国其他地区做出表率和示范。

　　由此可见，雄安新区建设发展的根本动力是创新驱动。当然，以创新作为雄安新区发展的根本动力，并不是简单的个人决定，而是经过多方面考虑，跳出河北，看京津冀、看全国、看世界，所做出的科学决策。

　　从地理区位来看，不同于深圳、浦东的典型门户区位、沿海城市，雄安新区位于内陆洼地，并不沿海沿江，没有自己的港口，无法发展外向型的港口经济，因而必须进行自主式发展。从技术基础来看，深圳建设时是以劳动密集型产业为主，浦东走的则是"引进、吸收、再创新"的资本密集与技术密集相结合的模式。雄安新区处于以互联网为基础的网络时代，其技术基础决定了它不能选择资源型、加工型发展模式。从发展方向来看，目前我国的经济增长正处于由要素驱动、投资驱动向创新驱动转化的时期。雄安新区肩负着探索中国经济发展新模式的使命，自然不能走劳动驱动、资本驱动的老路。从历史使命来看，雄安新区被定位为"千年大计、国家大事"，这凸显出其长远的战略意义，同时也表明它的建设需要倾注不止一代领导人的心血，也不是仅靠河北或京津冀一己之力就能完成的。从世界趋势来看，全球正面临全面的产能过剩，处于经济低迷寻求复兴的阶段。雄安新区的发展，不再处于简单地给钱、给政策、给发展思路就能强劲地吸引外资的时期了。综上所述，雄安新区不能进行简单的经济区建设，其发展必须要有新的思路，要依靠内涵发展、创新驱动。

　　雄安新区打造创新驱动新引擎，不单是河北的事情，是要放宽眼界，综合考虑京津冀、考虑全国经济形态、考虑世界发展趋势，做出的最佳选择。从地理区位、比较优势、发展阶段、历史使命乃至全球的经济趋势来说，雄安新区都应该也必须把创新驱动作为发展的根本动力。这里的创新驱动不再局限于原本意义上的一个城市，也不是一般意义上简单创新要素的集聚，而是从空间载体、政策制度、运营环境、体制机制等多个方面入手，营造一种良好的创新氛围，从而将雄安打造成一个科技新城，一个创新创业综合体。未来的雄安将成为创新型现代化的中国心脏区域，乃至全球的创新地标，将强有力地吸引全球的创新人才、企业、资源等高端要素的聚集，引领中国创新发展到达新高地。

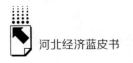

（三）雄安新区与周边地区的关系

京津冀协同发展新动向在于打造创新共同体，这就需要推动创新要素的合理流动、迅速集结以及创新效果的高效扩散来提升区域协同创新水平。同时雄安新区创新建设过程中，还要注意处理好与中关村、周边区县、京津两地及与浦东、深圳的关系。

1. 创新新动向：协同创新，打造京津冀创新共同体

京津冀协同发展的基本理念和重要内容便是协同创新，打造京津冀创新共同体。雄安新区是推进京津冀协同发展的关键环节，其首要作用便是疏解北京非首都功能。在京津冀协同创新共同体建设中，雄安的集中承载功能并不是产业链的延续，而是创新分工或创新一体化。

京津冀创新共同体有两条非常鲜明的创新带，一条带是从北京沿着京津高速公路一直到出海口，形成的是京津高新技术产业带，也称京津科技新干线。实际上这条带在2003年的时候就已经有了雏形，之后又经过10多年的建设，形成了如今这个比较完整的创新带。2013年，习近平总书记在对天津进行调研时，就曾提出北京和天津应谱写新时期社会主义"双城记"，而这个双城记的主要载体就是这条创新带。

另一条带，就是从北京向南，包括G3、G45、G4三条高速公路，形成了一个扇形的区域。在这个区域有一个重要战略支点，即雄安新区。雄安新区在集中承接北京非首都功能疏解时，与北京的科技资源相结合，便可形成未来要集中精力打造的一个全新的创新带。

北京作为我国的科技创新中心，拥有一流的研发水平。2015年北京的科技进步贡献率已超过60%，R&D投入占GDP的比重为6.01%，居全国首位。尽管北京拥有最优秀的科研人才、最好的大学、科研院所，但是过于拥挤，缺乏相关科研产业发展空间。以往北京大多是与南方的深圳等地进行创新分工。

中关村主要侧重于电子信息领域的创新活动，是以软件为主，而深圳主要集中在智能制造业的创新创业。两者本身就是一种创新分工，只不过距离较远，无法形成有效地创新集聚及创新扩散，所以需要找一个地域相近的地方来发展这种创新类的新兴产业。雄安新区就是必然选择。基于此，雄安新区并不是北京产业链的延续，而是同北京特别是中关村，形成创新分工，是创新一体化。北京的科技成果、创新资源转移到雄安新区之后，要建立独具特色的创新企业、创新组织、创新链，乃至创新网络，在具体分工方面，中关村仍然以信息技术领域的软件为主，而雄安新区则会发展人工智能、清洁技术、清洁能源等智能硬件，以及开展脑科学、医疗健康领域研究和应用。至于哪些产业最终能真正发展起来，还是要靠市场发挥决定性作用。

2. 协同创新的三个基本发展条件

提升区域协同发展水平和层次的一个关键领域，便是资源要素的流动、集结与扩散。因此，在京津冀协同创新过程中，有三个方面必须重点关注：创新要素的合理流动、迅速集结以及创新效果的高效扩散。只有满足这三个条件，才能真正实现中关村的创新活动与雄安新区的协同分工。

（1）要素合理流动。按照传统经济学原理，区域一体化强调的是人才、资本、技术等创新要素自由流动；但如果过度强调自由流动，特别是河北这种公共资源、技术等基础条件与京津存在断崖式差距，将会使创新要素在市场机制作用下，进一步集中到发展水平高的地方，从而使得要素分布非均衡化进一步加剧，极化效应进一步放大。因此，我们强调合理流动：通过制度设计，引导要素在区域间合理流动，防止优质、高端要素向某个中心过度集聚，或者说引导优质的资源要素向相对比较落后、存在差异的地方流动配置。

（2）要素迅速集结。首先要建设高水平的创新平台，平台支撑有助于吸引高层次企业与机构入驻、配置各类专业化人才、实验室及仪器设备等；其次，构建完善的科技金融服务体系，推动创新型企业快速发展，助理科技成果的转化；再次，建立鼓励创新政府管理体制、容错试错机制，健全创新服务中介体系，制定高端创新人才奖励机制。推动创新要素加快集聚，有利于最大限度地释放创新活力。

（3）创新效率能够广泛、高效地扩散。要想促进创新的扩散，可以从强化政府引导作用、培育壮大科技企业、加强对高校和科研机构的基础教育和科研投入、推进创新公共服务平台建设、完善科技中介服务体系五个方面入手。

3. 雄安新区与中关村的创新分工

协同创新是京津冀协同发展的基本理念和重要内容，而集聚了国内高端创新要素的中关村，则是推动实现京津冀协同创新的重要探索者和主要引领者。通过将中关村的创新创业资源引入津冀，在津冀设立分支机构、构建科技园区，中关村在引领协同创新方面取得了不俗的成就。

据不完全统计，截止到 2016 年 12 月底，中关村的企业已经到天津和保定、唐山、秦皇岛、张家口、承德等开展协同创新园区共建，建立分支机构5849 家，其中分公司 2709 家、子公司 3140 家。代表性企业有曙光、华旗等。这些分支机构主要集中在电子信息领域（300 多家），占津冀分支机构总数的 42.1%。

跨区域科技创新园区是区域协同创新的重要平台和载体。由中关村积极运营、合理布局的跨京津冀科技创新园区链，在京津冀协同创新共同体的建设中起骨干与支撑的作用，已初步形成。北京向周边的辐射带动能力稳步提升，在推进京津冀协同创新共同体建设中，也发挥着越来越大的引领与推进作用。

中关村与雄安两者之间的关系。中关村作为我国第一个国家自主创新示范区，是我国创新资源最丰富、科技成果最密集的地区，而雄安则是经济基础薄弱、新区成立消息发布之前鲜有人关注的"白纸一张"。基于中关村与雄安新区两者之间显著的创新势能差，中关村属于高端扩散主体，而雄安则是一个捕获主体（见图21）。

根据 logostic 模型分析中关村创新生态系统创新发展的演化轨迹，并在此基础上对未来的创新与扩散演进进程进行预测（见图22），结果显示：

2019 年前后，系统由扩散主导阶段过渡至捕获主导阶段，系统处于快速发展时期；

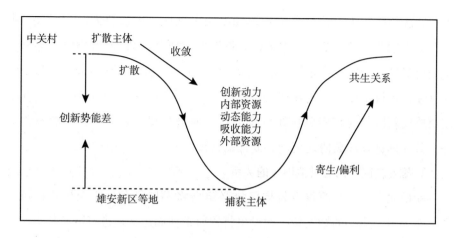

图21　技术创新扩散与捕获的创新势能差解释

资料来源：作者整理。

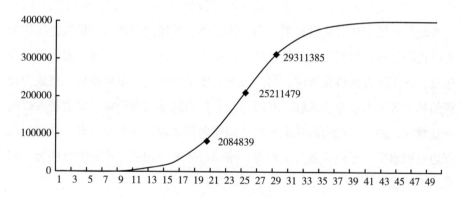

图22　中关村创新生态系统创新发展拟合曲线

资料来源：刘洋《基于创新生态系统的技术创新扩散与捕获研究》，硕士学位论文，河北工业大学，2015。

2023～2024 年达到创新涌现点，系统演进至创新涌现阶段，步入创新发展的成熟期；

2028～2029 年，系统跨入释放阶段，要跨越临界点建立新平衡，并向新结构演进。

从图 22 可得知，目前中关村创新生态系统正处于扩散主导的阶段。而

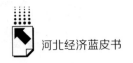

雄安新区的第一个定位便是创新驱动发展引领区，极适合创新的发展。所以，作为创新引领示范区的中关村，将把部分研究向雄安新区转移。当然，中关村对雄安新区并不是简单的辐射，而是引导科技创新资源要素向雄安新区聚集，再根据雄安的实际特点，逐步打造一个适宜的创新生态系统。从而使得雄安新区与北京中关村在科技创新方面进行错位发展，并形成有力互补，共同推进京津冀协同创新共同体的建设。

4. 雄安新区与河北其他地区的关系

就像北京、上海等重点发展区域必定会将发展红利外溢至周边区域一样，作为国家战略的雄安新区建设也将辐射带动周边区域进行配套建设，从而实现共同发展。雄安周边包括霸州市，廊坊文安县，沧州任丘市，保定的满城区、徐水区、清苑区、定兴县、白沟新城、文安新城等众多还在成长中、发展程度较低的区县。雄安新区的建设势必会推动与周边区域的融合。一方面，在雄安新区建设初期，即十到二十年的建设周期内，雄安新区作为新一代增长极，将利用自己的优势，不断从周边地区吸收资源要素进行自身建设，产生巨大的极化效应。另一方面，雄安建设到一定规模后，将成为投资的热土吸引大量企业入驻。届时符合条件的高端高新产业和要素将大规模入驻雄安，而与之配套的功能和产业则将向周边地区辐射和布局，从而提高周边发展水平，形成高效分工协作，增强整体服务功能及产业配套能力，实现高水平融合发展。

不过在目前，雄安新区周边大多发展的都是低端制造业，如满城县的造纸业、高阳县的毛纺印染业、蠡县的皮革制造业、博野县的橡胶制造业等。所以，这些区域必须注意新动能与传统产业的转换。例如，以服装批发、箱包制造等低端产业为主的白沟新城，随着雄安规划逐渐清晰，其中的一些服装企业已陆续去其他地区调研，寻找新的落脚点。

对于整个河北地区来说，按京津冀发展战略的布局，雄安新区和张北地区将一南一北共同形成河北经济发展的新"两翼"。其中张北地区将凭借2022年举办北京冬奥会的机遇，推进本地区建设，成为冀北发展新高地。此外，雄安新区的建设将带动冀中南地区，乃至整个河北的崛起，从而补齐区域发展短板，促进京津冀协同发展。

5. 雄安新区与北京、天津的关系

雄安新区的首要任务便是作为北京非首都功能的集中承载地。因此，它与北京有着天然紧密的联系。雄安新区早期建设的重点在于吸引北京的企事业单位、央企总部或区域总部以及高校、医院等公共服务机构的分支机构入驻，同时还要承接北京的高端高新产业及相应的优质资源要素。雄安将由北京、河北共同建设，雄安的干部队伍除了由河北选拔，还有一部分来自中央，当然雄安的税收等收益也将由两地共享。未来的雄安除了作为河北发展的两翼之一，还将与北京城市副中心通州共同构成北京经济发展的新两翼，双方协调分工、错位发展，共同推进北京的发展进步。

除了承接北京的高端产业转移、资源要素辐射，与天津的对接也同样重要。除了吸引天津的高校、科研机构的分支机构入驻，引进高水平的创新创业人才，地处内陆洼地的雄安也需要借助天津便利的港口、物流进行贸易发展。而且，天津的滨海新区经过十余年的发展，已崛起成为生产总值占据天津半壁江山的重要创新区。它在行政管理体制改革、金融改革创新、城市建设、对外开放、产业发展等领域积累的经验，将成为雄安新区宝贵的借鉴。

雄安新区将成为京津冀城市群"一核、双城、三轴、四区"布局中的重要枢纽，助力京津冀，加快推进世界级城市群的构建。

6. 雄安新区与浦东、深圳的关系

截至2017年，我国一共成立了6个经济特区和19个国家级新区。雄安新区被冠以"新区"之名，看似只是19个新区中的一个，但它实际上又与其他同等级别的新区不同。在央视的新闻稿中，雄安新区的设立被称为"继深圳经济特区和上海浦东新区之后又一具有全国意义的新区"。雄安新区一亮相，便与浦东新区并列，级别比滨海新区、两江新区等其他国家级新区高出许多，同时又与深圳特区比肩，由此，可初步认定雄安既是国家级新区，又是经济特区。

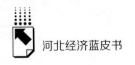

雄安新区的战略定位虽比肩浦东、深圳，但又与浦东、深圳有很大不同。

（1）时代背景不同。1979 年成立的深圳特区正处于市场经济刚刚起步的改革开放初期。1992 年设立的浦东新区处于扩大改革开放时期。浦东和深圳的成立均处于我国经济高速增长的时期，充分享受了要素聚集、经济繁荣及人口红利的优势。而雄安新区则设立于经济新常态时期，经济增长疲软、下行压力增大。

（2）目的不同。深圳特区重心在于对外开放，浦东新区转向了国内体制改革，而雄安新区的发展方向则在于追求区域协同发展。

（3）技术基础及产业特点不同。深圳主要是简单的技术引进，以劳动密集型产业为主。浦东设立于"引进—消化—吸收—再创新"的阶段，发展资本密集与技术密集型产业。而雄安则处于以互联网为基础的新一代信息技术革命的大背景下，此时经济全球化，资源要素双向流动，必须注重自主技术研发与创新，走高技术产业引进与高技术供给型产业发展的道路。

（4）地理位置不同。深圳靠近发达的香港，浦东紧邻繁荣的上海市区，而雄安处于北京、天津、石家庄的中心，与三地的距离均超 100 公里，同时，深圳、浦东是典型的港口城市，而雄安地处内陆，并不沿海沿江。

雄安与深圳、浦东存在很大差异，无法照搬他们的发展模式，但深圳浦东在法治、改革、开放、创新等多方面的经验法将成为雄安新区的宝贵借鉴。未来崛起的雄安将与浦东、深圳一起成为我国三大经济增长极。它们均匀、等距分布，使中国北方与华东、华南遥相呼应，构成沿太平洋最活跃的经济发展区域，引领中国经济发展达到新的高度。

（四）雄安新区的创新区建设

美国创新生态系统的建设经验，为雄安新区的建设带来了重要启示与良好的借鉴。雄安新区的创新区建设，重点在于打造一个创新创业综合体。

1. 创新新模式：精心编制创新生态系统

作为全球最负盛名且经久不衰的高科技创新精神发源地，位于美国加州的硅谷地区因其高科技产业的飞速发展，吸引了全世界的目光。硅谷是世界上最具活力的创新区域，从20世纪50年代起，就一直引领着世界科技革命和技术创新的潮流。从半导体、微电子到软件、电子信息大规模网络再到生物技术、医疗器械，硅谷的高科技产业始终走在世界前列。硅谷还不断涌现出惠普、英特尔、苹果、Facebook等一系列可以不断改变行业标准甚至颠覆整个行业的世界级大公司。硅谷用不到1%的人口创造了美国3%的GDP和13%的专利数量，对美国西部乃至全美的经济发展都有着良好的示范和巨大的推动作用。

从硅谷案例中，我们发现硅谷是美国长期保持经济的繁荣，并在全球经济中心处于领导地位的根本原因，它得益于一个精心编制的创新生态系统。由此可见，在增强区域乃至国家创新能力的过程中，一个良好的创新生态环境的重要性。

创新生态系统是目前创新发展的一个新的、重要的方向，其具体概念是"以系统创新'涌现'为目标，在一定时空范围内，企业、高校、科研机构、金融机构、中介机构、政府机构等主体相互作用，形成稳定的创新网络，通过主体之间以及与创新环境之间不断进行知识、人才、资金与信息交换而形成的具有生态特性的复杂适应系统"。创新生态系统是一种新的创新范式和市场运营模式，具有开放性、复杂性、模块结构性、弹性与演化性等特征，以创新驱动人才、技术、产业发展为本质。

创新行为、范围和环境不断发生着新的变化。我们不仅需要关注一个机构自身内部的创新行为，还要考虑与其他机构间的协同创新、创新效果的传递和扩散，更要注意整个创新生态系统的构建和运行。从京津冀协同创新共同体来看，雄安新区的建设极有可能要尝试构建一个创新生态系统；将打造出吸引全球高端创新创业人才、集聚高端创新创业服务要素、孕育产生关键颠覆性创新的功能中心。在雄安新区，创业投资的年轻人可以享受到低廉的办公场所租金、快捷的行政审批流程、体系化的服务咨询、专业化的培训等

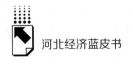
初创所需的必要支持。

2.雄安新区：创新区建设

雄安的创新区建设，在于重点打造创新新城，构建一个创新生态系统。创新生态系统的建设，需要集企业孵化、创业培育、创新研发、成果转化、生活服务、人才集聚、融资服务等多功能为一体。推动创新生态系统建设，将雄安新区打造成为中国的"硅谷"，应注重以下几点。

（1）根据习总书记的指示，雄安新区的四大定位之一便是建设"创新驱动发展引领区"，在四大定位的基础上，其核心战略定位在于"打造贯彻落实新发展理念的创新发展示范区"。由此可见，雄安未来的经济发展将摆脱传统的低端制造等产业，以战略性新兴产业、科技创新型企业为主。雄安新区高新产业发展的过程中，应以企业孵化、创业培育、创新研发、成果转化四个方面为重点。在发展的初期，雄安建设的重点在于承接北京非首都功能输出，尤其是中关村部分高新企业、创业培育、创新研发等的转移，以及与中关村形成合理的创新分工。在此阶段，雄安应注意积极集聚创新要素资源、优先吸纳科技创新成果转化率高的重点实验室、科研机构等。随着科技成果、创新资源的转移，雄安将按照自身的实际特点，发展独具特色的创新企业、创新组织、创新链，乃至创新网络，从而逐步打造一个适宜的创新生态系统，形成独具特色的企业孵化、创业培育、创新研发、成果转化模式，高效推动创新产业发展（见图23）。

（2）近年来，美国涌现出大大小小几十个新的创新集聚区，它们迅速崛起的原因，同时也是它们不同于传统创新区的特征之一，便是颠覆"硅谷模式"的创新空间。这些创新区不像硅谷一样位于远郊区，而是处于交通便利、网络顺畅、空间紧凑的城市空间。在这里不必开车通勤，考虑到家庭、工作、娱乐的有机融合，注重生活的质量。这给予我们一个重要的启示——创新区的建设，应充分考虑生活服务方面。雄安新区的建设如果只注重创新研发、创业培育等，发展情况可能不甚理想，如北京非首都功能疏解到了雄安，创新人才却没有留下来，这种现象出现的原因在于缺乏生活服务的保障。因此，一个创新生态系统，不仅要注

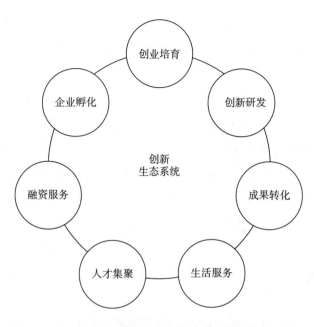

图 23　雄安新区创新生态系统

资料来源：作者整理。

重创新产业的发展，还需要考虑生活服务水平，如提供相关配套的生活设施、娱乐场所，宜居的生态环境以及良好的医疗、保险、教育体制机制等。

（3）创新要素主要包括人才、资金、技术、资源。其中创新人才，尤其是高层次的、顶级的创新人才是最具价值的。美国硅谷、印度班加罗尔等创新区的经验表明，高层次人才集聚效力是创新区发展的根本途径。而人才对周边环境是很敏感的，不仅是创新创业支持环境，还有生活服务水平、知识信息共享氛围等。因此雄安新区应在立法、税收、人才引进与落户等多方面设立优惠政策，通过薪酬激励、技术入股、期权激励等方式确保高层次人才的经济待遇，加快制度创新、科技创新，完善创新创业环境，营造良好的创业氛围，完善配套的生活、娱乐等场所，提高生活质量，保持绿色、宜居的生态环境等，从而将雄安新区打造成为就业者和创业者的乐土，吸引高端创新创业人才和团队的集聚。

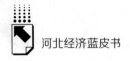
（4）雄安新区的未来产业发展将以初创企业和高新技术企业为主力。这些企业通常能获得很高的收益，同时也伴随很高的风险，融资困难已成为制约它们发展的关键问题。因此在雄安新区建设过程中，必须高度重视融资服务体系建设。雄安新区建设融资服务体系，一方面要构建多层次融资体系，除了政府（特别是中央政府）资金的支持，还需要各类金融机构（包括政策性金融机构和商业性金融机构）、民间资本、社会资本的广泛参与，另一方面，还要推动雄安新区信用体系建设，建立并逐渐完善高新技术企业融资担保体系，注重金融科技的运用，如互联网融资平台等，提高融资服务效率，推动完善相关的法律法规，为新区融资服务构建良好的法制环境等。雄安新区融资服务体系的建设，将帮助初创企业顺利度过"死亡之谷"，有助于高新技术企业突破发展瓶颈，为区域内企业的成长发展提供足够的资金支持。

雄安新区创新生态系统建设，将有力推动雄安新区成为集技术研发、转移交易、成果孵化转化、产城融合为一体的创新引领区和综合改革试验区，最终成为具有全球影响力的科技创新中心，引领中国创新发展达到新高度。

参考文献

祝尔娟：《京津冀协同发展指数研究》，《河北大学学报》（哲学社会科学版）2016年第 3 期。

黄群慧、叶振宇：《基于新发展理念的京津冀协同发展指数研究》，《区域经济评论》2017 年第 3 期。

祝尔娟：《京津冀一体化中的产业升级与整合》，《经济地理》2009 年第 6 期。

张贵、刘雪芹：《京津冀区域产业协同创新能力评价与战略选择》，《河北师范大学学报》（哲学社会科学版）2015 年第 1 期。

张贵、齐晓梦：《京津冀协同发展中的生态补偿核算与机制设计》，《河北大学学报》（哲学社会科学版）2016 年第 1 期。

薄文广、陈飞：《京津冀协同发展：挑战与困境》，《南开学报》（哲学社会科学版）

2015 年第 1 期。

程恩富、王新建：《京津冀协同发展：演进、现状与对策》，《管理学刊》2015 年第 1 期。

刘政永、刘会静：《京津冀协同发展统计监测指标体系构建与实证分析》，《合作经济与分析》2015 年第 11 期。

武义青、田学斌、张云：《京津冀协同发展三年回顾与展望》，《经济与管理》2017 年第 2 期。

张贵、李佳钰：《构建京津冀现代化交通网络的战略思考》，《河北工业大学学报》（社会科学版）2015 年第 2 期。

孙虎、乔标：《京津冀产业协同发展的问题与建议》，《中国软科学》2015 年第 7 期。

孙久文、张红梅：《京津冀一体化中的产业协同发展研究》，《河北工业大学学报》（社会科学版）2014 年第 6 期。

张贵、贾尚键、苏艳霞：《生态系统视角下京津冀产业转移对接研究》，《中共天津市委党校学报》2014 年第 4 期。

张贵、王树强、刘沙、贾尚键：《基于产业对接与转移的京津冀协同发展研究》，《经济与管理》2014 年第 4 期。

祝尔娟、鲁继通：《以协同创新促京津冀协同发展——在交通、产业、生态三大领域率先突破》，《河北学刊》2016 年第 36 期。

王中和：《以交通一体化推进京津冀协同发展》，《宏观经济管理》，2015 年第 7 期。

刘雪芹、张贵：《创新生态系统：创新驱动的本质探源与范式转换》，《科技进步与对策》2016 年第 33 期。

周莉清、布鲁斯·卡茨、朱莉·瓦格纳：《创新区域涌现：美国国家创新的新地理》，《统计与管理》2016 年第 2 期。

张贵、原慧华：《创新驱动新方向与京津冀创新创业生态系统的构建》，《领导之友》2016 年第 13 期。

马骥：《雄安新区发展的战略思考》，《统计与咨询》2017 年第 2 期。

肖金成、张贵等：《雄安新区战略发展的路径选择——"雄安新区与京津冀协同发展：理论及政策"高端论坛专家发言摘编（上）》，《经济与管理》2017 年第 31 期。

孙久文、彭建强等：《雄安新区战略发展的路径选择——"雄安新区与京津冀协同发展：理论及政策"高端论坛专家发言摘编（下）》，《经济与管理》2017 年第 31 期。

分 报 告

Topical Reports

B.2
制造业产业转移与京津冀协同发展[*]

李峰 王岩[**]

摘 要： 2014年4月中共中央政治局通过了《京津冀协同发展规划纲要》（简称《纲要》），标志着京津冀协同发展上升为国家战略。其中，《纲要》明确提出要将产业升级转移作为京津冀协同发展的率先的突破领域。制造业是自主创新战略的重要载体，作为京津冀区域的重要行业，研究制造产业转移成为认识京津冀产业结构调整优化，把握京津冀协同发展深化的重要主题。尤其在生产要素价格高涨、生态环境恶化、节能减排约束等背景下，制造业是京津冀地区产业转型升级的关

---

* 国家社科基金重点项目"基于竞争优势转型的我国产业创新生态系统理论、机制与对策研究"（14AJY006）；河北省高等学校人文社会科学研究重点项目"京津冀协同发展下河北省承接京津新兴产业的实证与对策研究"（SD161051）。

** 李峰，经济学博士，河北工业大学经济管理学院副教授，研究方向为产业创新与区域经济。王岩，河北工业大学经济管理学院硕士研究生。

键，分析京津冀制造业转移特征及对空间的影响，对于打破京津冀制造产业行业同构导致资源错配，研究京津冀区域经济分工、经济形态多样化与高级化，打造新的京津冀制造产业循环路径与网络，具有重要的现实意义。

关键词：　京津冀　制造产业　产业转移

一　文献综述

从理论上来看，产业转移是提升区域整体竞争力、促进区域一体化的重要路径。日本学者赤松要早期提出"雁形"发展模式以及后来的小岛清提出边际产业理论，认为国际产业转移会影响东道国经济结构，会促进东道国产业结构升级。宋哲认为产业转移产生技术转移和溢出效应，能够优化产业结构，培育新的区域整体竞争优势，推进区域协调发展。并且，伴随产业转移的过程，要素流动对地区产业集聚水平也会产生重要影响（张辽，2016）。张卫芳（2014）总结认为产业转移具有三个规律，即从边际产业开始阶段性转移、从全球价值链的低端开始向两端扩展、从相对发达的国家或地区转移到欠发达国家或地区。李泽民（2007）也认为从区域协同发展来看，产业转移对缩小区域差距具有正向作用，并对产业转移与我国东西部发展不平衡关系进行相应研究。张少军等（2009）从全球价值链角度分析产业转移，认为地方要充分发挥学习曲线、发挥比较优势，需要根据动力机制制定本区发展战略。

伴随京津冀协同发展的全面深化，产业转移作为京津冀区域协同与发展的重要经济活动，受到经济学界普遍重视。在京津冀产业转移的动力方面，赵黎明、张莉（2011）从基于结构调整的驱动力，基于技术创新的原动力，基于交通、通信的支撑力，基于成本攀升的推动力和基于制度层面的契合力五个方面分析了京津冀产业转移和产业一体化的动力基础。李然、马萌

（2015）从市场和政府两个角度分析了京津冀产业转移的动力机制，将生产要素禀赋差异和产业结构差异作为市场驱动的主要因素，以政府调控实现京津冀区域协调发展的引擎作用。张晗等（2016）从全球价值链角度对影响河北省产业转移的动力因素进行了实证分析，结果表明：承接地的经济水平、人力资本情况以及劳动生产率均是产业转移的重要影响因素，并认为河北应从这些因素着手促进京津冀地区产业协调发展。宋立楠（2017）认为京津冀须建立起自组织系统及系统演化的内部动力机制，建立区域协调机制、利益共享机制、成本分担机制和产业匹配机制，以促进京津冀三地产业有序转移。

在河北省承接京津产业转移的能力方面，田励平、刘浩等运用主成分分析方法，以河北省内 11 个城市的承接产业转移能力为研究对象，依据 2014 年各城市的相关数据，对各城市承接产业转移的能力进行综合评价，指出了各城市在承接产业转移能力上的优势及不足之处。吴建民等（2017）基于产业转移和区位选择理论，对河北省县域承接京津产业转移的综合能力进行了研究，结果发现 2005～2014 年县域产业承接力逐步提高，但推动要素发生了改变，土地、人口等基础类指标对产业承接力的贡献在降低，经济、市场、政府等发展类指标的贡献在上升。赵向阁等（2017）对北京大型商品交易市场向河北转移的区位选择进行了研究，利用因子分析法评价了河北省 11 个城市进行商品交易市场区位吸引力，指出省会石家庄优势最为明显，是最佳承接地，其次为唐山，紧随其后的是邯郸、保定、沧州，其他各市区位吸引力则较弱。皮建才等（2017）认为京津冀地区既要面对协同发展的问题，也要面对环境污染的问题，在产业转移的过程中进行合适的区位选择可以有效权衡这两个问题，指出产业转移具体的区位选择受到协同效应、跨界污染程度、居民环境偏好等因素的影响。张贵等（2014）认为京津和津冀间优势产业重合度较高，竞争倾向较高，京冀间相似系数较低，产业差异明显，转移产业以传统制造业为主。叶振宇（2017）指出京津冀产业转移协作面临着产业落差大、转出地基层政府阻力多、对接协作机制不健全等问题。为了破解这些问题，京津冀三地要以非首都功能疏解为契机，注重政府引导和市场化手段相结合。

伴随我国区域经济正从规模速度型增长转向质量效率型增长，对于京津冀整个区域而言，制造业的空间转移与分布将关系京津冀产业转型升级，也将影响该地区生态环境的改善与优化。孙久文等（2015）利用地区相对专业化指数、地区间专业化指数、SP 指数来测算京津冀一体化对制造业空间格局的影响，认为北京与河北、天津形成了不同的制造业格局，专业化分工较为明显，但是河北与天津之间的专业化指数较小，并且呈现出小幅度下降趋势，北京正逐步将劳动密集型、资源密集型行业转移到河北与天津，逐步形成以高新技术为主的制造业格局。刘安国等（2013）从规模和效率两个视角对制造业进行分析，认为京津冀制造业产业转移与产业空间结构调整优化重点领域可以划为 4 个分区：本地集聚强化区、结构调整与优化区、待观察区、优先转移区差别化的进行产业转移。鲁金萍等（2015）利用改进后的产业梯度系数和制造行业产值份额指标，对京津冀内部 30 个制造行业的梯度势差和空间布局进行分析和测算，全面考察了京津冀内部制造业转移的基础与优势以及制造业转移的趋势与走向。李峰等（2016）通过份额偏离分析法，对 2005~2014 年京津冀制造产业转移进行分析，认为京津冀制造业均在不同程度的增长，但三地制造业结构效应和空间效应表现差异较大，三地制造产业增长同构现象比较明显，制造业细分产业空间效应表现不同。应进一步完善京津冀地方政府之间协作机制，打造新的京津冀制造产业循环路径与网络，在制造业转移、重组与技术创新中提高企业群体的竞争效率。

现有研究对于京津冀产业结构变动与产业转移的分析较多，而对于京津冀制造业发展特征及变动趋势的系统性研究较少，尤其对京津冀地区制造产业总体空间格局分析不足。产业转移并不特指产业间生产要素的转移，而是空间维度上移动的、动态的经济过程（冯启文，2010）。因此，本报告对京津冀区域制造行业总体发展特征进行分析和梳理，考察京津冀区域内部产业转移的趋势与走向，研究制造业产业转移对京津冀整个区域发展的经济影响，为京津冀地区结构调整与空间优化提供参考。

二 京津冀制造业整体发展现状

（一）京津冀经济总体状况

如图 1、图 2 所示，2016 年京津冀地区生产总值合计达 74612.51 亿元，在国内生产总值中的占比约为10%，其中第一产业、第二产业、第三产业增加值分别为3842.62亿元、27836.77亿元、42933.2亿元。2007~2016年，京津冀三个地区的生产总值呈明显增长趋势，但变化幅度各有差异，北京、天津增幅较大，河北增速略有下降。

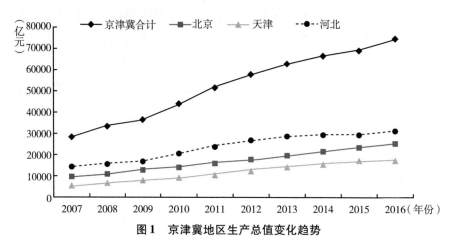

图1 京津冀地区生产总值变化趋势

资料来源：相关年份的北京统计年鉴、天津统计年鉴、河北经济年鉴；2016年三地国民经济和社会发展统计公报。

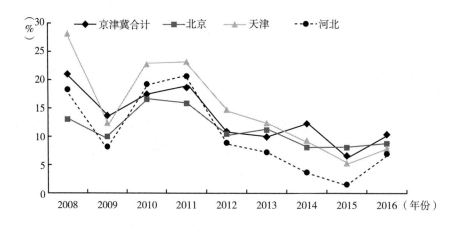

图2 京津冀地区名义生产总值增长率

资料来源：相关年份的北京统计年鉴、天津统计年鉴、河北经济年鉴；2016年三地国民经济和社会发展统计公报。

就京津冀地区三次产业增长率而言，总体上京津冀三地的第一产业增长率都要低于全国平均水平（见图3）。京津冀三地第一产业的增长率基本呈明显下降趋势，尤其是北京近三年的第一产业增长均为负值，说明第一产业在北京地区总产值的比重越来越低，其产业结构趋于高级化。天津第一产业增长率从2014年开始稳定在5%左右。河北第一产业增长率在2015年出现负值，但在2016年又出现正增长。

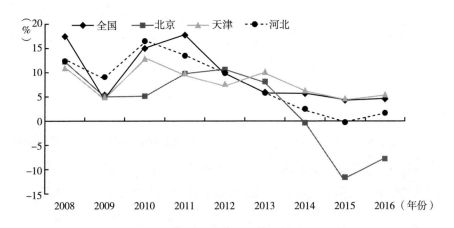

图3　全国及京津冀第一产业增长率

资料来源：相关年份的北京统计年鉴、天津统计年鉴、河北经济年鉴；2016年三地国民经济和社会发展统计公报。

如图4所示，京津冀三地的第二产业增长率基本呈下降趋势，其中天津第二产业增长率整体略高于京冀，而河北第二产业的增长率为三地最低，且2012年以来低于全国平均水平。北京和天津的第二产业多为科技含量高的先进制造业，尤其天津在建设全国先进制造研发基地战略的指导下，大力发展航空航天、生物医药等高端产业。河北在经济转型压力下，第二产业增长速度放缓，为其积极吸收引进京津产业转移提供了契机。

如图5所示，就京津冀地区第三产业增长率而言，天津的第三产业增长率最高且基本高于全国平均水平，北京由于进入后工业化阶段，产业结构变动不明显，其第三产业增长率近几年基本持平。河北第三产业增长率不仅为京津

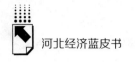

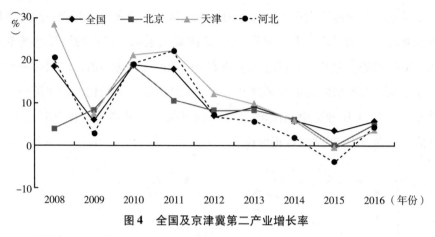

图4 全国及京津冀第二产业增长率

资料来源：相关年份的北京统计年鉴、天津统计年鉴、河北经济年鉴；2016年三地国民经济和社会发展统计公报。

冀三地最低，而且还低于全国平均水平。近年河北省面临经济转型和环境保护的艰巨任务，在工业产业增速迅速放缓的背景下，第三产业成为河北省经济发展的重要依靠，而第三产业增长率的下降使得河北省经济发展面临更大压力。

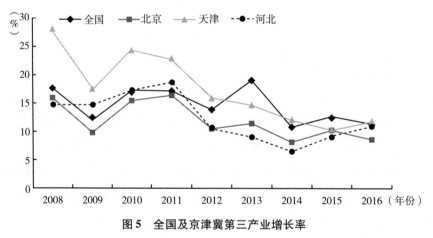

图5 全国及京津冀第三产业增长率

资料来源：相关年份的北京统计年鉴、天津统计年鉴、河北经济年鉴；2016年三地国民经济和社会发展统计公报。

从近五年产业贡献率数据看，北京市第三产业对经济增长的贡献率最高，天津市和河北省第二产业对经济增长的贡献率最高（见表1）。2015

年，北京市第三产业贡献率达到90.2%，天津第二产业贡献率达到53.0%，第二产业依然是天津市经济增长的主要力量，但对经济增长的贡献呈下降趋势。天津市第三产业贡献率由2011年的41.0%增长至2014年的46.7%，保持了稳定增长，说明天津市第三产业发展速度加快，正逐渐发展成为天津市新的经济增长点。河北省第一、第二产业贡献率呈现明显的下降趋势，第三产业贡献率增长迅速。2015年河北省第一产业贡献率达到3.8%，是京津冀区域第一产业贡献率最高的省份，说明河北省农业产业化水平不断提高，在区域内农业相对优势明显。第二产业贡献率由2011年的62.7%下降至2015年的37.2%，河北省经济增长对第二产业的依赖正逐渐下降。第三产业贡献率则由2011年的32.7%增长至2015年的59.0%，增长幅度和速度均较高。

表1　京津冀三次产业贡献率

单位：%

年份	北京市三次产业贡献率			天津市三次产业贡献率			河北省三次产业贡献率		
	第一产业	第二产业	第三产业	第一产业	第二产业	第三产业	第一产业	第二产业	第三产业
2011	0.1	19.7	80.2	0.4	58.6	41.0	4.6	62.7	32.7
2012	0.3	22.9	76.8	0.3	58.6	41.1	4.9	64.0	31.1
2013	0.3	24.3	75.4	0.4	54.4	45.2	4.4	59.8	35.8
2014	0.0	21.7	78.3	0.2	50.9	48.8	5.8	42.1	52.1
2015	-1.1	10.9	90.2	0.3	53.0	46.7	3.8	37.2	59.0

资料来源：相关年份的北京统计年鉴、天津统计年鉴、河北经济年鉴。

综上，从近几年趋势看，全国和京津冀三地的三次产业增长率都有明显下降，但天津的增长比较快速，第一、二、三产业增长率都表现出强劲的势头，尤其是第二产业在天津市经济增长中占有重要地位。北京市第一产业增长率不断下降，第二、三产业产值保持正增长，体现了北京市产业机构合理化和高级化的趋势。河北省三大产业均为正增长，但增长幅度较小，只有第二产业增幅较大，说明京津冀协同发展战略实施以来，河北省承接京津产业转移效果初步显现。

（二）京津冀制造产业发展与转移状况

1. 京津冀区域内产业发展水平差异明显，存在产业结构梯度，为京津产业转移提供了良好基础

"十二五"以来，京津冀地区三次产业结构变化的总体趋势是第一、第二产业比重下降，第三产业比重上升。如表2所示，北京市是京津冀区域产业结构最优的区域，其第三次产业的比重在2016年达到了80.3%，已经进入后工业化阶段。天津市第二产业比重一直呈下降趋势，2014年第三产业比重首次超过了第二产业成为主导产业，2016年天津市第三产业的比重达到了54.0%，总体来看天津市已经进入工业化后期阶段。河北省三次产业结构的比例大体稳定，第二产业比重从2012年开始逐步下降，第三产业比重缓慢上升。2009~2016年，第一产业比重保持在11%~13%，第二次产业比重保持在47%~54%，第三产业比重保持在34%~42%，总体来看河北省仍处于工业化中期阶段。因经济发展水平差异，河北省与北京和天津在产业结构上存在较大差异，且存在北京—天津—河北的产业梯度次序，为河北承接京津产业转移提供了基础。

表2　2009~2016年京津冀三次产业结构比重对比

单位：%

年份	北京市三次产业比重			天津市三次产业比重			河北省三次产业比重		
	第一产业	第二产业	第三产业	第一产业	第二产业	第三产业	第一产业	第二产业	第三产业
2009	1.0	23.1	75.9	1.7	53.0	45.3	12.81	51.98	35.21
2010	0.9	23.6	75.5	1.6	52.4	46.0	12.57	52.50	34.93
2011	0.8	22.6	76.6	1.4	52.4	46.2	11.85	53.54	34.61
2012	0.8	22.2	77.0	1.3	51.7	47.0	11.99	52.69	35.32
2013	0.8	21.7	77.0	1.3	50.6	48.1	11.90	52.00	36.10
2014	0.7	21.4	77.9	1.3	49.1	49.6	11.70	51.00	37.30
2015	0.6	19.7	79.7	1.3	46.5	52.2	11.54	48.27	40.19
2016	0.5	19.2	80.3	1.2	44.8	54.0	11.0	47.3	41.7

资料来源：相关年份的北京统计年鉴、天津统计年鉴、河北经济年鉴；2016年三地国民经济和社会发展统计公报。

京津冀三地第二产业的增长率整体呈现下降趋势，在 2016 年有所回升。天津市第二产业增长率总体上高于全国水平，且高于北京市和河北省的增长率，说明第二产业在天津市具有重要地位。2015 年三地第二产业的增长率均出现负值，但在 2016 年均回升为正增长，经济形势有所好转。可以看出，河北省第二产业的增长率总体上低于京津两地，这在一定程度上体现了河北省工业发展水平和发展潜力相对较低。

2. 京津冀三地制造业细分产业结构差异较大，三地制造产业占比呈现显著不同

从京津冀内部来看，京津冀地区产业比重变化明显。如图 6 所示，2007 年，北京在京津冀地区制造业产值占比最大的行业是仪器仪表制造业，占比为61.48%，产值比重超过 40% 的其他行业有通信设备、计算机及其他电子设备制造业，占比为 56.21%，印刷业和记录媒介复制业，占比为 52.29%，交通运输设备制造业，占比为 40.03%。产值在三地中占比最小的是皮革、毛皮、羽毛（绒）及其制品业，占比为 1.77%，接下来为化学纤维制造业，占比为 7.80%，黑色金属冶炼及压延加工业，占比为 8.10%，纺织业，占比为 9.67%。

2007 年，天津在京津冀地区制造业产值占比最大的行业是文教、工美、体育和娱乐用品制造业，占比为 54.21%，产值比重超过 40% 的行业还有通信设备、计算机及其他电子设备制造业，占比为 41.81%。产值在三地中占比最小的是化学纤维制造业，占比为 6.83%，接下来为皮革、毛皮、羽毛（绒）及其制品业，占比为 7.76%，纺织业，占比为 10.64%，木材加工及木、竹、藤、棕、草制品业，占比为 11.21%。

2007 年，河北占京津冀地区制造业比重明显很大，其中产值在三地中占比最大的是皮革、毛皮、羽毛（绒）及其制品业，占比 90.47%，超过50% 的产业有 12 个，其他分别为（产值比从大到小）化学纤维制造业，占比 85.36%，纺织业，占比为 79.68%，木材加工及木、竹、藤、棕、草制品业，占比为 77.49%，黑色金属冶炼及压延加工业，占比 69.50%，烟草制品业，占比为 67.12%，农副食品加工业，占比为 66.76%，造纸及纸制品业，占比为 65.50%，非金属矿物制品业，占比为 65.41%，食品制造业，占比为59.83%，化学原料及化学制品制造业，占比为54.11%，橡胶和塑料制品业，占比为52.10%。产值在三地中占比最小的是通信设备、计算机及其他电子设备制造业，占比1.98%。接下来为仪器仪表制造业，占比为10.41%，其他制造业，占比为18.46%，交通运输设备制造业，占比为20.49%。整体来看，河北的产值比重最大，高端制造业比重小，京津两地的产业以技术类产业为主。

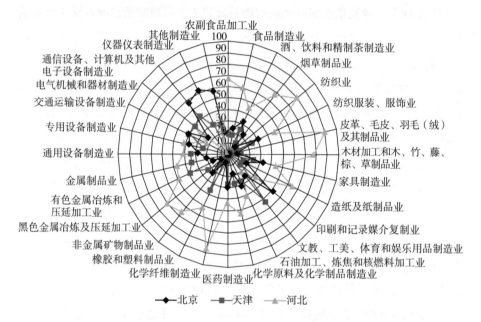

图6　2007年京津冀地区制造业内部各产业占京津冀地区产值的比重

资料来源：相关年份的北京统计年鉴、天津统计年鉴、河北经济年鉴。

如图7所示，2015年，河北产值占京津冀地区的比重依然很大，其中产值在三地中占比最大的仍是皮革、毛皮、羽毛（绒）及其制品业，占比为93.70%，超过50%的产业有16个，占比排名前五的其他产业分别为（产值比从大到小）：纺织业，占比为92.48%；木材加工及木、竹、藤、棕、草制品业，占比为88.94%；化学纤维制造业，占比为82.70%；烟草制品业，占比为77.17%。产值在三地中占比最小的仍是通信设备、计算机及其他电子设备制造业，占比为9.83%。仪器仪表制造业，占比为

23.73%；其他制造业，占比为 24.32%。

北京在京津冀地区制造业产值占比最大的行业仍是仪器仪表制造业，占比为 58.50%，产值比重超过 40% 的其他行业为交通运输制造业，占比为 40.43%，通信设备、计算机及其他电子设备制造业，占比为 40.34%。产值在三地中占比最小的是烟草制品业和化学纤维制造业，接下来为黑色金属冶炼及压延加工业，占比为 0.70%。

天津在京津冀地区制造业产值占比最大的行业是有色金属冶炼和压延加工业，占比为 61.45%，产值比重超过 40% 的其他行业为文教、工美、体育和娱乐用品制造业，占比为 54.86%，食品制造业，占比为 51.58%。产值在三地中占比最小的是皮革、毛皮、羽毛（绒）及其制品业，占比为 5.59%，木材加工及木、竹、藤、棕、草制品业，占比为 5.82%，接下来为纺织业，占比为 6.84%。

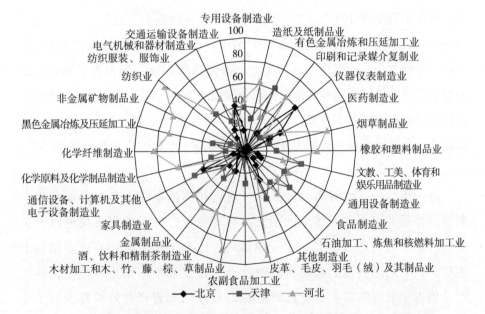

图 7　2015 年京津冀地区制造业内部各产业占京津冀地区产值比重雷达图

资料来源：相关年份的北京统计年鉴、天津统计年鉴、河北经济年鉴。

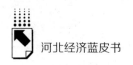

可以看出，2007～2015年，河北产值比重变化幅度超过30%的有：通信设备、计算机及其他电子设备制造业，增幅达59.55%；交通运输设备制造业，增幅38.93%；家具制造业，降幅33.99%；纺织业，降幅33.52%，北京产值比重变化幅度超过30%的为：通信设备、计算机及其他电子设备制造业，降幅达48.89%；印刷业和记录媒介复制业，降幅31.64%。天津产值比重变化幅度超过30%的是食品制造业，增幅34.78%。整体来看：河北的制造业产值有明显增加，技术类产业占比开始增高；北京的制造业产值占比明显下降，大多数行业产值在京津冀地区比重均呈下降趋势，但是先进制造业产业比重仍然最大，并具有比较优势；天津的制造业开始出现分化，技术密集型产业产值增加较快，资源和劳动密集型产业的产值在减少。

3. 随着京津冀协同发展深化，京津冀制造产业转移速度加快

如表3所示，比较京津冀三地的制造产业结构，电力、热力生产和供应业、汽车制造业和计算机、通信和其他电子设备制造业三大产业产值占北京市规模以上工业总产值的比重达到了57%，产业优势突出。天津市排在第一位的是黑色金属冶炼和压延加工业，占比达到15%，排在第二和第三位的分别是计算机、通信和其他电子设备制造业和汽车制造业，前三大产业总产值占全市规模以上工业总产值的33%。河北省排在前三位是工业行业分别是黑色金属冶炼和压延加工业，电力、热力生产和供应业和金属制品业，三大产业占全省规模以上工业总产值的34%。

进一步分析可以看出，计算机、通信和其他电子设备制造业和汽车制造业都是北京市和天津市的两大主导产业，二者于北京市规模以上工业总产值中的占比为34%，于天津市的占比为17%，两市在产业结构上表现出较大的趋同性。河北省的钢铁产业在工业中占据主导地位，其生产总值占全省规模以上工业总产值的22%。河北省产业规模较大的工业行业多为资源消耗性行业，工业结构不合理，河北省要实现经济健康持续发展，工业产业结构调整迫在眉睫。

总体来说，文教、工美、体育和娱乐用品制造业，废弃资源综合利用业，

表3　2015年京津冀生产总值前10位工业行业

单位：亿元

北京		天津		河北	
行业	产值	行业	产值	行业	产值
电力、热力生产和供应业	4085.56	黑色金属冶炼和压延加工业	4334.27	黑色金属冶炼和压延加工业	10131.21
汽车制造业	3882.86	计算机、通信和其他电子设备制造业	2606.85	电力、热力生产和供应业	2771.30
计算机、通信和其他电子设备制造业	2110.20	汽车制造业	2383.58	金属制品业	2742.49
电气机械和器材制造业	786.17	食品制造业	1391.44	化学原料和化学制品制造业	2685.58
医药制造业	733.02	化学原料及化学制品制造业	1360.12	农副食品加工业	2179.64
石油加工、炼焦和核燃料加工业	591.12	金属制品业	1330.83	汽车制造业	2164.22
专用设备制造业	543.74	加工业	1322.83	电气机械和器材制造业	2032.97
通用设备制造业	487.95	专用设备制造业	1223.09	非金属矿物制品业	1969.25
燃气生产和供应业	407.76	铁路、船舶、航空航天和其他运输设备制造业	1203.86	黑色金属矿采选业	1753.43
非金属矿物制品业	392.16	通用设备制造业	1199.93	石油加工、炼焦和核燃料加工业	1738.95

资料来源：依据《北京统计年鉴2016》《天津统计年鉴2016》《河北经济年鉴2016》数据整理。

业，食品制造业这些资源消耗小、污染程度较低的产业在京津冀地区继续保持较快的增长，而铁路、船舶、航空航天和其他运输设备制造业、金属制造业等资源消耗量较大的产业增长幅度相对较小，黑色金属冶炼及压延加工业、金属制品、机械和设备修理业等资源消耗型、污染严重的产业增长缓慢，反映出京津冀地区正逐步限制与转移相关产业。

从资金额来看（见表4），2016年，河北从京津引进项目4100个、资金3825亿元。京津冀协同发展战略实施三年来，河北累计签约引进北京商户

23140 户,入驻 5440 户。河北与京津共建各类科技园区 55 个、创新基地 62 个、创新平台 157 个,吸引 1350 多家京津高新技术产业落户河北。2014 ~ 2016 年,河北省引进京津资金 11401 亿元,超过全省同期从外省引进资金的 50%;天津引进京冀资金 5226.74 亿元,占全市从外省引进资金的 44%。2016 年,北京企业在津冀投资项目到位金额分别为 1699.64 亿元和 3685.29 亿元,同比增长分别为 21.7% 和 22%,天津企业在河北投资项目到位金额 521.38 亿元,同比增长 19%。

到 2016 年底,渤海新区已累计承接京津合作项目 208 个,总投资 2083 亿元。主要涉及生物医药、石油化工、汽车装备、港口物流、科研院校等多个领域。其中,与北京合作项目 171 个,总投资 1982 亿元。唐山市共实施亿元以上京津合作项目 232 项,总投资 5745.3 亿元,其中与北京合作项目 179 项,总投资 5504.77 亿元,与天津合作项目 53 项,总投资 240.53 亿元。1 ~ 6 月完成投资 150.64 亿元,累计完成投资 674.68 亿元。项目主要涉及钢铁、电力、装备制造、新能源、现代服务业等领域。张家口市主动对接京津,积极承接北京产业转移,共引进北京资金 1047 亿元,占全市引资的 49.5%。北汽福田汽车集团绿色智能制造示范工程、张北云联数据中心等 60 个重大项目和重点工作列入《京津冀协同发展规划纲要》。2016 年引进北京项目 106 个,引进资金 385.22 亿元。可以看出,伴随京津冀协同的深化,北京、天津、河北三地产业转移效果明显。

表 4 京津冀产业转移项目与资金额

单位:亿元

产业/项目	转出地	转入地	投资总额
装备制造、精品钢材、农产品深加工等	京津	河北唐山	2000.0
裘皮小镇配套暨裘皮服装加工扩建项目	华斯股份	河北沧州	3.5
新能源环卫专用车项目	北京	河北唐山	15.5
中国航天三院涞水科技研发基地项目	中国航天科工集团三院	河北保定	35.1
解放军总医院涿州后勤保障基地项目	解放军总医院	河北保定	53.0
北京现代沧州工厂项目	北京现代汽车有限公司	河北沧州	120.0

资料来源:根据公开资料整理得到。

三 京津冀制造产业转移面临的困境与制约瓶颈

（一）京津冀三地所处工业化阶段不同，制造业互补性较强，制造业发展重心不同，三地对产业分工协作的需求迫切

从经济发展阶段来看，北京、天津、河北分别处于后工业化阶段、工业化后期阶段和工业化中期阶段，京津冀三地呈明显的梯度变化格局。北京是我国政治、文化、科技、国际交往的中心，农业所占比重较小，现代服务业和科技相对发达，产业结构呈现出"三二一"的模式，处于后工业时代。第二产业主要以高技术产业及汽车、通信、医药制造等现代制造业为主，并加快互联网金融、大数据金融、信息服务业、科技服务业等产业的发展。天津制造业产业基础雄厚，形成了航空航天、装备制造、电子信息、生物医药、新能源新材料等优势产业，此外通信设备、计算机及其他电子设备制造业、黑色金属冶炼及压延加工业、交通运输设备制造业、废弃资源和废旧材料回收加工业等产业在全国具有明显优势，在资源吸附和聚合上具有良好的区域和产业优势。河北正处于工业化中期阶段，主导产业为第二产业。河北是我国重要的材料、能源基地，钢铁、水泥、玻璃等产能占全国重要份额。相比京津两地，河北的第一产业所占比例高，伴随压缩产能、治理污染的强约束，第二产业亟须推动原材料产业高端化、特种化、功能化转型升级，促进优势产能国际合作。

京津冀地区制造业总体来看，京津冀各有其优势与劣势产业，处于同一产业也存在不同的优势环节，且呈现互补状态，这就使得三地的产业对接与转移存在可能性。但是，高端制造业在全国的比重仍旧较低，尤其是通信设备、计算机及其他电子设备制造业本来是地区优势产业，但在 2015 年占全国的比重出现大幅下降，该行业在全国范围内的竞争优势明显降低。金属制品业、印刷和记录媒介复制业在全国的比重增幅最大，说明这两个行业在全国范围内的产业规模和竞争优势均较大。高端制造业占全国的比重也有一定

程度的提高。可以看出，京津冀地区制造业升级正在逐步推进，但是总体而言传统制造业比重较高、优势行业较少，可见京津冀制造业加快转型升级迫在眉睫。并且，由于行政区划的分割导致京津冀区域内行政力量的干预，生产要素流动不畅，削弱了市场资源配置效率的能力，资源分布不集中，利用效率有待提升，以致京津冀制造业整体经济效益下降。

（二）京津冀地区科技资源优势突出，为制造业创新发展提供了良好基础，但京津冀三地企业制造网络弱，持续创新能力亟须提升

京津冀地区集中了全国 1/3 的国家重点实验室和工程技术研究中心，拥有超过 2/3 的两院院士，聚集了以中关村国家自主创新示范区为代表的 7 个国家高新区和 7 个国家级经济技术开发区，拥有丰富密集的创新资源。北京拥有中国科学院、中国工程院等科研机构，拥有全国最大的科学技术研究基地，每年获得科研奖励约占全国的 1/3。天津市是国际港口城市，是发展较为成熟的中心性城市，在港口贸易、生产性科技研发、现代制造、物流等方面具有独特的优势，这些为制造业创新发展提供了良好基础。然而，京津冀区域内创新分工格局尚未形成，对区域整体的协调和综合效益考虑滞后，科技资源共享不足，三地科技创新协同转化与制造业转型升级任务比较艰巨。以新一代电子信息战略性新兴产业为例，京津冀地区是我国重要的电子信息产业集群之一，北京是我国电子信息制造业研发创新中心，电子信息产业是天津的八大优势主导产业，但京津冀电子信息制造业协作体系不完善，集成电路和关键核心技术对外依存度高，电子信息产业集群整体没有进入设计、知识产权经营等知识、技术密集型的产业环节，使得电子信息产业发展抗风险能力差、增值空间有限。

（三）京津冀三地经济发展不平衡，三地城市梯度层次差异较大，从空间上制约了制造业协同发展

如表 5 所示，2015 年，北京市金融业表现最为突出，其总产值占第三产业产值的比重达 21%，排名前 5 的服务业总产值对 GDP 的贡献超过了

50%，说明高端服务业已经成为北京市经济增长的重要引擎。天津市排在前5位的服务行业与北京市基本一致，行业产值排名略有区别。天津市服务业产值最高的行业为批发和零售业，其产值占第三产业的比重达24%，金融业紧随其后，其产值占第三产业的比重达19%。科学研究、技术服务业在京津服务业中均占有重要地位，说明京津两地的科研技术水平相对较高。

表5　2015年京津冀生产总值前10位服务行业

单位：亿元

北京		天津		河北	
行业	产值	行业	产值	行业	产值
金融业	3926.3	批发和零售业	2070.04	批发和零售业	2381.23
信息传输、软件和信息技术服务业	2383.9	金融业	1603.23	交通运输、仓储和邮政业	2359.09
批发和零售业	2352.3	租赁和商务服务业	735.95	金融业	1480.92
科学研究和技术服务业	1820.6	交通运输、仓储和邮政业	729.09	房地产业	1313.62
租赁和商务服务业	1766.8	科学研究和技术服务业	714.56	住宿和餐饮业	404.43

资料来源：依据《北京统计年鉴2016》《天津统计年鉴2016》《河北经济年鉴2016》数据整理。

同时，京津冀地均经济密度差距较大，2014年河北地均经济密度为1565元/平方公里，仅为京津的1/8，这一差距明显增加了资金、人才在区域间的流动成本，也降低了企业在京津冀区域间转移的意愿。同时，地区城市体系结构性失衡比较明显，北京和天津分别为京津冀特大城市，而中间层的大城市数量过少，没有形成有效承接京津制造业的次级核心，区域间难以形成深度梯度合作。京津冀三地公共服务水平差距非常明显，在区域教育投入、医疗卫生、社会保障以及公共文化服务等方面存在巨大差异，制约了三地产业协同发展。根据南开大学经济与社会发展研究院院长刘秉镰的数据，当前中关村的科技成果转化中，96%离开了京津冀，河北、天津分别拿去转化的科技成果仅占中关村所有落地成果的2%和1.8%。相比之下，江苏省落地的科技成果，则有85%来自中关村。

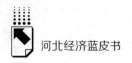
（四）京津冀制造业智能化具备一定基础，但信息化与工业化融合程度还有提升空间，尤其信息技术与制造业转型还远远不足

由于工业发展历史悠久，京津冀制造业具备良好的基础，伴随工业化与信息化融合，信息技术已广泛应用于设计、工艺、生产等生产流程，在装备制造及机床等如数字化模具、数控机械设备上已普及，提高了制造业的自动化和智能化水平。但相比国外发达国家，京津冀信息化与工业化融合深度不够，尤其高端传感器、重要操作系统和数字化基础的智能化水平还有待提高。

从京津冀协同体系来看，由于京津冀三地科技资源共享不足，缺少跨省级的信息化协同平台，北京先进的信息技术无法有效连接津冀制造产业链各环节，智能化与产业链对接不充分，同时，京津冀政府、企业、大学、科研机构间政产学研体系缺少深度合作，无法实现信息科技与制造产业链上下游、产业链之间的转化，制造业与信息化融合引致的制造业转型与整体区域创新活力无法有效释放。亟须京津冀科技、信息等创新要素相互对接和自由流动，促进钢铁、化工、建材等产业向智能化产业转型升级，推进世界级新型制造业基地建设，构建京津冀工业化与信息化融合驱动的区域现代产业体系。

（五）京津冀三地市场化程度较低，体制机制约束，增长方式转型乏力

长期以来，京津冀三地并没有完全摆脱各自为政、只管自身一亩三分地的思维，以行政力量构建地区贸易壁垒，妨碍整个市场体系建设，阻碍生产要素流动，严重削弱市场对资源实行优化配置的能力，致使市场信号失真，干扰宏观经济平衡，导致社会资源不能得到最优配置。再加上京津冀区域内计划体制惯性强，京津冀区域内国有经济比重过高，各级政府为实现对自身利益的追求和保护，行政审批项目过多、权力过于集中，民营经济没有很好的发展，无力打破行政区划的空间限制，严重影响了京津冀整体创新活力的

释放。体制机制的约束致使京津冀区域整体经济效益下降。

此外，相比长三角、珠三角地区，民间力量、市场力量发育相对滞后，行业协会、中介组织等社会组织等发展滞后，也影响了京津冀市场经济的发展活力。当前京津冀区域内社会组织数量较少，2013 年京津冀社会组织有29606 个，仅为长三角地区的 28.4%。在每万人中社会组织数方面，相较于长三角地区的 7.52 个以及珠三角地区的 4.72 个，京津冀地区仅为 3.04 个，远低于以上两个地区（见表6）。这就需要社会组织与公众及积极参与为社会提供服务、满足社会需求、监督协调等功能，以弥补政府和市场的不足，推进京津冀跨行政区的行业集聚和整合，有效推进制造产业有效转移与优化。

表6　2013 年京津冀、长三角、珠三角社会组织发展情况

单位：个

地区	社会组织数	每万人中社会组织数
京津冀	29606	3.04
长三角	104286	7.52
珠三角	41317	4.72

资料来源：《中国城市统计年鉴 2014》《中国民政统计年鉴 2014》。

四　京津冀制造业转移与协同发展思路与突破

《京津冀协同发展规划纲要》明确提出该区域的功能定位是"以首都为核心的世界级城市群，区域整体协同发展改革引领区，全国创新驱动经济增长新引擎，生态修复环境改善示范区"，内在要求京津冀区域需按照科学的原则合理地实施产业转移有利于促进区域经济发展，形成产业合理的空间布局，从传统依靠要素驱动转向依靠创新驱动，向提质增效的质量提升转变。由于京津冀三地资源禀赋、发展阶段、功能定位不同，在京津冀制造业协同进程中，需要发挥各自的比较优势，围绕京津冀制造业产业转移和产业结构调整优化的重点领域展开，以中国制造 2025 年为契机，构建开放型经济新

体制，激发制造业发展活力和创新动力，从传统依靠要素驱动转向依靠创新驱动，以新技术、新模式、新业态的方式驱动京津冀创新发展。

（1）进一步完善京津冀政府间高层协作机制，加强三方政府间联动长效合作，探索创新功能区共建和跨域管理体制，构建多方参与的市（区、县）长联合会议，形成政府间平等协商机制，通过建立健全该会议制度，组织协商解决跨行政区域的创新要素流动问题，有效打破制度藩篱、释放创新活力，调动创新创业积极性，推动科技成果资本化、产业化，加速实现制造产业创新驱动。同时，培育更多的二级城市和三级城市，建立承接制造产业转移园与产业转移示范区，促进形成开放合作的空间结构，促进京津冀地区产业分工与合作，促进交通基础设施一体化，按照技术链、企业群、产业带、城市群的发展思路，推进北京非首都功能疏解和津冀产业对接承接，促进中心城市功能向外扩散，形成"研发—转化—组装—物流—配套—服务"的产业分工与布局的空间结构，实现京津冀制造产业链的升级和优化。

（2）进一步打破京津冀制造产业行业同构导致的资源错配，通过生产要素的流动和重新配置，降低区域间经济联系的交易成本，有效推动产业转移，实现制造产业"错位发展"。将全球制造业发展趋势与区域协同发展相结合，需要通过产品创新、工艺过程创新、管理创新等措施向产业链高端发展，使竞争力相对较低的部分环节向河北省扩散转移，逐步形成地域分工合理、产业间联系紧凑的区域制造产业链布局。同时，将信息技术、互联网应用于机械、钢铁等传统工业，推动产业转移，并带动传统产业结构升级，在制造业转移与技术升级中，提升产业主体的生产与运作效率，最终促使京津冀成为我国制造产业的重要增长极和参与国际竞争合作的先导区域。

（3）树立共同发展、相互促进的理念，寻求新的京津冀制造产业循环路径制造新的产业循环网络，实现整个区域产业共赢发展。以中国制造2025年为契机，构建开放型经济新体制，产业创新、分工和制造产业转移并行，构建京津冀创新资源"汇集区"和创新成果的"扩散源"，形成若干具有鲜明发展特色和竞争力的制造产业集群。引导企业与科研机构、大专院校大力开展"产学研用"结合，鼓励民营资本进入航空航天、太阳能、高铁等高新技术产业，加强中小企业与政府企业的合作交流，通过技术创新和人力资本驱动，促进资本、人才、科技共同体发展。

（4）加快完善京津冀三地生态文明制度体系建设，围绕京津冀制造业产业转移和产业结构调整优化的重点领域，制定促进制造企业技术进步的产业技术政策，加强污染防治、环境标准对接、环保技术交流等领域的合作，促进京冀和津冀之间制造产业链重构重组，激发"结构红利"。通过三地四方启动京津冀产业合作发展基金，根据其在制造业各行业中所处的不同梯级，逐步完善京津冀区域合作项目实施生态化保障机制，促进三地制造产业的科技创新协同转化，需要将知识积累、绿色创新与制造产业发展相结合，促进京津冀制造产业转型升级，并维护与改善京津冀地区的生态环境。

（5）河北省以产业带、专业平台有效承接京津产业转移。为承接京津功能疏解和产业转移，河北省推出了全省对接京津功能疏解和产业转移的40个重要平台，着力打造5条京津冀协同发展产业带，以此为平台，实施产业协同创新模式推广工程：用"京津研发＋河北转化"模式，积极引进并转化京津的创新成果；用"河北为主＋提升能力"模式，通过提升河北省承接能力，围绕核心产业，促进京津科技创新与河北省应用研发形成产业链，加快创新要素流转，提升核心产业竞争力；用"产业集群＋技术平台"模式，将具有发展潜力和优势明显的产业集聚，不断吸引京津产业、项目落户开发区，并通过引进北京的龙头企业和关联配套企业，打造产业集群。同时，河北省应加快融入"一带一路"大通道，探寻可发挥自身优势的机遇。"一带一路"沿线大多为处在经济上升期的新兴经济体和发展中国家，这些地区需要大量钢铁、建材等基础原材料产品进行经济建设，而基础原材料产品恰恰是河北省的优势产业。河北省通过主动融入"一带一路"，加强过剩产能的输出与转移，拉动省内优势产业的出口，为产业转型升级营造空间，实现整个产业链的结构优化。

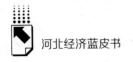
参考文献

张贵、王树强、刘沙、贾尚键：《基于产业对接与转移的京津冀协同发展研究》，《经济与管理》2014 年第 4 期。

张辽：《要素流动、产业转移与地区产业空间集聚——理论模型与实证检验》，《财经论丛》2016 年第 1 期。

张卫芳：《产业转移对传统农区工业化的影响研究》，河南大学硕士论文，2014 年。

李泽民：《基于中国国情的产业转移动力机制探究——兼论我国欠发达地区积极承接产业转移的基本对策》，《学术论坛》2007 年第 11 期。

刘红光、王云平、季璐：《中国区域间产业转移特征、机理与模式研究》，《经济地理》2014 年第 1 期。

刘英基：《中西部地区承接产业转移中的现代产业体系优化研究——以安徽省承接长三角地区产业转移为例》，《华东经济管理》2013 年第 9 期。

张少军、刘志彪：《全球价值链模式的产业转移——动力、影响与对中国产业升级和区域协调发展的启示》，《中国工业经济》2009 年第 11 期。

李峰、赵学礼、王宏、王苗苗：《京津冀制造业转移的特征与空间效应研究——基于份额偏差模型的分析》，《河北工业大学学报》（社会科学版）2016 年第 4 期。

全诗凡：《京津冀区域产业分工与产业转移分析》，《现代管理科学》2013 年第 8 期。

王建峰、卢燕：《京津冀区域产业转移综合效应实证研究》，《河北经贸大学学报》2013 年第 1 期。

李然、马萌：《京津冀产业转移的行业选择及布局优化》，《经济问题》2016 年第 1 期。

周毕文、陈庆平：《京津冀一体化中的产业转移》，《经济与管理》2016 年第 3 期。

马国霞、朱晓娟、田玉军：《京津冀都市圈制造业产业链的空间集聚度分析》，《人文地理》2011 年第 3 期。

刘安国、张英奎、姜玲、刘伟：《京津冀制造业产业转移与产业结构调整优化重点领域研究——不完全竞争视角》，《重庆大学学报》（社会科学版）2013 年第 5 期。

黄娉婷、张晓平：《京津冀都市圈汽车产业空间布局演化研究》，《地理研究》2014 年第 1 期。

鲁金萍、刘玉、杨振武、孙久文：《京津冀区域制造业产业转移研究》，《科技管理研究》2015 年第 11 期。

冯启文：《金融危机下湖北省承接产业转移的机遇与挑战》，《湖北社会科学》2010

年第 8 期。

王业强:《倒"U"形城市规模效率曲线及其政策含义——基于中国地级以上城市经济、社会和环境效率的比较研究》,《财贸经济》2012 年第 11 期。

肖金成、王丽:《关于京津冀协同发展的若干思考》,《中国发展观察》2015 年第 7 期。

国家发改委国土开发与地区经济研究所课题组:《京津冀区域发展与合作研究》,《经济研究参考》2015 年第 49 期。

赵黎明、张莉:《京津冀产业一体化动力基础研究》,《天津师范大学学报》(社会科学版)2011 年第 6 期。

李然、马萌:《京津冀产业转移的动力机制研究——基于市场和政府角度分析》,《价格理论与实践》2015 年第 11 期。

张晗、王璐熠、杜文洁:《京津冀协同发展视角下影响河北承接产业转移因素的实证研究》,《统计与管理》2016 年第 5 期。

宋立楠:《京津冀产业协同发展的动力机制研究——基于协同学的视角》,《河北地质大学学报》2017 年第 1 期。

李峰:《"中国制造 2025"与京津冀制造产业协同发展》,《当代经济管理》2016 年第 7 期。

吴建民、丁疆辉、王新宇:《县域产业承接力的综合测评与空间格局分析——基于京津冀产业转移的视角》,《地理与地理信息科学》2017 年第 2 期。

胡颖、田新民:《集聚视角下京津冀地区服务业调整与区位选择》,《商业经济研究》2016 年第 17 期。

赵向阁、殷悦、韦静:《北京大型商品交易市场向河北转移的区位选择研究》,《保定学院学报》2017 年第 01 期。

皮建才、仰海锐:《京津冀协同发展中产业转移的区位选择——区域内还是区域外》,《经济管理》2017 年第 7 期。

孙中伟:《京津冀电子信息产业的竞合模式与转移路径研究》,《地理与地理信息科学》2012 年第 4 期。

李峰、赵怡虹:《建设京津冀协同创新示范区的路径与保障机制研究》,《当代经济管理》2017 年第 3 期。

龚晓菊、王一楠、孙梦雪:《京津冀协同发展背景下的张家口承接北京产业转移路径》,《经济研究参考》2014 年第 62 期。

中共石家庄市委党校课题组、赵冰琴:《石家庄承接京津产业转移的路径选择与对策研究》,《中共石家庄市委党校学报》2015 年第 6 期。

齐子翔:《京津冀产业区际转移利益协调机制研究》,《工业技术经济》2014 年第 10 期。

朱云飞、赵宁:《京津冀协同发展背景下河北承接产业转移的财政政策建议》,《经济研究参考》2014 年第 69 期。

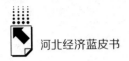
沈体雁、齐子翔、王彦博：《京津冀产业区际有序转移的市场设计——基于双边匹配算法》，《经济学家》2016 年第 4 期。

孙久文、姚鹏：《京津冀产业空间转移、地区专业化与协同发展——基于新经济地理学的分析框架》，《南开学报》（哲学社会科学版）2015 年第 1 期。

张可云、沈洁：《北京核心功能内涵、本质及其疏解可行性分析》，《城市规划》2017 第 6 期。

崔民选、阎志：《基于供给侧结构性改革的京津冀空间发展战略研究》，《区域经济评论》2016 第 5 期。

张贵、李佳钰：《京津冀协同发展的新形势与新思路》，《河北师范大学学报》（哲学社会科学版）2017 年第 4 期。

李国平、张杰斐：《京津冀制造业空间格局变化特征及其影响因素》，《南开学报》（哲学社会科学版）2015 第 1 期。

B.3
互联网发展对京津冀协同创新的
影响与发展对策[*]

互联网发展对京津冀协同创新的
影响与发展对策[*]

王雅洁　李睿　刘璐　马树强[**]

摘　要：　本报告首先分析京津冀互联网发展现状，京津冀区域的互联网发展水平在不断提高，即互联网的影响在不断增强。然后，从京津冀创新主体、创新投入要素、创新环境、创新产出四个方面分析京津冀协同创新发展现状。接下来，采用随机前沿模型实证检验互联网对工业部门创新效率的影响，结果表明，互联网对工业部门创新效率提升有显著的正向影响，但存在着行业差异，对劳动密集型行业创新效率提升影响最大，对资本密集型行业创新效率提升影响次之，对技术密集型行业创新效率提升却产生了负向影响。最后，提出相应的政策建议。

关键词：　互联网发展　协同创新　SFA　京津冀　互联网＋

* 国家社会科学基金一般项目"基于知识溢出的区域协同创新路径与机制研究"（批准号17BGL206）；河北省软科学项目"基于产业关联视角的京津冀产业协同创新发展研究"（批准号16457667D）。
** 王雅洁，河北工业大学经济管理学院副教授、硕士生导师，主要研究方向为区域经济学；李睿，河北工业大学经济管理学院博士研究生；刘璐，河北工业大学经济管理学院硕士研究生；马树强，河北工业大学教授、博士生导师。

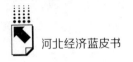
一 京津冀互联网发展现状

（一）互联网基础设施投入水平分析

随着近几年信息化的发展，互联网在区域内越来越普及，覆盖的范围也越来越广泛，以京津冀区域为例，以互联网宽带接入量为指标分析，得到图1。

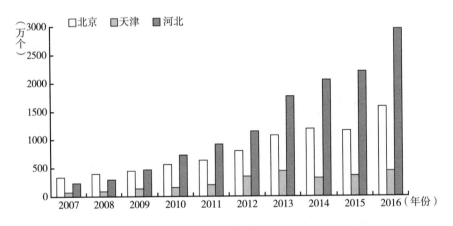

图1 京津冀地区互联网宽带接入端口数量

（1）2007~2016年，北京地区互联网宽带接入端口数量由335.2万个增长至1580.5万个，其年均增长幅度为16.77%，增长趋势明显。2007~2013年北京互联网宽带接入端口数量增长较快，2013~2015年3年的增长率较慢，其中2015年甚至比2014年有所降低，但2016年与2015年相比，又出现较快增长。

（2）2007~2016年，天津地区互联网宽带接入端口数量由95.9万个增长至470.2万个，其年均增长幅度为17.23%。2007~2013年天津互联网宽带接入端口数量增长较快，2014年至甚至比2013年大幅降低，但2014~2016年又出现增长的趋势，到2016年天津互联网宽带接入端口数量已超过

2013 年的端口数量，达到近 10 年的最高值。

（3）2007～2016 年，河北地区互联网宽带接入端口数量由 235.9 万个增长至 2948.5 万个，其年均增长幅度为 28.73%，增长趋势非常明显。2007～2016 年，河北省地区互联网宽带接入端口数量逐年递增，其中 2013～2014 年的增长率超过 50%。

2007～2016 年，天津地区互联网宽带接入端口数量始终落后于北京与河北地区。从 2009 年开始，河北地区互联网宽带接入端口数量增长率开始高于北京、天津两地，2009～2016 年，河北地区互联网宽带接入端口数量始终居于三地之首。

从平均水平看，京津冀区域整体的平均率呈上升状态，表明京津冀区域的互联网发展水平在不断提高，即互联网的影响在不断增强。

（二）互联网经济产值分析

在分析互联网经济产值（Iout Pval）时，用通过 CPI 调整的规模以上电子信息产业制造业利润总额来衡量（见表 1）。2007～2011 年，北京的利润总额始终位于第一，天津居于第二，而河北始终名列最后。2008～2010 年这 3 年，电子信息产业的发展遭遇前所未有的困难，由于国际经济危机带来的国际市场疲软，导致京津冀地区的电子信息产业制造业发展速度大幅回落，尤其是 2008 年京津冀三地各自利润总额均缩减至前一年总额的 1/5 左右，下降幅度十分明显。到了 2010 年，经济发展形势有所好转，京津两地的利润总额也出现了回升趋势，已逐渐接近 2007 年的利润总额，而河北地区已超过了 2007 年的利润总额，电子信息产业制造业已恢复往日发展水平。2012～2015 年，天津地区的电子信息产业制造业利润总额开始超过北京地区进而居于第一，北京居于第二，河北始终居于第三并且落后京津两地的幅度很大。2013～2015 年，北京的利润总额始终徘徊在 2007 年的水平，而天津和河北的利润总额与 2007 年相比，增长幅度达到了 1 倍甚至更高，但河北的利润总额仍大幅落后于北京地区。

表1　京津冀通过 CPI 调整的规模以上电子信息产业制造业利润总额

单位：万元

年份	北京	天津	河北
2007	1202587.71	737019.70	235416.91
2008	266958.98	124870.44	53810.89
2009	462208.37	445859.58	199680.79
2010	945562.44	613394.95	402248.74
2011	1019713.87	1009608.70	355997.09
2012	685050.19	1305400.38	228552.51
2013	1126272.02	1700838.36	333587.72
2014	1257901.26	1590871.97	685872.82
2015	935188.98	1646997.06	468208.46

资料来源：中国电子信息产业统计年鉴。

二　京津冀协同创新发展现状

（一）京津冀创新主体现状分析

如表2所示，京津冀地区最具实力的北京，经历了多次的产业结构调整，目前形成了以"三二一"为主体的产业结构形式。目前，第三产业在北京经济发展中显示了巨大的推动作用，成为北京经济发展的主要动力。在2015年，北京的第三产业增长值约为1833.74亿元，占整个北京生产总值的79.7%，北京进入了以服务经济为主导的时期。其中以金融、科技、物流、信息、商务等为主的现代服务行业有力地推动了北京经济的发展。

天津自改革开放以来大体上保持着"二三一"的产业结构形式，在其经济发展过程中，第二产业一直起着支柱作用。2016年其第三产业的发展已超过第二产业，但与北京第三产业发展水平相比差距较大，尤其是在金融、文化产业、物流等行业与北京具有竞争关系，所以其第三产业的发展受到了北京的挤压，处于不断发展的成长阶段。天津目前在电子信息、航空航天、装备制造、生物医药、石化和新能源材料等产业具有巨大的优势，由于天津地区的第二产业比较发达，也意味着最近一段时间内天津仍会采用以第二产业为主要，第三产业并肩发展的模式。

从表2中可以看出，河北目前的发展同天津一样为"二三一"模式，其也是主要依靠第二产业的发展来带动全省的发展。但是河北作为我国的农业大省，其第一产业具有竞争优势，相比北京、天津，其地产业所占的比例较高。2015年，河北的第二产业在全省经济发展中的比例为48.3%。其第三产业所占的比重与北京、天津相比仍有很大的差距，这说明河北仍以第一产业为基础，以工业为中心，第三产业发展缓慢的模式在发展经济。

表2 2015年京津冀区域三次产业增加值及比重

单位：亿元，%

地区	地区生产总值	第一产业		第二产业		第三产业	
		增加值	比重	增加值	比重	增加值	比重
北京	23014.59	140.21	0.6	4542.64	19.7	18331.74	79.7
天津	16538.19	208.82	1.3	7704.22	46.6	8625.15	52.2
河北	29806.11	3439.45	11.5	14386.87	48.3	11979.79	40.2

资料来源：《中国统计年鉴2016》。

1. 高新企业的分布

企业是创新的核心主体。京津冀地区的高技术企业的数量、主营业务收入等在全国中并不占据优势，但是其质量却占有绝对的优势（见表3）。其新产品销售收入、新产品开发项目、出口在全国中所占的比重分别为8.90%、10.16%、6.22%。而京津冀内部，北京高新技术企业的个数明显高于天津和河北，天津和河北的企业个数基本相差不多。北京新产品开发项目高于天津，但是天津的新产品销售收入、出口都高于北京，而河北则一直处于落后的状态，这也表明了河北的高技术企业发展不足。

表3　2015年全国及京津冀高技术产业发展情况

项目	高新企业个数(家)	主营业务收入(亿元)	利润(亿元)	新产品开发项目(项)	新产品销售收入(万元)	出口(万元)
全国	29631	1110065	66185	77167	4.14E+08	167575462.2
北京	805	18865	1598	4490	15978092	1400824.3
天津	591	27970	2222	1946	17467974	8587207.8
河北	633	45721	2358	1401	3410594	429460.6
京津冀占全国的比重(%)	6.85	8.34	9.33	10.16	8.90	6.22

资料来源:《中国科技统计年鉴2016》。

2.高等院校的分布

高等院校是向社会输送创新人才、创新科技、创新理念的重要基地,是重要的创新源之一。在高校的数量上,京津冀三地的总数量占全国高校总量的10.3%。如表4表示,在京津冀内部,尤以河北的高校数量最多,但是在118所高校中却只有1所211大学,而北京的91所高校中拥有211院校26所,211院校的数量占了整个北京高校数量的近30%。北京由于其独特的地理位置以及背景,使得其R&D人员、R&D课题数量远远高于天津、河北。在R&D课题投入经费上,北京投入的经费远远高于天津、河北,但是其产出也是相当丰富。2015年,北京地区发表的科技论文数约是天津的3.6倍,河北的3.9倍。北京在有效发明专利方面也走在了天津与河北的前面,其专利数约是天津的6.1倍,河北的18.8倍。这表明北京的高等院校实力雄厚。

表4　2015年全国及京津冀创新力量对比

地区	高等院校(所)	211院校(所)	从业人员(人)	R&D人员合计(人)	R&D课题(项)	R&D课题投入经费(万元)	发表科技论文(篇)	有效专利(件)
全国	2560	112	2998285	838786	841520	7656447	1220467	201492
北京	91	26	178641	80744	92243	1251731	118985	38050
天津	55	4	59611	24546	21801	464434	32619	6223
河北	118	1	124936	27616	20395	69545	30563	2026

资料来源:《中国科技统计年鉴2016》。

3. 研发机构分布

高等院校与研发机构对该地区的创新具有重要作用。京津冀是全国研发机构最集中的区域之一，其中尤以北京最为显著（见表5）。在2016年，北京的科技研发机构有392个，占全国的比重为10.7%。无论是在R&D人员合计数、R&D课题数还是在R&D课题的投入经费、发表科技论文数量以及有效发明专利上，北京都一直处于领先的地位。在三地比较中，河北位于最后，说明河北应增加科研机构的数量。

表5　2015年全国及京津冀研究与开发机构指标对比

地区	机构（个）	从业人员（人）	R&D人员合计（人）	R&D课题（项）	R&D课题投入经费（万元）	发表科技论文（篇）	有效专利（件）
全国	3650	782821	436284	99559	15137869.9	169989	86367
北京	389	170563	111272	28534	5176867.9	57061	28985
天津	60	17088	10336	1614	290669.9	2781	1783
河北	79	21605	9400	857	266478.8	2352	1215

资料来源：《中国科技统计年鉴2016》。

（二）京津冀创新投入要素现状分析

1. 创新人员投入

如表6所示，2015年北京R&D人员全时当量为245728万人，远远高于天津的124321万与河北的106975万，在相关人员所占的比重中，北京的研究人员占63.04%、基础研究占16.82%、应用研究占25.09%，均高于天津、河北，只有试验发展人员比重为58.10%低于津冀，但综合实力最强。北京规模以上工业企业R&D人员全时当量为50773万人，远低于河北的79452万人、天津的84291万人，但是规模以上R&D人员所占比重却远高于天津、河北。相对于天津与河北，天津主要是试验发展占比较高，基础研究和应用研究占比与河北省相差不大，但是研究人员占比略低于河北，规模以上工业企业R&D人员全时当量84291万人，人数较多，但是研究人员

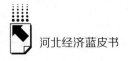

所占比重为40.92%，为京津冀区域最低。河北省也是试验发展人员所占比重较高，其规模以上工业企业 R&D 人员全时当量为79452万人，且研究人员所占比重为45.42%，略高于天津而低于北京的研究人员比例。

表6　2015年全国及京津冀创新人员投入

单位：万人，%

地区	R&D 人员全时当量	研究人员比重	基础研究比重	应用研究比重	试验发展人员比重	规模以上工业企业 R&D 人员全时当量	规模以上 R&D 人员比重
全国	3758848	43.07	6.73	11.45	81.81	2638290	33.31
北京	245728	63.04	16.82	25.09	58.10	50773	40.76
天津	124321	40.92	4.73	11.50	83.76	84291	33.40
河北	106975	45.42	4.93	13.32	81.75	79452	34.94

资料来源：《中国统计年鉴2016》。

2. 创新经费投入

如表7表示，2015年北京 R&D 经费为13840231万元，远高于天津的5101839万元和河北的3508708万元，其 R&D 经费投入强度为6.01，在全国排首位，远高于第二名上海的3.73，第三名天津的3.08，可见其对创新能力的重视。河北 R&D 经费投入强度为1.18，在全国处于中等位置，所以在研究与试验发展经费方面，还必须加大投入力度。

表7　2015年全国及京津冀 R&D 经费投入

单位：万元

地区	R&D 经费投入强度	R&D 经费	规模以上工业企业 R&D 经费内部支出	规模以上工业企业 R&D 经费外部支出
全国	2.07	141698846	100139330	5204630
北京	6.01	13840231	2440875	293960
天津	3.08	5101839	3526665	174782
河北	1.18	3508708	2858051	97178

资料来源：《中国统计年鉴2016》。

3. 创新经费支出

如表 8 所示，2015 年，河北省规模以上工业企业 R&D 经费内部支出为
2858050.6 万元，占主营业务收入的比重为 0.63%，刚及天津 1.26% 和北京
1.29% 的一半。从研究与试验性发展支出内容看，河北的占比为 96.26%，低于
北京 98.71%，但高于天津 94.05%。河北人员劳务费所占比重为 25.78%，低于
北京的 39.73% 和天津的 26.28%，仪器和设备所占比重为 13.22%，高于北京的
9.28%，稍微低于天津的 13.59%，都是居中。2015 年河北省规模以上工业企业
R&D 经费外部支出为 97178.4 万元，远低于北京的 293960.4 万元和天津的
174782.2 万元，其中对国内研究机构支出仅为 37.81%，与北京和天津差距很大，
明显不足，但是对国内高校支出占比为 30.63%，大大高于北京和天津。

表 8　2015 年全国及京津冀规模以上企业 R&D 经费支出

单位：万元，%

地区	规模以上工业企业 R&D 经费内部支出	占主营业务收入比	研究与试验性发展支出占比	人员劳务费占比	仪器和设备占比	规模以上工业企业 R&D 经费外部支出	对国内研究机构支出占比	对国内高校支出占比
全国	100139329.8	0.90	97.41	29.21	10.88	5204629.8	45.64	13.91
北京	2440874.5	1.29	98.71	39.73	9.28	293960.4	53.63	2.52
天津	3526665.1	1.26	94.05	26.28	13.59	174782.2	66.32	9.25
河北	2858050.6	0.63	96.26	25.78	13.22	97178.4	37.81	30.63

资料来源：《中国统计年鉴 2016》。

表 9　2015 年全国及京津冀规模以上企业 R&D 经费内部支出

单位：万元，%

地区	规模以上工业企业 R&D 经费内部支出	政府资金	政府资金占比	企业资金	企业资金占比	国外资金	国外资金占比	其他资金	其他资金占比
全国	100139330	4191025	4.19	94481941	94.35	469503	0.47	996862	1.00
北京	2440875	244291	10.01	2097799	85.94	41929	1.72	56856	2.33
天津	3526665	244590	6.94	3111285	88.22	144910	4.11	25880	0.73
河北	2858051	91804	3.21	2722326	95.25	1483	0.05	42438	1.48

资料来源：《中国统计年鉴 2016》。

2015 年北京规模以上工业企业 R&D 经费内部支出中，政府资金占比为 10.01%，其他资金占比为 2.33%，分别远高于河北的 3.21%、1.48% 和天津的 6.94%、0.73%，说明北京研发资金来源主要是政府，其他资金来源较少。天津国外资金占比为 4.11%，是三地最高的，主要是因为天津为港口城市，外贸行业发达，引进外资能力较强。河北企业资金所占比例最大，为 95.25%，说明规模以上工业企业 R&D 经费主要是企业自筹。

4. 近10年京津冀地区创新经费状况

影响互联网产出的制度因子、软环境，是用政府对 R&D 投入比例进行测度，具体方法为计算当年政府 R&D 支出及其配套资金占地区 R&D 研发投入总费用的比重。

由图 2 可知，2007～2009 年使用大中型工业企业科技活动经费筹集中的政府资金所占比例来衡量。在这三年间，北京的占比遥遥领先，河北居于第二，天津第三，天津与河北相差不大。

2010～2016 年使用 R&D 经费内部支出中政府支出所占的比例来衡量。北京的比例始终遥遥领先，天津位居第二，河北第三，河北与天津较为接近。而到了 2016 年，天津的比例有了显著提高。

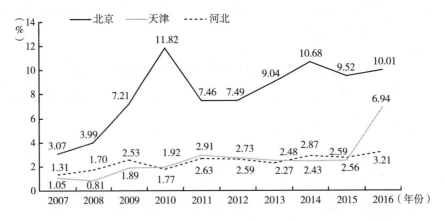

图 2　京津冀地区政府 R&D 支出在地区 R&D 费用中的占比趋势

在表 10 中，2006 年北京的大中型工业企业科技活动经费筹集领先于天津和河北，天津位于第二与北京的差距不大，河北显著落后于北京和天津两地。2007～2008 年，天津的大中型工业企业科技活动经费筹集居于第一，领先优势明显，北京位于第二，与天津差距不大，而河北仍然居于最后，与天津北京的差距仍然巨大。

2009～2015 年采用规模以上工业企业 R&D 经费内部支出来对比京津冀地区的 R&D 经费内部支出。2009～2011 年，天津位于第一，北京居于第二，河北仍是第三。2012～2015 年天津仍位于第一，而河北居于第二，北京位于第三。从总体上看，天津的领先趋势明显，而河北与北京之间相差不多。

表 10　京津冀地区 R&D 经费内部支出

单位：万元

指标	年份	北京	天津	河北
大中型工业企业科技活动经费筹集	2006	1147736	1052432	843818
	2007	1059602. 2	1728959. 4	1064488. 9
	2008	2026597. 4	2488438. 7	1373840. 8
规模以上工业企业 R&D 经费内部支出	2009	1137030	1238392	933016
	2010	1061357	1392212	1078941
	2011	1648538	2107772	1586189
	2012	1973442	2558685	1980850
	2013	2130618	3000377	2327418
	2014	2335010	3228057	2606711
	2015	2440875	3526665	2858051

资料来源：中国科技统计年鉴 2012～2016 年数据。

在表 11 中，2006～2008 年，北京的大中型工业企业科技活动经费筹集中的政府资金大幅领先于天津和河北，天津与河北之间相差不多，各有先后。

而在 2009～2015 年，采用 R&D 经费内部支出中的政府支出来对比京津冀地区的指标。2009～2014 年，北京位于第一，天津第二，河北第三。北京领先于天津和河北两地的幅度十分巨大，河北与天津的差距也比较明显。

到了 2015 年，天津的 R&D 经费内部支出中的政府支出首次在三地中排第一，以微弱的优势领先于北京，而河北与天津、北京的差距仍然很大。

表 11　京津冀地区 R&D 经费内部支出中的政府资金

单位：万元

指标	年份	北京	天津	河北
大中型工业企业科技活动经费筹集中的政府资金	2006	35216	11051	11016
	2007	42301.5	13996.7	18120.4
	2008	146047.3	46935.2	34775.2
R&D 经费内部支出中的政府支出	2009	134428	23756	16496
	2010	79184	40521	28430
R&D 经费内部支出中的政府支出	2011	123444	57501	41004
	2012	178377	63405	45057
	2013	227527	73027	66853
	2014	222348	82700	67581
	2015	244291	244590	91804

资料来源：中国科技统计年鉴 2012～2016 年数据。

（三）京津冀创新环境现状分析

1. 创新服务环境

创新研究离不开创新服务的支撑，它们主要为创新研究提供重要的载体或者重要的技术支持，其主要形式是通过一系列的研究与开发机构来体现的。北京凭借其特殊基础、影响，在创新服务方面有独特的优势，其中，对与国家重点实验室来说，北京拥有的数量高达 88 家（占全国的34.1%），在全国属于领先的水平，其还拥有 54 家国家工程技术研究中心（占全国 38.3%）、国家级开发区 3 个、北京市级开发区 16 个、大学科技园约 29 家，为全国综合性创新服务城市。天津的创新环境同北京相比有很大的差距，国家重点实验室只有 9 家，国家工程技术研究中心有 35 家，有 28 家国家级企业技术中心、6 家大学科技园，其创新服务环境虽低于北京但是在全国也处于领先地位，尤其是在生命科学与生物工程、信息科学技术等领域拥有较强的创新优势。河北只有 1 家国家级重点实验室、175 家工程技术研究中心、4 家大学科技园。虽然其整体创新服务环境比较落后，但是在其内部仍然具有许多较有优势的城市。例如：唐山市拥有18 家市级重点实验室、50 家工程技术研究中心，在钢铁、石化等行业具有较强的行业技术创新优势；保定拥有 5 家院士工作站，光伏系统检测实验室、太阳能光伏发电等国家重点实验室。河北唯一的一家国家重点实验室在秦皇岛，同时作为河北重点建设的城市，秦皇岛还有 11 家省级重点实验室、8 家省级技术中心。

2. 创新政策

创新政策是市场创新的指向标，是推动创新发展的动力。京津冀区域的产业创新环境也十分有利于京津冀区域产业创新的发展。2014 年 2 月，习近平总书记听取京津冀协同发展报告时提出了七点要求，三地政府也纷纷制定了三地协同发展的具体政策措施。在同年 7 月，北京、河北签署了《共同打造曹妃甸协同发展示范区框架协议》《共同推进中关村与河北科技园区合作协议》《共建北京新机场临空经济合作区协议》《共同加快推进市场一体化进程协议》等协议，为京津冀的协同发展提供了政策支持，同年 10 月，"京津冀智能制造协作一体化发展大联盟"框架协议等也进一步形成。

3. 创新资源

创新资源主要是指某地区所拥有的创新所需的资金、科技、人员的量。北京在这些方面表现出了巨大的优势，其国家级重点实验室拥有量占全国的 1/3，"两院"院士人员占全国的 1/3，高新企业数量占 1/5，国家专利数量占 1/3，拥有全国 1/10 的研究人员。正是因为北京拥有大量的创新人才、创新资源以及创新资金，才吸引并产出了大量的创新技术和创新知识。

（四）京津冀创新产出现状分析

创新直接产出主要从专利、论文和商标申请数三方面分析。从表 12 来看，2015 年河北专利申请量为 44060 件，是北京的 28.19%，天津的 55.10%，数量极少，不到京津的 1/5，专利授权数是 30130 件，分别为北京的 32.04%、天津的 80.69%，与北京相差甚远，与天津距离不是很大。人均专利申请量为 46872 件，远高于北京的 14048 件却低于天津的 77364 件，科研人员不足。人均专利授权数是 32053 件，也远高于北京的 8451 件却低于天津的 36128 件。河北与天津发表的论文数相差不大，但与北京相比差距巨大。北京的规模以上企业数最少，但是商标申请数最多，其次是河北，最后是天津。

表12　2015 年全国及京津冀创新直接产出

地区	R&D 人员（人）	专利申请量(件)	人均专利申请量（件）	专利授权数(件)	人均专利授权数（件）	发表的论文数（篇）	商标申请数(件)	规模以上企业数（个）
全国	436284	2639446	60498	1596977	36604	169989	2658674	383153
北京	111272	156312	14048	94031	8451	57061	302456	3548
天津	10336	79963	77364	37342	36128	2781	28289	5525
河北	9400	44060	46872	30130	32053	2352	66580	15305

资料来源：《中国统计年鉴 2016》。

　　如图 3 所示，京津冀地区的专利受理量在不断上升。表明在互联网的背景下，京津冀区域创新能力在不断上升，而且交易数额在不断增长，表明区域之间的交流和交易越来越频繁。互联网的出现促进了京津冀区域内的合作与创新，随着京津冀区域协同发展战略的实施，三地之间合作共生、优势互补，区域系统内的各创新主体依靠政策支持和技术进步努力提高区域创新水平，从而显著地提高了创新绩效专利受理量和创新产出技术市场成交额。

　　通过以上分析，无论是创新人员投入、创新经费投入、创新经费支出还是创新的直接产出几个方面，北京的综合能力都是比较靠前的，有些甚至在全国都排在首位，例如 R&D 经费投入强度，北京比天津、河北高许多。从天津的角度分析，相较于北京，主要是创新投入方面差距较大，研究与试验

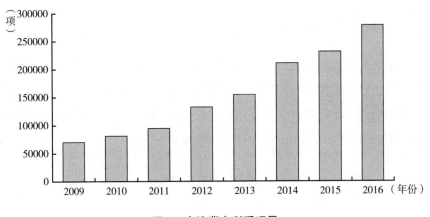

图3　京津冀专利受理量

性发展经费的主要来源是外资企业和社会投入，政府资金所占的比例较低。河北是综合实力最弱的，创新能力滞后，河北毗邻北京、天津的独特区位优势现在还尚未转化为发展优势，产业调整和升级转型任务紧迫且艰巨，面对高能耗、高污染、低效率的行业，地区创新需求与实际反差巨大，是今后三个区域的最"短板"，拉低了京津冀整体的创新能力，但在未来提升空间是最大的，也是最大受益者。

三　互联网发展与工业部门创新效率提升

根据互联网思维，传统企业必须进行再造，其方向是打造智慧型组织：网络化生态、全球化整合、平台化运作、员工化用户、无边界发展、自组织管理（李海舰等，2014），"互联网＋"对制造业升级具有显著的正向促进作用（纪玉俊、张彦彦，2017），探索"互联网＋"改造制造业的结合点和发展路径（张伯旭、李辉，2017）。"互联网＋"的重点是推动信息化与工业化的深度融合，特别是打造制造业的升级版（邬贺铨，2015），然而，无论从我国的实践还是理论研究来看，"互联网＋"与工业的融合都还处于初级阶段，如何借助互联网提升创新能力，从而实现转型升级尚待深入研究。

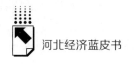
（一）SFA 效率模型

本报告采用随机前沿（SFA）分析互联网对工业部门创新效率的影响。随机前沿生产函数模型有柯布－道格拉斯（CD 生产函数）和超越对数生产函数两种形式，本报告首先构建超越对数生产函数形式，根据似然比检验确定该模型的适应性。为此，构建如下测量模型：

$$\ln Y_{it} = \beta_0 + \beta_1 \ln K_{it} + \beta_2 \ln L_{it} + \frac{1}{2}\beta_3 (\ln K_{it})^2 + \frac{1}{2}\beta_4 (\ln L_{it})^2$$
$$+ \beta_5 \ln K_{it} \times \ln L_{it} + v_{it} - u_{it} \tag{1}$$

$$TE_{it} = \exp(-u_{it}) \tag{2}$$

$$m_{it} = \delta_0 + \delta_1 \ln INT_{it} + \delta_2 \ln Size_{it} + \delta_3 \ln FDI_{it} + \delta_4 \ln HC_{it} +$$
$$\delta_5 \ln INNOV_{it} + \delta_6 \ln GOV_{it} + \delta_7 \ln INT_{it} \times dum_{it} \tag{3}$$

$$\gamma = \frac{\sigma_u^2}{(\sigma_v^2 + \sigma_u^2)} \tag{4}$$

式（1）中，Y_{it}、K_{it}、L_{it} 分别表示 i 行业在 t 时期的创新产出、技术创新的资本投入和人力投入，i 表示工业企业部门，$i = 1, 2, \cdots, 20$，t 表示时间，$t = 1, 2, \cdots, 8$。v_{it} 为随机扰动项，反映统计量误差等不可抗因素造成的偏差，服从 $N(0, \delta^2)$ 分布；u_{it} 为技术非效率项，衡量人为因素导致的技术无效率状况，服从截尾正态分布（m_{it}, δ_u^2）。

式（2）中，TE_{it} 表示 i 行业在 t 时期的技术创新水平，取值范围为 [0，1]。$u_{it} = 0$ 时，$TE_{it} = 1$，表示技术有效；$u_{it} > 0$ 时，$0 < TE_{it} < 1$，存在技术非效率。

式（3）中，m_{it} 为技术无效率项，INT_{it} 为 i 行业在 t 时期的互联网发展水平，$Size_{it}$、FDI_{it}、$\ln HC_{it}$、$INNOV_{it}$、GOV_{it} 为影响效率的控制变量，分别为 i 行业在 t 时期的企业规模、外商直接投资、从业人员素质、企业创新氛围和政府支持。δ_i 为影响因素的系数，若其为负，表示对创新效率有正的影响；若为正，则对创新效率有负的影响。为解释互联网对工业部门创新效率是否存在行业异质性，引入互联网与行业特征 dum 的交互项。

式（4）中，γ 表示随机扰动项中技术无效率的比值，取值范围为［0，1］。若 γ＝0，表明不存在技术无效率项；若 γ 接近0，表明此时该行业的实际产出与前沿之间的差距主要来自统计误差等外部影响因素；若 γ 接近1，表明复合误差项中变异主要由无效率项引起。

（二）变量设定与数据说明

由于中国科技统计年鉴2009年后工业企业统计口径有所变化，所以本报告以2008～2015年为研究时期，参考谢子远和吴丽娟（2017）对工业行业划分标准，分为劳动密集型、资本密集型、技术密集型三种，具体见表13。

表 13　工业行业分类

劳动密集型行业	资本密集型行业	技术密集型行业
H1 农副食品加工业，H2 食品制造业，H3 饮料制造业，H4 纺织业，H5 造纸及纸制品业	H6 石油加工、炼焦及核燃料加工业，H7 非金属矿物制品业，H8 黑色金属冶炼及压延工业，H9 有色金属冶炼及压延工业，H10 金属制品业，H11 通用设备制造业，H12 专用设备制造业，H13 仪器仪表及文化办公机械制造业，H14 烟草加工业	H15 化学原料及化学制品业，H16 医药制造业，H17 化学纤维制造业，H18 交通运输设备制造业，H19 电气机械及器材制造业，H20 通信设备、计算机及其他电子设备制造业

1. 被解释变量

创新产出是对科技创新成果的体现，专利能够较全面地反映企业科技创新能力和水平，因此，用规模以上工业企业专利申请数量衡量。选取 R&D 经费内部支出量作为创新产出的资本要素投入，选取 R&D 人员全时当量作为创新产出的人力要素投入。

2. 解释变量

参考郭家堂和骆品亮（2016）等人的研究，选用互联网普及率衡量互联网发展水平（INT），*dum* 为反映行业特征的虚拟变量，dum_1 表示劳动密集程度，若行业 i 为劳动密集型行业则取值为 1，非劳动密集型行业取值为 0，dum_2 表示资本密集程度，若行业为资本密集型产业取值为 1，非资本密集型行业取值为 0，dum_3 表示技术密集程度，若行业为技术密集型行业则取值为 1，非劳动密集型行业取值为 0。

3. 控制变量

企业规模（*Size*），采用规模以上工业企业分行业总产值与该行业工业企业数量的比值表示。外商直接投资（*FDI*），采用规模以上工业企业分行业三资企业工业在总产值中的占比衡量。从业人员素质（*HC*），采用规模以上工业行业分行业科技活动人员数除以平均从业人员的商表示。企业创新氛围（*INNOV*），采用行业中科技机构数与企业数之比表示。政府支持（*GOV*），采用规模以上工业行业科技活动经费筹集中及政府资金所占比重衡量。

实证部分数据主要来源于 2008～2015 年的面板数据，其中，互联网普及率来源于中国统计年鉴，R&D 人员全时当量、R&D 经费内部支出、R&D 政府经费支出、专利申请数、引进技术经费支出、消化吸收经费支出、R&D 人员、R&D 研发机构数来源于中国科技统计年鉴，企业单位数、工业总产值（当年价格）、全部从业人员、外商投资和港澳台企业工业销售产值来源于中国工业行业统计年鉴。主变量的描述性统计分析如表 14 所示。

表 14　主变量的描述性统计

主变量	均值	标准偏差	最小值	最大值
Y	18200.44	22825.75	331	103504
K	3067604	3186096	128580	16116757
L	88127.95	92711.71	3483	426583
INT	0.3878	0.09083	0.226	0.503
Size	6.8838	12.8072	0.6123	72.3345

主变量	均值	标准偏差	最小值	最大值
FDI	0.2853	0.1783	0.0000461	0.8814
HC	0.04052	0.02252	0.0000108	0.1556
INNOV	0.1962	0.1420	0.02737	0.8258
GOV	0.03520	0.02135	0.001141	0.1045
Breadth	170142.4	256681.9	7086	1502225
Depth	67885.7	84740.2	1039.9	424660.1

（三）实证结果分析

1. 模型设定的合理性检验

在测定创新效率之前，先检验 SFA 模型的适用性，即检验无效率项是否存在，一般采取广义似然比（LR）检验。LR 检验的原假设为 H_0，备择假设为 H_1，广义似然比的统计量 LR 为：

$$LR = -2 \times [\ln L(H_0) - \ln L(H_1)]$$

$L(H_0)$、$L(H_1)$ 分别为含有约束条件、不含有约束条件模型的似然比。经过测算得知 LR 值大于临界值，因此，采用超越对数生产函数测度创新效率比采用 CD 生产函数测度创新效率更为合适。

2. 互联网对创新效率的影响分析

SFA 模型估计结果如表 15 所示，模型 I 为不考虑影响因素的 SFA 模型估计结果，模型 II 为考虑影响因素的 SFA 模型估计结果，模型 III - V 为加入虚拟变量的 SFA 模型估计结果。模型 I ~ V 的 γ 值均通过 1% 的显著性水平检验，表明非技术效率在各行业创新过程中是显著存在的，也印证了采用 SFA 模型的合理性。

从表 15 的结果来看，在模型 II 中，互联网发展的回归系数为 - 0.4064，表明互联网发展水平提高 1 个百分点，工业部门创新效率提高 0.4064 个百

表15　效率影响因素函数 SFA 估计结果

项		模型 I	模型 II	模型 III	模型 IV	模型 V
不考虑影响因素	常数项	11. 5400 *** (2. 8565)	0. 9256 (0. 9145)	0. 9524 (0. 9054)	3. 5822 (1. 0564)	0. 7803 (0. 7870)
	lnK	1. 0633 (0. 9386)	2. 8077 *** (4. 1873)	3. 1401 *** (5. 4051)	1. 5139 (1. 4847)	2. 9823 *** (4. 9339)
	lnL	− 2. 5858 *** (2. 5902)	− 3. 1330 *** (− 3. 6977)	− 3. 5756 *** (4. 8003)	− 1. 9485 ** (− 2. 0888)	− 3. 3689 *** (− 4. 3022)
	$(\ln K)^2$	0. 04651 (0. 2161)	− 0. 2508 (− 0. 1213)	− 0. 1358 (− 0. 6054)	0. 2607 (− 0. 5988)	− 0. 1188 (− 0. 4991)
	$(\ln L)^2$	0. 5667 *** (2. 7110)	0. 3568 (0. 1329)	0. 6290 ** (1. 9221)	− 0. 1476 (0. 8356)	0. 6262 * (1. 8344)
	lnK * lnL	− 0. 1756 (− 0. 8628)	0. 04434 (0. 1532)	− 0. 1341 (− 0. 4961)	0. 03235 (0. 1190)	− 0. 1433 (− 0. 5062)
效率影响因素估计	常数项		0. 1831 (0. 4783)	0. 4113 (0. 6535)	0. 6945 ** (2. 2286)	0. 8043 * (1. 7420)
	lnINT		− 0. 4064 ** (− 2. 3273)	− 0. 1574 (− 1. 3119)	− 0. 07260 (− 1. 3049)	− 0. 5093 *** (− 2. 6082)
	lnSize		0. 4716 *** (3. 6538)	0. 6409 *** (4. 9699)	0. 3543 *** (5. 3121)	0. 5254 *** (4. 7969)
	lnFDI		0. 1119 * (1. 7418)	0. 1946 *** (3. 2134)	0. 09298 *** (3. 2617)	0. 1544 ** (2. 5158)
	lnHC		0. 2522 ** (2. 3108)	0. 4002 *** (3. 8861)	0. 1720 * (1. 6694)	0. 3072 ** (2. 2428)
	lnINNOV		− 0. 3890 *** (− 2. 6120)	− 0. 5446 *** (− 4. 5912)	− 0. 2704 *** (− 2. 8421)	− 0. 3234 ** (− 2. 4037)
	lnGOV		0. 1782 * (1. 7795)	0. 1401 (1. 3168)	0. 1964 *** (4. 1608)	0. 2182 ** (2. 0129)
	$\ln INT * dum_1$			− 0. 2225 * (− 1. 6938)		
	$\ln INT * dum_2$				− 0. 2072 *** (− 3. 4826)	

续表

项		模型 Ⅰ	模型 Ⅱ	模型 Ⅲ	模型 Ⅳ	模型 Ⅴ
效率影响因素估计	$\ln INT * dum_3$					0.3685 * (1.8231)
	γ 值	0.7303 *** (5.9639)	0.5636 *** (2.5847)	0.8344 *** (8.9396)	0.2100 *** (-3.4826)	0.6680 *** (4.0213)
	Log 值	25.0053	-35.5028	38.4362	27.9434	35.1181
	LR 值	195.9795	76.9632	71.0964	92.0820	77.7326

注：*、**、*** 分别表示在 10%、5%、1% 的水平下显著，小括号内的值为 t 统计量。

分点，表明互联网发展水平对提升工业部门创新效率有显著正向影响。加入虚拟变量 dum_1 后，$INT \times dum_1$ 的影响系数显著为负，表明互联网发展对劳动密集型行业创新效率影响为负，即随着互联网发展水平的提高，劳动密集型行业的创新效率将得到提升。加入虚拟变量 dum_2 后，$INT \times dum_2$ 的影响系数显著为负，说明相对于非资本劳动密集型行业，互联网发展对资本密集型行业创新效率促进作用更大，也就是说，随着互联网发展水平的提升，资本密集度越高的行业创新效率提升越快。加入虚拟变量 dum_3 后，$INT \times dum_3$ 的影响系数显著为正，说明互联网对技术密集程度高的行业创新效率的提升作用不如对技术密集程度低的行业创新效率提升作用大，即随着行业技术密集度的提升，互联网对工业部门创新效率的影响有所减弱，这与韩先锋等（2014）的研究结论相似，从创新生命周期理论来看，中低技术行业对互联网资源的利用恰好处于其创新周期的成长阶段，因此，互联网对其创新效率的促进作用更大一些。综上所述，互联网发展水平对我国工业部门创新效率有显著的提升作用，并且对劳动密集程度高、资本密集程度高、技术密集程度低的行业创新效率提升作用更大，假设 1 得到证实。

从控制变量来看，企业规模变量显著为正，表明企业规模越大反而限制了工业部门创新效率的提升，企业规模过大容易僵化，不利于创新效率的提升。外商直接投资系数显著为正，表明外商企业投资规模越大越不利于工业部门创新效率的提升，外资进入会加大企业的模仿，从而在一定程度上抑制创新效率的提升。从业人员素质系数显著为正，说明人员素质并未对工业部门创新效率起到有效的促进作用，但人力要素对工业部门创新效率有显著正向促作用，这可能是因为规模以上工业企业中科技人员所占比重较少，并未对工业部门创新起到应有的作用。企业创新氛围系数显著为负，说明企业创新氛围有利于工业部门创新效率的提升。政府支持系数显著为正，表明政府支持对工业部门创新效率没有促进作用，反而存在显著负向影响，可能是因为政府投资会挤出企业投资。

四　互联网提升京津冀协同创新的建议

本报告采用随机前沿模型实证检验互联网对我国工业部门创新效率的影响，结果表明，互联网对工业部门创新效率提升有显著正向影响，但存在着部门差异，对劳动密集型行业创新效率提升影响最大，对资本密集型行业创新效率提升影响其次，对技术密集型行业创新效率提升却产生了负向影响。结合本报告研究与实际情况，提出如下建议。

1.打造互联网与京津冀协同创新的连接器

连接器将信息、技术、人才等创新资源有效地连接在一起，是信息化与工业行业深度融合的重要载体。首先，优化公共服务连接器，以云计算、大数据、物联网等新一代信息技术为支撑，大力推进我国信息基础设施优化和功能服务专业化，提升基础信息服务水平和普遍服务能力。其次，鼓励传统互联网企业专注发展自己的传统业务和优势业务，搭建新的连接模式，纳入新的连接要素，与其他连接型企业做好连接，做连接平台的助推器。再次，搭建产学研连接器，大力拓展互联网在科技成果创新平台、科技成果转化平台、科技创新联盟中的广度和深度，提升科技平台信息化水平，提升科技成果的转化效率。最后，鼓励传统行业企业打造基于产业链的连接器，提升设计、制造、管理、销售、服务等关键环节的信息化应用能力。

2. 打造基于互联网的京津冀开放平台

一是强化信息共享平台建设，实现信息、资源共享，避免同质竞争，推动要素资源共享。二是组建"互联网＋"产业联盟，随着互联网技术的发展，创新要素的流动比以往更为迅速和广泛，为邻近区域也为地理距离较远区域提供了更大范围、更宽领域、更深层次整合利用创新资源的现实可能性，突破以往传统产业联盟在空间范围上的局限性，组建协同创新共同体，在关键核心技术上开展联合攻关。三是组建"互联网＋"产业创新中心，为互联网企业和传统产业搭建合作平台，研究"互联网＋"在该行业中可能的切入点、发展方向和发展机会，共筑"互联网＋"传统产业的新产品、新模式、新业态。四是利用"互联网＋"优化创新资源配置，基于信息技术、大数据可及时洞悉需求方的信息，根据需求信息及时调整创新资源配置，减少需求与供给不匹配造成的资源浪费。此外，由于信息传输的便捷性和覆盖性，可广纳全国甚至世界范围内的人才为己所用并追踪前沿技术进展，及时占领技术创新制高点。利用"互联网＋"金融的迅猛发展，吸引社会资本参与产业创新发展。

3. 针对不同行业采取不同的互联网创新模式

从前面的研究可知，互联网在不同行业的创新效率提升中所起的作用有所不同，因此，互联网与工业部门融合的创新模式必然有所差异。劳动密集型产业中多为消费品制造业，资本密集型产业和技术密集型产业多为工业品制造业，消费品制造业更为关注消费者的个体需求，工业品制造业更为关注技术创新和成本降低。因此，消费品制造业可向"互联网＋个性化定制"的方向转变，打造用户交互定制平台，将个性化定制和大规模生产有机结合起来。工业品制造业要充分与互联网、大数据收集及分析技术相结合，将产品的设计、制造、销售等环节以数字化的方式串联起来。

4. 构建知识产权保护体系和利益分享机制

创新开放有助于工业部门创新效率的提升，但开放度必须在一定程度内，如果程度过大，将对创新产生起反向作用。互联网有助于创新开放度的提升，为创新提供更为丰富的资源，但同时也加大了知识产权保护的难度和

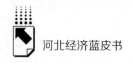

风险，构建有效的知识产权保护体系是互联网与工业部门融合的必要保障。为此，可加强司法机构、企业、协会等的交流互动，共探互联网背景下的知识产权保护问题。另外，开放式平台涉及多个创新主体，知识本身又具有无形性的特点，如何有效分配各方利益是互联网与工业部门融合的又一难题，可建立创新开发过程中的股份制共享制度，调动各方参与创新的积极性。

参考文献

郭家堂、骆品亮：《互联网对中国全要素生产率有促进作用吗?》，《管理世界》2016年第 10 期。

李海舰、田跃新、李文杰：《互联网思维与传统企业再造》，《中国工业经济》2014年第 10 期。

纪玉俊、张彦彦：《互联网＋背景下的制造业升级：机理及测度》，《中国科技论坛》2017 年第 3 期。

韩先锋、惠宁、宋文飞：《信息化能提高中国工业部门技术创新效率吗》，《中国工业经济》2014 年第 12 期。

谢子远、吴丽娟：《产业集聚水平与中国工业企业的创新效率》，《科研管理》2017年第 1 期。

张伯旭、李辉：《推动互联网与制造业深度融合——基于"互联网＋"创新的机制和路径》，《经济与管理研究》2017 年第 2 期。

邬贺铨：《"互联网＋"行动计划：机遇与挑战》，《人民论坛·学术前沿》2015 年第 10 期。

B.4
高铁联网时代京津冀城市群
时空格局重塑与动力演化*

王春杨 任晓红 张 超**

摘 要： 收集城市间铁路客运车次数据构建吸附指数和依附指数，描
摹京津冀城市群城市联动格局与时空演进特征，并借助 DID
方法考察高铁开通前后的城市发展变化，识辨增长效应和空
间异构效应。研究发现：京津冀地区城市吸附能力在考察期
内呈现更加均衡的发展趋势，但仍表现为鲜明的首位型分布
特征；区域内城市联动关系持续加强，"中心—腹地"联动
格局的空间分异得到明显优化。高速铁路的修建加速了途经
城市的经济增长和城市规模扩张，城市群城市空间体系格局
呈现非均衡发展态势，即群内出现明显的"空间极化效应"
和"时间累积效应"。京津石 3 个中心城市的腹地快速扩张，
开通高铁的城市吸附能力越强，其规模扩张能力越强，扩张
速度也越快，高铁已经成为催生京津冀城市群空间格局重构
的新动力。

关键词： 高铁 京津冀 城市群 空间格局

---

* 国家自然科学青年基金项目"区域房价差异影响中国制造业产业转移的机制与对策研究"
（71503067），河北省社会科学基金项目"京津冀'多重城镇化'对城乡收入差距的影响研
究"（HB15YJ100）。
** 王春杨，博士，重庆大学经济与工商管理学院博士后，研究方向为城市与区域经济；任晓红，
博士，重庆交通大学经济与管理学院教授，研究方向为城市交通经济；张超，博士，河北工
业大学经济管理学院副教授，研究方向为城市与区域经济。

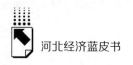

一 引言

高铁，正史无前例地重构中国的城市与区域空间格局，跨地区的人口、要素和产品流动再次被快速交通网络激活。截至 2016 年底，我国高铁营运里程已经超过 2.2 万公里，连贯东西南北中的"四纵四横"网络基本成形。2016 年 6 月，国家《中长期铁路网规划》中再次明示建设"八横八纵"高铁主干，并加快城际铁路建设以实现高速铁路联网，以将近邻的大中城市吸纳进入 1~4 小时交通圈，城市群区域内部则要构建 0.5~2 小时交通圈。为进一步贯彻落实京津冀协同发展战略和推进京津冀区域交通一体化发展，2016 年 11 月，《国家发改委关于京津冀地区城际铁路网规划的批复》中明确提出未来京津冀地区将形成"京津、京保石、京唐秦"三大通道，并作为主轴，基本实现京津石中心城区与周边城镇 0.5~1 小时通勤圈，京津保 0.5~1 小时快速交通圈。建设京津冀世界级城市群依托于发达的交通运输网络，而快速推进的高铁（城际铁路）建设将进一步实现城市群与城市群之间、城市群内部各城市之间的"时空压缩"，将极大地促进城市间劳动力、资本、技术和信息的快速流动，高铁已经成为重塑京津冀城市群城市体系格局的重要因素。

理论上讲，高铁会通过增强可达性来重塑区域人口和经济的空间结构，但因地理空间尺度的不同，可达性的意义也不尽相同。在国家和跨行政区层面，高铁建设可以通过减少旅行时间，将边缘地区拉近发达地区，从而减少核心边缘结构的非均衡性，为区域协调发展提供基础设施机会。高铁建设带来的可达性可以在全局和局域层面实现显著的时空收敛，使各区域享受交通的便捷程度更趋于均衡，特别是边缘地区通达性的提升十分明显。优越的地理位置虽然有利于中心城市可达性的提升，但高铁网络发展对城市可达性的作用正在逐渐赶超空间区位对城市可达性水平的影响。在城市群和大都市区层面，高铁建设将带来可达性变化和空间重构，不同级别交通网络相互叠加会改变城市群交通网络特征。高铁将扩展高铁城市的等时圈范围，形成非均衡的时间收敛空间，并扩大中心城市的腹地范围。高铁建设能够显著提升通车城市的通达性，但不连续的站点分布可能会加剧高铁城市和周围非高铁城市之间通达性的非均衡性，增加了空间极化的风险。但是，随着高铁和城际铁路网络的不断完善，城市群各城市通达性水平将趋于均衡。

城市和区域发展不外乎两种形式：其一，持续向中心地区集聚；其二，集聚到一定程度又向外扩张。经典的增长极理论表明，经济增长通常是从一个或数个"增长中心"开始逐渐向其他部门或地区传导，其空间影响则取决于"扩散—回流"这一空间再组织过程的净效应。新经济地理学理论指出，交通运输成本的下降将通过"价格指数效应"、"本地市场效应"和"空间选择效应"等传导机制引发地区间工资、要素价格差异，进而影响地区间要素转移和经济增长差异，城市体系格局将呈现收敛或者发散。高铁对区域经济增长具有明显的推动作用。高铁能够显著促进沿线城市的经济集聚，有站点的城市比没有站点的城市表现出更高的经济增长率。大城市之间的中等城市是高铁开通后的最大受益者，因为高铁提升的通达性会赋予其新的区位优势，专业会议、中等商业和咨询服务业、旅游业等产业借助高铁从大城市向中等城市转移。高铁开通提高了区域间经济增长的溢出效应，说明高铁对区域经济存在增长效应，高铁促进经济向落后地区的高铁沿线集聚，从而有利于区域经济趋向均等化和平衡发展。然而，也有研究认为，高铁仅有利于所连接的大城市的发展，牺牲外围地区利益并扩大地区之间的非均衡性。高铁建设扩大了大型高铁城市与非高铁城市之间的工资差距以及高铁城市与非高铁城市之间的经济增长差距。高铁的溢出强度随旅行时间的增加而衰减，高铁网络的扩张反而使得大都市圈集聚扩张的特征更为明显。政策和规划在不同发展阶段可以干预这种"天然影响"，但取决于、依赖于区域内完善的交通体系，从而能够使高铁的影响扩散到整个区域。

综而观之，高铁对城市体系空间格局的影响，会因为高铁开通的时间先后、被连接城市的类型、城市群规模等级结构、交通基础设施的发达程度等不同而存在时空差异。对首位度较高的中心城市而言，高铁的建设可能会继续强化现有的城市等级；对于规模等级较为均衡的城市体系来说，高铁会优

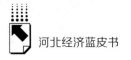

化区域内的城市网络。《北京城市总体规划（2016～2035年）》明确提出"发挥北京的辐射带动作用，打造以首都为核心的世界级城市群"。相比长三角和珠三角城市群，京津冀城市群的协调联动发展问题则更为突出，在高铁快速联网的背景下，揭示京津冀城市体系格局的演进规律，有助于更为全面地评估高铁建设的经济空间效应，为城市群协同发展提供经验依据。当前，高铁对可达性的改善是中国理论界研究的热点，但类似研究并不能较为精准地量化处理好高铁对城市和区域发展带来的"利"与"弊"。出于此考虑，我们的主要工作将建立在新经济地理学研究框架内，将"高铁建设"纳入城市体系空间结构演进的分析，测度城市间联动效应，并运用 DID 方法实证检验和评估高铁建设对京津冀城市群空间格局演进的影响。

二　方法选择与数据说明

（一）吸附指数和依附指数的构建

为准确刻画城市间的实际联系和分布格局，铁路客运车次数据提供了可能。如钟业喜和陆玉麟（2011）运用铁路网络始发车次数据描述中国城市等级体系与分布格局，王海江和苗长虹（2015）则使用"城市—车次—城市"铁路客运联系数据，分析中国 286 个地级城市客运联系的空间格局和网络特征。但以往研究基本忽略了不同车次类型在刻画城市联系中的重要性差异，因而不能对城市间的铁路实际联系进行综合测度和评价。基于此，本报告认为以城市间铁路客运车次数据为基础，构建城市体系空间联系指数甄别工具，可以有效描摹城市联动的内容，并能够识别空间格局体系结构和状态。本报告使用周靖祥（2015）构建城市吸附指数和城市间依附指数的方法，对京津冀地区城市吸附能力和城市间联动关系进行测算，吸附指数的具体设定方法如下：

$$adsorption = \frac{1}{\sum_{j-1}^{n} n} \sum_{i=1}^{3} \left(n_i \sum_{j=1}^{8} X_{ij} \cdot \theta_j \right)$$

其中，*Adsorption* 为城市铁路客运吸附指数，X_{ij} 为各通车方式和类型的车次数；j 为车次类型，包括 G、C、D、Z、T、K、L、O 八种；θ_j 为车次类型权重，依重要性所赋权重依次递减，分别为 8、7、6、5、4、3、2 和 1；i 是城市接入铁路客运网络的方式，包含"始发"、"途经"和"终到"三种方式，η_i 为相应权重，依重要性不同分别赋予三种方式的权重为 0.35、0.3 和 0.35。城市间铁路客运的依附指数设定方法为：

$$Dependency_{(a \leftrightarrows b)} = \frac{1}{\sum_{j-1}^{n} n} \sum_{i=1} \left(\eta_i \sum_{j=1}^{8} X_{ij(a \leftrightarrows b)} \cdot \theta_j \right)$$
$$+ \frac{1}{\sum_{j=1}^{n} n} \sum_{i=1}^{2} \left(\eta_j \sum_{j=1}^{8} X_{ij(a \vee b)} \cdot \theta_j \right)$$

其中，*dependency* 为城市间铁路客运的依附指数，依附指数具有方向性，呈现不同的相互依附关系。"$a \rightarrow b$"代表城市 a 对 b 的依附指数，反之为 b 对 a 的依附指数。$X_{ij(a \rightarrow b)}$ 为城市 a 对 b 的"始发"且"终到"车次数，反之为城市 b 对 a 的"始发"且"终到"车次数，此时 $\eta_i = 0.35$；$X_{ij(a \vee b)}$ 为城市 a 到 b 的"途经"车次数或者"终到"城市 b 的车次数，此时 η_i 分别为 0.3 和 0.35。其他字母代表含义与吸附指数的含义相同。

（二）计量模型构建

首先，检验京津冀地区城市空间体系联动格局特征的计量模型设定基于经典的物理学引力模型（Gravity Model），即城市间的相互作用或联动关系不仅取决于起点城市和终点城市的经济特征变量，还取决于反映空间属性的特征变量如城市间的地理距离，在此基础上，考察高铁建设对城市联动格局的影响，设定的计量模型如下：

$$dependency(a \rightarrow b) = \beta_0 + \beta_1 lati_a + \beta_2 long_a + \beta_3 pop_a + \beta_4 pop_b$$
$$+ \gamma_1 dis + \gamma_2 dis^2 + \gamma_3 dis^3$$
$$+ \delta_1 year\_dum + \delta_2 adsorption + \mu_i$$

其中，$dependency_{(a \rightarrow b)}$ 为城市 a 对城市 b 的依附指数，变量 pop_a 和 pop_b 分别是城市 a 和 b 常住人口数。dis 为城市 a 与 b 之间的地理距离，dis^2 和

dis^3 分别为地理距离的平方项和三次方项，以测度城市联动关系在地理空间上的变化特征，城市间地理距离的衡量采用两城市间的最短铁路距离。$lati$ 和 $long$ 分别表示腹地城市 i 的纬度和经度，$adsorption$ 表示城市 i 的吸附能力，$year\_dum$ 为高铁开通年份的虚拟变量。

其次，本研究还将检验高铁建设对京津冀城市群内不同城市增长路径的影响，宏观表现为改变整个城市群的时空格局演进特征。如果把高铁开通看作在高铁城市和非高铁城市间所做的一项政策实验，那么检验高铁建设的影响即是检验这种政策冲击所带来的影响。DID 模型（*Differences in Differences Model*）即双重差分模型能够用于对一项政策实施前后的效果进行对比分析，其优势在于可以通过对照试验控制其他因素而单独检验政策影响的效果，因而可以有效分离观测样本随时间自然增长的"时间效应"和高铁建设的"政策效应"。参考目前国内外学者评价高铁影响的普遍方法，本报告选择 DID 模型对高铁建设的实际效果进行评价，具体是把高铁通车城市作为处理组（*Treatment Group*），非高铁通车城市作为控制组（*Control Group*），并且假设两组城市在高铁开通前具有相同的时间效应趋势，那么高铁建成通车后两组城市的差异变化就是高铁建设效应，DID 模型一般方程设定如下：

$$Y_{it} = \beta_0 + \beta_1 city_{it} + \beta_2 year_{it} + \beta_3 city_{it} \times year_{it} + \beta_4 X_i t + \mu_i + \varepsilon_{it}$$

其中，Y_{it} 为所要考察的城市 i 在时期 t 的经济特征，在本报告中主要关注高铁建设对城市人口规模、建设规模和发展规模三个特征的影响。$city_{it}$ 为个体虚拟变量，开通高铁的城市取值为 1，未开通高铁的城市取值为 0。系数 β_1 反映两组样本中城市之间不随时间变动的空间差异；$year_{it}$ 为时间虚拟变量，高铁通车年份和通车年份取值为 1，反之取值为 0。系数 β_2 反映若没有政策变动，两组样本随时间变动的趋势；交互项 $city_{it} \times year_{it}$ 表示高铁开通后的城市虚拟变量，其系数 β_3 是高铁开通对处理和控制组的影响差异。X_{it} 是影响城市群空间格局变动的一组控制变量，μ_{it} 控制了个体固定效应，ε_{it} 为残差。

最后，为进一步检验高铁建设和开通对城市群空间格局在时间累积方面的影响，本报告在上述双重差分模型的基础上进行扩展，在交互项（$city_{it} \times$

$year_{it}$）的基础上再控制住时间效应，也即选择加入高铁通车的年度虚拟变量（$time$），同时，为检验高铁建设和开通对城市群内部不同等级城市的影响差异，在交互项（$city_{it} \times year_{it}$）的基础上加入反映高铁通车后各城市中心性变化的吸附指数变量（$adsorption$），构建三重差分（Differences in Differences in Differences）基准模型：

$$Y_{it} = \beta_0 + \beta_i city_{it} + \beta_2 year_{it} + \beta_3 city_{it} \times year_{it} \times time_{it}$$
$$+ \beta_4 city_{it} \times year_{it} \times adsorption_{it} + \beta_5 X_{it} + \mu_i + \varepsilon_{it}$$

其中，时间虚拟变量 $time$ 代表了高铁开通的时间长短，高铁开通的时间越长，$time$ 的取值越大，具体设定为该城市高铁开通的第一年取值为1，第二年取值为2，以此类推。如果交叉项（$city_{it} \times year_{it} \times time_{it}$）的回归系数显著为正，则说明高铁开通的时间越长，其带来的城市增长效应越明显，或者说越早开通高铁的城市，其获得的时间累积效应越明显，反之则无时间累积效应或者累积效应为负。衡量各城市在高铁通车后中心性的变化，用该城市的铁路客运吸附指数来描述，其经济含义为，一个城市的吸附能力越强，人口、要素和经济集聚的力量就越强，尤其是中心城市，其往往是整个城市群中吸附能力最强的城市。因此，如果交叉项（$city_{it} \times year_{it} \times adsorption_{it}$）的回归系数显著为正，则说明城市的吸附能力越强，高铁的规模增长效应越显著，即中心城市其强大的吸附能力将加剧城市群规模分布的不均衡性，反之则表现为溢出和分散特征。

（二）数据说明

1. 样本选择

本报告基于铁路客运联系刻画京津冀的城市吸附能力和联动特征，研究的地理范围为河北、北京和天津全域，所选城市样本单元均为铁路通车城市。在京津冀的城市铁路客运线路中，目前已经形成了以北京为中心，天津、石家庄为次中心的铁路客运网络。其中，北京是整个区域铁路客运网络的核心枢纽，以北京为中心的铁路客运线路整体上呈现单中心、放射状空间分布格局。从北京出发的铁路客运线路包括京津城际铁路、京沪高铁、京石高铁三条高速铁路线路，京张、京沈两条在建高速铁路以及七条普通铁路线路。截止到 2017 年 8 月，京津冀地区主要运行的客运线路包括 6 条高铁（动车）线路和 9 条普通客运线路，通过选择，最后纳入分析的铁路沿线城市样本总计 65 个。其中，直辖市 2 个，地级市、区 17 个，县、县级市、区 46 个。样本的地理分布如图 1 和图 2 所示。

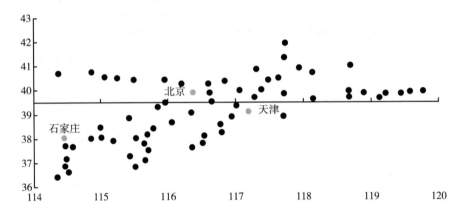

图1　纳入分析的京津冀城市空间分布

注：城市经纬度取值遵循原则为省会城市选"省政府"所在地，地级及以上是城市政府所在地，北京市对应的是中南海所在地经度和纬度值，火车站点选站场位置所在地的经度和纬度。

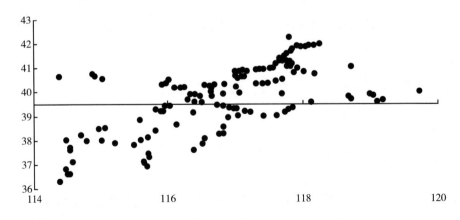

图2　京津冀铁路客运站点空间分布

注：城市经纬度取值遵循原则为省会城市选"省政府"所在地，地级及以上是城市政府所在地，北京市对应的是中南海所在地经度和纬度值，火车站点选站场位置所在地的经度和纬度。

2. 变量说明

因变量选择方面，本报告利用城市经济总量的对数（lngdp）和城市夜间灯光影像的对数（lnlight）刻画城市发展的规模特征。DMSP/OLS 夜间灯光影像数据能够反映多维度城市规模特征，既能反映城市的数量属性，又能反映城市的空间形态属性（灯光亮度反映人口密度和经济密度，灯光面积则反映城市占地面积），大量研究也表明其作为城市综合规模的度量是可行和可信的。自变量选择方面，本报告选取高铁建设的时间虚拟变量（year）、高铁建设的城市虚拟变量（city）及其交互项（year × city）作为解释变量，其中，高铁建设的时间虚拟变量度量了高铁建成前后处理组和控制组城市规模的变化，高铁建设的城市虚拟变量度量了高铁城市与非高铁城市之间城市规模的差异，而交互项度量了高铁建设对处理组和控制组的影响差异，是本报告的关键解释变量。此外，本报告选择城市人口（lnpop）和城市固定资产投资（lninv）作为控制变量。本报告的基础样本数据来自2005～2015 年的中国城市统计年鉴及地方政府统计公报等，DMSP/OLS 夜间灯光数据源自美国国家地球物理数据中心网站，城市实际客运车次数据来自去哪儿网和12306 网站。本报告以 2007 年作为评估高铁效应的基期，以 2015 年为评估高铁效应的终期。全国第一条真正意义上的京津城际高铁于 2008 年建成通车，此后每年均有城市动工和开通高铁。

三　京津冀城市群城市空间体系格局特征及演变

（一）京津冀地区城市吸附能力规模分布及空间格局

京津冀地区各城市吸附能力存在显著的地区差异。表 1 列出了 2015～2017 年吸附能力排名前 20 的城市。北京、天津和石家庄连续排名前三位，考察期内吸附指数均超过 20，显示出非常强大的吸附能力。北京在 2017 年的吸附能力小幅下降，天津和石家庄则呈现上升趋势。在其他排名前 10 的城市中，除山海关之外，其余均为河北省地级城市。保定、邯郸、沧州和秦皇岛的吸附指数均较高，山海关和北戴河由于地处京津冀东北角，京哈线、京山线和津秦客运专线在此交会通过，表现为较高的吸附能力。唐山的吸附能力增长较快，从2015年的排名第10位上升至2017年的第5位。同样表现出明显变化的还有霸州和白沟，随着津保城际铁路的建成开通，自2016年起进入前20位。吸附能力未进入前20的地级城市有承德和张家口，与其他南部地级城市在城市吸附能力方面存在较大差距。

表1 2015～2017年京津冀地区城市吸附指数与排序（各年份排名前20）

排名	2015年		2016年		2017年	
	城 市	吸附指数	城 市	吸附指数	城 市	吸附指数
1	北 京	56.221	北 京	61.586	北 京	55.531
2	天 津	26.892	天 津	37.744	天 津	40.110
3	石家庄	20.422	石家庄	26.336	石家庄	27.831
4	保 定	12.208	保 定	14.731	保 定	14.867
5	邯 郸	7.808	唐 山	11.706	唐 山	10.992
6	山海关	7.658	秦皇岛	10.254	邯 郸	10.318
7	沧 州	7.011	沧 州	9.731	沧 州	9.839
8	秦皇岛	6.767	邯 郸	9.608	秦皇岛	9.546
9	邢 台	6.567	邢 台	8.206	邢 台	7.789
10	唐 山	5.986	山海关	7.736	山海关	7.615
11	廊 坊	4.014	定 州	4.689	高碑店	5.908
12	北戴河	3.917	廊 坊	4.422	北戴河	5.225
13	衡 水	3.881	北戴河	4.342	廊 坊	4.481
14	定 州	3.358	衡 水	3.806	定 州	4.281
15	高碑店	3.325	高碑店	3.625	衡 水	3.703
16	武 清	2.786	霸 州	3.617	涿 州	3.600
17	涿 州	2.058	涿 州	3.575	霸 州	3.517
18	任 丘	1.983	滦 县	2.975	武 清	2.683
19	滦 县	1.842	武 清	2.911	白 沟	2.117
20	高 邑	1.625	高 邑	2.460	高 邑	2.019

借助城市位序——规模法则（City Rank-Size Rule）方法可以进一步分析京津冀地区城市吸附能力的规模分布特征①。结果表明，京津冀地区城市吸附能力呈现显著的首位型分布特征：表征全部城市吸附能力集中程度的 q 值在考察期间其绝对值大于 1.2，说明京津冀地区城市吸附能力主要集中分布在少数地区，即主要分布在北京、天津、保定、石家庄、邯郸、唐山等超大城市和大城市（见图 3 ~ 图 5）。这些城市的吸附能力极强，而其他城市的吸附能力均偏小，整个地区表现出显著的非均衡的分布特征。但是，从 q 值大小随时间演变的特征来看，则呈现出随时间逐渐减小的变动趋势，从 2015 年的 1.985 分别下降至 2016 年和 2017 年的 1.842 和 1.812，说明随着京津冀地区一体化进程的加快以及城市群铁路网的不断完善，基于铁路客运车次刻画的城市吸附能力规模分布更为均衡。特别是 2015 年底津保城际铁路的建成开通，提高了沿线城市的吸附能力，同时拉近了天津与石家庄的距离，并在一定程度上疏解了北京的交通枢纽功能。

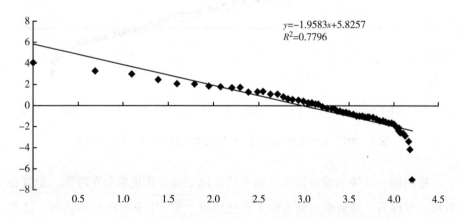

图3　2015 年京津冀地区城市吸附能力的位序—规模分布特征

---

① 数学公式表达为：$P_r = K \cdot r^{-q}$。公式中，P_r 是第 r 位城市的规模，K 是最大城市的规模，r 是 P_r 城市的位序，q 为 Zipf 系数，通常使用上述公式的对数线性形式，即：$LogP_r = LogK - qLogr$。依据 q 值大小可以划分为：首位型（$q \geq 1.2$）、集中型（$0.85 < q < 1.2$）、分散均衡型（$q \leq 0.85$），其中，当 $q = 1$ 时，城市体系处于自然状态下集中型的最优分布。

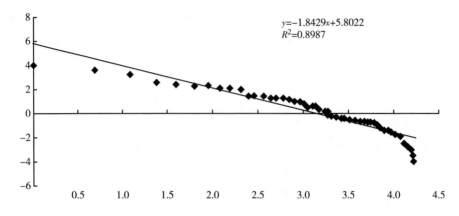

图4　2016年京津冀地区城市吸附能力的位序—规模分布特征

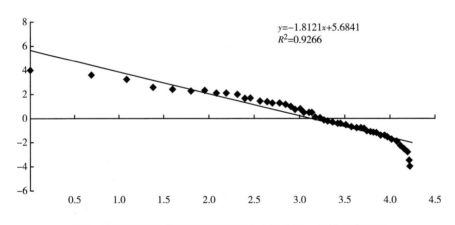

图5　2017年京津冀地区城市吸附能力的位序—规模分布特征

　　吸附能力较强的城市沿着铁路干线呈现空间带状集聚分布特征，尤其在京津、京保石、津唐秦空间方向上自然形成"N"字形空间分布格局。这些城市分别是位于京广高铁上的涿州、高碑店、定州、石家庄、保定、邯郸和邢台，位于京沪高铁上的北京、廊坊、武清和天津，以及位于秦沈客运专线上的唐山、秦皇岛、北戴河和山海关。其他城市吸附能力则相对较弱，空间上则呈现零散的分布特征，如东南部的沧州、衡水。总体上，整个京津冀地区的城市吸附能力集中分布于京保石、津唐秦和京津城市带所形成的"N"字形区域，北京、石家庄和天津是3个重要节点。并且，以"N"字形为空间分界，"N"字形的东南区域为吸附能力分布集聚区域，而"N"字形的西北区域城市的吸附能力整体较弱，大部分城市还没有铁路连通，而拥有铁路线路的城市其吸附能力也明显较弱。

（二）京津冀地区"中心—腹地"城市空间联系特征描摹

京津冀地区呈现三城互动与多点联动的空间联系特征。三城即三大中心城市北京、天津和石家庄，其两两双向联系的车次统计和联动指数如表2和表3所示，从中可以发现三城间联系强度和方向的显著差异。在三城之间相互的客运联系中，以京津之间的联系最为密切。2015年，北京到天津每日开行城际和G字头高铁车次分别为72次和16次，2017年则多达76次和50次；反过来，2015年，天津到北京每日开行城际和G字头高铁分别为74次和26次，到2017年则分别为73次和56次。其次为北京和石家庄之间的联系，2017年每日相互开行高铁列车车次数目均超过80次。石家庄和天津之间的联系强度相对最低，2015年两城市之间无G字头和D字头列车开行，普通列车车次双向均为20次，明显小于京津之间和京石之间的联系强度。但此联动格局在2016年底得到显著改观，得益于津保城际铁路建成通车，目前石家庄和天津之间日均开行往返G字头高铁班次24次，D字头动车2次，其他车次26次，两地间最短时间为1小时33分，两地联动关系得到较大改善。

表2　2015年北京和天津城市间客运车次联系与依附指数

客运联系方向	G/C	D	Z	T	K	其他	依附指数
北京—天津	16/72	3	2	7	13	6	11.790
天津—北京	26/74	2	3	7	14	6	15.419
北京—石家庄	59	6	18	12	29	2	7.482
石家庄—北京	73	6	16	12	30	2	14.572
天津—石家庄	0	0	2	4	11	3	0.594
石家庄—天津	0	0	2	4	11	3	0.692

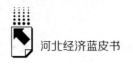

表3　2017 年北京和天津城市间客运车次联系与依附指数

客运联系方向	G/C	D	Z	T	K	其他	依附指数
北京—天津	50/76	0	5	6	14	4	14.057
天津—北京	56/73	0	5	5	12	5	19.200
北京—石家庄	84	10	19	10	31	2	9.281
石家庄—北京	83	3	19	10	33	2	16.388
天津—石家庄	24	2	4	4	17	1	2.847
石家庄—天津	24	2	4	4	17	1	3.499

　　如表4所示，反映到依附指数上，天津对北京的依附程度最强，2017年依附指数为 19.200，其次是石家庄对北京的依附，2017 年依附指数为16.388；天津和石家庄之间的相互依附程度最低，2017 年依附指数分别为2.847 和 3.499，反映了两个地区间相对较弱的城市联动强度。进一步，利用所有样本城市分别对北京、天津和石家庄进行依附关系测度，测度结果依2017 年依附数值大小进行排序，可以看出，每个腹地城市对三个中心的依附程度都呈现显著差异，反过来，即每个中心城市都有自己联系较强的腹地范围和辐射强度。对北京依附程度较高的城市主要分布在京广高铁和京沪高铁沿线，依附程度变化较快的腹地城市包括唐山、秦皇岛等。对天津依附程度较高的城市在 2015 年主要分布在京津城际、京沪高铁以及津秦客运专线沿线，2015 年之后，石家庄、保定等京广高铁沿线城市对天津的依附程度显著增强。对石家庄依附程度较高的城市主要分布在京广高铁沿线，随着津保城际铁路的通车，天津、唐山和秦皇岛等城市对石家庄的依附程度显著提高。随着三个中心城市相互联动关系的不断加强，其腹地城市由空间分异呈现逐渐整合的发展态势。

表4　腹地城市对中心城市的依附指数（2017 年排名前 20）

对北京的依附指数			对天津的依附指数			对石家庄的依附指数		
城　　市	2015 年	2016 年	2017 年	城　　市	2015 年	2016 年	2017 年	城　　市	2015 年	2016 年	2017 年

对北京的依附指数			对天津的依附指数			对石家庄的依附指数		
天　　津 15.419 17.990 19.200	北　　京 11.790 12.364 14.057	北　　京 7.482 8.722 9.281
石家庄 14.572 16.400 16.388	唐　　山 2.992 4.107 4.357	保　　定 5.738 7.064 7.408
保　　定 7.133 8.768 9.072	秦皇岛 1.889 3.343 3.611	邯　　郸 3.003 4.132 4.376
邢　　台 4.436 4.696 4.696	石家庄 0.692 3.475 3.499	邢　　台 2.968 3.760 3.979

续表

	对北京的依附指数				对天津的依附指数				对石家庄的依附指数		
城　市	2015 年	2016 年	2017 年	城　市	2015 年	2016 年	2017 年	城　市	2015 年	2016 年	2017 年
沧　州	3.325	4.786	4.633	高　邑	0.097	3.475	3.499	天　津	0.594	3.111	2.847
邯　郸	4.779	4.653	4.396	山海关	2.583	2.538	3.038	定　州	1.457	2.082	2.174
唐　山	0.876	3.657	3.747	沧　州	1.707	2.533	2.844	高碑店	1.410	1.822	2.024
廊　坊	3.665	3.182	3.682	武　清	1.582	2.713	2.781	涿　州	1.010	1.529	1.897
涿　州	2.418	3.656	3.529	保　定	0.285	2.646	2.440	唐　山	0.333	1.864	1.861
高碑店	2.683	2.686	3.285	霸　州	0.479	2.189	2.025	秦皇岛	0.603	1.539	1.553
秦皇岛	1.969	3.107	3.110	邯　郸	0.433	1.726	1.800	霸　州	0.025	1.451	1.372
武清区	1.411	2.851	2.907	邢　台	0.357	1.293	1.474	山海关	0.242	0.832	0.833
山海关	3.679	2.614	2.608	廊　坊	0.860	0.936	1.206	衡　水	0.686	0.692	0.750
定　州	2.789	2.978	2.418	衡　水	0.974	0.940	1.014	白洋淀	0	0.889	0.744
北戴河	1.422	1.388	1.388	白洋淀	0	1.464	1.011	白　沟	0	1.047	0.744
高　邑	1.314	1.347	1.342	白　沟	0	1.354	1.011	辛　集	0.649	0.674	0.732
衡　水	0.819	1.526	1.151	定　州	0.171	0.846	0.990	北戴河	0.306	0.436	0.436
张家口	0.917	0.965	1.044	北戴河	0.842	0.875	0.758	沧　州	0.247	0.310	0.351
霸　州	0.639	0.839	0.722	任　丘	0.671	0.354	0.397	晋　州	0.150	0.275	0.308
任　丘	0.639	1.019	0.686	辛　集	0.293	0.339	0.375	承　德	0.175	0.263	0.254

以三大中心城市和河北省地级城市作为关注对象，依附指数的计算结果显示：在 11 个河北省的地级城市中，大部分城市对北京的依附程度要大于对天津和石家庄的依附程度，体现出北京在整个地区的吸附中心地位。在对天津和石家庄的依附关系中，各城市呈现出较为明显的空间分异特征。其中，唐山、秦皇岛和沧州对天津的依附程度较强，而这几个城市对石家庄的依附程度较弱；石家庄、保定、邢台和邯郸在 2015 年之后对天津的依附程度变化较大，其中，唐山对天津的依附程度大于北京。邢台、保定、邯郸对石家庄的依附程度较大，而对天津的依附程度相对较小。衡水、承德和张家口对三个城市的依附程度均较低，这三个城市也是所有河北省地级城市中没有高铁通车的城市（见图 7 至图 9）。

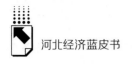

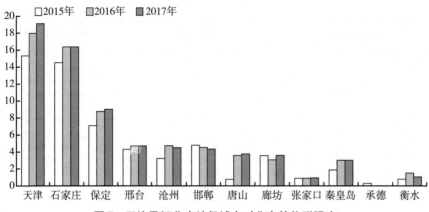

图7　天津及河北省地级城市对北京的依附强度

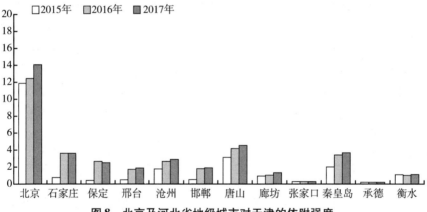

图8　北京及河北省地级城市对天津的依附强度

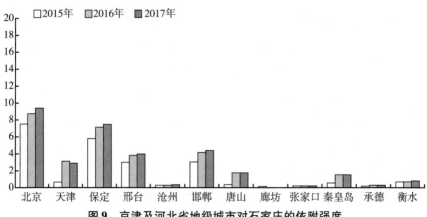

图9　京津及河北省地级城市对石家庄的依附强度

四　京津冀地区城市空间联系强化机理：地理与市场

以京津冀地区腹地城市对北京、天津和石家庄的依附强度作为因变量，考察中心与腹地城市联动关系的决定条件。表 5 的计量结果显示了以下内容。首先，城市间联动强度或依附强度与两城市人口数量呈现显著的正相关，呈现出"强强联动"的城市体系格局特征。其次，距离变量对城市依附关系的回归系数在 4 个模型中均显著为负，表明距离是影响京津冀地区城市联动关系的重要因素。中心与腹地城市的联系随地理距离的增加呈现衰减趋势，即越是临近中心城市的地区其与北京、天津和石家庄之间越表现出铁路客运意义上的强关联特征。最后，在 4 个模型中，本报告还分别带入了距离的二次项和三次项进行回归分析，但并未发现城市间联系强度在地理距离上的拐点，这一方面说明了在京津冀地区范围内，三城市的中心特征明显，其中又以北京的影响范围最大，地理衰减指数（*distance*）为 -0.089，另一方面也说明铁路客运联系在促进城市联动发展中具有重要作用，是决定城市体系格局演变的重要因素。

京津石三大中心城市各自拥有其腹地范围。从经度和维度的回归结果来看，腹地城市对三大核心城市的依附程度呈现较为明显的空间分异特征。从全部城市的回归结果看，纬度（*lati*）上越是偏南的城市与中心城市的依附强度越高，但在东西方向上未表现出显著的空间特征。分中心城市来看，经度（*long*）上表现为越是偏西的城市对北京的依附程度越强，越是偏东的城市对天津的依附程度越强，且均在 1% 的水平上具有显著性。纬度上越是偏北的城市与北京的联系越强，而越是偏南的城市与天津的联系越强。以上结果说明，北京的吸附和辐射范围主要体现在偏西部城市，而天津的吸附和辐射力则更多地体现在偏东部城市。而各腹地城市经纬度特征与对石家庄的依附程度没有表现出空间统计上的显著性。

高铁开通年份（*year_ dumy*）指标在 4 个模型中对依附强度的回归系数显著为负，说明越早开通高铁的城市，其与中心城市的联动关系越强，即说明这些城市借助高铁捕捉优先发展机会，也说明了"强强联动"的累积循环对城市体系格局的影响。吸附能力（*adsorption*）指标对三个中心城市依附强度的回归系数显著为正，并表现出统计结果的稳健性，反映出吸附能力越强的城市，其对北京、天津和石家庄的联系越紧密，或者说在与三个中心城市发生显著联动的城市当中，都是吸附能力较强的城市。这些城市多沿主要的铁路干线分布，是区域性交通枢纽，更是人口的主要集聚地。同时，计量结果印证空间相互作用模型的前提假设，即规模越大的城市间人口流动越多，空间联系越密切。

表5 京津冀城市联动关系的决定（被解释变量：*dependence*）

变量	模型1	模型2	模型3	模型4
	全部联系	对北京的联系	对天津的联系	对石家庄的联系
popa	0.219 *** (0.033)	0.006(0.041)	0.043 (0.041)	0.085 * (0.044)
popb	0.760 *** (0.149)			
distance	−0.456 *** (0.029)	−0.189 *** (0.046)	−0.319 *** (0.034)	−0.298 *** (0.048)
long	−0.034 (0.036)	−0.156 *** (0.043)	0.214 *** (0.045)	−0.016 (0.049)
lati	−0.078 ** (0.039)	0.129 ** (0.052)	−0.278 *** (0.046)	−0.026 (0.051)
year_dum	−0.022 *** (0.001)	−0.010 *** (0.002)	0.005 ** (0.002)	0.005 ** (0.002)
adsorption		0.784 *** (0.054)	0.765 *** (0.055)	0.710 *** (0.059)
constant	49.820 *** (4.898)	34.250 *** (6.675)	−17.960 ** (7.028)	2.206 (7.362)
observations	576	192	192	192
r − squared	0.659	0.859	0.842	0.795
number of year		3	3	3

注：括号内为标准误，***、**、*分别表示在1%、5%和10%水平下显著。

五 高铁联网背景下京津冀城市体系异构效应

借助 DID 方法考察高铁开通前后京津冀地区城市发展变化，识辨城市增长效应和空间异构效应，计量结果如表 6 所示。从回归结果来看，交互项（$year \times city$）回归系数在模型 5 和模型 8 中在 1% 的水平上显著为正，说明高铁建设显著提高了沿线城市的经济规模（$\ln gdp$）和城市发展规模（$\ln light$），经济有向高铁城市集聚的城市群演化倾向，这在一定程度上说明了高铁建设增加了原有城市群各个城市在经济集聚和城市发展方面的非均衡性，并且这一结果具有稳健性。分析表明，高铁建设显著促进了高铁城市的城市增长，并与其他非高铁城市拉开了差距，高铁通过通达性的改变和集聚效应加剧了原有城市体系发展的非均衡性。然而，在开通高铁的城市中，既包含了中心城市，也包含了其他各种规模类型的城市，这些不同类型的城市在高铁开通后，其带来的"扩散—回流"效应可能存在地区差异，为了更好地评估高铁对京津冀城市体系空间格局的影响，需要对城市样本做进一步分析。

模型 6 和模型 9 的计量结果表明：当加入反映高铁开通时间效应的交叉项后，交叉项（$year \times city \times time$）的回归系数在两个模型中的估计结果均显著为正，并达到 1% 水平上的显著性，说明当考虑了时间的影响之后，高铁城市的高铁增长效应变得显著，即随着高铁开通时间的增加，高铁的经济规模和城市发展规模增长效应显著，说明高铁建设对城市群空间格局的影响存在显著的"时间累积效应"，也说明那些越早开通高铁的城市，越能够从高铁的增长效应中获益，尽管到 2014 年，多数城市开通高铁的时间还不长，这也更加说明了高铁开通对高铁城市的影响具有时间累积效应。当加入反映城市中心性的吸附指数变量之后，交互项（$year \times city \times adsorption$）的回归系数在模型 7 和模型 10 中均显著为正，并且均在 1% 的水平上具有显著性，说明在京津冀城市群内部，高铁建设显著提高了吸附能力较大城市的经济规模（$\ln gdp$）和城市发展规模

（ln*light*），区域性中心城市的高铁吸附能力和集聚效应最为明显，这在一定程度上说明了相比一般的高铁城市，高铁建设通过影响城市通达性和吸附能力，对京津冀地区城市体系中区域中心城市的影响更为显著，也表现出中心城市对其他高铁城市和非高铁城市的空间极化效应，这在结果上更增加了原有城市体系发展的非均衡性，并且这一空间极化过程同样具有时间累积效应。

表6　高铁对城市体系格局的影响（被解释变量：ln*gdp*、ln*light*）

变量	Ln*gdp*（经济规模）			Ln*light*（城市规模）		
	模型5	模型6	模型7	模型8	模型9	模型10
year × city	0.317 *** (0.099)			0.231 *** (0.046)		
disto_bj	-0.069 *** (0.022)	-0.072 *** (0.022)	-0.072 *** (0.022)	0.022 *** (0.002)	0.027 *** (0.002)	0.021 *** (0.002)
lnpop	0.926 *** (0.024)	0.941 *** (0.025)	0.926 *** (0.024)	0.353 *** (0.086)	0.397 *** (0.079)	0.341 *** (0.047)
lninv	0.257 *** (0.012)	0.243 *** (0.011)	0.217 *** (0.012)	0.981 *** (0.013)	1.003 *** (0.013)	1.001 *** (0.012)
adsorption	0.100 *** (0.026)	0.092 *** (0.025)	0.082 *** (0.026)	0.176 *** (0.041)	0.169 *** (0.039)	0.177 *** (0.041)
year × time		0.108 *** (0.028)			0.092 *** (0.018)	
year × city × adsorption		0.076 *** (0.018)			0.176 *** (0.027)	
constant	1.361 *** (0.172)	1.340 *** (0.171)	1.425 *** (0.172)	-8.313 *** (1.453)	-8.364 *** (1.547)	-8.621 *** (2.361)
observations	455	455	455	455	455	455
r-squared	0.642	0.753	0.728	0.873	0.887	0.891
number of year	7	7	7	7	7	7

注：括号内为标准误，***、**、*分别表示在1%、5%和10%水平下显著。

六 结语

城市群是城镇化的主体空间形态，在我国区域经济发展中起着重要作用。高铁建设提高了城市之间的通达性，并由此改变人的区位选择和要素流动方向，区域空间结构得以加速重组。高铁建设将如何影响京津冀城市群的空间格局，这是本报告关注的中心问题。本报告收集利用城市间铁路客运车次数据，构建了吸附指数和依附指数，对京津冀城市群城市联动格局与时空演进特征进行描述和测度，并借助 DID 方法考察高铁开通前后各城市发展变化，识辨高铁建设的增长效应和空间异构效应。主要研究结论如下：京津冀地区城市吸附能力在考察期内呈现更加均衡的发展趋势，但首位型分布特征仍然较为突出；区域内城市联动关系得到持续加强，"中心—腹地"联动格局的空间分异得到明显优化。区域内高速铁路的修建加速了途经城市的经济增长和城市规模扩张，城市群城市空间体系格局呈现非均衡发展态势，即群内出现明显的"空间极化效应"和"时间累积效应"。开通高铁的中心城市吸附力越强，其城市规模扩张能力越强，扩张速度也就越快，随着时间的后延，高铁的城市规模增长效应越明显，即提早接入高铁网络的城市获益更多，再一次捕获优先发展机会。京津石 3 个中心城市的腹地快速向外拉伸，高铁已经催生城市空间体系格局重构的新动力。

从本报告的研究结论可以得到以下启示。①京津冀城市群的协同联动依赖于快速便捷的交通基础设施网络，而当前快速推进的高铁建设则加速了城市群的经济重组，或将再造城市群的空间格局。在"价格指数效应""本地市场效应""空间选择效应"等机理作用下，原来的时空模式被打破，人口、要素等重新进行区位选择，经济向通达性较高的高铁沿线城市集聚，集聚经济得以发挥。②高铁建设明显改善了高铁城市的区位条件，并将城市群置于更为开放的空间发展格局之下，京津冀城市群应以高铁城市为基点，整合区域产业结构，形成以高铁为纽带的城市产业分布格局，通过整合高铁城市与非高铁城市、高铁城市之间的产业分工和空间布局，促进城市群经济转型升级，充分发挥高铁城市对周边地区乃至整个城市群的空间溢出效应。③高铁建设带来了发展契机，但高铁城市的发展还依赖于其自身的吸附能力，如何增强吸附能力以及与其他城市的联动发展，是高铁城市能够借助高铁实现经济增长的关键。高铁城市应因地制宜，挖掘自身比较优势和发展特色，强化与其他高铁城市尤其是中心城市的分工与合作，以避免"过站效应"和空间极化的风险。④高铁对京津冀城市群的影响在现阶段表现为集聚高于分散、极化强于扩散的演化特征，但并非这种格局会持续不变。随着高铁和城际铁路的不断联网，城市群各城市的通达性将不断趋于均衡，经济重组或将向均衡的方向演化。而当前，非高铁城市应主动接驳高铁城市，以城际铁路网和快速交通体系来弥合跨越大区域尺度空间的高铁建设所带来的不利影响。

参考文献

孙阳、姚士谋、张落成：《长三角城市群"空间流"层级功能结构——基于高铁客运数据的分析》，《地理科学进展》2016 年第 11 期。

王姣娥、焦敬娟、金凤君：《高速铁路对中国城市空间相互作用强度的影响》，《地理学报》2014 年第 12 期。

马颖忆、陆玉麒、柯文前、陈博文：《泛亚高铁建设对中国西南边疆地区与中南半岛空间联系的影响》，《地理研究》2015 年第 5 期。

冯长春、丰学兵、刘思君：《高速铁路对中国省际可达性的影响》，《地理科学进展》2013 年第 8 期。

钟业喜、黄洁、文玉钊：《高铁对中国城市可达性格局的影响分析》，《地理科学》2015 年第 4 期。

蒋海兵、徐建刚、祁毅：《京沪高铁对区域中心城市陆路可达性影响》，《地理学报》2010 年第 10 期。

汪德根、牛玉、陈田、陆林、唐承财：《高铁驱动下大尺度区域都市圈旅游空间结构优化——以京沪高铁为例》，《资源科学》2015 年第 3 期。

郭伟、孙鼎新：《高铁背景下京津冀旅游交通可达性变化分析》，《燕山大学学报》（哲学社会科学版）2014 年第 4 期。

李小建、苗长虹：《增长极理论分析及选择研究》，《地理研究》1993 年第 3 期。

王雨飞、倪鹏飞：《高速铁路影响下的经济增长溢出与区域空间优化》，《中国工业经济》2016 年第 2 期。

李红昌、Linda Tjia、胡顺香：《中国高速铁路对沿线城市经济集聚与均等化的影响》，《数量经济技术经济研究》2016 年第 11 期。

董艳梅、朱英明：《高铁建设能否重塑中国的经济空间布局——基于就业工资和经济增长的区域异质性视角》，《中国工业经济》2016 年第 10 期。

陈彦、孟晓晨：《高速铁路对客运市场、区域经济和空间结构的影响》，《城市发展研究》2013 年第 4 期。

钟业喜、陆玉麒：《基于铁路网络的中国城市等级体系与分布格局》，《地理研究》2011 年第 5 期。

王海江、苗长虹：《中国中心城市铁路客运的空间联系及其结构图谱》，《地理研究》2015 年第 1 期。

杨孟禹、蔡之兵、张可云：《中国城市规模的度量及其空间竞争的来源——基于全球夜间灯光数据的研究》，《财贸经济》2017 年第 3 期。

张超、王春杨、吕永强、沈体雁：《长江经济带城市体系空间结构——基于夜间灯光数据的研究》，《城市发展研究》2015 年第 3 期。

杨开忠、董亚宁、薛领：《"新"新经济地理学的回顾与展望》，《广西社会科学》2016 年第 5 期。

Ahlfeldt G. M., Feddersen A., "*From Periphery to Core: Measuring Agglomeration Effects Using High-Speed Rail*", Serc Discussion Papers, 2015.

Sasaki K., Ohashi T., Ando A., "*High-speed Railtransit Impact on Regional Systems: Does the Shinkansen Contribute to Dispersion?*", The Annals of Regional Science, January, 1997.

Kim K. S., "*High-speed Rail Developments and Spatial Restructuring : A Case Study of the Capital Region in South Korea*", April, 2000.

Chen C. L., Hall P., "*The Wider Spatial-economic Impacts of High-speed Trains: A Comparative Case Study of Manchester and Lille Sub-regions*", Journal of Transport Geography, April, 2012.

Fujita M., Krugman P. R., Venables A., "*The Spatial Economy: Citys, Regions, and International Trade*", Cambridge: MIT Press, 2001.

Brotchie J., "*Fast Rail Networks and Socio-economic Impact*", Cities of the 21th Century: New Technologies and Spatial Systems, 1991.

Allport R. J., Brown M., "*Economic Benefits of the European High-Speed Rail Network*", transportation research record, 1991.

Ureña J. M., Menerault P., Garmendia M., "*The High-speed Rail Challenge for Big Intermediate Cities: A National, Regional and Local Perspective*", Urban Planning International, 2009.

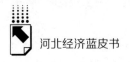
河北经济蓝皮书

Gutierrez J. , " *Location, Economic Potential and Daily Accessibility: An Analysis of the Accessibility Impact of the High-speed Line Madrid-Barcelona-French border* " , Journal of Transport Geography, April, 2001.

Gutierrez J. , Gonzalez R. , Gomez G. , " *The European High-speed Train Network: Predicted Effects on Accessibility Patterns* " , Journal of Transport Geography, April, 1996.

B.5
京津冀大气污染的时空
格局及污染治理

张 超 杨 洋*

摘　要：　推进京津冀大气污染治理是构建京津冀生态文明引领区和解
决当前京津冀面临突出的环境问题的战略要求。通过对京津
冀大气污染的时空演化格局及污染影响因素进行分析发现，
京津冀地区是中国大气污染最严重的地区，且以冀中南地区
尤为严重，从演化趋势看，京津冀大气污染浓度呈现地域趋
同特征，且大气污染重灾区正由冀中南地区向石家庄和唐山
转移。地方政府的策略选择对地区大气污染具有重要作用，
政府政绩压力是影响污染的重要因素。未来治理京津冀大气
污染，关键在于构建京津冀大气污染联防联控机制，加强区
域协同治理，努力推动产业转型升级，进一步严格区域环保
标准，推动清洁能源的使用。

关键词：　京津冀　大气污染　时空格局　污染治理　联防联控

一　京津冀大气污染治理的背景及重大使命

（一）京津冀大气污染治理的现实背景

探索生态文明建设之路，是当今中国和世界面临的重大理论和实践问

---

* 张超，博士，河北工业大学经济管理学院副教授，研究方向为城市与区域经济；杨洋，河北
工业大学经济管理学院硕士研究生。

河北经济蓝皮书

题。生态环境问题大都是跨越特定尺度区域的，因此，跳出自家一亩三分地，区域协同作战是有效解决生态环境问题、推进生态文明建设的必由之路（杨开忠，2015）。2014 年 2 月 26 日，习近平总书记在京津冀协同发展工作座谈会上，提出四个"需要"，其中着重指出京津冀协同发展是探索生态文明建设的有效路径，是促进人口经济资源环境相协调的需要。要着力扩大环境容量生态空间，加强生态环境保护合作，构建大气污染防治协作机制，完善防护林建设、水资源保护、水环境治理、清洁能源使用等领域的合作机制，推进大气污染治理是其中的核心举措。

首先，推进京津冀大气污染治理是构建京津冀生态文明引领区的战略要求。2015 年《京津冀协同发展规划纲要》总体定位中明确提出未来京津冀地区要打造成为"生态修复环境改善示范区"。根据习近平同志的讲话精神，打造京津冀全国生态文明引领区，提高环境容量承载力，实现绿色发展，是实现京津冀协同发展这一重大国家战略的重要生态基础。构建京津冀大气污染防治协作机制，解决京津冀大气污染问题则是实现这一重要生态基础的必然要求，也是实现"美丽首都圈""美丽中国"的关键之举。2016年 1 月，在"推进大气污染治理和水环境建设"新闻发布会上，北京市环保局总工程师于建华表示，北京正在会同相关省区市牵头编制京津冀和周边地区大气污染防治的中长期规划，明确区域大气污染治理的时间表和路线图。在京津冀协同发展战略的要求下，构建京津冀大气污染联防联控机制，解决京津冀大气污染问题已是箭在弦上。

其次，随着经济社会的发展，收入水平及健康意识的提高，人们消费观念逐渐改变，从过去的物质型消费逐步转向健康消费、精神消费，对健康的要求越来越高，这也要求京津冀持续推进大气污染治理。在改革开放近 40 年的时间里，中国取得了举世瞩目的成就，我国经济社会快速发展，社会财富大量积累，居民收入水平、人均受教育程度均大幅提高。根据 IMF 公布的数据，2015 年中国人均收入已超过 8000 美元，属于中等偏上收入国家。随着收入水平的提高，人们消费行为已经逐渐由"温饱"型消费转向"质量"型消费，对生活质量的要求逐渐提高。另外，居民受教育程度不断提

132

高。国家统计局调查显示，2015 年，我国每 10 万人中拥有高中以上学历人数由 2010 年的 22962 人，进一步上升至 27795 人。教育水平的不断提高，使得人们对健康的认知逐步上升，对健康的重视程度也不断提高。京津冀地区一次次严重的雾霾天气，不仅严重影响了社会生产活动，而且给人们的生活带来极大不便。当前，拥有一片蔚蓝的天空业已成为每个人的追求，同时也是人民对政府的要求。可以说，大气污染治理已经成为我们这个时代的要求。

再次，大气污染治理是京津冀解决当前面临突出的环境问题的必然要求。当前，京津冀生态文明面临生态效率两极分化和环境污染恶劣等两大问题。在全国范围内，京津冀地区是大气污染最严重、资源约束最大的地区之一。从环保部公布的数据看，2015 年，京津冀 13 个城市空气质量平均超标天数达 47.8%，远高于长三角地区 25 个城市、珠三角地区 9 个城市空气质量平均水平。比较三大经济圈重度污染天数、严重污染天数，可以发现三地差异更大。2015 年珠三角未出现重度污染天数、严重污染天数，而京津冀重度污染天数和严重污染天数占比分别高达 6.8%、3.2%，是长三角的 3 倍和 32 倍（见表 1）。近年来，政府高度重视京津冀大气污染的治理，以图早日解决京津冀高污染问题，污染治理形势依然不容乐观。2017 年 5 月 14 日，环保部通报大气污染防治强化督查情况，通报显示，在京津冀及其周边地区受检查的 382 家企业（单位）中，有 276 家企业存在环境问题，约占检查总数的 72%。其中，"散乱污"的 95 个、超标排放的 2 个、未安装污染治理设施的 29 个、治污设施不正常运行的 35 个、存在 VOCS 治理问题的 17 个、防扬尘措施不完善的 26 个、存在其他问题的 72 个。

表 1 2015 年三大经济圈大气污染水平

单位：%

地区	平均超标天数比例	重度污染天数比例	严重污染天数比例
京津冀	47.8	6.8	3.2
长三角	27.9	2.3	0.1
珠三角	10.8	0.0	0.0

资料来源：相关年份的中国环境状况公报。

（二）京津冀大气污染治理的重大使命

一方面，京津冀地区大气污染状况严峻，严重污染天气频繁发生，人们长期面临着空气污染带来的困扰；另一方面，经过多年的发展，中国经济社会发展已经进入一个较高的层次。在这个层次中，发展越来越注重质量而非数量，过去以环境为代价的粗放式发展越来越不可持续。同时，人们对健康状况的要求也越来越高，对改善环境质量的要求也越来越迫切。在这种状况下，大气污染的治理变得势在必行，并承担着重大的使命。首先，京津冀大气污染治理承担着构建京津冀大气污染协同治理合作机制的重大使命。必须强化区域污染治理的协调机制，建立健全环境保护的地区统一市场、标准、法规和监测预警网络，以更加有效地治理污染、防范区域大气污染的产生。其次，污染治理不仅是京津冀地区面临的课题，也是一个全国性课题，其他地区同样面临污染治理问题。京津冀地处环首都经济圈内，且三地经济发展水平差异较大，其污染治理具有很好的示范作用，理应成为区域污染协同治理的示范区，为其他地区污染治理积累成功经验。最后，京津冀大气污染的治理要保证京津冀地区大气污染状况持续向好，并最终使京津冀大气环境质量大幅提高，实现人们在美好蓝天下工作、生活的美好愿望，这也是京津冀大气污染治理的终极目标。

二　京津冀大气污染状况的时空演化特征

（一）京津冀地区是中国大气污染最严重的地区，且以冀中南地区尤为严重

中国污染较为严重的城市主要位于长江以北的中东部地区，而京津冀地区则是我国污染最为严重的地区。根据环保部公布的 2015 年 74 个新标准第一阶段监测实施城市空气质量综合指数，污染最严重的 10 个市级地区中，仅河北一省就达 6 个之多。

京津冀大气污染南北分异显著。进一步看京津冀内部的污染状况，可以

发现整个京津冀地区污染最严重的地方主要集中在冀中南地区，且其污染程度远远高于中国其他城市。与京津冀其他地区不同，河北北部的城市空气质量整体良好，甚至比全国其他多数城市的空气质量都要好。以2015年为例，京津冀地区污染最为严重的6个城市依次为保定、邢台、衡水、唐山、邯郸和石家庄，冀中南地区的5个城市全部在列，而京津冀地区空气质量最好的3个城市依次为张家口、承德和秦皇岛，皆为河北北部城市。虽然北京和天津的空气污染程度明显高于全国其他地区，但同京津冀其他城市的污染状况相比，并不算最严重。根据2012年的PM2.5浓度值（此数据来源于哥伦比亚大学社会经济与应用中心），我们也能得出相似的结论。此外还能发现，京津冀地区PM2.5浓度最高的县级城市都集中在石家庄和邯郸，PM2.5浓度值超过110个单位，污染极为严重。虽然北京和天津的空气污染程度明显高于全国其他地区，但同京津冀其他城市的污染状况相比，并不算较为严重。

（二）京津冀大气污染浓度呈现地域"趋同"特征

如上一节所言，京津冀地区南北方的大气污染程度存在较大差异，本报告进一步采用基尼系数测算了京津冀地区城市大气污染空间分布的非均衡程度，以反映京津冀地区大气污染的地区差异。图1给出了各主要污染物浓度的基尼系数。从基尼系数来看，以2015年为例，京津冀地区PM10、SO_2和NO_2浓度的基尼系数分别为0.139、0.198和0.109，均明显低于刘华军等（2016）测量的全国相应污染物浓度的基尼系数。同全国相比，虽然京津冀南北方大气污染程度差异较大，但整体而言，整个京津冀地区大气污染的空间差异并不大，这在一定程度上反映了京津冀地区整体污染较为严重的这一事实。从各污染物来看，SO_2和PM10浓度的空间差异较大，而NO_2浓度的空间差异相对较小，在整个样本期内，SO_2和PM10的基尼系数的均值分别为0.196和0.175，而NO_2的均值为0.120。从时间变动趋势来看，各主要污染物浓度的空间差异趋于下降，说明京津冀地区大气污染的空间差异正在降低。其中，PM10的空间差异逐年减小，反映了较强的地区趋同形势，NO_2的空间差异也同样处于下降的走势。SO_2的空间差异虽有波动，但整体上同样是下降的趋势。由表 2 可以看出，导致京津冀地区大气污染空间差异缩小的主要原因是高污染城市污染物浓度的下降。在样本期内，高污染城市污染物浓度的下降幅度远大于污染程度较低的城市。

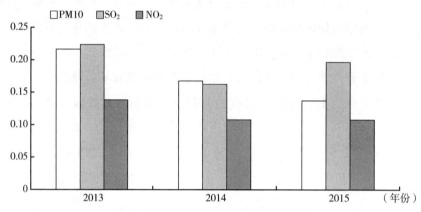

图 1　京津冀主要污染物浓度基尼系数

资料来源：相关年份的河北省环境状况公报、天津市环境状况公报、北京市环境状况公报。

表 2　京津冀各城市主要污染物浓度值

单位：微克

地 区	2015 年			2014 年			2013 年		
	SO$_2$	NO$_2$	PM10	SO$_2$	NO$_2$	PM10	SO$_2$	NO$_2$	PM10
北　京	41	46	136	55	48	165	74	51	190
天　津	29	42	116	49	54	133	59	54	133
石家庄	47	51	147	64	54	216	106	69	309
唐　山	49	61	141	73	60	163	114	69	184
秦皇岛	38	45	99	54	49	114	60	47	124
邯　郸	45	47	166	57	52	187	97	58	238
邢　台	60	60	172	75	62	235	113	69	294
保　定	55	54	174	67	55	224	69	56	220
张家口	31	26	78	53	29	78	51	32	91
承　德	22	35	92	40	39	111	37	35	104
沧　州	40	41	121	40	33	138	54	31	130
廊　坊	24	47	137	36	49	159	46	48	184
衡　水	36	44	174	42	43	193	68	46	217

资料来源：相关年份的河北省环境状况公报、天津市环境状况公报、北京市环境状况公报。

（三）京津冀三地大气污染态势趋于好转

采用 Daniel 趋势检验法对京津冀空气质量的变化趋势及其统计显著性进行定量分析，Daniel 趋势检验法使用 Spearman 秩相关系数，适合对单因素小样本的变化趋势进行分析。具体公式：

$$\gamma_s = 1 - \frac{6 \sum_{i=1}^{n} (x_i - y_i)^2}{t^3 - t} \tag{1}$$

其中，γ_s 为秩相关系数，x_i 为各年污染物浓度从小到大排序的序数，y_i 为年份先后排序的序数，t 为时间周期数。若为正则说明污染物浓度上升（污染加剧），若为负则说明污染物浓度下降（环境改善），其绝对值的大小代表变化强度。将 Spearman 秩相关系数统计表中的临界值 W_p 与秩相关系数的绝对值进行对比，若前者小于等于后者，则说明污染物浓度的变化趋势具有统计显著特征。本研究的时间跨度为 12 年，显著性水平 0.01 和 0.05 的临界值 W_p 分别为 0.727 和 0.587。

图 2～图 4 显示了京津冀三地主要污染物浓度的时间变化趋势。使用 Daniel 趋势检验法对三地污染物的时间趋势进行检验，检验结果表明：进入 21 世纪以来，北京大气污染状况呈现出显著改善特征，但天津、河北的污染状况并未表现出明显的改善，河北的污染状况甚至有一定恶化趋势。具体而言：北京 SO_2、NO_2 和 PM10 浓度的秩相关系数分别为 - 0.993、- 0.657 和 - 0.923，表明北京空气质量呈现出好转态势，且在统计上显著；天津 SO_2、NO_2 和 PM10 的秩相关系数分别为 - 0.882、- 0.073 和 0.364，表明天津 SO_2、NO_2 浓度均呈现下降态势，但只有 SO_2 浓度的下降在统计上显著，PM10 浓度则呈上升态势；河北各污染物浓度的秩相关系数分别为 - 0.576、0.515 和 0.285，表明 SO_2 浓度呈现下降态势，但不显著，而 NO_2 和 PM10 则呈现一定上升态势。

进一步观察 2013 年以来的污染物浓度，发现近年来，京津冀三地各项污染物浓度均呈现明显的下降趋势。这说明，虽然进入 21 世纪以来，京津

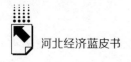
冀地区污染状况堪忧，但近几年，京津冀大气污染整体呈现出较强的改善趋势，尤其是天津与河北。

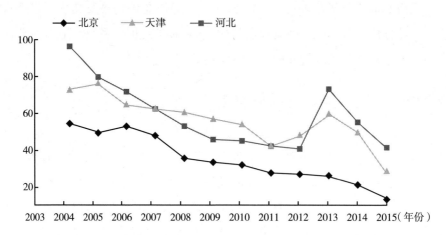

图2 京津冀 SO_2 浓度变化趋势

资料来源：相关年份的河北省环境状况公报、天津市环境状况公报、北京市环境状况公报。

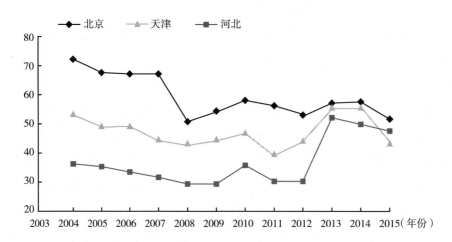

图3 京津冀 NO_2 浓度变化趋势

资料来源：相关年份的河北省环境状况公报、天津市环境状况公报、北京市环境状况公报。

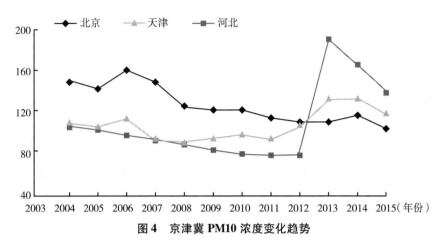

图4　京津冀 PM10 浓度变化趋势

资料来源：相关年份的河北省环境状况公报、天津市环境状况公报、北京市环境状况公报。

（四）京津冀大气污染重灾区正由冀中南地区向石家庄和唐山转移

使用 ArcGIS 软件，采用反距离权重法（IDW）对京津冀地区空气质量综合指数进行空间插值分析，可看出京津冀大气污染状况的空间分布情况。样本数据采用河北省 64 县（市、区）加京、津两市相应年份的空气质量综合指数，并将其赋值到相应地区的行政中心。由于缺乏更长维度的数据，这里仅选用 2014、2015、2016 年三个截面进行比较。结果发现，近年来，京津冀地区大气污染状况有所改善，空气质量有所好转。从污染的空间分布来看，京津冀北方的空气质量明显优于南方，重污染地区主要集中在冀中南地区，低污染地区主要集中在张家口、承德和秦皇岛三地。这与前面的分析结果相一致。从污染的空间转移趋势来看，污染重灾区正由冀中南地区向石家庄和唐山转移，这反映了两地在降低污染上难度相对较高的特征。但整体上，高污染区和低污染区并未呈现出大范围转移迹象，在一定程度上说明了空气污染难以转移的特点。

三　京津冀大气污染的影响因素

可以说，持久、严重的环境污染是伴随工业化进程而产生的。历史上，许多国家在工业化的早期都出现过较为严重的环境污染。由于西方发达国家工业化进程早于我国,国外学者最先对环境污染问题展开了研究,其中最著名的就是"环境库兹涅茨曲线"。"环境库兹涅茨曲线"认为,随着经济的增长,污染水平存在先上升后下降的倒"U"形曲线特征。但中国的实践表明,随着 GDP 的增加,环境污染水平并未呈现出"U"形特征,而是呈现出先下降后上升的"U"形特征。可见,环境污染问题存在一定的地区差异性。由于污染问题的日趋严峻,近年来,越来越多的学者开始对中国大气污染的产生原因展开研究。从这些研究中可以发现,地区产业结构对大气污染的产生具有重要影响。工业企业的生产活动排放出大量的污染气体,因此过高的第二产业比重将导致地区污染的加重,同时,机动车辆使用的增加是大气污染产生的重要因素,与工业污染排放类似,机动车行驶过程中也会排放出大量污染气体。劣质煤使用是冬季取暖期极端污染天气产生的关键因素,每年冬季,进入取暖期后,北方供暖区大气污染水平都会急剧恶化,这与供暖设备劣质煤炭的使用密切相关。另外,污染的空间溢出效应也是地区污染的重要来源之一,由于大气活动的自然特征,一个地区的污染很可能扩散到邻近地区,使邻近地区污染加重。还有一些学者考察了地方政府的策略选择和互动对地区环境规制的影响,揭示了地方政府利己行为对污染的作用。

本报告在这些研究的基础上,对京津冀地区大气污染的影响因素进行分析。建立空间自相关面板数据模型,选择的解释变量为:第二产业产值占 GDP 的比重、民用汽车拥有量、城市房屋建筑施工面积、绿化面积、人口密度、GDP 增长率和 GDP 增长率的二次项。被解释变量选择 PM2.5 和 NO_2 浓度,分别进行两次回归。具体回归过程中,选择固定效应模型。式(2)给出了模型的具体形式:

$$
\begin{aligned}
\ln(y_{it}) &= \beta_0 + \beta_1 \ln(Green_{it}) + \beta_2 \ln(Area_{it}) + \beta_3 \ln(Car_{it}) + \beta_4 \ln(Industry_{it}) \\
&\quad + \beta_5 \ln(GDP_{it}) + \beta_6 [\ln(GDP_{it})]^2 + \beta_7 \ln(Density_{it}) + \rho \sum_j w_{ij} \ln(y_{jt}) + \varepsilon_{it} \\
\varepsilon_{it} &= \lambda \sum_j w_{ij} \varepsilon_{jt} + \mu_{it}
\end{aligned}
\tag{2}
$$

其中,各变量的下标 i 或 j 代表地区,t 代表年份。y 代表污染物浓度;$Green$ 代表建成区绿化面积;$Area$ 代表房屋建筑施工面积;Car 代表民用汽车拥有量；In*dustry* 代表第二产业产值占 GDP 的比重；*GDP* 代表地区产值增长率；*Density* 代表人口密度；w_{ij} 代表空间权重矩阵第 i 行、第 j 列元素，本研究选择的空间权重矩阵元素为两地间行政中心距离的倒数，因此 w_{ij} 为地区 i 与地区 j 行政中心间距离的倒数。$\sum_j w_{ij} ln\,(y_{jt})$ 为空间滞后变量，它代表了周边地区平均的空气污染状况，因此能够反映周边地区空气污染对本地区空气污染的影响。

污染物浓度数据采用哥伦比亚大学社会经济数据和应用中心提供的、基于卫星监测的全球 PM2.5 和 NO_2 浓度年均值的栅格数据，并利用 ArcGIS 软件将其解析为京津冀地区污染物浓度的具体数值，其他数据来源于《中国区域经济统计年鉴》（2000～2013）和《中国城市统计年鉴》（2000～2013）。估计及检验结果如表3所示。

表3　空间自相关面板数据模型估计结果

项目	PM2.5		NO_2	
	系数	P 值	系数	P 值
ρ	5.1067	0.044	0.5606	0.774
ln(*Green*)	-0.0481	0.220	-0.1170	0.056
ln(*Area*)	0.0641	0.019	0.1172	0.006
ln(*Car*)	0.0873	0.001	0.3334	0
ln(*Industry*)	0.0117	0.825	0.3287	0
ln(*GDP*)	-0.5779	0	-0.7292	0.001
$[ln(GDP)]_2$	0.1301	0	0.1567	0.003
ln(*Density*)	0.3591	0.069	0.2458	0.447
λ	9.6072	0	9.2927	0
R^2	0.4377		0.8029	
Log-*likelihood*	245.2632	—	167.4330	—
$\sum 2\_e$	0.0032	0	0.0067	0

从各变量的检验结果可以看出，无论是对 PM2.5 还是对 NO_2 进行回归，房屋建筑施工面积、民用汽车拥有量、GDP 增长率及其平方项都对空气污染物的浓度具有显著影响。从回归系数来看，房屋建筑施工面积对污染物浓度具有显著正向影响，说明房屋建筑施工面积的增加对空气质量具有恶化作

用。近 20 年来,随着我国经济高速发展,各地房地产开发和基础设施建设大面积铺开,各种类型施工建设随处可见。建筑材料的运输产生了大量的道路扬尘,各类建筑和基础设施的施工也会带来明显的建筑施工扬尘,各种生产器械的使用还会排放出大量污染气体和固体颗粒物,这些原因使得建筑施工面积的扩大成为空气污染物产生的重要因素。民用汽车拥有量对空气污染物浓度具有显著正向影响,表明汽车拥有量的增加明显降低了地区空气质量。得益于经济的发展,居民收入水平大幅增加,这使得我国人均汽车拥有量激增。汽车的使用会排放出大量 SO_2、NO_2 等污染气体和固体颗粒物,而交通拥堵将进一步提高汽车的污染物排放量,京津冀地区作为交通拥堵较为严重的地区,汽车使用量增加会对空气质量的恶化产生明显的恶化作用。

两种污染物的回归结果均显示,GDP 增长率一次项的系数显著为负,而平方项系数显著为正。已有研究大多揭示了 GDP 与空气污染物浓度存在"U"形曲线关系,本报告发现,除了 GDP 外,GDP 增长率也与污染物浓度存在"U"形关系。可能的解释为:当 GDP 增速下降时,地方政府由于政绩压力,会放松对环境监管、整治的力度。而当 GDP 增速提高时,由于财政资金的充足和政绩压力的下降,会加强对环境的监管和整治力度。但当GDP 增速过高时,投资和生产的扩张将成为影响污染的主要因素,此时,投资、生产极度扩张,将导致污染程度的加深。

从 PM2.5 的回归结果可以看出,空间滞后变量对地区空气污染的加深具有显著促进作用,这说明大气污染具有明显的空间溢出效应,周围地区污染的加深会导致本地空气质量的恶化。此外,从 λ 及其 p 值可以进一步发现,大气污染的这种空间依赖效应不仅会通过空间滞后变量产生,还会通过其他具有空间关联性的因素产生。不过在 NO_2 的回归结果中,空间滞后变量的估计结果并不显著,但这并不能说明大气污染的空间溢出效应并不存在,大气污染的空间溢出效应依然可以通过空间相关的误差项体现出来。这是因为,当 $\rho = 0$ 时,空间自相关模型退化为式(3)的空间误差模型,对空间误差模型进行变换得到式(4)。从式(4)可以看出,周围地区对本地污染水平的影响将通过 λ 体现出来。两种污染物的回归结果告诉我们,影响地区大气污染的因素是相当复杂的，部分因素还具有极强的空间相关性，这种空间相关性已成为影响地区空气污染的重要因素。

$$y = X\beta + \varepsilon, \varepsilon = \lambda W\varepsilon + \mu \qquad (3)$$

$$y = \lambda Wy + (I - \lambda W)X\beta + \mu \qquad (4)$$

此外，从回归结果中还发现，绿化覆盖率和第二产业比重对 NO_2 的回归结果均显著，说明绿化面积明显改善了地区污染状况，过高的第二产业比重是导致地区污染加重的重要原因。但同丁镭等（2016）的研究结果类似，报告研究显示，绿化覆盖率和第二产业比重对地区 PM2.5 没有显著影响，这可能是由于样本容量和城市数目较少。已有研究也大多表明，较高的绿化面积能够改善地区空气质量，而过高的第二产业比重会带来较高的污染水平。

本研究以京津冀地区 13 个城市为对象，通过构建空间自相关面板数据模型，对影响京津冀地区大气污染的因素进行了研究，得出以下主要结论。

从污染的影响因素来看，房屋建筑施工面积、汽车使用量、过高的第二产业比重和人口密度、污染的溢出效应是导致京津冀地区污染严重的重要因素，绿化覆盖率对降低污染起到了明显的作用。本报告还发现，不仅 GDP 同污染水平呈现"U"形曲线关系，GDP 增长率与污染水平也呈现出先下降后上升的"U"形关系，这在一定程度上说明了地方政府的策略选择对地区大气污染的重要作用，政府政绩压力是影响污染的重要因素。计量模型结果还揭示了地区污染的相互影响对地区空气污染存在显著作用，本地污染水平会随着周边地区污染水平的提高而提高。

四　京津冀大气污染治理的传统模式与困境

（一）京津冀大气污染治理的传统模式：属地主义

中国大气污染问题由来已久，早在 1980 年就曾出现过严重、持续的

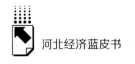

雾霾污染天气。1987 年，全国人大常委会颁布了《中华人民共和国大气污染防治法》（简称《大气污染防治法》），该法是目前大气污染治理方面最权威的法律，全国各地的大气污染治理模式都是在这一法律的基础上确立的。

《大气污染防治法》明确规定了大气污染治理的模式。其中，第 2 条规定："国务院和地方各级政府，必须将大气环境保护工作纳入国民经济和社会发展规划，合理安排工业布局，强化治理大气污染的科学研究，积极采取相应措施，保护和改善大气环境。"第 3 条规定："国家采取措施，有计划地控制或者逐步削减各地方主要大气污染物排放量。地方各级政府对辖区内的大气污染环境状况负责，制定规划并采取措施，使辖区内大气环境质量达到规定标准。"据此，形成了以行政区划为基础的，由中央政府和地方各级政府负责的属地主义大气污染治理模式。国务院和地方各级政府是大气污染防治中的责任主体，分别对全国和各级政府辖区内的大气环境状况负责。

属地主义大气污染治理模式的主要特点如下。①以行政区划为基础。大气污染防治以行政区划为基础，地方各级政府对辖区内的大气环境质量负责，大气污染防治进程、措施等也主要由当地政府决定。②个体主义防治思路。各级地方政府各自在自己辖区内进行大气污染的防治，对相邻地区大气污染的状况及防治措施缺少关心，相邻地区间缺少沟通与合作。③"命令—控制"式防治策略。大气污染治理主要是由上级政府制定防治目标，规定防治措施，下达防治任务，下级政府对上级政府的命令遵循、执行，还属于"命令—控制"式推进策略。

（二）京津冀大气污染治理的现实困境

大气污染的溢出效应导致了属地主义治理模式的现实困境。属地主义治理模式中的个体主义防治思路使得相邻地区在污染治理方面缺乏有效的沟通与合作，在污染存在溢出性的情况下，这导致了污染治理的低效性。除了污染治理模式的低效外，大气污染治理还存在监测能力、质量标准及公众参与机制等方面的问题。

1. 属地主义治理模式导致污染治理存在低效性

首先,属地主义模式使部分地区污染治理效果难以显现。大气流动是一种自然现象,它使得大气污染物能够跨地区流动,从而导致污染的溢出效应。由于溢出效应的存在,属地主义治理模式必然难以解决地区大气污染问题。例如,尽管北京实施了相对严格的环境规制政策,但相邻地区污染物的扩散使得北京空气质量依然难以大幅改善。其次,属地主义治理模式无法充分调动地方政府治理污染的积极性。地方政府及其官员作为理性经济人,在污染治理过程中,势必会选择能够使自身利益最大化的行为。属地主义模式给予了地方政府较大的污染治理权限,政府可以决定治理的时间、进程、措施和力度等内容。污染治理往往与地方官员的利益相冲突,在这种情况下,地方政府倾向怠于大气污染的治理。

2. 大气污染控制标准较低,无法保证污染状况的改善及公众健康的实现

进入 21 世纪以来,大气污染的特征已经由煤烟型转向复合型,严重雾霾天气发生频率更高,影响范围更广,对人们健康造成的危害更加严重。为适应新情况,2012 年,颁布实施了新修订的《环境空气质量标准》。新标准增加了对 PM2.5 和臭氧浓度的限制,降低了 PM10 和 NO_2 的浓度上限,但同欧美发达国家相比,新标准依然过于宽松。一方面,与人们健康要求和经济发展基本需求相比,我国在细小颗粒物、PM2.5 和 VOC 的管控方面比较宽松。另一方面,从环境管制标准看,欧盟主要国家在 1970 ~ 1990 年便实现了对 SO_2 和氨氮化物等大气污染物的管控,在 1990 ~ 2010 年就实现了对PM10 和 PM2.5 浓度的严格管制。而京津冀地区大气污染的防治标准,对像PM2.5 和 VOC 等大气污染物的防治仍然存在标准不严、管制力度不足的问题。

3. 大气污染环境控制技术水平、监测水平偏低

大气环境监测统计基础薄弱、评价体系不完善及空气质量检测指标不全导致京津冀地区大气污染防治缺乏科学性、准确性。当前,京津冀空气质量评价体系仍然按照粉尘污染防治的评价思路,对复合型大气污染的新情况适

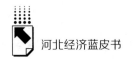

应性不够。而且，大气污染监测数据精确度不足，诸如将挥发性有机物、细小颗粒物、扬尘和灰霾等污染物纳入环境管理系统，导致无法准确掌握其排放量。另外，京津冀地区缺乏完善的城市空气自动监测系统，部分污染监测点、监测设备和大气污染监测投入无法满足污染防治要求，数据真实性难以保证。

4.大气污染防治的信息化程度不高，信息分享机制不健全

污染信息、治理政策了解不足会增加社会公众参与大气污染治理的难度，因此，大气污染防治信息公开拥有重要的现实意义。建立污染防治信息公开机制不仅可以使人们实时、实地地了解区域大气污染的基本情况，还能有效地吸引社会公众参与大气污染的防治，提升人们的环保意识。当前，京津冀大气污染治理缺乏信息公开、分享机制，无法满足人们对空气质量的知情权，不利于调动公众参与环保的积极性。一方面，信息公开内容不够具体，对大气污染防治的污染源情况、环境应急监管信息、排污费征收等信息的披露不够具体；另一方面，信息公开的方式和平台也需要进一步改进。

五 京津冀大气污染治理的对策建议

基于对京津冀地区大气污染的原因分析，以及对京津冀大气污染治理现状的论述，本报告提出治理京津冀大气污染的对策建议。

（一）构建京津冀大气污染联防联控体制机制

京津冀三地的 PM2.5 并非完全为本地排放所致，自身排放对 PM2.5 的产生约为70%，周边地区传输的约占30%，大气污染物存在明显溢出性。大气污染的流动性，导致空气污染存在明显的溢出效应，由于溢出效应的存在，各自为战的污染治理模式往往难以奏效。另外，污染治理往往与地方政府利益冲突，各级政府往往不愿大力加强空气污染的治理，在污染治理过程中存在"免费搭车"的倾向。基于此，京津冀大气污染治理必须摒弃过去属地主义的治理模式，应当尽快建立大气污染治理联防联控机制，构建京津冀大气污染协同治理模式。首先，需要明确京津冀污染治理联合主体。该主体负责组织京津冀三地相关部门的沟通与协商，对三地相关部门拥有足够的权威，负责制定污染防治法律法规并监督执行，对京津冀大气污染状况负责。其次。推动京津冀污染治理联合立法、统一执法。促进三地污染防治法律法规制定过程中的沟通与协调，努力平衡各方利益，提高相关法律法规的科学性和可执行性，明确各自污染治理的目标和任务，统一执法主体、执法标准和执法程序。最后，努力探索京津冀污染治理利益补偿机制。京津冀三地经济发展水平不同，社会发展层次存在较大差异。加强污染防治力度会阻碍经济落后地区的发展，为了共同推动区域大气污染的治理，经济发展水平较高的地区理应对落后地区给予适当的补偿。在推动污染治理过程中，应当努力探索合理的利益补偿机制，兼顾各方利益。

（二）努力推动产业转型升级，积极淘汰落后产能

存在大量落后、污染的工业企业是京津冀地区污染相对严重的重要原因，包括本报告在内的众多研究均显示，过高的第二产业比重是导致区域大气污染的重要因素，这主要是因为工业企业排放出大量污染气体所致。国家统计局数据显示，津、冀两地第二产业比重长期处于50%以上。尽管近年来有所下降，但2015年，河北、天津第二产业比重还是分别高达46.6%和48.3%，其中相当一部分都是高污染产业。由此能看出，改善京津冀大气环境质量，势必要求京津冀三地，尤其是河北、天津，努力推动产业转型升级，淘汰落后、污染的企业，以降低工业企业排放所带来的污染。

（三）提高环保标准，推动清洁能源的开发和使用

首先，提高环保标准。除了提高企业生产环保标准外，还应格外注意提高机动车环保标准。研究表明，机动车行驶过程中同样会排放出大量污染气

体，机动车使用量的增加会显著提高地区大气污染水平。近年来，机动车使用量大幅增加，尾气排放已经成为一个重要的污染来源。因此，必须采取措施提高机动车环保标准，而这也依赖于全国性标准的出台。其次，推动清洁能源的使用。应当减少污染排放较高能源的使用量，推动清洁能源的开发与利用，积极引导、鼓励企业和公众使用清洁能源。鉴于取暖季劣质煤的使用严重加剧地区污染的事实，应当杜绝任何单位和个人使用劣质煤炭，推动净化煤或其他环保燃料的使用。

为了更好地治理京津冀地区大气污染，除了要做到上述几点外，还应当建立健全大气污染防治信息分享机制，以提高公众参与污染防治的积极性，还应该进一步提高大气污染监测水平，保证污染监测数据的可靠性、完整性。此外，应当进一步严格大气污染防治标准，进一步降低污染物浓度合格标准。

参考文献

王敏、黄滢：《中国的环境污染与经济增长》，《经济学》（季刊）2015 年第 2 期。

杨仁发：《产业集聚能否改善中国环境污染》，《中国人口·资源与环境》2015 年第 2 期

马素琳、韩君、杨肃昌：《城市规模、集聚与空气质量》，《中国人口·资源与环境》2016 年第 5 期。

余长林、高宏建：《环境管制对中国环境污染的影响——基于隐性经济的视角》，《中国工业经济》2015 年第 7 期。

马丽梅、张晓：《中国雾霾污染的空间效应及经济、能源结构影响》，《中国工业经济》2014 年第 4 期。

马丽梅、张晓：《区域大气污染空间效应及产业结构影响》，《中国人口·资源与环境》2014 年第 7 期。

邵帅、李欣、曹建华等：《中国雾霾污染治理的经济政策选择——基于空间溢出效应的视角》，《经济研究》2016 年第 9 期。

刘华军、刘传明、杨骞：《环境污染的空间溢出及其来源——基于网络分析视角的实证研究》，《经济学家》2015 年第 10 期。

廖志恒、孙家仁、范绍佳等:《2006～2012 年珠三角地区空气污染变化特征及影响因素》,《中国环境科学》2015 年第 2 期。

林光平、龙志和、吴梅:《我国地区经济收敛的空间计量实证分析:1978～2002 年》,《经济学》(季刊) 2005 年第 1 期。

刘华军、杜广杰:《中国城市大气污染的空间格局与分布动态演进——基于 161 个城市 AQI 及 6 种分项污染物的实证》,《经济地理》2016 年第 10 期。

刘永伟、闫庆武、黄杰等:《基于 GIS 的中国 API 指数时空分布规律研究》,《生态环境学报》2013 年第 8 期。

夏天然、陈宪:《基于双向固定效应引力模型的服务贸易壁垒度量》,《世界经济研究》2014 年第 10 期。

潘文卿:《中国的区域关联与经济增长的空间溢出效应》,《经济研究》2012 年第 1 期。

朱道才、任以胜、徐慧敏等:《长江经济带空间溢出效应时空分异》,《经济地理》2016 年第 6 期。

马丽梅、刘生龙、张晓:《能源结构、交通模式与雾霾污染——基于空间计量模型的研究》,《财贸经济》2016 年第 1 期。

丁镭、刘超、黄亚林等:《湖北省城市环境空气质量时空演化格局及影响因素》,《经济地理》2016 年第 3 期。

陶品竹:《从属地主义到合作治理:京津冀大气污染治理模式的转型》,《河北法学》2014 年第 10 期。

李雪松、孙博文:《大气污染治理的经济属性及政策演进:一个分析框架》,《改革》2014 年第 4 期。

楚道文、安如喜:《论我国移动源大气污染防治制度的完善——以〈大气污染防治法〉规范分析为视角》,《法学杂志》2013 年第 8 期。

曹静、王鑫、钟笑寒:《限行政策是否改善了北京市的空气质量》,《经济学》(季刊) 2014 年第 3 期。

陈健鹏、李佐军:《中国大气污染治理形势与存在问题及若干政策建议》,《发展研究》2013 年第 10 期。

于晶晶:《北京市空气质量影响因素及改善措施研究》,硕士论文,首都经济贸易大学,2015。

薛俭、谢婉林、李常敏:《京津冀大气污染治理省际合作博弈模型》,《系统工程理论与实践》2014 年第 3 期。

张可、汪东芳:《经济集聚与环境污染的交互影响及空间溢出》,《中国工业经济》2014 年第 6 期。

陆铭、冯皓:《集聚与减排:城市规模差距影响工业污染强度的经验研究》,《世界经济》2014 年第 7 期。

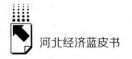
郭施宏、高明、孟庆香等：《空气质量与城镇化质量协调关系研究——基于全国 73 个主要城市的数据》，《生态经济》2015 年第 3 期。

王兴杰、谢高地、岳书平：《经济增长和人口集聚对城市环境空气质量的影响及区域分异——以第一阶实施新空气质量标准的 74 个城市为例》，《经济地理》2015 年第 2 期。

杨开忠：《京津冀协同发展战略使命和责任的定位》，《光明日报》2015 年 1 月 28 日。

B.6
京津冀水源涵养功能区生态和产业一体化研究

刘娟 任亮 贾巨才*

摘　要：　本报告围绕京津冀水资源的开发利用和发展，探讨了京津冀产业结构调整与水资源开发利用的关系，明确了京津冀水资源可持续利用面临的挑战。在分析用水供水总量变化时空特征的基础上，采用因素分解模型研究了2006~2015年京津冀产业用水量变化的规模效应、结构效应和技术效应。结果表明，结构效应和技术效应是北京和天津产业用水量减少的主要原因，河北的结构效应和技术效应相较于京津仍有较大差距，产业结构调整与优化任重道远。京津冀水资源的优化开发与利用一方面需要顶层设计、市场主导和社会推动，另一方面也需要调整产业结构、优化产业布局和推广节水技术。未来河北在承接京津产业转移的同时，应紧密结合产业结构的优化和经济增长方式的转变。

关键词：　产业结构调整　水资源优化　相关性分析　京津冀

---

* 刘娟，政治学博士，河北北方学院副教授，研究方向为京津冀生态产业创新、网络政治参与；任亮，河北北方学院副校长、教授、博士生导师，芝加哥大学访问学者，研究方向为马克思主义理论与思想政治教育、生态建设与产业发展；贾巨才，河北北方学院副教授。

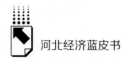
京津冀地区大部分处于海河流域，具有明显的流域水系连通性。三地生态资源环境联系紧密，在拥有近全国 1/9 生产总值的同时，城市的急剧发展正在对有限的水资源及水环境产生巨大冲击。三地同时面临水生态、水灾害、水管理等错综复杂的水安全问题，成为影响京津冀地区人居环境安全和经济社会发展的制约因素。

一 京津冀水资源及开发利用概况

京津冀地区属于资源型缺水区域，以不足全国 1% 的水资源承载了 2.3% 的土地、8% 的人口和 11% 的经济总量，《京津冀发展报告（2016）》中明确指出水资源承载力已成为制约京津冀地区发展的最大短板。截至 2015 年末，京津冀地区共有地级及以上城市水源 40 个，其中，湖库型 11 个、地下水型 29 个，年取水量 27.6 亿吨，服务人口 1.2 亿（见表 1）。北京、天津与河北的水资源量分别为 124 立方米/人、84 立方米/人和 182 立方米/人，远远低于国际公认的 1000 立方米/人的标准。水资源的极度短缺导致京津冀地区河流水质不稳定且水量保证率不高，区域性缺水和水生态环境恶化给京津冀地区的城镇一体化建设造成了极大的困扰。

京津冀境内两大水系分别为海河流域和滦河流域，北京市和天津市全部位于海河流域，河北省大部分位于海河流域，另一部分位于滦河流域。在城镇化和工业化的发展过程中，京津冀地下水超采 68 亿立方米，导致水位持续下降、漏斗面积不断增加。同时，京津冀地区受到污染的河流面积不断扩大，如北京 V 类和劣 V 类的水质比例达到 47%，区域内河流整体呈现出短缺型污染的特点。

在水资源管理上，水利部于 2016 年制定了《京津冀协同发展水利专项规划》，按照"节水优先、空间均衡、系统治理、两手发力"的工作方针，科学地确定了 2020 年和 2030 年京津冀水利建设目标与控制性指标，提出了节约用水与水资源配置、水资源保护与水生态修复、防洪排涝减灾体系建设、

表 1　京津冀水资源拥有量

地区	河流(条)	湖泊(个)	水库(座)	地下水井(万眼)
北　京	9	41	87	8.47
天　津	3	1	28	25.55
河　北	49	23	1082	391.08
京津冀	61	65	1197	425.1

资料来源:《中国统计年鉴 2015》。

水利管理体制改革与机制创新等方面的建设任务。在京津冀水资源协同开发与利用过程中,北京市成立了水资源协调委员会,专门负责协调跨流域调水和周边地区的水资源保护工作。天津市重点开展了节水产业和节水项目的研究与扶持工作。河北省则全力打造环首都绿色经济圈,力求实现京津重要水源地保护与自身发展的双赢。

二　已有的文献综述

徐志伟(2013)通过多目标决策模型定量分析了京津冀不同产业水资源利用效率与地区生产需水阈值的变化关系。刘宁(2016)在核算了1994~2013 年京津冀地区农业、工业、生活、生态环境和虚拟水贸易五个部门水足迹的基础上,建立了水资源优化配置系统动力学模型,通过四种产业政策情景仿真分析,找出水资源优化配置方案。刘瑜洁(2016)采用水足迹的理论与方法,构建了集水资源压力、发展巧力、污染压力、水资源管理压力于一体的水资源脆弱性评价指标体系,采用层次－熵权分析法确定不同指标的权重,对该区域 2003~2013 年水资源脆弱性进行了评价,结合南水北调工程规划和最严格水资源管理控制目标对京津冀未来情景下的水资源脆弱性进行了分析。张钧茹(2016)通过构建"京津冀地区水资源承载力"系统动力学模型,用 2005~2014 年的基础数据对模型进行了仿真,计算并分析了 2014~2030 年四种情境下京津冀地区水资源承载力情况并提出了相应的对策建议。鲍超等(2017)通过采用泰尔系数、变异

系数、曲线分析和空间分级分类分析的方法，揭示了京津冀城市群2000～2014年水资源与用水变化的特征。张梦瑶（2016）通过编制基于谁胜出和供应业的京津冀细化社会核算矩阵，利用乘数分解和结构化路径分析方法，揭示并比较了京津冀两种水资源配置模式下水生产供应部门变动对其他部门的经济影响和具体的作用路径，建议京津冀地区建立和完善跨区域的水资源配置机制。檀菲菲（2016）基于京津冀2002～2012年能源消耗碳排放的估算，构建了基于六大行业的能源碳排放和基于三次产业的水资源消耗因素分解模型，对该区域2015年和2020年的水资源消耗进行了模拟和预测。谭佳音等（2017）基于产业合作的群链模式机理和模糊联盟博弈思想，提出了具有三阶段结构的京津冀区域水资源配置模式，认为各产业通过形成多种形式的水资源合作模糊联盟，可以获得比其单独利用水资源时更高的用水收益。

三　京津冀水资源与产业结构相关性分析

一个地区经济总量的增长会增加对水资源的需求量，水资源供给的短缺会降低经济增长速度并使得产业结构做出相应调整。京津冀地区自改革开放至今经历了工业经济的加速上升到减速上升的变化过程，工业用水总量也呈现出先增后降的发展趋势。然而水资源是有限的稀缺资源，长期"以水定产"的发展模式面临挑战，未来水资源很可能成为制约京津冀产业经济发展的重要因素，亟待探索京津冀产业水资源利用与产业经济增长以及产业结构变化之间的关系。

（一）京津冀水资源供需结构分析

京津冀是集生活、工业、农业为一体的大型都市圈，三地在农业、工业、生活和生态四个方面的用水有显著差异。

1. 京津冀用水结构

由表2可见，2006～2015年河北的用水规模最大，占京津冀地区用水总量比重为 74.60% ~ 78.10%，变化趋势呈递减分布，10 年间减少了 8.23%。北京和天津的用水总量则呈上升趋势，北京的用水量从 2006 年的 34.30 亿立方米增至 2015 年的 38.20 亿立方米，10 年间增加了 11.40%。天津市用水量由 2006 年的 22.96 亿立方米增至 2015 年的 25.70 亿立方米，10 年增加了 11.90%。

表 2　京津冀三地用水总量（2006～2015 年）

单位：亿立方米

年份	北京	天津	河北	京津冀
2006	34.30	22.96	204.00	261.26
2007	34.81	23.37	202.50	260.68
2008	35.08	22.33	195.03	252.44
2009	35.50	23.37	193.76	252.63
2010	35.20	22.49	193.64	251.33
2011	35.96	23.09	195.98	255.03
2012	35.88	23.13	195.36	254.37
2013	36.38	23.76	191.26	251.44
2014	37.49	24.09	192.83	254.41
2015	38.20	25.70	187.20	251.10

资料来源：《中国统计年鉴 2015》。

就农业用水而言，京津两地农业用水一直处于较低水平，河北省则是农业用水大户，用水总量超过了京津两市的总和。这与河北省农业产业占 GDP 总值较高直接相关。2006～2015 年，河北农业产业占全省 GDP 比重从 12.70% 下降至 11.50%，北京农业产业占全市 GDP 的比重由 1.10% 下降至 0.70%，天津农业产业占比由 2.30% 下降至 1.30%。河北省农业占全省 GDP 产值的比例远远低于农业耗水的比例，也同时反映出河北省农业用水的低效率化（见表 3）。

就工业用水而言，北京和河北工业用水量总体呈现下降趋势，天津工业用水量稍有上升。2015 年河北省的工业用水量远远高于北京、天津两市的工业用水总量，占京津冀工业用水总量的71.20%左右，属工业用水耗水大省（见表4）。

表3　京津冀农业用水总量（2006～2015年）

单位：亿立方米

年份	北京	天津	河北
2006	12.05	13.43	152.57
2007	11.73	13.84	151.59
2008	11.35	12.99	143.23
2009	11.38	12.84	143.91
2010	10.83	10.97	143.77
2011	10.20	11.55	140.49
2012	9.31	11.70	142.94
2013	9.09	12.44	137.64
2014	8.18	11.66	139.17
2015	6.40	12.50	135.30

资料来源：《中国统计年鉴2015》。

表4　京津冀工业用水总量（2006～2015年）

单位：亿立方米

年份	北京	天津	河北	京津冀
2006	6.20	4.43	26.22	36.85
2007	5.75	4.20	24.97	34.92
2008	5.20	3.81	25.22	34.23
2009	5.20	4.35	23.71	33.26
2010	5.06	4.83	23.06	32.95
2011	5.01	5.00	25.71	35.72
2012	4.89	5.09	25.23	35.21
2013	5.12	5.37	25.23	35.72
2014	5.09	5.36	24.48	34.93
2015	3.80	5.30	22.50	31.60

资料来源：《中国统计年鉴2015》。

就生态、生活用水而言，京津冀地区生态用水量要低于生活用水量，但其增长速度要高于生活用水量。其中北京生态用水量为三地之首，生态用水从2006年的1.62亿立方米增至2015年的10.40亿立方米，10年增长了6.42倍。生活用水量随人口规模的扩张呈现出缓慢增加的趋势，从2006年的43.09亿立方米增至2015年的46.80亿立方米，增幅为8.61%。

表5　京津冀生态、生活用水总量（2006～2015年）

单位：亿立方米

年份	生态用水				生活用水			
	北京	天津	河北	总计	北京	天津	河北	总计
2006	1.62	0.49	1.16	3.27	14.43	4.61	24.05	43.09
2007	2.72	0.51	2.03	5.26	14.60	4.82	23.91	43.33
2008	3.20	0.65	3.18	7.03	15.33	4.88	23.39	43.60
2009	3.60	1.09	2.70	7.39	15.33	5.09	23.39	43.81
2010	3.97	1.22	2.87	8.06	15.30	5.48	23.98	44.76
2011	4.47	1.13	3.58	9.18	16.28	5.41	26.06	47.75
2012	5.67	1.36	3.79	10.82	16.01	4.98	23.36	44.35
2013	5.92	0.90	4.65	11.47	16.25	5.05	23.77	45.07
2014	7.25	2.07	5.06	14.38	16.98	5.00	24.11	46.09
2015	10.40	2.90	5.00	18.30	17.50	4.90	24.40	46.80

资料来源：《中国统计年鉴2015》。

从京津冀三地2015年的用水结构分布看，北京生活用水占比最高，达45.9%；其次是生态用水占比27.3%、农业用水，占比16.8%；工业用水占比最低为9.9%（见图1）。

天津用水总量由多到少排列分别是农业用水48.8%、工业用水20.7%、生活用水19.1%和生态用水11.3%（见图2）。

河北用水总量由多到少排列分别是农业用水72.4%、生活用水13.0%、工业用水12.0%和生态用水2.6%（见图3）。

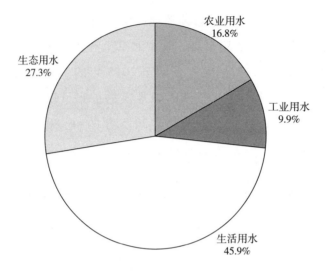

图1 2015年北京水资源使用分布

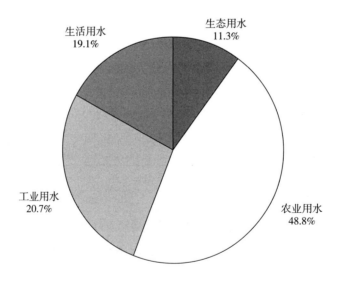

图2 2015年天津水资源使用分布

2. 京津冀供水系统分析

可供水量由地表水供水、地下水供水和其他供水组成。2006～2015年，

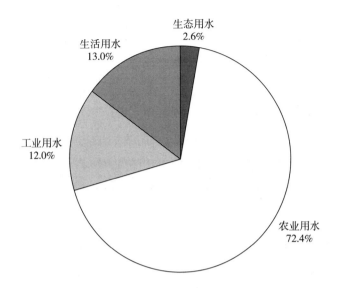

图 3　2015 年河北水资源使用分布

京津冀三地供水大体上保持平稳，京津两地略有增加，北京供水总量由 2006 年的 34.30 亿立方米增至 2015 年的 38.20 亿立方米，天津供水总量由 2006 年的 22.96 亿立方米增至 2015 年的 25.70 亿立方米，河北省则稍有下降，由 2006 年的 204.00 亿立方米降至 2015 年的 187.20 亿立方米。其中河北省地下水源供水持续下降，由 2006 年的 164.64 立方米降至 2015 年的 133.60 亿立方米，反映出河北地下水开采严重，亟待调整农业种植结构，保护地下水源。

表 6　京津冀供水总量（2006～2015 年）

单位：亿立方米

年份	北京市				天津市				河北省			
	供水总量	地表水	地下水	其他供水	供水总量	地表水	地下水	其他供水	供水总量	地表水	地下水	其他供水
2006	40.19	6.35	24.34	9.5	22.96	16.1	6.76	0.1	204.00	38.7	164.64	0.66
2007	38.50	5.67	24.19	8.64	23.37	16.46	6.81	0.1	202.50	38.9	163.08	0.52
2008	36.81	5.84	22.94	8.03	22.33	15.96	6.25	0.12	195.03	37.8	156.17	1.06
2009	36.53	7.2	21.8	7.53	23.37	17.21	6.01	0.15	193.76	37.5	154.64	1.62
2010	35.40	7.21	21.19	7	22.49	16.17	5.87	0.45	193.64	36.1	155.98	1.56

续表

年份	北京市				天津市				河北省			
	供水总量	地表水	地下水	其他供水	供水总量	地表水	地下水	其他供水	供水总量	地表水	地下水	其他供水
2011	35.76	8.06	20.9	6.8	23.09	16.76	5.82	0.51	195.98	38.5	154.85	2.63
2012	34.85	7.97	20.38	6.5	23.13	16	5.48	1.65	195.36	41.3	151.25	2.81
2013	34.65	8.31	20.04	6.3	23.76	16.23	5.69	1.84	191.26	43.1	144.57	3.59
2014	33.8	9.29	19.56	4.95	24.09	15.94	5.34	2.81	192.83	46.8	142.07	3.96
2015	32.3	10.5	18.2	3.6	25.70	17.9	4.9	2.9	187.20	48.7	133.60	4.9

资料来源：《中国统计年鉴 2016》。

2006～2015 年京津冀三地供水大体上保持平稳，京津两地略有增加，河北省则稍有下降。河北省地下水源供水持续下降，这与河北省地下水大量开采直接相关。而地下水主要用于农业种植，低价格农产品与农业产值整体偏低与地下水资源价值"资不抵债"，亟待调整农业种植结构，保护地下水资源。

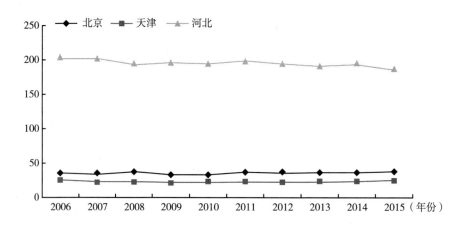

图 4　京津冀供水总量（2006～2015 年）

除常规供水资源之外，京津冀还引入南水北调工程以缓解三地用水紧张。一是引黄河水。南水北调东线、中线工程生效以前，河北、天津可引黄河水 18.44 亿立方米，南水北调东线、中线工程生效后，河北可引黄河水 6.2 亿立方米。二是南水北调供水。根据《南水北调工程总体规划》和《海河流域综合规划（2012~2030）年》，南水北调东线、中线工程2020年时可向京津冀区域供水61.5亿立方米，2030年时可供水85.8亿立方米（见表7）。

表7　京津冀区域南水北调水量分配

单位：亿立方米

项目	2020年			2030年		
	中线一期	东线二期	小计	中线一、二期	东线二、三期	小计
北京	10.5	0.0	10.5	14.9	0.0	14.9
天津	8.6	5.0	13.6	8.6	10.0	18.6
河北	30.4	7.0	37.4	42.3	10.0	52.3
合计	49.5	12.0	61.5	65.8	20.0	85.8

资料来源：根据王晶等《京津冀区域水资源需求分析与供水保障对策》，《海河水利》2014年第3期整理。

经初步统计，京津冀区域通过充分挖潜、积极利用非常规水、加大外调水等措施，2020年总可供水量为305.92亿立方米，缺水量为20.77亿立方米，缺水率6.4%，2030年总可供水量为332.61亿立方米，缺水量为8.12亿立方米，缺水率2.4%。

（二）京津冀产业结构分析

北京的第三产业占全市GDP的比重已接近80%，已成为社会支柱产业，第二产业比重下降至20%左右，集中在高新技术行业和尖端制造业，如电子通信、新能源、新材料、生物制药、航空航天等，产业结构得到了进一步优化。天津市近年来依托先进的制造研发技术和丰富的港口资源，已经发展成为京津冀一体化的次中心城市，第二产业占比保持在40%以上，第三产业发展迅速，占比已超过五成。河北是北京和天津的辐射地区，工业较为发达，但主要为劳动密集型和资源密集行业，如纺织、印刷、煤炭、电力、钢铁、水泥行业，具有高污染、高能耗等特点，产业发展层次较低，从产业结构看，仍以第二产业为主，第三产业发展空间巨大（见表8）。

表 8　京津冀第一、二、三产业比重（2015 年）

单位：%

地区	第一产业占比	第二产业占比	第三产业占比
北京	0.7	21.4	77.9
天津	1.3	46.5	52.2
河北	11.5	48.3	40.2

资料来源：《中国统计年鉴 2016》。

京津冀三地存在明显的产业结构梯度。如图 5 ~ 图 7 所示，2015 年北京市第三产业占比高达 77.9%，增加值为 18331.7 亿元；天津市第三产业占比也增至 52.2%，第三产业增加值为 8625.2 亿元；而河北省仍旧呈现第二产业主导的态势，第三产业发展缓慢，第一产业比重较大，占地区生产总值的 11.5%，而北京市和天津市第一产业的比重都不足 2%。北京市以第三产业拉动经济的格局已经形成，第二产业也侧重于高新技术产业和研发创新。而河北省第二产业门类齐全，第一产业仍有压缩空间，是承接北京第三产业转移的最佳选择。

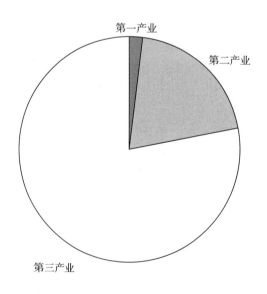

图 5　2015 年北京市产业比例

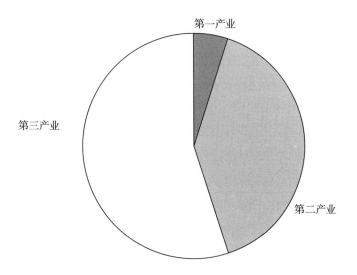

图 6   2015 年天津市产业比例

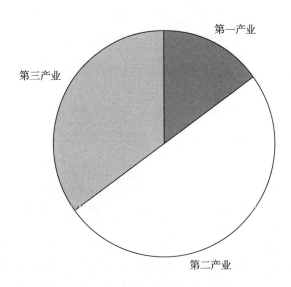

图 7   2015 年河北省产业比例

2006～2015 年京津冀三地第三产业占比一直处于上升态势（见图 8），其中北京第三产业在 GDP 中占比最大，增幅从 2006 年的 71.9% 上升至 2015 年的

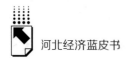
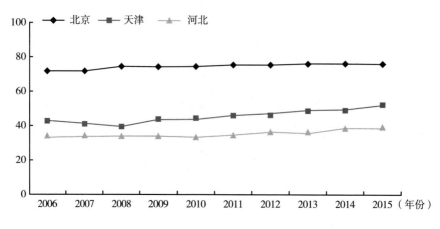

图 8 2006～2015 年京津冀第三产业占 GDP 比重

77.9%，增长了 6 个百分点。河北第三产业在全省 GDP 中占比较北京、天津少，2015 年只达到全省 GDP 的 40.2%（见表 9）。在京津冀一体化进程中，"以水定产"已成为社会经济发展的共识，"水权就是发展权"也日渐成为京津冀一体化发展的理念。北京作为区域核心城市，是全国的政治中心、文化中心和科技创新中心，天津的城市定位是科技创新转化中心，河北省既要做好承接北京、天

表 9 京津冀产业比重（2006～2015 年）

单位：%

年份	第一产业			第二产业			第三产业		
	北京	天津	河北	北京	天津	河北	北京	天津	河北
2006	1.1	2.3	12.7	26.9	55.1	53.3	71.9	42.6	33.9
2007	1.01	2.1	14.2	25.33	57.6	52.3	73.66	40.3	33.5
2008	1.00	1.9	12.6	23.33	60.1	54.2	75.67	38	33.2
2009	0.96	1.7	13	23.07	54.8	52.1	75.96	43.5	34.9
2010	0.87	1.6	12.7	23.56	53.1	53	75.57	45.3	34.3
2011	0.83	1.4	12	22.63	52.5	54.1	76.54	46.1	33.9
2012	0.83	1.3	12	22.16	51.7	52.7	77.01	47	35.3
2013	0.81	1.3	12.4	21.68	50.6	52.1	77.52	48.1	35.5
2014	0.75	1.3	11.7	21.31	49.4	51.1	77.95	49.3	37.2
2015	0.7	1.3	11.5	21.4	46.5	48.3.	77.9	52.2	40.2

资料来源：《中国统计年鉴 2015》。

津的产业转移工作，又要保证雄安新区的供水，水资源供给要求更加多元化。由于津冀三地功能定位不同，对水资源的利用和保护需求也各不相同。三地资源要素流动集聚态势的显著差异客观上要求水资源保护工作必须充分考虑三地区域发展的功能定位，加强统筹协调。京津冀水资源的短缺会倒逼一些耗水量大、污染大的企业逐渐转型升级或是淘汰，转而大力发展现代服务业和战略性新型产业，以满足不同地区的发展需求。

（三）京津冀水资源与产业结构相关性分析

本报告通过相关关系对事物之间的相互联系加以描述。设两变量 X、Y 均为随机变量，对 X、Y 的一组观察值 (xi, yi)，$i = 1, 2, \cdots, n$，我们可以得到相应的协方差和样本相关系数：

$$r = \frac{Lxy}{\sqrt{LxxLyy}} \qquad 相关系数$$

$$Lxx = \sum x^2 - \frac{\left(\sum x\right)^2}{n} \qquad 称为 x 的离差平方和$$

$$Lxy = \sum xy - \frac{\left(\sum x \sum y\right)}{n} \qquad 称为 x 与 y 的离差平方和$$

$$Lyy = \sum y^2 - \frac{\left(\sum y\right)^2}{n} \qquad 称为 y 的离差平方和$$

r 为相关系数，当相关系数 $0.8 < r < 1$ 时，统计上认为这两种现象属于高度相关，此时得到回归方程：

$$\bar{y} = a + bx_i$$

$$其中，b = \frac{Lxy}{Lxx} \quad a = \frac{\sum y}{n} - \frac{\sum x}{n}$$

考虑到数据的可得性，本报告采集了 2006~2015 年京津冀各产业结构比例、总用水量及各产业用水结构等数据，利用相关理论分析二者之间的关系。

将用水量记为 X，各产业用水量记为 Xi（$i = 1, 2, 3, \cdots, n$），同样记为各产业在 GDP 中所占比重，有 Yi（$i = 1, 2, 3, \cdots, n$）。根据上述的相关分析理论和采集的数据分别计算产业结构与用水量的相关系数：

$$r = \frac{n \sum xy - (\sum x)(\sum y)}{\sqrt{[n \sum x^2 - (\sum x)^2][n \sum y^2 - (\sum y)^2]}}$$

经过计算，北京市第一产业与用水相关系数 $r=0.969$，天津市第一产业与用水相关系数 $r=0.724$，河北省第一产业与用水相关系数 $r=0.8596$。农业用水部分包括有效灌溉面积、单位面积灌溉用水、农业用水总量等要素，用以反映第一产业用水情况。长期以来，由于灌溉方式落后，致使水资源利用率低、浪费严重，京津冀地区农业灌溉用水占用水总量的比重约为六成。2015 年河北农业用水达到总用水量的 72.3%，但第一产业农业占 GDP 的比重只有 11.5%，可见水资源消耗巨大且使用效率不高。天津市农业用水占比也达到总用水量的 48.6%，而农业占全市 GDP 的比重仅有 1.3%。北京市农业用水占用水总量的 16.7%，农业占全市 GDP 的比重为 0.7%（见表10）。可见三地农业用水效率均不高，其主要原因在于三地农业灌溉均采用渠道渗漏的方式。据国际灌溉排水委员会统计，灌溉水渗漏损失量一般是15%~30%，高的为50%~60%。而我国渗漏损失一般是40%~50%，有的甚至为70%~80%。因此，应采用有明显节水效果的防渗渠道和暗管输水等工程

表10　京津冀第一产业构成与用水总量（2006~2015 年）

年份	北京		天津		河北	
	产值构成（%）	用水总量（亿立方米）	产值构成（%）	用水总量（亿立方米）	产值构成（%）	用水总量（亿立方米）
2006	1.093895129	12.05	2.315841837	13.43	12.74730545	152.57
2007	1.028353345	11.73	2.097754323	13.84	13.26286146	151.59
2008	1.01511471	11.35	1.824375913	12.99	12.70668131	143.23
2009	0.973337513	11.38	1.713009433	12.84	12.80695403	143.91
2010	0.881137174	10.83	1.578195363	10.97	12.56632994	143.77
2011	0.838485029	10.2	1.412541301	11.55	11.85249815	140.49
2012	0.840072933	9.31	1.330863945	11.7	11.99119022	142.94
2013	0.806229644	9.09	1.294556644	12.44	11.89039815	137.64
2014	0.745353088	8.18	1.271068161	11.66	11.71762491	139.17
2015	0.609222237	6.4	1.262653289	12.5	11.53941256	135.3

资料来源：依《中国统计年鉴 2015》计算所得。

技术进行灌溉。农业节水的重要途径就是灌溉方式的改进。我国最新的研究表明，对于京津冀这样的干旱半干旱地区，覆盖滴灌对水的利用效率更高。

京津冀地区第一产业在 GDP 结构中所占比例与其用水量结构的关系比较紧密，就是说农业用水与农业产值所占地区 GDP 的比重关系密切。我们知道，农业一直是河北省的用水大户，河北省农业用水近 10 年来平均每年用水量占总用水量的 74%，但其在全省 GDP 中的比重却在持续下降，维持在 11% 左右，这说明河北省农业较其他产业发展相对缓慢。因此，河北省农业发展应以节水高效农业作为主导方向，逐渐取消一些高耗水的蔬菜种植业，大力发展节水型农业、生态农业，同时将部分水资源转移到其他产业，再通过其他产业反哺农业，实现水资源的高效配置。

工业用水反映的是第二产业的用水情况。其中天津占比最高为 19.8%，其次是河北为 12%，最后是北京，工业用水占比为 9.9%。提高工业重复用水率应成为解决京津冀地区城市用水困难的主要手段，如天津三星电机有限公司通过对污水进行回收、处理，将其普遍用于车间冷却循环、厂区卫生、冲厕，以及花坛、绿地的浇灌等，使工业废水实现了零排放。统计显示，天津万元工业增加值取水量仅为 41 立方米，水的重复利用率达到 85%。但京津冀地区整体水平有待提高。合理利用水资源，不仅可以提高工业用水重复利用率，而且还能减少工业废水排放，减轻废水处理量和对水体的污染。

经计算，北京市第二产业与用水相关系数为 0.8897，天津市第二产业与用水相关系数为 0.8277，河北省第二产业与用水相关系数为 0.7297。京津冀三地第二产业与用水相关系数都较高，说明京津冀第二产业结构调整对水资源有重大影响。如表 11 所示，北京市工业产值在产业结构中的比例逐年下降，由 2006 年的 26.995% 下降至 2015 年的 19.738%，天津市第二产业比重由 2006 年的 55.058% 下降至 2015 年的 46.584%，河北省第二产业比重由 2006 年的 53.284% 下降至 2015 年的 48.268%，降幅在三地中最小，可见河北省仍以第二产业为主导产业。三地工业用水量都呈逐渐递减趋势，2015 年北京市工业用水量占总用水量的 9.9%，占全市

GDP 的比重为 19.738% ；天津市工业用水量占总用水量的 20.6% ，占全市 GDP 的比重为 46.584% ；河北省工业用水量占总用水量的 12% ，占全省 GDP 的比重为 48.268% ，可见如果把部分农业用水转移到工业用水中来，抛开技术进步等因素，第二产业 GDP 的增长速度将更快。因此，农业用水向工业用水转移以实现水资源的经济效益，然后通过工业发展解决更多农业劳动力就业问题，并适当对农业进行经济效益反哺是未来河北省工业用水的发展方向。

表11　京津冀第二产业构成与用水总量（2006～2015 年）

年份	北京		天津		河北	
	产值构成（%）	用水总量（亿立方米）	产值构成（%）	用水总量（亿立方米）	产值构成（%）	用水总量（亿立方米）
2006	26.995	6.2	55.058	6.2	53.284	26.22
2007	25.484	5.75	55.067	5.75	52.927	24.97
2008	23.629	5.2	55.213	5.2	54.343	25.22
2009	23.497	5.2	53.017	5.2	51.985	23.71
2010	24.008	5.06	52.472	5.06	52.503	23.06
2011	23.089	5.01	52.429	5.01	53.545	25.71
2012	22.704	4.89	51.682	4.89	52.695	25.23
2013	21.679	5.12	50.377	5.12	51.97	25.23
2014	21.306	5.09	49.163	5.09	51.027	24.48
2015	19.738	3.8	46.584	3.8	48.268	22.5

资料来源：依《中国统计年鉴 2015》计算所得。

（四）京津冀产业用水量的因素分解模型

为进一步阐明京津冀水资源与产业结构之间的关系，本报告尝试借鉴梁进社等提出的能源消费增长完全分解方法来分析京津冀地区产业用水变化的驱动效应。以 Y_t 和 Y_0 分别表示 t 时期和基期的 GDP。A_t 和 A_0 分别表示两个时期各产业部门产出比重列向量，其中每一个元素分别表示各个产业部门增加值占 GDP 的比重。B_t 和 B_0 分别表示两个时期各产业部门单位产出用水量列向量，其中每一个元素分别表示各产业部门单位增加值所需要的用水量。每一个产业部门的用水量等于该部门增加值与单位产出用水量的乘积，t 时期与基期产业用水的变化量（以 $\Delta Wtot$ 表示）可表示为 $Y_t A_t B_t - Y_0 A_0 B_0$，并可分解为：

$$\Delta W_{tot} = Y_t(A_t - A_0)B_t + Y_t A_0(B_t - B_0) + (Y_t - Y_0)A_0 B_0 \qquad (1)$$

在式（1）中，等号右边第 1 项是由各产业部门份额变化引起的用水量变化，称为结构效应，以 t 时期单位产出用水量为基础来计算。第 2 项是由各产业部门单位产出用水量变化引起的用水量变化，称作"技术效应"，以基期的产业结构为基础进行计算。第 3 项是由经济规模的变化引起的用水量变化，称作"规模效应"。变换计算结构效应和技术效应的参考基础，可以得到第 2 种分解：

$$\Delta W_{tot} = Y_t(A_t - A_0)B_0 + Y_t A_t(B_t - B_0) + (Y_t - Y_0)A_0 B_0 \qquad (2)$$

与式（1）不同，式（2）的结构效应是以基期的单位产出用水量为基础来计算，技术效应是以 t 期的产业结构为基础进行计算。将式（1）与式（2）相结合，以综合考虑 2 个时期的产业结构和技术水平，得到最终分解公式：

$$\Delta W_{tot} = 0.5Y_t(A_t - A_0)(B_0 + B_t) + 0.5Y_t(A_0 + A_t)(B_t - B_0) + (Y_t - Y_0)A_0 B_0 \quad (3)$$

用 ΔW_{str}、ΔW_{tec}、ΔW_{sca} 依次表示式（3）等号右边的 3 项，则有

$$\Delta W_{tot} = \Delta W_{str} + \Delta W_{tec} + \Delta W_{sca}$$

式中，ΔW_{str} 为综合考虑 t 时期和基期技术水平的情况下，由产业结构变化引起的用水量变化；ΔW_{tec} 为综合考虑 2 个时期产业结构的情况下，由技术水平变化引起的用水量变化；ΔW_{sca} 为单纯由经济规模扩大引起的用水量变化。这样，就可以将任何两个时期产业用水量的变化分解为结构效应、技术效应和规模效应，并可进行区域比较。

应用上述分解方法，本报告拟作京津冀的水资源消费变化的时间序列比较。时间序列比较 2006～2015 年，共 8 个时段，水资源单位为 108 立方米，产业单位产出以 108 元产值表示（见表 12、表 13、表 14）。

表 12　北京水资源增长量的分解（2006～2015 年）

时间(年)	技术效应(亿立方米)	结构效应(亿元)	规模效应(亿元)
2006～2007	−0.45	1091.45	1091.45
2007～2008	−0.55	1499.46	1499.46
2008～2009	0	258.4	258.49
2009～2010	−0.14	1747.85	1747.85
2010～2011	−0.05	2419.18	2419.18
2011～2012	−0.12	876.71	876.71
2012～2013	0.23	778.28	778.28
2013～2014	−0.03	231	231
2014～2015	−1.29	−625.98	−625.98

资料来源：根据《国家统计年鉴 2015》计算所得。

表 13　天津水资源增长量的分解（2006～2015 年）

时间(年)	技术效应(亿立方米)	结构效应(亿元)	规模效应(亿元)
2006～2007	−0.23	435	790.02
2007～2008	−0.39	817	1467
2008～2009	0.54	278	802
2009～2010	0.39	853	1703
2010～2011	−0.07	1088	2083
2011～2012	−0.43	735	1586
2012～2013	0.07	612	1549
2013～2014	−0.05	456	1284
2014～2015	−0.1	−27	812

资料来源：经《中国统计年鉴 2015》计算所得。

表 14　河北省水资源增长量的分解（2006～2015 年）

时间(年)	技术效应(亿立方米)	结构效应(亿元)	规模效应(亿元)
2006～2007	－1.25	1091	2140
2007～2008	0.25	1500	2404
2008～2009	－1.51	258	1224
2009～2010	－0.65	1748	3159
2010～2011	2.65	2419	343
2011～2012	－0.48	877	2060
2012～2013	0	778	195
2013～2014	－0.75	231	979
2014～2015	－1.98	－626	385

资料来源：经《中国统计年鉴 2015》计算所得。

　　2007～2015 年，北京市工业产业发展的总的趋势是先增后降（见图 9），即
2007～2010 年，工业产业总的发展趋势是规模不断扩大，产值不断增加。在
2008 年工业产值出现下降，其结构效应和规模效应变化趋于一致（见图 10、图
11）。这是由于为了迎接 2008 年奥运会，大批场馆落户北京导致大量工业用地被
征用，土地成本提高，部分高耗能、低水平的企业开始外迁。同时受产业升级
的影响，一批高耗能行业也开始减停产，导致工业产值和 GDP 呈下降趋势。然
而工业用水量则在 2012 年开始呈现上升趋势，经历了短暂的用水高峰后，从
2013 年后半年开始呈下降趋势，与工业发展水平与 GDP 增速放缓保持一致。

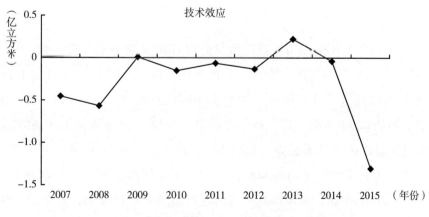

图 9　北京工业用水量变化

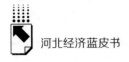
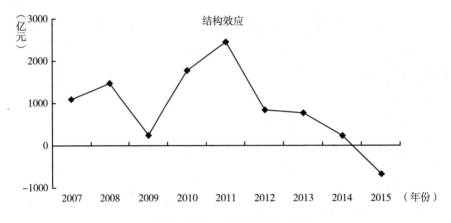

图 10　北京工业增加值变化量

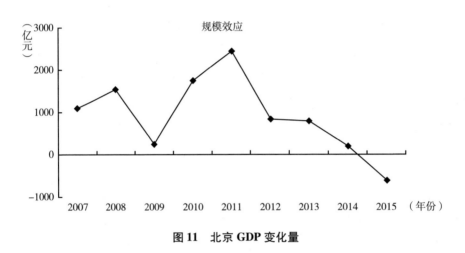

图 11　北京 GDP 变化量

2007～2015 年天津市工业产值与全市 GDP 变化趋势保持一致，经历了 2007～2008 年的上升、2008～2009 年的下降、2009～2011 年的上升，最后从 2011 年起工业产值和 GDP 一并下滑的总趋势（见图 12）。而工业用水量则从 2009 年起一直保持下降趋势，2012 年经历短暂用水高峰后，用水量又呈现重新回落态势（见图 13）。这是由于在 2005 年之后，天津市由于技术进步和产业结构调整的作用，工业用水量和排放量都开始逐年下降。2008 年起，天津市开始逐渐增加治理废水投资额，资金由 1996 年的 0.66 亿元增加到 2008 年的 3.89 亿元，环保科研投入也从 2003 年的

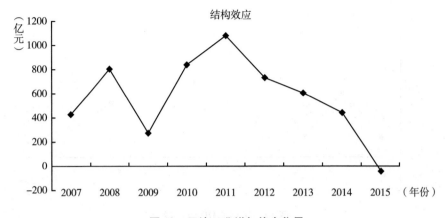

图 12　天津工业增加值变化量

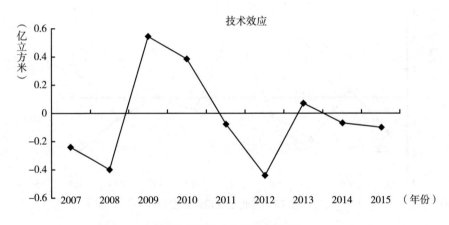

图 13　天津工业用水量变化

1000 万元增长到 2009 年的 3400 万元。环保科研和治理污水投入加大的同时，天津市也对原有的产业结构进行了调整。自 2008 年之后，废水排放强度前三位的行业已不在天津市的支柱行业之列，而排放强度低的机械、电子设备制造行业始终保持着最高的产值比例，因此结构效应对天津市工业用水的影响非常巨大（见图 14）。

　　河北工业用水量与工业增加量变化趋势基本保持一致，都是先升后降，于 2011 年上升至最大值，之后逐年下降的过程（见图 15、图 16）。GDP 则经历了反复震荡，但总趋势与工业发展保持一致（见图 17）。有数据表明，

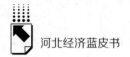
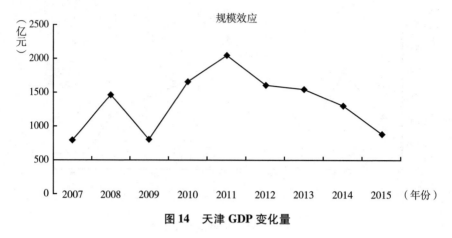

图 14 天津 GDP 变化量

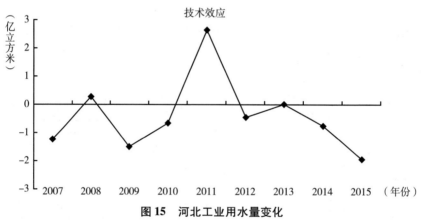

图 15 河北工业用水量变化

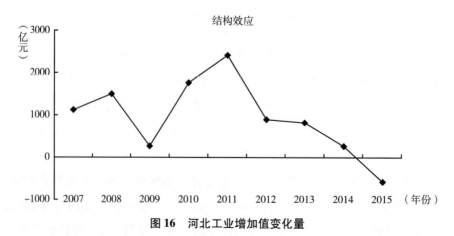

图 16 河北工业增加值变化量

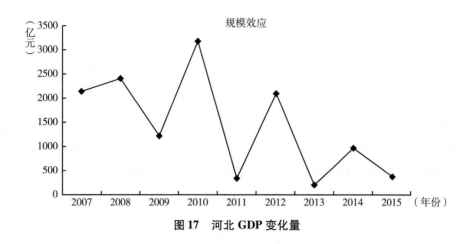

图17　河北 GDP 变化量

河北省的工业发展落后北京两个阶段，处于工业化中级阶段，第二产业是区域经济增长的主要力量，并且工业用水量巨大。2011 年后工业用水量急剧下降，这与河北省实现传统产业新型化、淘汰落后产能直接相关。未来河北省仍需探索节约工业用水量、水资源结构调整以及第二产业结构升级等政策和技术问题。

四　京津冀水资源开发利用与产业结构调整的对策及建议

京津冀水资源保护一体化实质是要提高区域内水资源的配置和利用效率。要解决京津冀区域可持续发展及缓解水资源供需紧张的问题，可以通过逐步实现水资源市场化、实行节水用水管控、优化京津冀区域水资源配置，同时加强对海河流域污染的联防联控，实行水资源跨区域保护，并且不断完善流域生态补偿机制，建设水资源协同应急管理体系，形成京津冀区域海河流域协同机制。

（一）推动顶层设计与制度重构，建立一体化水资源配置格局

京津冀水资源管理的现有模式是三地分散管理与配置，缺乏中央政府的统一协调与规划。为进一步提高三地用水效率，水利部于 2016 年 5 月印发

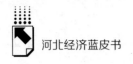

了《京津冀协同发展水利专项规划》，试图建立三地水资源统一调配平台，并成立跨区域水资源管理机构。在水资源生态补偿方面，也力图建立科学补偿机制，用以优化现有的用水格局。在制度建构方面，京津冀在现有水资源法律规定的前提下，需要确定水资源的编制、审批与实施主体，并提升京津冀水资源管理委员会的地位以及法律权威。在用水管理细则方面，应确定相应的行政程序与考核办法，并将其纳入对地方官员的绩效考核体系。在对水资源的开发利用与生态恢复环节，应积极引入金融工具与发展基金，建立相关生态产业的对接机制，对南水北调的水资源统一安排用量和利用方式等。

（二）引入生态建设市场化，构建京津冀水权交易运作机制

对京津冀水资源的生态服务进行价值核算，全面准确计算出水资源生态系统所提供各项服务的市场价值。一是界定水权主体，由水利部协调京津冀三地水资源管理的各层级行政机构，签订水资源分享协定，协商界定水资源产权。二是明确水权交易制度，通过谈判、水银行、水权电商化交易等形式对水权份额进行管理。建立跨区域水权收储转让交易中心、水权交易机构，制定水权交易业务流程、管理和发布市场信息，开发和推行水权衍生品交易。三是建立区域性水权交易管理规则，准确核算水资源生态产品价格，在水权市场上进行水权的出售与收购。

（三）实行生态信息共享化，健全预警应急响应机制

一是实施生态环境监测与大数据融合发展战略，构建京津冀水资源生态环境大数据体系。组建区域性生态大数据产业联盟，加强生态环境数据的收集、存储、分析和运用。二是完善区域生态数据共享平台，形成生态信息资源社会化共享服务体系。制定生态信息资源定期上报与交换机制，通过生态环境数据传输、数据处理、查询分析、决策支持、信息发布五个子系统实现京津冀水资源生态环境监测信息的规范存储、数据整编、质量控制与存储监测，促进监测数据的高效利用和发挥整体效能。三是健全水监测站网体系和调度系统，完善水资源保护监测及综合管理网络。开展河流、湖泊基本生态

需求数据分析，落实断面水量、水质监测、信息通报机制，强化联防联控和数据的互联互通。四是建立健全区域水污染预警应急响应机制，开展联合巡查、联动预警、联合应急和定期演练，为应对水污染提供应急预案行动方案和可靠的技术保障。

（四）探索补偿模式多元化，完善流域产权评估机制

一是明晰产权，确定京津冀水资源生态补偿基础。将区域用水量、工程建设地区投入资金、生态环境保护地区投入等指标作为综合权数来决定京津冀三地水权的分配量。二是发展多种市场化生态补偿方式，模拟市场评估技术确定交易价格，积极引入生态补偿基金、生态彩票等多种补充方式。三是完善财政转移支付制度，通过市场化筹集等方式开展水资源的资金补偿、实物补偿和智力补偿。四是以监测为据，以补促治。确保补偿资金专项用于流域水环境综合治理以及产业结构调整，使其有足够的能力和积极性，实现水环境质量的根本性转变。

（五）促进区域产业错位发展，加快培育水利新兴产业

要结合京津冀产业转移和产业承接的思路，在保证粮食安全和农业生产基础地位的前提下，合理规划区域产业模式，严格控制第二产业中高耗水产业发展的比重，尤其是河北需要做好承接京津第二产业转移的工作，同时也需要充分利用京津的科技和人才优势，增加第三产业在经济中的比重，有效发挥河北内陆腹地和产业基础的优势，加快产业升级和技术改造。积极发展战略性新兴产业和现代服务业，支持发展生态环保产业。以水定发展，把水资源作为区域发展的重要约束条件，根据水资源条件研究确定可承载的人口、经济、产业等布局、结构和规模，确保水资源开发利用与经济社会发展相协调。加强规划和建设项目水资源论证，促使区域协调发展与水资源承载能力相适应。将河北建设成为以循环经济和生态经济为主要特征的产业转型升级示范区和新型工业化基地。

综上，京津冀水安全格局的建构不仅需要从中央到地方逐层进行战略整

合创新、上位计划综合探讨，实质层面如水资源、水文、水理、河川治理、水环境、水土保持等水利专业，而且须跨学科结果区域规划、环境保护、生态、经济，甚至文化、教育及媒体传播等专业领域，全面铺开京津冀水资源综合治理框架。在水安全管理制度的保证下，通过健全的协调机制和交易机制监督各级政府、规范市场，实现区域和谐。

参考文献

鲍超、贺东梅：《京津冀城市群水资源开发利用的时空特征于政策启示》，《地理科学进展》2017 年第 1 期。

刘瑜洁：《基于水足迹的水资源脆弱性评价》，硕士学位论文，北京林业大学，2016。

付永利：《京津冀水资源合理利用策略分析》，《中国国土资源经济》2015 年第 3 期。

李孟颖：《京津冀地区面向人居环境之水安全格局初探》，《安全与环境学报》2015 年第 3 期。

刘梦圆：《京津冀地区水生态系统服务演变规律及其驱动力分析》，《环境影响评价》2016 年第 6 期。

冯海良、李珊珊：《京津冀城镇化与水资源系统的发展与协调性研究》，《当代经济管理》2017 年第 9 期。

张贵、齐晓梦：《京津冀协同发展中的生态补偿核算与机制设计》，《河北大学学报》（哲学社会科学版）2016 年第 1 期。

张钧茹：《基于系统动力学的京津冀地区水资源承载力研究》，硕士学文论文，中国地质大学，2016。

张偲葭：《京津冀区域协同发展的水资源配置研究》，硕士学位论文，哈尔滨工业人学，2016。

张梦瑶：《京津冀地区不同水资源配置方式的影响比较——基于社会核算矩阵》，《资源与产业》2016 年第 4 期。

庄立：《采用因素分解模型研究京津冀地区用水变化的驱动效应》，《环境科学研究》2016 年第 2 期。

檀菲菲：《京津冀能源消费碳排放与水资源消耗双重分析》，《水土保持通报》2016 年第 6 期。

张楠：《基于灰水足迹理论的河北省水资源评价》，《北京师范大学学报》（自然科学版）2017 年第 2 期。

石坚韧：《从宏观的海绵城市理论到微观的海绵社区营造的策略研究》，《生态经济》2016 年第 6 期。

于洪蕾：《适应性视角下的海绵城市建设研究》，《干旱区资源与环境》2017 年第 3 期。

王晶、李云鹤、郭东阳：《京津冀区域水资源需求分析与供水保障对策》，《海河水利》2014 年第 3 期。

刘宁：《基于水足迹的京津冀水资源合理配置研究》，博士学位论文，中国地质大学，2016。

谭佳音、蒋大奎：《群联产业合作模式下"京津冀"区域水资源优化配置研究》，《中国人口资源与环境》2017 年第 6 期。

张晓平：《20 世纪 90 年代以来中国能源消费的时空格局及其影响因素》，《中国人口·资源与环境》2005 年第 2 期。

郑云鹤：《工业化、城市化、市场化与中国的能源消费研究》，《北方经济》2006 年第 5 期。

刘耀彬：《中国城市化与能源消费关系的动态计量分析》，《财经研究》2007 年第 11 期。

专题报告

Special Reports

B.7

创新驱动与京津冀协同创新共同体
建设及河北方案*

齐晓丽 傅凯明 刘 琪**

摘 要： 协同创新共同体作为协同创新的新理念和组织形式，是以创新为目的、通过创新主体之间的合作以及创新要素的协调运作实现协同创新效应创新载体。协同创新共同体的建设是形成京津冀区域创新一体化格局、建设创新型国家的战略支撑。围绕区域发展的需求，京津冀三地共建的园区、基地、联盟、平台逐渐增多，但在京津冀三地协同创新共同体的建设中也存在着诸多障碍和突出的问题。本报告基于京津冀区域协同创新共同体建设的实践，从创新人员的投入能力、创新经费

---

 * 天津市科技计划项目"京津冀跨区域科技协同创新模式研究"（项目编号：15ZLZLZF00560）。
** 齐晓丽，河北工业大学经济管理学院副教授、硕士生导师，研究方向为区域经济；傅凯明，河北工业大学经济管理学院硕士研究生；刘琪，河北工业大学经济管理学院硕士研究生。

的投入能力和创新成果的产出能力三个方面分析了京津冀区域协同创新共同体建设的基础，并对河北省在创新驱动能力方面存在的问题进行了分析。此外，从协同创新机制的建设、协同创新平台的建设、科技园区的建设三个方面分析了京津冀协同创新共同体建设的现状，并以国家级高新技术开发区为协同创新共同体的代表分析其创新效率，旨在分析京津冀区域协同创新共同体建设中存在的问题，提出河北省在区域协同创新共同体建设中的方案。

关键词： 京津冀　创新驱动　协同创新共同体　产业园区

　　创新能力越来越成为一个国家和一个区域经济发展的重要决定力量，中国在 2012 年提出了创新驱动发展战略。同时中国各地区由于经济发展阶段的变化，经济增长模式也面临着从要素驱动、投资驱动向创新驱动转变的阶段。但是在中国经济发展进入新常态的时期背景下，根据全球区域发展经验及京津冀区域的具体实际情况，在实施创新驱动发展战略过程中，京津冀区域作为引领中国经济增长的重要增长极，京津冀区域协同创新发展成为国家重大发展战略。根据 2015 年通过的《京津冀协同发展规划纲要》，京津冀区域各地区紧紧抓住机遇，多层面、多领域、多渠道积极推动区域协同创新，实施创新驱动发展战略。在京津冀推动区域协同创新发展过程中，协同创新共同体的建设是形成区域创新一体化格局、建设创新型国家的战略支撑，因为地理距离对创新有重要的影响，虽然由于互联网的发展，一些创新活动可以超越空间的限制，可以通过虚拟空间把创新资源集合起来，进行创新活动，但目前阶段对于京津冀区域更多的是各创新主体基于空间集合进行合作而形成的协同创新区域。

　　协同创新共同体作为协同创新的新理念和组织形式，是以创新为目的、通过创新主体之间的合作以及创新要素的协调运作实现协同创新效应的创新载体。协同创新共同体的建设可以是企业内部或是企业之间的，可以是产业内部或是产业之间的，还可以是产学研之间的，所有这些形式的创新主体之间的合作又都可以分为区域内和区域间。而对京津冀区域来说，协同创新共同体的建设更多侧重于不同的行政区域之间的合作，而其主要的承载形式为科技园区。围绕区域发展的需求，京津冀三地共建的园区、基地、联盟、平台主要有中科院天津生物技术研究院、清华大学天津高端装备研究院、滨海—中关村未来科技城、中关村与曹妃甸未来城、保定中关村创新中心、石家庄（正定）中关村集成电路产业基地、清华大学固安中试孵化基地、中关村海淀园秦皇岛分园等。以科技园区为载体，三地产业对接协作项目逐渐增多，此外，京津冀三地也在积极共建高新技术产业化基地、国家重点实验室、国家工程技术研究中心等，以及共同努力实现大型仪器设备、重大科技基础设施等科技资源的开放共享等实现协同创新共同体的建设。但在京津冀三地协同创新共同体的建设中也存在着诸多障碍和突出的问题，诸如京津冀三地的创新政策存在着明显的差异，使得相关政策很难在三地实现有效衔接；京津冀区域虽然是创新要素最丰富的区域，但创新要素分布极不均衡，而且由于行政区划和体制的障碍，协同创新共同体建设中创新要素的流动机制难以形成，同时协同创新共同体建设中的创新成果和创新收益在地区间的转移流动机制很难形成。

本报告基于京津冀区域协同创新共同体建设的实践，分析京津冀区域协同创新共同体建设的基础和协同创新共同体建设的现状，旨在根据京津冀区域协同创新共同体建设中存在的问题，提出河北省在区域协同创新共同体建设中的方案。

一 京津冀区域创新驱动能力分析

京津冀区域在各地原有的创新资源的基础上，经过近几年的协同发展以及协同创新共同体的建设，当前的创新资源的分布可以在一定程度上显示京津冀三地协同创新共同体建设的成果，并且也是继续建设协同创新共同体的基础。尤其是在京津冀三地在经济发展水平以及创新环境存在着较大差异和差距的情况下，京津冀区域内创新资源的分布对协同创新共同体的建设至关重要。本报告从创新人员分布、创新资金分布以及创新成果分布三个方面分析创新资源分布的变化趋势以及当前创新资源分布的特点。创新人员的投入能力分析主要包括各地区研究与试验发展人员的数量及其占全国研究与试验发展人员和各地区人口的比重和研究与试验发展人员来源分布几个方面。创新经费的投入能力分析主要包括创新经费投入强度和经费来源分布，创新成果的产出能力分析主要包括专利成果分布、科技奖励成果分布和国家重点基础研究发展计划项目的分布。在选取分析对象时，除了分析创新资源在北京、天津、河北三地的分布以外，并比较京津冀、长三角、珠三角三个区域创新资源的分布，对三个区域的比较可以分析京津冀区域整体在创新资源分布方面的特点，对三个区域中代表城市的比较可以分析京津冀三个地区在创新资源分布方面的特点。

（一）创新人员的投入能力

京津冀三地在"十三五"规划中对于协同创新园区、协同创新基地、协同创新平台等的建设都提出了相关的目标和任务，其中创新人员的分布对三地的协同创新园区、协同创新基地、协同创新平台建设过程中都起到至关重要的作用，并且这些协同创新共同体的建设也能带动创新人员的共享和流动。为了分析近几年京津冀三地创新人员的分布，以2009~2015年为分析时间段，选取京津冀区域、长三角区域、珠三角区域，以及三个区域内的代表城市为分析对象，以便分析京津冀区域创新人员分布的变化趋势以及特点。

1. 研究与试验发展人员的数量分布

研究与试验发展人员是从事研究与试验发展活动的人员，是创新人员分布分析中重要的指标。在分析研究与试验发展人员的分布时主要包括研究与试验发展人员数总量、某个区域或城市的研究与试验发展人员数占全国研究与试验发展人员总数的比重、某个区域或城市的研究与试验发展人员数占本地总人口数的比重几个方面。表1列出了2009~2015年京津冀等区域的研究与试验发展人员总数的变化情况。

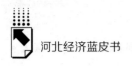

表1 2009～2015年相关地区研究与试验发展人员总数

单位：人

地 区	2009 年	2010 年	2011 年	2012 年	2013 年	2014 年	2015 年
京津冀	409876	448100	520383	573745	614476	662292	692452
长三角	866637	965080	1100687	1291548	1450353	1559184	1636695
珠三角	383524	446579	515646	629055	652405	675206	680237
北 京	252676	269932	296990	322417	334194	343165	350721
天 津	72599	86374	111586	126436	143667	164076	177725
河 北	84601	91794	111807	124892	136615	155051	164006
上 海	170512	177488	198667	208817	226829	236836	242740
江 苏	369403	406231	455135	549159	626882	676526	699614
浙 江	239058	286751	324245	377315	416010	444737	489591
安 徽	87664	94610	122640	156257	180632	201085	204750

资料来源：2010～2016年中国科技统计年鉴。

由表1可知，2009～2015年各地区的研究与试验发展人员总数均处于逐年递增的态势，其中长三角地区增长的速度最快。在数量上长三角地区也占有绝对优势。2015年，长三角区域的研究与试验发展人员数约是京津冀区域的2.36倍，结合2009年以来研究与试验发展人员数的变化来看，京津冀区域2015年研究与试验发展人数约是2009年的1.69倍，而长三角区域和珠三角区域分别为1.89倍和1.77倍，说明京津冀区域在研究与试验发展人员总数方面与长三角地区仍有着较大的差距。在进行地区的比较时，由于所列出的各个地区的人口规模不一致，所以主要看研究与试验发展人员数的增长的倍数以及增长的速度。

从2009～2015年各地区研究与试验发展人员的增长倍数来看，上海的研究与试验发展人员数从170512增长至242740，增长了0.42倍，江苏的研究与试验发展人员数从369403增长至699614，增长了0.89倍，浙江的研究与试验发展人员数从239058增长至489591，增长了1.05倍，安徽的研究与试验发展人员数从87664增长至204750，增长了1.34倍，北京的研究与试验发展人员数从52676增长至350721，增长了5.66倍，天津的研究与试验发展人员数从72599增长至177725，增长了1.45倍，河北的研究与试验发展人员数从 84601 增长至 164006，增长了 0.94 倍，从各个地区的研究与试验发展人员数来看，北京是京津冀三地中研究与试验发展人员数最多的地区，是天津和河北的近 2 倍，但 2009～2015 年研究与试验发展人员增长的数量长三角和珠三角区域的地区来比，是最少的。

从 2009～2015 年各地区研究与试验发展人员的每年的增长速度来看，各个地区研究与试验发展人员的数量在 2011 年增长都较快，2011 年相对 2010 年增长最快的是安徽，增长速度为 29.63%，其次为天津，增长速度为 29.19%，最后为河北，增长速度为 21.80%，其他地区都在 10% 左右，但 2015 年相对 2014 的增长速度都较低，在 2% 左右。但总体来说，京津冀区域的三个地区中，天津和河北的研究与试验发展人员数虽然没有北京的多，但是增长速度都非常快，尤其是天津市的研究与试验发展人员的增长速度是这些代表地区里增长速度最快的，所以从 2009 年以来研究与试验发展人员数的变化来看，京津冀协同发展和协同创新共同体的建设取得了一定的成效。

在表 2 中可以看出，京津冀区域的研究与试验发展人员在全国相关人员中所占比重和长三角区域有着较大的差距。京津冀区域研究与试验发展人员占全国研究与试验发展人员占全国的比重在 2009～2015 年变化不大，而长三角区域所占比重逐年上升。再从各个地区的比较来看，北京研究与试验发展人员占全国研究与试验发展人员的比重逐年下降，而天津和河北所占比例逐年上升，但河北研究与试验发展人员占全国研究与试验发展人员的比重上升较为缓慢。与此同时，上海研究与试验发展人员占全国研究与试验发展人员的比重也在慢慢下降，而江苏、浙江、安徽研究与试验发展人员占全国研究与试验发展人员的比重逐渐上升，其上升比例大于天津和河北两地，说明京津冀地区发展速度还不够快。北京和上海等大城市的研究与试验发展人员占全国研究与试验发展人员的比重下降和其他地区占比上升则表明研究与试验发展人员向大城市周边扩散，有利于协同发展共同进步，京津冀区域的天津和河北也正在吸引越来越多的研究与试验发展人员。

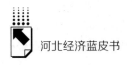

表2　相关地区研究与试验发展人员在全国占比

单位：%

地　区	2009 年	2010 年	2011 年	2012 年	2013 年	2014 年	2015 年
京津冀	12.88	12.65	12.95	12.42	12.24	12.38	12.63
长三角	26.07	26.31	26.58	27.43	28.58	29.05	29.85
珠三角	12.05	12.61	12.83	13.62	13	12.62	12.41
北　京	7.94	7.62	7.39	6.98	6.66	6.41	6.4
天　津	2.28	2.44	2.78	2.74	2.86	3.07	3.24
河　北	2.66	2.59	2.78	2.7	2.72	2.9	2.99
上　海	5.36	5.01	4.94	4.52	4.52	4.43	4.43
江　苏	11.6	11.47	11.33	11.89	12.49	12.64	12.76
浙　江	7.51	8.1	8.07	8.17	8.28	8.31	8.93
安　徽	1.6	1.73	2.24	2.85	3.29	3.67	3.73

资料来源：2010～2016 年中国科技统计年鉴。

表3是各地区研究与试验发展人员数占地区总人口数的比重数据，从中可以看出，在京津冀、长三角和珠三角三个区域中，研究与试验发展人员数占地区总人口数的比重呈逐年增高的趋势，但京津冀区域的研究与试验发展人员数占地区总人口数的比重不高，且每年增长的趋势不如其他两个区域显著。从各个地区来说，北京是研究与试验发展人员数占地区总人口数的比重最高的城市，而天津是研究与试验发展人员数占地区总人口数的比重增长最快的城市，但河北的研究与试验发展人员数占地区总人口数的比重不但较低，和其他地区差距较大，而且增长速度也较慢。此外，从表3中也可以看出，河北和安徽两地在2009年时研究与试验发展人员数占地区总人口数的比重分别为0.12%和0.14%，但是到2015年安徽的研究与试验发展人员数占地区总人口数的比重提高至0.33%，河北省的仅为0.22%，这说明在京津冀的协同发展以及协同创新共同体的建设中，由于京津冀具有的特殊的经济发展优势和社会发展优势，吸引了更多的研究与试验发展人员，但在协同中河北处于相对劣势的位置，在协同创新共同体的建设中需要推进更多的政策实现研究与试验发展人员的资源共享以及流动。结合表2中的数据，河北研究与试验发展人员数占全国研究与试验发展人员数的比重是逐年上升的，

但其研究与试验发展人员数占本地区总人口数的比重却较低，而且增长缓慢，河北省近年来虽然吸引了大量研究与试验发展人员，但是相对于其他地区来说，研究与试验发展人员的发展还存在严重的不足。

表 3 2009～2015 年相关地区研究与试验发展人员数占地区总人口数的比重

单位：%

地　区	2009 年	2010 年	2011 年	2012 年	2013 年	2014 年	2015 年
京津冀	0.4	0.43	0.49	0.53	0.56	0.6	0.62
长三角	0.4	0.45	0.51	0.59	0.66	0.71	0.74
珠三角	0.38	0.43	0.49	0.59	0.61	0.63	0.63
北　京	1.36	1.38	1.47	1.55	1.58	1.59	1.62
天　津	0.59	0.66	0.82	0.89	0.98	1.08	1.15
河　北	0.12	0.13	0.15	0.17	0.19	0.21	0.22
上　海	0.77	0.77	0.85	0.87	0.94	0.98	1.01
江　苏	0.47	0.52	0.58	0.69	0.79	0.85	0.88
浙　江	0.45	0.53	0.59	0.69	0.76	0.81	0.88
安　徽	0.14	0.16	0.21	0.26	0.30	0.33	0.33

资料来源：2010～2016 年中国科技统计年鉴和中国统计年鉴。

2. 研究与试验发展人员的来源分布

从表 4 中可知，对于全国和大部分地区来说，研究与试验发展人员主要来自规模以上企业。从全国来看，来自规模以上企业的研究与试验发展人员占本地区研究与试验发展人员数的比重为 66.50%，来自高校和科研机构的研究与试验发展人员则仅分别占到 15.30% 和 7.96%，而长三角区域和珠三角区域的规模以上企业的研究与试验发展人员所占比重更高，分别达到 76.08% 和 78.55%，而京津冀区域的规模以上企业的研究与试验发展人员所占比重仅为 43.81%。从地区的比较来看，京津冀区域中河北规模以上企业的研究与试验发展人员所占比重最高，为 69.12%，天津次之，为 65.94%，北京最少，仅为 20.76%，而江苏、浙江、安徽的规模以上企业研究与试验发展人员所占比重分别为 81.64%、82.24% 和 71.57%，远远高于京津冀区域的各地区。由于协同创新共同体建设依托的载体主要为科技园区，所以在京津冀协同创新共同体建设中更要注重高校和科研机构的研究与试验发展人员的作用，更多地利用产学研的合作实现协同创新共同体的建设。

表4　2015年全国及相关地区研究与试验发展人员（R&D）的来源分布

单位：%

地　区	规模以上企业 R&D 人员占比	高校 R&D 人员占比	科研机构 R&D 人员占比
全　国	66.50	15.30	7.96
京津冀	43.81	19.19	18.92
长三角	76.08	10.76	4.85
珠三角	78.55	8.43	2.31
北　京	20.76	23.02	31.73
天　津	65.94	13.81	5.82
河　北	69.12	16.84	5.73
上　海	51.39	17.95	13.98
江　苏	81.64	8.57	3.61
浙　江	82.24	9.17	1.76
安　徽	71.57	13.53	6

资料来源：《中国科技统计年鉴2016》。

（二）创新经费的投入能力

在京津冀协同创新共同体建设中创新人员是基础，而创新经费对协同创新共同体的建设起到明显的支持作用，尤其是在协同创新体建设的初期，协同创新共同体的建设以及创新能力的提高都需要资金的保障和支持，而且创新人员的引进或培养需要相对较长的时间来完成，但创新资金可以通过相关政策的支持或扶持在较短的时间内进行聚集，创新资金作为协同创新共同体建设的资源更容易流动，所以创新经费的分布更能体现京津冀协同创新共同体建设的特点。为了分析近几年京津冀三地创新经费的分布，以2009～2015

年为分析时间段，选取京津冀区域、长三角区域、珠三角区域，以及三个区域内的代表城市为分析对象。

1. 研究与试验发展经费的投入强度

由表5可以看出各地研发经费投入强度都缓慢增加。其中，京津冀区域的研究与试验发展经费的投入强度最高，而且远远超过长三角和珠三角区域。从各地区来看，北京的研究与试验发展经费的投入强度显著高于其他省份和全国平均水平，近几年投入强度为0.01%，其次为上海，再次为天津，而河北的研究与试验发展经费投入强度最低，而且相对来说，河北省每年研究与试验发展经费投入强度的增长速度也较慢，由2009年的0.78%增至2015年的1.18%。从研究与试验发展经费的投入强度来看，在京津冀协同创新共同体建设中，河北还需进一步加强对创新项目的支持力度。

表5 2009～2015年全国与部分地区研究与试验发展经费投入强度

单位：%

地 区	2009 年	2010 年	2011 年	2012 年	2013 年	2014 年	2015 年
全 国	1.66	1.71	1.78	1.91	1.99	2.02	2.07
京津冀	2.66	2.76	2.76	2.91	3.02	3.08	3.24
长三角	2.01	2.02	2.14	2.36	2.48	2.55	2.61
珠三角	1.65	1.76	1.96	2.17	2.31	2.37	2.47
北 京	5.50	5.82	5.76	5.95	5.98	5.95	6.01
天 津	2.37	2.49	2.63	2.80	2.96	2.96	3.08
河 北	0.78	0.76	0.82	0.92	0.99	1.06	1.18
上 海	2.81	2.81	3.11	3.37	3.56	3.66	3.73
江 苏	2.04	2.07	2.17	2.38	2.49	2.54	2.57
浙 江	1.73	1.78	1.85	2.08	2.16	2.26	2.36
安 徽	1.35	1.32	1.40	1.64	1.83	1.89	1.96

资料来源：2010～2016年中国科技统计年鉴。

2. 研究与试验发展经费的来源分布

研究与试验发展经费来源包括政府资金来源、企业资金来源、国外资金来源以及其他资金来源四种形式。通过比较各个区域和地区之间的研究与试

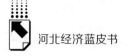

验发展经费的来源，可以进一步分析京津冀协同创新共同体建设中的主体力量。

从表6中可以看到，从全国范围内以及京津冀、长三角和珠三角区域来看，研究与试验发展经费都主要来源于企业，其次为政府资金。但是数据明显显示，京津冀区域研究与试验经费中企业资金所占比重和其他地区相比都相对较低，而政府资金所占比重较高。从每个省份来看，北京的研究与试验发展经费主要来源于政府资金，所占比重为57.20%，远远高于其他所有地区，而企业资金所占比重仅为34.12%，对于天津来说，天津研究与试验发展经费中企业资金所占比重低于全国平均水平，河北的研究与试验发展经费的企业资金所占比重较高，为81.26%。而江苏和浙江的研究与试验发展经费的企业资金所占比重分别为86.46%和90.12%。从中可以看出，京津冀区域的协同创新共同体的建设更多的是依靠政府资金的推动，企业的积极性还需进一步提高。此外从表6中的数据也可以看出，北京、天津和上海的研究与试验发展经费中国外资金所占比重相对其他地区来说较高，这说明这些地区在创新发展中和国外有更多的合作交流机会。

表6　2015年全国与部分地区研究与试验发展经费来源分布

单位：%

地　区	政府资金占比	企业资金占比	国外资金占比
全　国	21.26	74.73	0.74
京津冀	42.32	50.46	2.47
长三角	16.03	79.32	0.7
珠三角	8.11	89.32	0.47
北　京	57.20	34.12	2.91
天　津	20.53	73.62	2.94
河　北	15.28	81.26	0.05
上　海	36.41	57.78	1.61
江　苏	8.51	86.46	0.51
浙　江	7.45	90.12	0.2
安　徽	20.02	76.68	0.18

资料来源：2010~2016年中国科技统计年鉴。

表7显示了"十二五"期间京津冀区域各地区研究与试验发展经费的来源变化趋势，可以看到京津冀区域的各地区研究与试验发展经费的来源中各部分比重变化不大。而对京津冀三地来说，在"十二五"期间北京地区的研究与试验发展经费来源中，政府资金占比略有升高，国外资金占比则略有下降，天津地区的政府资金在2015年出现了一个较大的提升，从2014年的16.05%增至20.53%，而河北的研究与试验发展经费来源分布情况较为稳定。

表7 "十二五"期间京津冀各地区研究与试验发展经费来源分布

单位：%

年份	政府资金占比			企业资金占比			国外资金占比		
	北京	天津	河北	北京	天津	河北	北京	天津	河北
2011	53.15	15.99	16.11	34.48	77.74	82.76	4.92	2.01	0.02
2012	53.23	16.11	15.66	34.67	78.81	82.48	4.50	1.83	0.09
2013	57.34	16.97	13.76	33.85	76.94	84.18	3.22	2.35	0.04
2014	55.18	16.05	13.64	34.26	78.74	84.30	3.20	2.12	0.06
2015	57.20	20.53	15.28	34.12	73.62	81.26	2.91	2.94	0.05

资料来源：2012～2016年中国科技统计年鉴。

（三）创新成果的产出能力

京津冀协同创新共同体建设的目的是通过三个地区的协同发展以及资源互补，逐渐缩小三地创新能力的差距，实现三个地区的共同发展。而创新成果是体现京津冀协同创新发展的重要内容。在对创新成果进行分析时，主要从专利申请授权量、科技成果奖励、国家重点基础研究计划项目三个方面来体现协同发展的程度。

1. 专利成果分布

专利申请授权量作为统计指标，可以反映分析对象的技术发明能力和技术水平，专利申请授权量指标不仅是一个国家或地区应用研究水平的指标，也是一个反映一个国家或地区创新能力的指标。由于专利申请授权量是对经

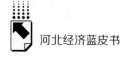

过国家专利机关审核批准并予以保护的创新成果，所以在现阶段其是衡量一个地区创新水平的重要指标。

表 8 显示的是各地专利申请授权量的变化情况，表 8 中所列地区的专利申请授权量呈现逐年递增的趋势。2010～2015 年，京津冀地区的专利申请授权量与长三角、珠三角相比是最少的，但增长的速度是最快的，其 2015 年的数量为 2009 年的 2.96 倍，长三角为 1.91 倍，珠三角为 2.02 倍。各省份中，江苏、浙江的专利申请授权量较多，而北京、天津、河北的数量相对较少，可以看到京津冀地区在企业创新方面的竞争力还相对较弱，创新实力相对较低。但在京津冀区域内部，北京地区不仅在数量上明显高于天津和河北两地，在专利数量的增长速度上也快于天津、河北。另外，2010 年时天津地区的专利数接近河北，但在 2011～2013 年，天津的增速明显快于河北，则天津地区的专利数量已超过河北地区，而在 2013～2015 年，两地的增速又趋于一致，呈现同步增长的态势。

表 8 2010～2015 年全国及部分地区专利申请授权量

单位：件

地 区	2010 年	2011 年	2012 年	2013 年	2014 年	2015 年
全 国	719408	883861	1163226	1210200	1191600	1578200
京津冀	54578	65989	85608	105713	121144	161503
长三角	317252	410645	553236	539524	487444	604935
珠三角	119343	128413	153598	170430	179953	241176
北 京	33511	40888	50511	62671	74661	94031
天 津	11006	13982	19782	24856	26351	37342
河 北	10061	11119	15315	18186	20132	30130
上 海	48215	47960	51508	48680	50488	60623
江 苏	138382	199814	269944	239645	200032	250290
浙 江	114643	130190	188463	202350	188544	234983
安 徽	16012	32681	43321	48849	48380	59039

资料来源：2011～2016 年中国科技统计年鉴。

2. 科技成果奖励的分布

国家科学技术奖是国务院设立的，为奖励每年在促进国家科技进步中做出突出贡献的公民和组织，在国家科学技术奖中主要设立 5 个奖项，分别是国家最高科学技术奖、国家自然科学奖、国家技术发明奖、国家科学进步奖和中华人民共和国国际科学技术合作奖。从各方面评选出对国家、社会有创造性贡献的项目。

表 9 为"十二五"期间全国及部分地区的国家科技技术奖获奖情况，其中在各城市中，2015 年北京地区占全国的比重最高，每年约为 21.1%，其次为上海和江苏地区，分别占全国的 16.6% 和 15.4%，天津、河北和安徽地区是获奖项目最少的地区，每年均未超过 20 项。三个城市群中，长三角因拥有的地区最多，其获奖数是最多的，京津冀略低于长三角，而珠三角地区是最低的。说明京津冀地区在科研创新水平的质量上明显高于全国大部分地区。从变化趋势上看，京津冀地区在"十二五"期间，获奖数量逐年递减，而长三角地区的数量逐年递增，与此同时北京地区的获奖数量也呈现递减的趋势，上海、江苏逐渐增长的获奖数目，说明其创新实力正在逐渐提升。

表 9 "十二五"期间全国及部分地区国家科学技术奖获奖项目

单位：项

地 区	2011 年	2012 年	2013 年	2014 年	2015 年
全 国	295	318	313	323	337
京津冀	111	121	100	113	96
长三角	123	158	141	142	155
珠三角	33	26	28	45	34
北 京	80	90	75	82	71
天 津	16	16	15	18	15
河 北	15	15	10	13	10
上 海	42	54	52	51	56
江 苏	39	57	48	49	52
浙 江	28	34	26	31	30
安 徽	14	13	15	11	17

资料来源：2012~2016 年中国科技统计年鉴。

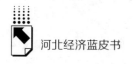

3. 基础研究项目的分布

在基础研究项目分布的考察中，以国家重点基础研究发展计划，即"973 计划"项目的立项数进行分析。"973 计划"项目主要是针对解决两类问题而设立的，一个是国家战略需求中的重大科学问题，另一个是人类在认识世界过程中的重要科学前沿问题。所以承担"973 计划"项目能够反映一个地区的基础研究实力，且其对地区创新人才的培养以及协同创新基地的建设具有重要的作用。

表 10 为整理的全国及部分地区"973 计划"的立项数目，京津冀区域的"973 计划"立项数目是最多的，其中绝大部分来自北京地区，天津、河北地区的立项数目最少，尤其是河北在绝大多数年份里的数量为 0。2010～2015 年，变化速度最快的是江苏，从 2011 年的 8 项增至 2015 年的 18 项，可以看到江苏地区在"十二五"期间创新实力的提升较快。

表 10　"十二五"期间全国及部分地区"973 计划"立项数

单位：项

地　区	2011 年	2012 年	2013 年	2014 年	2015 年
全　国	108	99	104	163	152
京津冀	47	44	44	63	62
长三角	29	20	30	52	44
珠三角	4	7	4	9	7
北　京	45	40	40	58	58
天　津	2	3	4	5	4
河　北	0	1	0	0	0
上　海	13	8	9	21	20
江　苏	8	6	12	17	18
浙　江	6	4	8	9	5
安　徽	2	2	1	5	1

资料来源：2011～2015 年"973 计划"立项清单。

二　京津冀协同创新共同体建设现状分析

创新共同体作为一种新的理念和组织形式，是在全球面临国际金融危机时，美国为了应对金融危机，于 2008 年提出了"空间力量"计划，意在通过打造把全国创新主体联合起来的"美国创新共同体"来实现研发成果的转化，从而实现经济的发展。由美国大学科技园区协会等诸多组织联合发布了两份报告，2008 年的《空间力量：建设美国创新共同体体系的国家战略》和 2010 年的《空间力量 2.0：创新力量》。报告指出"美国创新共同体"由科技园区、大学与学院、重点实验室、研发企业四个元素构成。

2015 年 9 月，为落实中共中央国务院《京津冀协同发展规划纲要》（2015 年 4 月审议通过）和北京市委市政府《关于贯彻落实〈京津冀协同发展规划纲要〉的意见》等文件精神，北京市科学技术委员会为了在以建设京津冀协同创新共同体的基础上更好地提高京津冀协同发展水平，发布实施了《北京市科学技术委员会关于建设京津冀协同创新共同体的工作方案（2015～2017 年）》，其中提出了京津冀协同创新共同体建设的三个方面的重要任务，进一步建设和完善协同创新机制，进一步建立和完善各种协同创新平台，进一步实施科技园区等各类协同创新工程。从京津冀协同创新共同体建设的实践来看，三地的协同也主要是从这三个方面的任务展开的。

（一）协同创新机制的建设

协同创新机制的建设主要包括三地政策互动机制的建设，信息资源、成果资源、人才资源和联盟资源共享机制的建设，科技市场、科技消费市场和科技投融资市场开放机制的建设。

在政策互动机制方面，京津冀三地在已展开的工作基础上，中央政府各部门及京津冀各级政府不断协同合作，积极地在战略规划、创新政策和创新平台等方面的统筹衔接做了大量工作，围绕研究、推动和制定高新技术企业互认、科技成果处置收益统一化、创新券制度、自主创新示范区、自贸区、保税区等多区政策在三地落地，展开促进创新人才跨区域流动的政策措施等工作。在京津冀三地中，为了促进北京中关村国家自主创新示

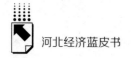

范区和天津国家自由贸易试验区的先行先试政策在河北省落地实施，各级政府和部门积极协同合作，推进相关工作；为了鼓励京津的科技创新人才到河北创新创业，各级政府和部门健全了跨区域人才流动机制；为了鼓励创新企业跨区域发展，在加大创新产品和服务跨区域政府采购力度、建立企业在区域内设立生产基地或研发中心的税收分成等利益分享机制、开展天使投资和创业投资税收政策试点、争取京津冀高技术企业资质互认等方面做了大量工作。三地人力社保部门在专业技术人员职称资格互认、专技人员继续教育证书互认、外国人工作证互认、人力资源市场服务人员资质互认等方面签署了协议，各地也都发布了科技创新券实施的细则。但由于京津冀三地实施的各项创新政策存在明显的差距，在京津冀创新政策的互动机制的建设过程中存在政策协同不足的问题，尤其是在高新技术企业政策上的互认，科技成果处置收益统一化，自主创新示范区、自贸区、保税区政策在三地科技园区推广的机制方面仍在积极研究和商讨中，还未找到有效的协同机制。此外，虽然三地签署了由于人力资源互认的相关协议，但是在科技人员的流动上还存在很多障碍，尚未实现创新人才跨区域流动机制。

在资源共享机制建设中，主要是围绕京津冀地区的科技信息资源、国际创新资源、人才资源、联盟资源等形式进行三地资源的整合。在建立工作信息沟通机制的基础上，利用创新合作平台、技术成果转化对接推介会、人才培训班和产业联盟等形式，对三地的科技合作动态、科技项目库、成果库、专家库、人才库、科研基础设施、科学仪器设备、科学数据、科技文献、知识产权和标准进行资源互动共享。三地共同发布了《京津冀大数据综合试验区建设方案》，联合打造国内首个跨区域类大数据综合试验区，由于京津冀三个地区具有不同的特色和优势，在三个地区已具备的特色和优势基础上，重点建设三个地区的数据资源对接、数据企业合作和数据园区共建，并确定了以北京为创新核心、天津为综合支撑、河北（张家口、廊坊、承德、秦皇岛和石家庄）为应用拓展的大数据产业一体化格局，以大数据的协作共赢推动京津冀协同发展，成立了京津冀人才协同联盟，成立了京津冀钢铁行业节能减排产业技术创新联盟，等等。

在市场开放机制建设中，主要是研究建立统一的技术交易市场、新技术新产品新服务采购平台和科技成果转化联合投资基金等形式。在市场开放机制的影响下，京津冀三地的技术交易量逐年增长。技术交易市场的建设和发展对区域经济发展方式的转变和产业结构的优化升级发挥了重要的支撑作用。从2006~2015年10年的全国技术市场成交额数据可以看出全国技术市场交易增长迅猛，从2006年的1818.8亿元增至2015年的9836亿元，增长了4.4倍多。其中京津冀地区的技术交易增长都大幅度高于长三角和广东地区，是全国技术交易增长的主要区域。2015年京津冀区域技术交易额占全国的40.64%，比长三角和广东地区都高出很多。从图1中可以看出京津冀区域是全国技术交易市场的主力军。

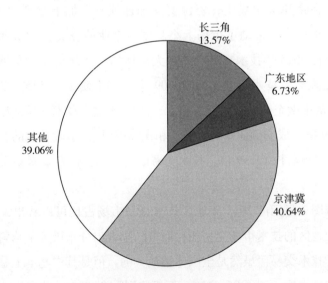

图1　2015年全国技术市场交易额占比

在京津冀区域内部，北京地区是科技创新中心，并日益吸引和集聚了更多的新兴产业技术。从技术交易情况来看，北京地区技术交易对地区生产总值的贡献逐年增强，《2015年北京技术市场统计年报》中的统计数据显示，

2015年北京地区的技术交易增加值为2174.5亿元，比上年增长7.7%，其占2015年北京市地区生产总值（22968.6亿元）的比重达9.47%，比2010年增长0.47个百分点，年均增速接近0.1%。其中流向北京的技术合同成交额为1147.5亿元（占全国总量的14.1%），流向天津和河北的技术合同成交额为111.5亿元（占北京流向外省市技术合同成交额的5.9%）。更具体来看，流向河北省的技术合同2291项，成交额53.9亿元，下降14.1%；流向天津市技术合同1407项，成交额57.6亿元，增长1.8倍。2015年，天津市总共输出技术合同12449项，成交金额为503.4亿元；同期河北输出技术交易合同328项，成交金额为39.5亿元。在总的技术合同成交金额排名方面，北京位列全国第1名，天津则为全国第7名，河北处于全国第24位，排名相对靠后。从技术交易合同涉及的产业领域来看，主要为电子信息、新能源与节能环保、现代交通、航空航天和先进制造等战略新兴产业。

此外，在京津冀市场上，资源要素加速流动，加上受到"大众创业、万众创新"的影响，带动了市场上小微创新企业的发展，小微创新企业的快速发展，使2015年技术交易主体数大幅增加。从北京技术交易市场的交易主体数量来看，技术买卖方共20909家，其中卖方为5153家、买方为15756家。从小微企业的技术交易来看，2015年北京技术交易市场上小微企业数为3589家，成交额300.9亿元，相比2010年，小微企业的数量增长了2.7倍，成交额增长了2.9倍。技术交易市场为创新创业要素集聚对接提供了平台。

但是从图2显示的2015年地区技术交易市场占比可以看出，京津冀地区与长三角地区的技术市场交易相比而言，呈现出分布极度不均匀现象。京津冀地区的技术交易额虽然是全国体量最大的，但是其中基本上是靠着北京的贡献，北京占比达到了86.41%，而河北则是0.99%，分布极不均衡。而长三角地区中上海和江苏分别占49.73%和42.92%，浙江则为7.35%，但和京津冀地区相比已经平衡很多。从中可以看出京津冀地区的科技创新活动虽然在全国是最强的，但其中大部分是由于北京市的贡献，河北省的科技创新活力则弱很多。

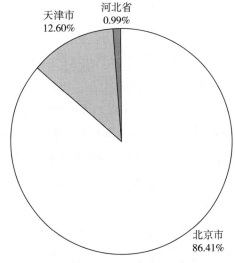

2015年京津冀技术市场交易占比

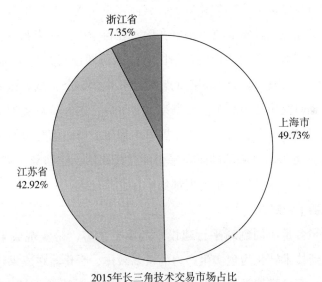

2015年长三角技术交易市场占比

图2 京津冀与长三角技术交易情况对比

（二）协同创新平台建设

在协同创新平台建设中，主要是基于京津冀地区的创新资源优势和产业需求，围绕科技园区、资源共享平台、集中示范区、战略研究和基础研究的攻关

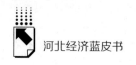

项目、创新创业孵化中心、联合研究院、创新成果中试基地、科技成果转化基地的建设实现三地协同发展。在协同创新平台建设中，各地都提出了建设目标。河北省政府 2016 年出台的《关于加快科技创新建设创新型河北的决定》文件提出要在京津冀协同创新共同体建设中实现重大突破，到 2020 年每个市至少建成 1 个以上区域性协同创新重大平台、3 个以上协同创新园区、5 个以上协同创新基地，加快建设石保廊区域全面创新改革试验区，推进京南国家科技成果转移转化试验区，加快创建京津冀国家大数据改革综合试验区，加快打造环首都现代农业科技示范带，到 2020 年，"4 + N"的协同创新平台布局基本形成。

1. 基础研究平台建设

京津冀协同创新共同体建设中的科技服务基础设施主要包括国家重点实验室、国家工程研究中心等各个实体平台。国家重点实验室和国家工程研究中心是国家科技创新体系中的重要创新载体，也是进行高层次学术交流的重要基地，国家重点实验室和试点国家实验室在科学前沿探索和解决国家重大需求方面发挥着非常重要的作用，是区域建立协同创新共同体的重要平台。截至 2015 年底，正在运行的国家重点实验室共 255 个、试点国家实验室 7 个、国家工程研究中心 100 个。在京津冀区域内，国家重点实验室的分布为北京 79 个、天津 12 个、河北 1 个，国家工程研究中心的分布为北京 30 个、天津 4 个、河北 3 个。从基础研究平台的建设来看，京津冀区域实力较强，但内部差异较大，基础研究平台大都集中在北京地区。

2. 孵化器平台建设

孵化器平台是协同创新平台建设中的重要内容，是实现成果转化的平台。作为高新技术转化为现实生产力的重要载体，孵化器在成果转化中做了重要的贡献，而且随着需求的变化，孵化器的服务和形式也越来越多样化，从孵化器的形式来看，按照投资主体、经营宗旨和组织形态的不同特点，孵化器主要有以下类型：国家综合企业孵化器、新型科技企业孵化器、专业技术（产品）孵化器、人才孵化器、国际孵化器、虚拟孵化器和创业投资主导孵化器。根据最新的 2015 年全国高新区相关数据统计，截止到 2015 年底，全国科技企业孵化器数量持续增长，从 2006 年的 548 个增至 2015 年的 2530 个。

从图3的孵化器的全国分布来看，2015年京津冀、长三角和珠三角的数量总和占全国一半以上，其中长三角地区占29.89%、珠三角地区占12.87%、京津冀地区占11.69%。京津冀区域内国家级科技企业孵化器的建设情况如图4所示。

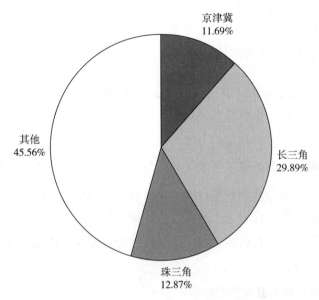

图3 2015年各地区孵化器占全国比重

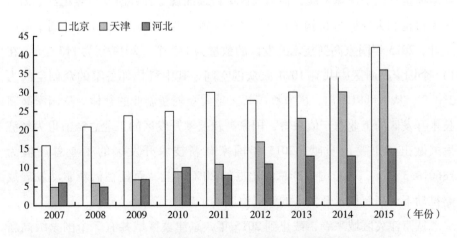

图4 京津冀国家级科技企业孵化器建设情况

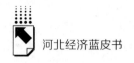

从图 4 中可以看出京津冀地区国家级科技企业孵化器数量在 2007～2015 年呈持续增长趋势，其中北京的国家级科技企业孵化器数量最多，其次为天津，且其增长速度较快，逐渐缩小了与北京的差距，而河北省国家级科技企业孵化器的数量相对较少，而且增长的速度相对较慢，与京津地区相比仍然存在较大的差距。

（三）科技园区的建设

在美国空间力量报告中，科技园区是美国协同创新共同体的建设的载体，在中国，科技园区也是协同创新共同体建设的重要载体。科技园区有不同的类型，按照国家科技部的分类标准，科技园区主要包括高新技术开发区和大学科技园，但高新技术开发区和大学科技园又可分为不同级别，诸如国家级高新区、大学科技园和软件园，还有省级和市级等，而一个地区拥有的国家级科技园区更能代表一个地区在协同创新共同体建设中的水平，再加上统计数据的限制，本报告主要以国家及科技园区的建设情况来分析京津冀协同共同体的建设情况。

1. 国家高新技术开发区的分布

国家高新区是众创空间的重要平台，在国家高新区建设的支撑下创新创业载体也得到了快速发展，在高新区中持续涌现了各种研发、孵化器、创新服务机构和金融服务机构等组织。根据 2016 年国家科技部火炬计划中心的统计，2015 年国家高新技术开发区的数量为 147 个（2014 年为 115 个），在147 个国家高新区中共有 1074 家众创空间，其中科技部备案的众创空间为230 家，从中可以看出，国家级高新区是大众创新创业的载体。从国家高新技术开发区的工业总产值来看，国家高新技术开发区的工业总产值也为经济发展做出了重要的贡献，2015 年国家高新技术开发区的工业总产值为186018.3 亿元，占全国生产总值比重的 20% 以上，而且在创新驱动发展战略推动下，高新技术开发区的发展速度越来越快。

从京津冀区域来看，截止到 2015 年，京津冀区域共有 7 个国家级高新区，国家高新区工业生产总值在 2007～2015 年一直保持高速增长，其中北京中关村工业总产值做出了主要贡献，天津滨海地区则每年保持较平缓的增长，河北地区的几个国家高新区工业总产值在波动中持续增长，但与京津地区还是存在较大差距。京津冀区域 2007～2015 年国家高新区工业总产值的变化见图 5。从图 5 中可以看出，2015 年，北京中关村国家高新区工业总产值达到了 9562 亿元，天津为 4223 亿元，而河北最少，才 2900 亿元。虽然京津的国家级高新区得到了快速发展，但是京津冀区域的国家高新区建设与长三角地区还有着较大的差距，从数量上看来，长三角地区有 21 个国家级高新区。

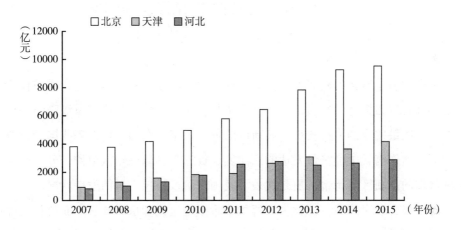

图 5　京津冀国家高新区工业总产值变化情况

2. 大学科技园区与软件产业基地

大学科技园区与软件产业基地是科技园区建设的另一个重要内容，但我国国家级大学科技园区和软件产业基地的发展相比于国家高新技术开发区的发展来说相对缓慢。到 2015 年，国家大学科技园的数量为 115 个，而 2004 年国家大学科技园的数量为 42 个，其中京津冀地区的国家大学科技园数量为 19 个，长三角地区为 34 个，珠三角地区则为 3 个。从场地面积来看，2015 年京津冀地区国家大学科技园面积为 1448717 平方米，长三角地区则为 2584740 平方米，珠三角为 100103 平方米；从园区总收入来看，京津冀地区大学科技园区 2015 年总收入为 57.8 亿元，长三角地区为 107.9 亿元，

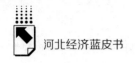

珠三角地区为 10.3 亿元。

截止到 2015 年，京津冀地区共有 19 个国家大学科技园和 4 个国家软件产业基地。其中北京有 15 个国家大学科技园，如北大、清华、北京化工大学国家科技园等；天津为 1 个，而天津大学国家科技园；河北则为 3 个，而河北工业大学、燕山大学、保定高新区大学科技园。国家软件产业基地方面，北京有北京软件产业基地、中关村软件园，天津有天津滨海高新区软件园，河北则是河北软件产业基地（石家庄）。

三 以产业园区为载体的京津冀协同创新共同体创新效率分析

在经济全球化的趋势下，国家间综合国力的较量越来越激烈，科技作为推动综合国力提升的因素之一，有着举足轻重的地位。我国国家级高新区聚集了全国最主要的科技资源，高新区的创新效率从侧面可以体现我国的科技力量。而作为我国经济最发达的京津冀、长三角和珠三角城市群，分布在这些区域的高新区运行情况更是代表了我国现阶段科技力量的发展状况。

本报告以京津冀一体化为大背景，希望通过梳理京津冀各方面科技资源情况，并通过与长三角和珠三角的对比，来发现京津冀科技资源配置效率存在的问题，以找到可借鉴的方法来提高京津冀一体化的进程。在效率分析方面，本报告选取了 DEA 效率评价方法，对全国 146 个国家级高新区的相关数据用规模可变 BCC 模型来做高新区创新效率相应分析，进一步通过京津冀地区高新区与全国高新区，京津冀地区高新区与长三角、珠三角高新区这两组对比，来分析京津冀地区情况。

（一）变量选取

国家级高新区的创新效率实质是指科技资源在投入与转化为经济成果方面的效率评价，所以本报告基于我国 146 个国家级高新区，在高新区科技经济创新效率相关的投入和产出中选取了 4 个变量。

　　投入变量：科技资源投入主要分为科技人员和科技经费两方面的投入。科技人员投入利用国家级高新区的研究与试验发展人员数指标来反映，科技经费利用国家级高新区的研究与试验发展经费内部支出来反映。

　　产出变量：科技成果转化为经济效益是对高新区创新效率的主要评价，所以本报告选取高新区工业总产值和产品销售收入作为考量。工业总产值可以度量整个高新区工业企业在统计期间的生产总量，可以反映出高新区的产出情况；产品销售收入则可以度量高新区企业的科技成果转化情况，它反映出高新区科技企业在统计期间生产的成品情况。

　　基于选取的 4 个变量，以全国 146 个国家级高新区相关数据作为研究对象，对分布在京津冀、长三角和珠三角城市群区域的高新区做比较分析，在三大城市群中，京津冀城市群范围为国家"十一五"规划中制定的"2+8"模式范围，即北京、天津、石家庄、保定、唐山、秦皇岛、廊坊、沧州、张家口、承德 10 个城市；长三角城市群是以 2016 年 5 月国务院批准的《长江三角洲城市群发展规划》来划分，包括上海，江苏省的南京、无锡等 9 个城市，浙江省的杭州、宁波等 8 个城市，安徽省的合肥、马鞍山等 8 个城市；珠三角城市群是 1994 年广东省委在七届三次全会上提出的，以广东省的广州、深圳、珠海、佛山、江门、东莞、中山、惠州和肇庆为主体。三大城市群的各投入变量和产出变量的数据来源于《2016 中国火炬统计年鉴》，首先对三个城市群的各个投入变量和产出变量数据进行平均值和标准差的描述统计分析，各指标的描述统计量见表 11 所示。

表 11　全国与三大城市群国家级高新区创新投入与产出变量统计

变量		投入变量		产出变量	
		R&D 人员 （人）	R&D 经费内部支出 （元）	工业总产值 （万元）	产品销售收入 （万元）
京津冀	平均值	40056.29	114210	238.350	294.090
	标准差	74503.66	216460	346.711	478.014
长三角	平均值	19065.42	55310	179.507	189.996
	标准差	29637.68	100090	206.926	251.912

续表

变量		投入变量		产出变量	
		R&D人员 （人）	R&D经费内部支出 （元）	工业总产值 （万元）	产品销售收入 （万元）
珠三角	平均值	24616.60	57740	208.850	200.991
	标准差	25633.28	63840	131.460	130.736
全 国	平均值	12017.89	30970	127.410	131.211
	标准差	24078.87	69450	154.918	178.506

从表11可以看出，三大城市群的各个投入、产出变量平均值都大于全国均值，表明三大城市群中的高新区运行都处于全国领先水平，从侧面可以看出这三大城市群里的国家级高新区代表了全国最先进的科技园区，其中又以京津冀的各变量平均值最高，但是其标准差也最大，高于长三角和珠三角以及全国水平，说明京津冀区域国家级高新区的投入产出数据变化幅度较大，各个高新区运行情况差别较大。珠三角和长三角的投入、产出均值较为接近，但珠三角各变量的标准差都小于长三角地区，体现出了珠三角地区各国家级高新区运行相对均衡。

（二）国家级高新技术开发区创新效率测算

基于2015年我国146个国家级高新区，利用选定的投入变量和产出变量通过数据包络分析的BCC模型对146个国家级高新区的创新效率进行分析。运用DEAP2.1软件求解BCC模型测算出相应的各个高新区创新效率，并对三大城市群的高新区创新效率情况进行比较分析，结果如表12所示。

表12　全国国家级高新区创新效率排序情况

排序	高新区	效率值	排序	高新区	效率值	排序	高新区	效率值
1	北京中关村	1	50	襄阳	0.547525	99	新乡	0.33745
2	长春	1	51	常熟	0.538652	100	泉州	0.336863
3	延吉	1	52	济南	0.536292	101	攀枝花	0.334298
4	上海张江	1	53	大庆	0.517068	102	昌吉	0.330186
5	黄河三角洲	1	54	徐州	0.513766	103	洛阳	0.32612

排序	高新区	效率值	排序	高新区	效率值	排序	高新区	效率值
6	临沂	1	55	淄博	0.506622	104	乐山	0.323987
7	武汉	1	56	乌鲁木齐	0.497646	105	绵阳	0.310397
8	仙桃	1	57	贵阳	0.496284	106	清远	0.308586
9	玉溪	1	58	南通	0.477076	107	威海	0.306521
10	西安	1	59	焦作	0.469325	108	扬州	0.305627
11	榆林	1	60	宜昌	0.468729	109	宁波	0.304053
12	兰州	1	61	泸州	0.465572	110	大连	0.303277
13	新余	0.902056	62	吉林	0.45855	111	芜湖	0.299483
14	南京	0.886135	63	锦州	0.454389	112	包头	0.298987
15	德阳	0.886083	64	厦门	0.45239	113	江阴	0.285704
16	营口	0.855509	65	鞍山	0.449988	114	德州	0.285098
17	成都	0.845512	66	益阳	0.447711	115	衢州	0.284559
18	三明	0.783483	67	昆山	0.445658	116	沈阳	0.277095
19	北海	0.782496	68	咸阳	0.445346	117	福州	0.276753
20	郑州	0.76163	69	常州	0.445228	118	马鞍山慈湖	0.275934
21	白银	0.755529	70	辽阳	0.445116	119	烟台	0.272516
22	源城	0.755131	71	宝鸡	0.434989	120	保定	0.264402
23	天津滨海	0.754807	72	青海	0.43257	121	温州	0.258325
24	枣庄	0.750098	73	安阳	0.425318	122	承德	0.257884
25	呼和浩特	0.745809	74	平顶山	0.422799	123	随州	0.255476
26	通化	0.736483	75	吉安	0.422237	124	蚌埠	0.247091
27	鹰潭	0.721752	76	孝感	0.41813	125	绍兴	0.246436
28	惠州	0.715388	77	中山	0.414985	126	江门	0.243969
29	佛山	0.712412	78	珠海	0.413305	127	武进	0.242821
30	长沙	0.709498	79	青岛	0.412894	128	镇江	0.241828
31	莆田	0.696432	80	银川	0.408599	129	石家庄	0.235485
32	泰州	0.693946	81	荆门	0.405642	130	莫干山	0.235412
33	无锡	0.68309	82	南昌	0.403952	131	抚州	0.231161
34	璧山	0.668967	83	衡阳	0.400203	132	海口	0.230281
35	燕郊	0.659244	84	郴州	0.397723	133	南阳	0.230193
36	安康	0.653683	85	自贡	0.396818	134	泰安	0.20953
37	赣州	0.632594	86	株洲	0.380725	135	嘉兴	0.209089
38	广州	0.626999	87	柳州	0.371435	136	长春净月	0.199322
39	莱芜	0.62193	88	重庆	0.368812	137	龙岩	0.198823
40	盐城	0.605109	89	哈尔滨	0.359463	138	长治	0.187246

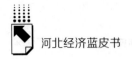

排序	高新区	效率值	排序	高新区	效率值	排序	高新区	效率值
41	湘潭	0.584621	90	东莞	0.358614	139	本溪	0.186718
42	桂林	0.564922	91	潍坊	0.357242	140	阜新	0.185852
43	萧山临江	0.564071	92	太原	0.356053	141	上海紫竹	0.184344
44	苏州	0.559435	93	景德镇	0.354789	142	连云港	0.1805
45	深圳	0.557481	94	南宁	0.34993	143	杨凌	0.173962
46	济宁	0.554664	95	杭州	0.345313	144	石嘴山	0.141196
47	合肥	0.554292	96	渭南	0.343962	145	齐齐哈尔	0.133102
48	漳州	0.553206	97	新疆兵团	0.342208	146	唐山	0.12738
49	肇庆	0.550618	98	昆明	0.339553			

表 12 是用 DEA 方法所做的基于技术可变 BCC 模型的全国范围内国家级高新区创新效率情况，从中可以看出在以全国最优效率值计算出来的高新区创新效率排序方面，北京中关村和上海张江高新区都属于运行有效的范围。全国国家级高新区创新效率均值为 0.484134，京津冀地区有 3 个高新区效率值高于全国均值，分别是北京中关村、天津滨海、燕郊高新区；长三角地区则有 8 个高新区入列，珠三角地区有 5 个高新区高于全国均值。

由于京津冀、长三角和珠三角三大城市地区是我国经济和科技最为发达的三个地区，这里聚集了我国最具代表性的科技力量，并且三个城市群的经济和科技力量也都较为发达，所以在以全国范围内的高新区运行情况作为基准测算的前提下，对三个城市群的效率均值进行了排序，三个城市群的效率均值排序显示珠三角地区 > 京津冀地区 > 长三角地区，其相应的数值分别为 0.490235、0.471314、0.467394。但是从三个城市群的国家级高新区效率的标准差来看，京津冀地区 > 长三角地区 > 珠三角地区，相应的数值分别为 0.331025、0.233443、0.166492。

综合上述情况，表明珠三角地区的各个高新区创新效率较为相近且创新效率较高；长三角地区由于国家级高新区数量属于三个城市群区域中最多的，各个高新区创新效率情况虽然与珠三角地区相比而言较低，但区域内大多数高新区的创新效率还是较高；京津冀地区虽然高新区效率均值大，但标准差也很大，表明京津冀地区国家级高新区创新效率情况差别较大。反映在全国国家级高新区效率值排序情况上就是除了北京中关村、天津滨海还有燕郊高新区排名较靠前外，其余河北的四个国家级高新区创新效率在全国排名都较为靠后，特别是唐山高新区在全国效率排名属于最后一名。燕郊高新区由于紧邻北京，该高新区的运行受北京相关产业带动效应明显，所以该高新区效率值较为靠前，但河北省其余四个国家级高新区则创新效率值在全国排名都较为靠后。

从效率分析可以看出，京津冀地区由于河北省总体的国家级高新区创新效率较为低下，而使得京津冀地区高新区运行差异扩大，在京津冀创新共同体的建设中，不利于京津冀一体化的发展。

四　京津冀协同创新共同体建设的河北方案

（一）通过产业集聚实现创新合作

河北省政府及各地区政府应通过发展战略的制定、扶持政策的制定以及财政拨款资助的集群项目等形式积极推进产业集群的建设，使河北省的科技园区与京津在创新链、产业链、资金链、政策链上实现深度融合。以产业集聚形成的科技园区为载体降低河北在科技资源上和京津的落差，和京津共同打造创新生态系统。

（二）通过技术联盟实现创新资源的整合

充分利用河北省科技创新优势资源以及全球的创新资源，建设保定、廊坊、唐山、承德等国家级高新技术开发区的创新联盟，通过建立风险共担和利益共享机制整合科技人才资源，联合攻关，实现知识和技术的共享。在此基础上，联合京津科技资源重点建设一批国家重点实验室和工程技术研究中心等基础研究平台。

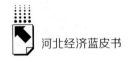

（三）通过政策支持改善创新环境

实施"人才计划"等人才工程，大力引进高层次创新创业人才和创新科研团队；鼓励京津冀大学老师在新区学术创业，通过政府奖励、补贴等措施，促使创新成果更快实现其商业价值；搭建中外合作交流平台，大力引进海外专家学者及领军人才；企业通过制定股权、期权等中长期激励办法，吸引高素质创新型人才，并提高新区企业高端技术人员的综合能力和业务素质；重点发展人才强区战略，如实施人才安居工程政策，帮助解决高层次人才的住房问题，吸引高层次人才在本地定居。

（四）建设知识服务体系

知识服务部门有组织地促进信息和知识加速，使知识生产和分配合理化，加速了区域或源于全球积累的新知识开发的分配。目前国内已有成功的范例，漕河泾开发区不断促进科技服务的转型升级，在以提高科技服务水平的基础上，实现了科技服务中介机构在开发区的集聚，为科技服务业营造了良好的环境，科技服务业得到高度的发展。建设以市场研究机构、法律咨询、会计咨询、广告代理、保险代理和房产经纪人等中介机构为主的服务网络，形成一种良好的创新基础氛围。建设完善的科技服务体系，实现对研发设计、技术转移、检验检测认证、创投孵化、知识产权等各个环节的良好服务。

（五）建设科技成果转化体系

协同创新共同体建设中科技成果的转化需要完善的科技成果转化体系来支撑，在京津冀区域内，可以把雄安新区打造成为北京的"科技成果转化区"，在雄安新区建设完善的科技成果转化体系，其科技成果转化体系可以借鉴上海紫竹成果转化示范区。上海紫竹成果转化示范区，联合张江科技城，在建立区域间合作机制的基础上，不断推动创新成果的产业化在区域间溢出，具体措施如下：积极探索高校科研与企业的联动机制，鼓励产学研构建深度联盟；加强政策协同衔接，完善成果转化政策的操作；强化需求侧政策支持，解决转化的市场难题；设立成果转化专项引导基金，完善多种投融资扶持等。

参考文献

张贵、温科：《协同创新、区域一体化与创新绩效——对中国三大区域数据的比较研究》，《科技进步与对策》2017 年第 5 期。

首都发展战略研究院编《2014 年首都科技创新发展报告》，科学出版社，2015。

王秀玲、王亚苗：《加快京津冀协同创新共同体建设》，《经济与管理》2017 年第 2 期。

孙久文、姚鹏：《京津冀产业空间转移、地区专业化与协同发展——基于新经济地理学的分析框架》，《南开学报》（哲学社会科学版）2015 年第 1 期。

陈浩、项杨雪、陈劲、柳宏志：《基于知识三角的区域协同创新联盟探索与实践——以欧洲创新工学院 KICS 模式为例》，《科技进步与对策》2013 年第 17 期。

施筱勇：《创新驱动经济体的三大特征及其政策启示》，《中国软科学》2015 年第 2 期。

王宇露、黄平、单蒙蒙：《共性技术创新平台的双层运作体系对分布式创新的影响机理——基于创新网络的视角》，《研究与发展管理》2016 年第 3 期。

刘志春、陈向东：《科技园区创新生态系统与创新效率关系研究》，《科研管理》2015 年第 2 期。

B.8
京津冀人才一体化发展
与机制对策研究

刘雪芹 张春玲 吕荣杰*

摘　要：　加快京津冀人才合作是京津冀协同发展的必然要求。应按照"突破瓶颈、政策引致、优化配置、开放发展、高地集聚"的一体化发展思路，从顶层设计、政策衔接、多元主体参与、搭建利益纽带、实现内外循环、法制建设等方面构建人才合作机制，从人才发展与产业、资本、教育、平台、项目、制度环境相结合方面形成一体化政策保障。河北省借助京津冀协同发展的有利形势，应从发挥雄安新区的人才引领作用、找准人才合作的重要着力点，构建"青年双创特区"及"高端科技人才特区"，实施"青年人才助力计划"，布局与京津的人才生态链等方面有重点地推进。

关键词：　京津冀　人才一体化　合作机制　政策保障　河北省

在京津冀协同发展大战略下，京津冀区域承载的基因和历史使命是创新。创新发展的本质是人才的智力创造，是源于一个具有创造性、活力性的创新创业人群。美国硅谷地区、日本筑波新城等国外成功地区的建设经验表

---

* 刘雪芹，华北理工大学管理学院讲师，河北工业大学经济管理学院博士生，研究方向为产业创新、区域经济；张春玲，博士，华北理工大学教授，研究方向为技术创新、高校人才培养；吕荣杰，河北工业大学经济管理学院院长、教授、博士生导师。

明，一个地区的长期成功发展，必须靠人才。谁拥有了人才，谁将人才优先战略置于极高位置，谁就能占据区域发展的制高点。归根结底，只有促进京津冀人才特别是创新创业人才一体化发展、打造人才型区域，才能激发创新创业活力，发展新经济，培育新动能。因此，加快京津冀人才协作并实现一体化发展，是京津冀发展全方位交流与合作的重要组成部分，是京津冀协同发展的大势所趋。

一　京津冀人才一体化的历史梳理与发展现状

京津冀区域有1900多万人才资源，约占全国的12.3%，是中国人力资源最富足的地区。其中，"两院"院士约占全国的1/2，国家"千人计划"入选者约占全国的1/4，国家"万人计划"入选者约占全国的1/3。如何推进京津冀富足的人才资源一体化发展，如何形成合力实现"1+1+1>3"的协同发展效应，一直是全国乃至京津冀三地政府及相关部门不断探讨、不断推进的重要议题。

（一）京津冀人才一体化的历史梳理与成就

京津冀人才协作是随着三地一体化工作的推进而不断展开的。

京津冀协同发展上升为国家战略前，其人才协同工作可梳理为20世纪80年代中期至2003年的萌芽探索、2004～2010年的稳步推进和2011～2014年的全面发展三个阶段，这一时期比较有标志性的成就是2004年国家发改委召开了京津冀经济发展战略研讨会，它标志着人才开发一体化工作的开启，2005年京津冀三地共同签署了《京津冀人才开发一体化合作协定书》，建立了人才协调机构，2011年签署了《京津冀区域人才合作框架协议书》，确立在贯通人才服务与市场、人才创新创业载体共建、人才智力资源共享、人才流动培养等方面的合作内容，并且通过了《京津冀人才一体化发展宣言》。总体来说，这一时期由于京津冀一体化工作总体推进较慢，人才合作

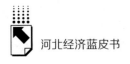

开展力度不大，涉及面较窄，主要是以政府及人事部门为主，涉及主体较单一，各方动力不足。

自2014年京津冀协同发展上升为国家战略以来，京津冀协作不断拓展，各类协同工作的深入推进促进了京津冀人才工作的急速升温（见表1）。在高等教育与智力培养方面，三地推进了高等教育改革发展，成立了不同形式的资源共享或创新联盟，建立了各类交流学会或智库咨询平台，跨区域建立了分校或开展了校企合作，制定了《京津冀教育协同发展"十三五"专项工作计划》等。在人才交流方面，举办了三地区域人才系列洽谈交流活动，联合打造人才交流的共享平台，共同发布了京津冀高层次和急需紧缺人才引进计划等。在人才政策与措施协同方面，京津冀三地党委组织部达成了"1+9"工作共识，并在国家层面成立了人才一体化发展部际协调小组，举办了《京津冀协同发展规划纲要》研讨会，通过了《通武廊区域人才互认标准》等，截止到2017年5月，京津冀共签署了90多项人才合作协议。在高端人才协同创新创业载体方面，"首都国际人才港"、京津冀技术转移人才实训基地、京津冀人才基地、中关村分园等陆续建设，建立了京津冀众创联盟、"京津冀创新创业人才服务港"示范基地，共同举办了京津冀大学生创新创业活动等。

表1　2014年以来京津冀人才发展工作主要成就

	时间	参与单位	合作成果
高等教育与智力培养方面	2014年10月	北京化工大学与河北秦皇岛市政府	北京化工大学秦皇岛校区将落户北戴河新区
	2014~2017年	三地高校、企业	签订《区校企合作共建协议书》，达成"天津共识"，成立京津冀产学研联盟，一系列校企合作展开
	2015年5月~2016年1月	三地教育学会、市区等	创建京津冀一体化教育学会共同体，签署《京冀两地教育协同发展对话与协作机制框架协议》，大兴区、北辰区、廊坊市签署教育联盟合作协议
	2015年6月~2016年1月	三地高校、职教研究所、中国社会科学院	成立"京津冀协同创新联盟"，联合成立"京津冀协同发展联合创新中心"，成立"京津冀职业教育协同发展研究中心"，中国社会科学院成立京津冀协同发展智库等

	时间	参与单位	合作成果
高等教育与智力培养方面	2016 年 1 月	天津市北辰区、北京市大兴区、河北省廊坊市	共同成立京津冀区市级教育联盟
	2016 年 6 月	首都师范大学、天津师范大学等三地高校、科研机构	成立"京津冀教育协同发展研究院"
	2017 年 2 月	三地教委(教育厅)	在廊坊举办了京津冀教育协同发展推进会,京津冀共同发布了《京津冀教育协同发展"十三五"专项工作计划》,确定了教育对口帮扶、京津冀教育人才队伍建设等十方面重点合作任务,北京市通州区、天津市武清区、河北省廊坊市签署了《关于开展教育协同发展的合作协议》
人才交流方面	2014 年 4 月~5 月	三地人才服务中心	共同举办为期一个月的"京津冀区域人才交流系列洽谈活动",确定以后每年固定举行
	2014 年 5 月	三地人才服务中心	共同举办"第三届环首都绿色经济圈招才引智大会"
	2015 年 7 月	北京、河北相关单位	出台了《关于围绕京津冀协同发展进一步推进京冀干部人才双向挂职的意见》,共同启动大规模、高层次互派干部挂职工作
	2015 年 12 月	三地人才工作部门	在天津市武清区举办京津冀人才工作者培训班
	2015 年 12 月	三地组织部	举办"京津冀人才一体化发展论坛"
	2016 年 6 月	北京市人才工作小组	在东京召开"京津冀创新创业及人才政策说明会"
	2016 年 8 月	京津冀 16 家国家级开发区和保税区	成立京津冀国家级开发区产业人才联盟
	2016 年 10 月	人才一体化发展部际协调小组办公室、三地企业及专家	举办京津冀人才一体化发展论坛,暨 2016 年京津冀人才工作者培训班
	2016 年 10 月	北京市、天津市及河北省外国专家局	举办京津冀绿色农业引智论坛,助推京津冀农业绿色发展
	2016 年 12 月	京津冀三地 12 家人才协会发起成立	在北京成立京津冀人才协会联盟,联盟着眼于三地人才协会间的交流,服务京津冀协同发展战略和区域人才合作
	2017 年 4 月	京津冀三地人社部门、南开大学等	举办"2017 年京津冀高层次和急需紧缺人才引进计划新闻发布会"
	2017 年 7 月	河北省廊坊市、北京市通州区、天津市武清区三地人力社保局	举办首届"通武廊"职业技能大赛

	时间	参与单位	合作成果
人才政策与措施协同方面	2014年4月	北京、天津、河北三地科技管理部门	共同签署《北京市科委、天津市科委、河北省科技厅共同推动京津冀国际科技合作框架协议》
	2015年7月	三地党委组织部	达成"1+9"工作共识
	2015年10月	通州、武清和廊坊	通过《"通武廊"人才工作联席会议制度》，签订《"通武廊"人才合作框架协议》及3个子协议
	2016年2月	三地党委组织部	成立京津冀人才一体化发展部际协调小组，通过《小组工作机制》等文件，启动《京津冀人才一体化发展规划纲要》编制工作
	2016年5月	三地文化局、文化广播影视局、文化厅	签署《京津冀三地文化人才交流与合作框架协议》
	2016年9月	三地外专局	签署《外籍人才流动资质互认手续合作协议》
	2016年10月	通州、武清和廊坊	启动"通武廊"人才一体化发展示范区建设，执行《通武廊区域人才互认标准》
	2016年10月	三地人社部	签署《专业技术人员职称资格互认协议》，实现职称资格互认
	2017年4月	三地人才工作领导小组及相关部门	举行京津冀人才一体化发展部际协调小组第二次会议，同时，北京市东城区与河北省承德市、顺义区与天津市宝坻区、天津市南开区与河北省石家庄市分别签署加强人才合作框架协议
	2017年6月	三地人才工作领导小组	发布《京津冀人才一体化发展规划（2017～2030年）》，提出了"一体、三极、六区、多城"的京津冀人才发展总体布局
人才社会保障体系建设方面	2015年	三地人社部	北京与津冀两地签订《加强人才工作合作协议》《推动人社工作协同发展合作协议》，三地参保人员社会保险信息实现相互核对及协查
	2016年10月	三地人社部	签署《推动人力资源和社会保障深化合作协议》，促进社会保障衔接
	2017年1月～5月	—	2017年1月，首次在河北燕郊的燕达医院开通了异地结算试点。截止到2017年5月，京津冀47家医院开通医保异地结算
	2016年12月～2017年	北京相关部门	多地试点京津冀跨区域社保服务
	2017年7月	—	天津率先认定河北和北京的异地社保，建制落户天津的京冀企业可以直接为员工申请天津户口

续表

	时间	参与单位	合作成果
高端人才协同创新创业载体方面	2014 年 5 月	—	"北京中关村海淀园秦皇岛分园"揭牌成立
	2015 年 10 月	留学人才发展基金会	启动建设"首都国际人才港"
	2015 年 10 月		京津冀创新创业大街启动
	2016 年 6 月	"千人计划"专家和京津冀近百家企业	国家"千人计划"专家石家庄行暨国际人才城开城
	2016 年 7 月	京津冀双创机构和企业	成立京津冀众创联盟,将共同打造京津冀创新创业生态圈
	2016 年 8 月	京津冀技术转移创新联盟与北大创业训练营	京津冀技术转移人才实训基地正式揭牌
	2016 年 8 月	京津冀 27 所高校	在北戴河举办京津冀大学生创新创业活动
	2016 年 9 月		京津冀人才基地在北京亦庄锋创科技园成立
	2017 年 6 月	河北省教育厅、河北大学	"京津冀创新创业人才服务港"示范基地
	2017 年 7 月	北京市	确定设立雄安新区中关村科技园

(二)京津冀协同发展下的人才问题分析

可以说,京津冀协同发展上升为国家战略后的人才协同工作与 2014 年之前比成绩斐然。但是,从当前的发展现状来看,由于深层次的区域合作机制尚未建立,行政体制机制的阻碍以及区域发展的不平衡等,区域人才一体化工作仍存在一些问题。

首先,深层次的人才协同机制尚未形成,三地间的政策衔接不够通畅,人才制度性障碍尚未突破,户籍和社会保障制度不能完全对接,相互间的人才政策开放力度较小,且由于利益关系部分区域或主体参与动力不足,存在协同主体职能缺位现象。目前,如讨论呼吁较多的三地跨省异地就医直接结算推进缓慢,2017 年 1 月仅河北燕郊的燕达医院开通了异地结算试点,截止到 2017 年 5 月才相继有部分医院加入试点,户籍身份所带来的北京、河北之间的教育、养老、医疗、就业等社会福利和保障方面的政策差异更是难以破冰。

其次,京津冀三地科技人才之间存在"断崖"现象,人才一体化进程

存在"短板"效应。河北与京津两地，特别是与北京之间，不是简单的梯度分布，而是在人才数量、层次、创造力、投入、服务平台、结构及载体等全方位存在巨大差距（见表2~表5）。河北的人口数是北京的3倍多，但高层次人才数量上，北京两院院士756人，占了全国（2000多人）的1/3，而天津为36人，河北仅6人。就业人员受教育程度方面，北京研究生与大学本科占比分别为6.1%、26.8%，天津为2.3%、17.3%，河北则仅为0.5%、6.0%；2015年北京R&D人员为245728人，河北只有106975人，北京为河北的2倍多，北京研究机构和高校的博士R&D人员更是远超天津、河北数倍甚至几百倍。人才创造力方面，2015年北京申请受理专利数和申请授权数分别达到了156312件和94031件，是河北的3.5倍和3.1倍，其技术输出金额为34538855万元，为天津的6.7倍、河北的87倍，北京的人才创造力远超天津河北，其对经济增长的贡献率已达51.8%。高校、研发机构和高技术企业是承载高科技人才的最直接载体，河北的高校数量高于京津，但质量上却远远不及。113所高校中只有1所211高校，北京则达到55所。研发机构数量上，北京拥有389所，而天津和河仅北分别为60和79所。人才培养方面，2015年河北的每10万人口高校平均在校生数不及北京的1/2，甚至低于全国平均水平；高等学校（机构）研究生毕（结）业数北京分别为天津、河北的数倍，尤其博士毕（结）业数差距甚大，2015年河北博士毕（结）业389人、天津为1729人、北京为16881人，天津仅约为北京的1/10，河北不及北京的一个零头。人才投入方面，2015年北京的R&D经费内部支出为1384亿元，天津与河北仅分别为510亿元、351亿元，投入强度上北京达到了6.01，天津、河北仅分别为3.08和1.18。创新创业服务方面，分布于北京的企业国家重点实验室有37家，天津、河北分别仅有4家、7家，北京的国家级科技企业孵化器数量为49家，河北仅有18家，北京的国家级众创空间分别为天津、河北的近2倍。人才结构方面，以信息人才为例，《京津冀信息技术产业人才结构报告》显示，北京该领域的前九大热门技能从业人员占信息类总人员的87.8%，高出天津近一倍，而河北的比例仅为6.5%，其中河北产品管理技能、开发类技术、大数据三方面的人才占比仅分别为 0.6%、2.5% 和 1.6%，硬件人才则是完全缺失，北京人才结构优势明显。

表2　2015 年京津冀高层次人才数量及创造力水平比较

项目	北京	天津	河北
就业人员研究生受教育程度(%)	6.1	2.3	0.5
就业人员大学本科受教育程度(%)	26.8	17.3	6.0
就业人员大学专科受教育程度(%)	19.8	14.8	9.2
R&D 人员总量(人)	245728	124321	106975
研究机构博士 R&D 人员(人)	31287	824	520
高校博士 R&D 人员(人)	33034	7787	4286
申请受理专利数(件)	156312	79963	44060
申请授权数(件)	94031	37342	30130
技术输出金额(万元)	34538855	5034369	395438

资料来源：《中国科技统计年鉴 2016》。

表3　2015 年京津冀高层次科技人才载体比较

单位：所

项目	北京	天津	河北
高校	89	55	113
211 以上高校	55	4	1
研发机构	389	60	79
高技术企业	805	591	633

资料来源：《中国科技统计年鉴 2016》。

表4　2015 年全国及京津冀人才高等教育情况

单位：人

项目	北京	天津	河北	全国
每十万人口高校平均在校生数	5218	4185	2141	2524
专任教师数	68739	31128	69397	1572565
其中正高级职称专任教师数	17915	4762	9863	196038
高等学校(机构)研究生毕(结)业数	85549	16253	12337	551522
高等学校(机构)博士毕(结)业数	16881	1729	389	53778

资料来源：《中国统计年鉴 2016》《中国教育统计年鉴 2016》。

表5　京津冀人才投入与创新创业服务平台比较

项目	北京	天津	河北
2015年R&D经费内部支出（亿元）	1384	510	351
2015年R&D经费投入强度	6.01	3.08	1.18
2015年企业国家重点实验室分布（家）	37	4	7
2017年国家级科技企业孵化器（家）	49	41	18
2017年国家级众创空间（家）	125	74	72

　　资料来源：《中国科技统计年鉴2016》、科技部网站。

　　再次，经济及人才发展的"断崖"进一步影响了京津与河北的人才对接和转移，进一步引致了河北的人才外流。当前区域内"北京→河北""北京→天津"方向的人才流动仍有阻塞，而在"河北→北京"、"河北→天津"或"河北→天津→北京"方向上的流动却极为活跃，协同发展中积极性最高的河北外部引才无论是"软引、硬引"都遭遇一定困境，从而高层次人才队伍缺乏。如调研显示，河北省曹妃甸的一些企业，仅近两年内的技术人才流失率就达70%。再如2015年河北省高技能人才缺口达9万人，每年净增仅6万左右，近些年在全国技能大赛中获奖的40多名河北"金蓝领"至少有1/4被外省挖走。同时，河北省近几年的过剩产能及传统产业调整，部分区域、产业、企业有"撑不住"的风险，所释放的"富余劳动力"和"富余人才"又有可能会继续涌向京津。

　　最后，激发区域人才发展活力关键是要通过激发企业活力和创造良好的产业经济环境，吸引大多数高层次人才进入企业，尤其是民营企业，但目前京津冀地区尤其河北省科技人才多分布在党政机关和事业单位，实体领域和新兴产业对人才的吸引力不足，其人才需求得不到满足。目前，河北省虽出台了一些政策支持机关事业单位的人才离岗创业，但收效甚微。而为了落户北京、寻求更多机会和享受更多公共资源，毕业后大量的博士、硕士、大学本科生争相在北京发展，造成了北京过度"人才拥挤"及地区间的人才分布不均衡，进而无法实现人才的用好、用活，无法发挥人才的效益最大化。

（三）京津冀协同发展下的人才新情况、新趋势

京津冀人才发展与流动虽存在着上述问题，但在京津冀协同发展国家大战略的推动下，在不同地区经济、政策、房价、工作机会的多方因素推动下，京津冀内部的人口与人才流动、发展出现了一些新的情况和趋势。

一方面，北京人口开始呈现缓慢向外扩散趋势（见表6）。2016年末，北京常住人口为2172.9万，从近5年发展趋势来看，常住人口虽一直在增加，但其增量和增速在持续缓慢降低，如2012年较上年人口增加了50.7万人，而2016年增量降低至2.4万人。尤其北京的外来常住人口，在年增量增速持续降低的情况下，2016年首次出现了负增长，这主要源于北京的人口控制政策、过高的房价及生活成本等，使得部分毕业生或已在北京就业的人员开始选择北京外就业，有60%接受调查的大学生表示将来会离开北京，"扎堆北漂"的趋势出现放缓迹象。

表6　北京近5年常住人口变化

单位：万人，%

年份	常住人口	常住人口增加量	常住人口增率	外来常住人口	外来常住人口增加量	外来常住人口增率
2012	2069.3	50.7	2.5116	773.8	31.6	4.2576
2013	2114.8	45.5	2.1988	802.7	28.9	3.7348
2014	2151.6	36.8	1.7401	818.7	16.0	1.9933
2015	2170.5	18.9	0.8784	822.6	3.9	0.4764
2016	2172.9	2.4	0.1106	807.5	-15.1	-1.8360

资料来源：北京市2011~2016年国民经济和社会发展统计公报。

另一方面，河北人才开始出现缓慢回流迹象。河北省一直是京津的人才主要输送地，据有关统计，2005~2010年，河北每年向北京输送人才100万左右，向天津输送60万左右。近几年随着北京产业向河北疏解，以及北京人口的"过度拥挤"和工作生活双压力的增大，毕业于京津尤其是河北籍大学生在河北就业的意愿不断提升。而河北省自身也在不断出台各类政策，如2016年出台的《关于深化人才发展体制机制改革的实施意见》《关

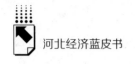
于扶持高层次创新团队实施细则》等 16 个文件，2017 年出台的关于雄安新区一人一策、特事特办的人才引进新政等，将有利于吸引具有一定水平的人才回流。

二 京津冀人才一体化的总体思路与合作机制

京津冀人才一体化，需在现有历史成就基础上，基于当前的发展现状和存在问题，积极应对不断探索，共同打破协同发展的瓶颈，形成统一明确的人才协作思路和长效可行的合作机制。

（一）总体思路

主要是按照"突破瓶颈、政策引致、优化配置、开放发展、高地集聚"的人才一体化思路，围绕将京津冀地区打造成全国创新驱动经济增长新引擎的战略目标，着眼于解决河北省人才发展面临的实际问题，强化协同支撑，破除一切制约人才一体化发展的行政壁垒和制度藩篱，搭平台、建机制、促保障，打造高效、完善的共享、共育、共引、共用的京津冀人才生态共同体，为京津冀协同发展提供人才保障和智力支持，为河北加快转型升级、绿色崛起提供人才支撑。

（二）合作机制

京津冀人才一体化合作机制的构建是一个系统工程，需从顶层设计、政策衔接、多方参与、利益纽带、内外循环、法制建设六个方面构建完备科学的人才合作发展体系。

第一，顶层设计是系统推进人才一体化的基础。只有从中央、省（市）级两层政府的角度，协同做好新区人才体制机制的顶层设计，把握人才发展的大方向，才能为京津冀人才的引、聚、育、用提供好的政策引导。一是强化已经成立的京津冀人才发展小组在三地人才发展的中宏观指导、政策研究、协调推进等方面的工作，按照《京津冀人才一体化发展规划》加速推进各项任务，及时解决人才发展中出现的新问题、重大问题、制度问题，同时在省（市）级层面建立专门的创新人才发展工作小组负责与京津冀协同发展小组与其他省市的人才接洽工作。二是从国家新增长极的角度构架顶层设计，在京津冀人才总体引进、使用、管理、薪酬设计、创新成果激励等方面形成适应新经济发展的新制度，着力全方位打造人才政策高地，除了京津，还要在河北选择雄安、石家庄等地建构若干人才"磁力"中心。

第二，政策的衔接是顺利实现人才一体化的必要保证。在实现人才顶层设计的基础上，要加速实现京津冀区域的人才发展的各类政策制度、相关的社会保障体系、人才平台与服务、人才资质与评价、人才市场与信息等的衔接，为区域内的人才一体化推进铺路。重点对三地现行的人事管理、人才评价、人才激励、人才选聘等政策制度进行系统梳理，消除差异打破壁垒，逐步有重点地实现河北与京津的社会保障体系、人才平台与信息、人才市场与服务等的衔接，实现同京津人才培养、引进、使用、安全保障等方面的法规对接，实现社保转续、人才评价标准等方面的对接。同时，发挥好已经成立的京津冀人才一体化发展部际协调小组在三地人才政策衔接方面的协调作用，尤其是涉及河北与京津的智力合作或人才引入，或因北京首都功能疏解人才转入向河北等人才发展问题。

第三，多方参与是全面推动人才一体化的有效途径。区域人才一体化是一个涉及多方、相互推动的复杂工程，仅靠政府与人才管理机构无法有效推动三地人才一体化发展。因此，推动三地人才协同发展，应倡导政府、高校、科研机构、企业、社会组织、个人等各类主体参与人才建设，形成多维一体的良性互动的人才发展机制。一是注重涉及政府内部的公安、发改委、教育、科技、人社等各部门在人才建设与人才协同方面的促进作用，要将其纳入京津冀人才协同小组的范畴，以发挥相应职能、协调疏通可能遇到的各类人才问题。二是强化企业参与，发挥企业作为创新创业主体对人才的吸纳作用，通过技术开发、新项目实施、智力合作等建立企业与国内外各类机构等的人才对接机制，促进高水平人才向企业一线流动。三是强化高校和科研院所在京津冀人才建设、科研技术服务方面的重要作用，为区域发展提供重

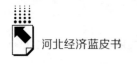

要智力保障。四是强化人才市场及中介机构主体的参与，有助于统一开放的区域人力资源市场的建立和网络信息平台的构建。

第四，利益纽带是加速推进京津冀人才一体化的核心动力。京津冀人才合作很多方面推不动，皆因区域利益竞争。虽然从京津冀区域发展大局出发，加强区域人才合作将有利于提升整个区域的人才竞争优势，有利于推进京津冀区域长远发展，但是从短期发展和具体部门利益出发，区域人才合作也可能对部门和单位利益造成一定损害，从而影响利益部门和相关单位在区域人才合作中的积极性。可见，利益是加速和实现人才一体化发展的核心驱动力，京津冀人才一体化发展，必须以利益为纽带，必须从三地、从各个地方及部门的实际利益出发，以利益共享、成果互惠为原则。因此，要从总体上确立三地的人才发展目标以及利益分配格局，协调可能出现的利益冲突，对因人才协同发展可能造成的个别利益损失给予适当补偿，对积极参与人才协作或人才工作突出的地区或单位给予鼓励支持，同时要发挥区域人才合作基金在人才培养、引进、创新创业方面的重要作用。

第五，内外循环，大力营造人才一体化的良性生态。区域人才一体化发展，既要打破京津冀三地间的人才流动藩篱，形成在整个区域内部自由流动、高效集结的内部循环，又要同其他省市、国内外高端智力广泛交流，形成人才流动的外循环，即打造"区域内循环"和"区域外循环"两个循环系统，构建起流动畅通、运转高效、开放有序的创新人才生态体系。"区域性内循环"，就是打破三地区域内部条块分割的人才发展障碍，形成自组织、自生长、共生共发展的人才生态体系。"区域外循环"依据"开放是生态系统进化之本"的生态原则，针对区域内"高精尖"人才缺乏问题，不断保持对外人才交流，不断参与全国及全世界的人才配置，并形成对外的"梧桐树效应"和"势场效应"，形成区域人才工作外循环。

第六，法制建设是有效构建新区人才发展的持续保障。关键运用法制思维和法制方式来推动人才工作，要重视京津冀整个区域的法制环境建设。一是健全人才安全、人才管理、人才使用方面的法律法规，先行先试，探索将有效的人才实践经验上升到法律层面，将人才开发工作全过程的关键环节和关键节点提到法律层面。二是提高人才法律服务水平，加强对知识产权的保护，切实维护好人才的相关利益，维护好企业等用人单位的合法权益，为区域的人才引进、流动、培养、发展、选聘等搭建高效、公正、规范的法律法规环境。三是注重人才智库建设，凡涉及区域人才发展的重大决策及事项，应依法行政，应征求专家学者的意见，实现决策的公开民主，形成有效的决策监督机制。

三 京津冀人才一体化的政策保障

三地人才协同发展，不是简单、空洞的协同，而是与产业、技术、资本、教育、项目、平台、基地、制度、环境相结合的人才一体化，是通过产业、平台等载体的搭建，教育、资本体系等的共同完善，制度、环境的共同改善，形成三地人才一体化发展的新格局。

（一）人才与资本结合，成立京津冀人才合作基金

当人才和资本充分结合，区域创新创业的机会和可能性就会成倍放大，碰撞出巨大的区域发展能量。资本和人才结合，一方面可吸引区域高端人才集聚，吸引有潜力的年轻人来此创新创业，增加区域发展活力，另一方面高端人才及创新创业人才的集聚又会进一步吸引更多外部资本，从而实现创业企业裂变式增长、技术成果不断涌现。

因此将人才与资本结合，是三地政府推动人才一体化发展时需考虑的重要因素。首先，由中央或三地政府成立"京津冀区域人才发展合作基金"，并按比例列入政府财政预算，用于支持京津冀区域高层次创新创业人才、产业紧缺人才、民生急需人才和重点项目专业人才的共同发展，用于急需但因环境等原因难以引进的区域（如河北）专业人才的扶持和引进奖励。其次，鼓励各个区域根据自身需求建立某一专业性人才发展基金，或通过协商对区域合作共建项目和科研成果异地转化项目，从其收益中共同提取一定比例作为区域人才项目合作基金，用于合作区域共同的人才项目建设。另外，促进

人才创新创业的金融支持也是人才政策的重点，三地不仅要制定整体角度改善、系统多元的金融支持政策，还要通过有目的的投资引导和政府间的协作安排，使得金融资本能够向天津、河北流动，从而带动人才向天津、河北有序流动。

（二）人才与教育结合，完善京津冀人才培养机制

京津冀人才的一体化发展离不开教育的协同推进。一是要在京津冀三地政府的合作下共同建立人力资本投资的建设性框架，即在政府和相关部门的指导支持下，建立"两市一省"教育发展专用基金支持区域人才一体化建设，教育基金主要用来支持重大人才培养项目，支持三地急需的各种专业性人才培养，及具体产业、具体技术紧缺的科技人才培养。二是建立由教育部牵头抓总、三地政府共同参与的人才教育交流协会，以促进三地人才培养发展的"齐步走"，交流协会主要起到在三地教育机构和企业间的人才培养规划的桥梁式指导性作用，助推三地教育资源共享、科研培训交流等，协调推进北京有规划地将教育增量向河北转移，协同河北根据其区域布局和产业需求承接北京的教育资源。三是着重推进京津冀各类高校的协同创新联盟建设，通过联合建立创新创业人才培养基地，共同组织学生开展创新创业教育及实践实习，联合构建服务区域发展的特色学科群，跨区域跨学校的学生交流与师资共享等，促进三地科技创新人才服务区域协同发展的能力及各类人力资源的开发培养。

（三）人才与平台结合，搭建京津冀人才成才平台

"栽好梧桐树，方能引得凤凰来。"针对区域发展不平衡，尤其是河北省知名高校少、创新创业载体少的短板，河北省内各区域应在人才创新平台建设上持续加力。重点以雄安新区、石保廊区域全面创新改革试验区、京南国家科技科技成果转移转化试验区、京津冀国家大数据改革综合试验区、中关村海淀园秦皇岛分园、白洋淀科技城、保定中关村科技创新中心、承德中关村协同创新中心等为支撑，通过与京津重点科研院所、科技企业、产业园

区共建分校、分院、分园，通过引进建设院士工作站、博士后科研工作站、学会服务站等方式，打造一批具有影响力和虹吸效应的人才发展载体，为吸才、引才、育才搭建良好平台。

（四）人才与产业结合，营造京津冀人才发展空间

推动京津冀三地人才引领、科技创新的关键在于人才和产业融合，即各类人才进入产业，形成互促互利的协同效应。因此，三地一是要共同建立产业人才工作协调机构，形成产业部门和人才主管部门齐抓共管、密切配合的产业人才工作新格局。二是要根据其产业发展定位，在产业链上找到各自所处的位置，从而有针对性地调整人才发展规划、编制产业人才目录，并根据其各自的产业优势及短板，推出一系列人才引育措施，大力汇聚以科学家、企业家、技术人员、投资家、创客帮为主体，与产业发展高度契合的人才"新五军"。三是根据其当前面临的传统产业改造升级、战略新兴产业培育、生态修复及化解产能过剩的重点产业任务，三地共同培育、引进、集聚相关紧缺智力资源，并采取切实可行的破解路径增强人才发展机制与产业政策的协调配套性，以此促进人才与产业的协同发展。

（五）人才与项目结合，破解京津冀人才发展困境

项目是吸引人才、发挥人才作用的有效载体，是产业发展的基础和起点，是人才引用与产业发展工作的结合点。一是京津冀三地尤其河北省要积极探索项目建设与人才培养、引进、使用有机结合的新机制，尤其在雄安新区、环渤海区域等新开发、重点开发区域，建立发改、科技、人社等部门协调沟通机制，跟踪项目建设情况，了解项目人才需求，为重点项目配人才，为重点人才选项目，从而吸引更多科技、产业、技术等高端人才向企业、向项目一线聚集。二是搭建项目与人才互动载体，通过在新区创立高端人才创业园、重点实验室、重点产业研究院等项目载体来吸引、吸聚创新创业人才，使人才工作与项目建设"同频共振"。三是建立项目协调机制，加快

北京、天津对河北的科技成果转化、产业对接项目支持，尤其让北京更多的项目增量疏解到河北，以项目的转移建设带动人才的转移和互动。

（六）人才与环境结合，构建京津冀创新创业生态

学习美国硅谷，搭建具有竞争力的育才、成才生态系统。即：一是稳定房价，过高的房价阻碍人才的集聚；二是形成活跃创新创业社群系统，一定要形成社群，并且是草根型的；三是开放的教育和研发；四是拥有多元和草根型的风投系统；五是提供专业化的孵化服务；六是拥有多元融合的创新创业文化系统，能够使各种各样的人融入这个地方的文化。

因此，京津冀三地要重点构建创新创业的人才生态系统，首先，要重点完善"保姆式"式的人才服务机制，即政府要从人才的引进培育服务、创新创业服务、生活保障服务、政策信息服务及个性化服务上下功夫，以"保姆式"式的主动到位服务吸聚人才，从而形成良好的创新创业人才栖息地。其次，为解决人才发展长期存在的体制机制问题，京津冀三地要共同突破现有的体制机制，要发挥市场在人才资源配置中的决定性作用，人才选用、人才评价、人才激励等政府不应再"大包大揽"，要建立市场导向的人才选聘、激励制度，要形成企业自主多元的人才评价机制，为此三地政府应协商共同出台相关文件，建立相关制度，以突破人才发展的体制机制障碍。

四 京津冀协人才一体化发展下的河北省任务重点

京津冀三地中河北的人才问题最为突出，而京津冀协同发展上升为国家战略，给予了河北协同京津、广联全国的战略主动权。京津最大的优势是科技，是人才，因此，河北省应借助京津冀协同发展的有利形势，强化与京津的人才合作，并结合自身问题和需求，有重点有目的地推动河北省的人才建设。

（一）发挥雄安新区的创新人才发展引领作用

雄安新区虽"初露端倪"，但其承载的基因和历史使命是创新，创新发展源于一个相对年轻、富有活力和创新精神的高知识人群。雄安新区只有高水平集聚、吸引各类高端创新人才和团队、建设创新人才高地，发展高端高新产业、聚集国内外高层次创新要素资源，发展新经济、培育新动能，打造成科技新城和创新发展示范区，进而推动河北成为"创新转化人才发展极"。因此，雄安新区开发建设归根结底是人才建设，未来发展必须紧紧围绕"人才"这个核心谋篇布局，这是雄安迈向创新强、产业强、科技强、经济强的发展新路径。

建议从中央、省级两层政府的角度，协同做好新区人才体制机制的顶层设计，把握人才发展的大方向，为新区人才的引、聚、育、用提供好的政策引导。一是从京津冀新增长极的角度构架顶层设计，在人才引进、使用、管理、薪酬设计、创新成果激励等方面打破常规，着力全方位打造人才政策高地，要相对于临近的京津形成人才"磁力"，才能真正广泛吸引国内外的高端人才。二是在省级层面建立专门的雄安创新人才发展工作小组，强化小组在人才发展中的整体推进、政策实施、与京津协调推进等方面的工作，及时解决人才发展中出现的新发问题、重大问题、制度问题，推进新区人才发展规划纲要的编制。三是在中央、教育部、省政府合作下建立新区人力资本教育投资的建设性框架，根据教育规划为新区各级各类学校布局预留充分的发展空间，重点争取北京不同层次的高等教育资源增量向新区转移，北京外迁高校优先考虑布局雄安，鼓励清华、北大等院校根据新区产业发展定位在雄安设立产业技术研究中心、国际前沿实验室、科技成果转化中心、高端人才培训中心、继续教育学院等，同时努力吸引国际学校或中外合作办学机构、人才培训机构在新区落地，大力发挥河北省内教育资源尤其是保定、石家庄等高校对新区人才培养的促进作用，将保定部分高校或职业学校的新校区建在雄安，可考虑突破现有高校发展常规，在雄安重新组建一所高水平的全国性创新创业大学。斯坦福大学作为一所创新创业型大学，对硅谷地区创新发展的促进作用是有目共睹的，它促进了硅谷初期的发展，持续地为硅谷供给新思想、新技术、新产品、新服务，成功实现了科学研究和产业化的有机结合，中国的高校很多，但目前恰缺乏一所以全新的管理体制，将科学研究和产业发展紧密结合的高校，雄安新区作为未来创新发展的示范区，非常适合尝试建立一所这样的高校。四是多方面创新社会制度，确立新的社会管理体系，自由流动的人力资本是一个城市繁荣的基础，因此要创新户籍制度，改变户口对人力资本配置的扭曲，要持续保持低房价是新区的重要竞争力，要宣传开放包容的创新文化，构建一个真正有活力的劳动力市场，进而提升创业创新活力。

（二）以"通武廊"和京南"硅谷"为人才合作的重要着力点

河北省要借助京津冀区域人才协作突破自身人才短板，提升科技创新人才水平，关键是要找准同京津区域人才合作的发力点和着力点，搭建人才合作的载体和平台。

首先，要继续深入推动河北廊坊同北京通州、天津武清的人才一体化建设。"通武廊"三地相邻的地理位置，在科技产业、科技人才、社会联系等方面鲜明的资源禀赋，使其成为京津冀协同发展的最前沿区域，人才一体化发展的桥头堡。因此，推进"通武廊"科技人才一体化建设应成为河北同京津人才协同发展的重要突破口，在《"通武廊"人才工作联席会议制度》的指导下，廊坊应借助同通州、武清的区域合作、产业关联、创新项目载体共建等联系，在人才布局规划、人才引育、人才交流、人才招聘、人才评价与互认、人才平台建设等方面开展深入合作，形成三地人才互动发展的长效局面。

其次，着重将京南"硅谷"打造为河北的科技人才高地。2016 年 9 月，"河北·京南国家科技成果转移转化示范区"（简称"京南示范区"）建设获得科技部批复。该示范区是与中关村自创区和天津自创区、自贸区相呼应的国家级战略性标志性创新平台，有望形成京南"硅谷"。作为国家层面的示范区和科技成果转移转化的"特区"，具有更强的政策集成性、改革探索性、创新引领性,它将成为河北省内的创新高地、科技高地,也将成为河北省的高端人才聚集地。根据自然生态系统原理,良好的人才生态圈可对周边区域产生场势吸引效应,河北省应利用示范区建设这一有利契机,利用其地理优势、政策优势,将其打造为省内的科技人才高地。要学习中关村自创区和天津自创区的引用、集聚人才政策,在科技人才建设上大做文章,以示范区建设集聚人才。同时,学习美国硅谷用人、留人的方式方法,给年轻人机会,吸引、集聚更多京津高校及国内外高校的青年人才。

(三)积极构建"青年双创特区"及"高端科技人才特区"

首先,借助紧邻京津及土地房价较低的优势,以吸引京津冀及全国青年人才到河北创新创业为目标,重点在石家庄、唐山、保定、廊坊、秦皇岛等地试先建成一批适宜京津的人才来冀创新创业的青年"双创"示范基地,建立一批低成本、便利化、全要素、开放式的"青年双创特区"。"双创"特区要避免商业地产式的开发模式,要真正通过建设配套、完善服务、搭建生态成为创新创业乐园,即要完善孵化器、加速器、中试用房和人才公寓等相应配套设施,提供技术转移、财务、法律、战略咨询、电子商务、数据分析等运营支持,提供政策咨询、项目推介、开业指导、融资服务等一站式专业服务。同时,河北省可学习武汉,联合京津创业导师,打破大学间的藩篱,建立类似的"创业青桐学院",为"青年双创特区"的创业青年提供系统的创业培训及创新辅导。

其次,以协同发展为主题,加快建立"高端科技人才特区"政策。重点是找准发展定位,以产业、国家级高技术园区为重点,在环首都的燕郊、廊坊保定等区域,在沿海的渤海新区、曹妃甸新区等区域,建立高端科技人才集聚的特区。特区不是以广,而是要以定位准、政策精、效果准为特征,要大胆学习、借鉴中关村国家自主创新示范区人才特区先行先试的特殊政策,推进人才机制改革和政策创新,提升科研、人才招聘、职称评聘、薪酬分配、关系转接落户自主权,优化住房、社保、医疗、教育等公共服务。特区政府及用人单位要最大限度地解放思想,消除人才发展羁绊,以最优的人

才生态软硬环境、最宽松的引才、最适宜的育才政策为高端人才集聚发展提供良好的栖息地，并将其打造为人才协同发展的典范。

（四）以"青年人才助力计划"加快省内青年人才培养

近些年，河北省为解决人才问题，加大了对外部尤其京津高端人才的引进力度，但由于京津冀三地吸引人才的机会和发展空间存在较大差距等，外部人才尤其高端人才的引进并不顺利。面对人才引进的困境，河北省的人才强省战略不能仅靠从外面"引凤凰"，还要自身"育凤凰"，即通过完善符合人才成长规律的培养机制，有针对性和实效性地加快省内青年人才，尤其是河北省短板、京津冀协同发展、创新驱动等方面的青年人才的培养。

加快省内青年高科技创新人才成长的有效措施是实施"青年人才助力计划"，即依托相关的技术环境、项目及平台，通过合作导师制、创新研究助手制、科技型创新创业导师、企业导师、"责任导师＋项目"等助力青年人才培养的方式方法，发挥高层次人才在青年人才培养中的助力托举作用，以"导师帮带培养、依托项目平台、个人自主成长"的培养模式，助力青年人才成长。在青年人才的培养过程中，各种托举青年人才成长的助力方式发挥着不可替代的作用，在河北省探索实行合作导师制、创新研究助手制等青年人才培养方式，可有效改善青年人才的成长环境，加快推进青年人才脱颖而出，从而有利于提升河北高层次创新创业人才资源的自身"造血"功能，突破当前外部引才的困境。

（五）以产业链、科技链、服务链的搭建促进与京津人才链的形成

长期以来，河北的产业发展、科技研发、创新服务与京津尤其是与北京之间严重脱节，区域之间的发展一直是"圈层思维"而非"链式思维"，从而导致了河北与京津的人才生态链条断裂。北京一直是"高端人才圈"，河北则是"低端制造人才圈"，"圈层思维"最终导致河北省的人才环境恶化。因此，河北省应主动出击，突破"圈层思维"的恶性循环，主动以"缺链

补链、短链拉链、弱链强链、同链错链"的发展思路，疏通与京津的产业链、科技链和创新服务链，在此基础上，以产业链、科技链、创新服务链的布局和搭建促进三地人才生态链的形成，构建以人才价值（知识、能力、经验、劳动成果传递、教训等）为纽带的上下游人才种群相互衔接的人才梯队。

产业链方面，基于省内产业发展的优劣势及产业链缺失环节，着重选取河北省"十三五"规划中重点提升的先进装备制造、大数据及新一代信息技术、大健康、新能源与节能环保、高性能材料、现代农业和钢铁产业，从产业技术研发、转化、生产到服务，与京津形成上中下游产业联动和分工的产业链条，以此围绕产业链打造人才链。科技链方面，不仅要加强自身各类研发机构建设及扶持力度，还要通过同京津高校、科研机构、科技企业合作，在河北省建立科研院所分支、科研实验中心、科技孵化基地、科研成果转化中心等，促进科技人才与京津的联系和衔接。创新服务链方面，河北省要突出创新服务业发展的重点领域，加快与京津的技术交易服务、知识产权服务、专业化技术评估及技术技能供需服务对接，加快引入京津的科技金融服务、创业孵化与科技咨询服务、检验检测服务等，以此促进人才链条的疏通。

参考文献

罗旭：《京津冀人才一体化迎来破局》，《光明日报》2017 年 5 月 11 日。

马宁、饶小龙、王选华等：《合作与共赢：京津冀区域人才一体化问题研究》，《中国人力资源开发》2011 年第 10 期。

郭东：《关于近年来河北省高技能人才流失的追问》，《河北日报》2014 年 12 月 29 日。

宋贵伦、冯虹、唐军等：《2015 年北京社会建设分析报告》，社会科学文献出版社，2015。

陈书洁：《京津冀人才资源开发及合作策略》，《北京社会科学》2011 年第 4 期。

侯文鑫：《京津冀人才一体化路径探析》，《光明日报》2016 年 10 月 9 日。

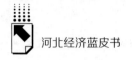
周爱军：《区域人才合作主体职能缺位现象分析及对策选择——以京津冀为例》，海峡两岸与区域人才合作发展论坛暨 2010 年科研年会，2010。

于淼：《北京人才发展报告（2013~2014）》，社会科学文献出版社，2014。

赵曙明：《泛长三角人才培养、开发和流动机制研究》，《安徽大学学报》（哲学社会科学版）2009 年第 3 期。

黄合：《让改革释放人才发展"红利"宁波打造人才生态市》，《宁波日报》2016 年 8 月 24 日。

王振：《关于上海建设全球科创中心战略愿景下的人才生态系统建设》，中国网，2016 年 1 月 25 日。

赵芳洲：《如何当好高层次人才的"店小二"》，《杭州日报》2015 年 3 月 2 日。

张贵、贾尚键、苏艳霞：《生态系统视角下京津冀产业转移对接研究》，《中共天津市委党校学报》2014 年第 4 期。

黄梅、吴国蔚：《人才生态链的形成机理及对人才结构优化的作用研究》，《科技管理研究》2008 年第 28 期。

B.9
城乡统筹与京津冀新型城镇化建设*

——加快推进河北城镇体系规划与京津对接及特色小镇建设

顾 瑶 王彦林**

摘 要： 新型城镇化是以人为核心的集约、智能、绿色、低碳的城镇化，城乡统筹是新型城镇化的重要特征。河北省新型城镇化的推进首先要全面统筹规划城乡人口、土地、产业、公共资源和社会资源，其次要着力解决河北省城乡与京津地区低层级区域空间规划、区域经济规模、产业结构、资源凝聚能力、产业转移内在动力机制、大城市经济辐射与带动力、能源和环境制约等新型城镇化过程中存在的主要问题。在对接京津的过程中，一要统筹规划城乡用地，优化空间布局；二要提升城镇发展水平，打破区域发展不平衡；三要提升城市管理服务能力，打造精品城市；四要推进绿色城市建设，破解环境污染难题。同时，还要开拓城镇化新路径，加快河北省特色小镇建设，主要是：把握特色小镇定位，对特色小镇发展进行科学规划；发挥京津冀区域优势，依托大城市、依托建制镇、依托产业园区进行建设；挖掘城镇经济发展潜能，强调产城融合，增加小城镇产业发展活力；转变政府职能，建成多方投资、村民维护、合作共赢、共同获利的建设运营模式。

---

* 河北省社会科学发展研究课题"河北省'五化'及其协同发展研究"（201706020203）；河北省高等学校人文社科研究重点项目"基于耦合关系测度的河北省'三化'协同发展机制研究"（SD161050）。

** 顾瑶，博士，河北工程大学管理工程与商学院副教授，研究方向为区域经济；王彦林，博士，河北工程大学管理工程与商学院院长、教授，研究方向为马克思主义理论、公共经济学。

河北经济蓝皮书

关键词： 京津冀　城乡统筹　新型城镇化

　　城镇化是伴随经济发展而形成的社会自然演化过程，表现为城市人口集聚、城市空间扩展、城市建设升级、居民物质生活与精神文明不断充裕的协同发展趋势。城乡统筹发展是当前我国新型城镇化建设的重要战略，是当前中国改变城镇化困局、实现社会全面协调发展的必要手段。

　　近三年，《国家新型城镇化规划》《京津冀协同发展规划纲要》等国家级战略规划陆续发布并得到有效推进。然而，在京津冀城市群发展过程中，城镇化水平发展不平衡、北京市大城市病突出、三地产业转移仍存在对接困难、农村公共资源匮乏等弊病。作为资源相对丰裕、城镇化水平偏低的一方，河北省也成为提升城市群整体发展水平、促进城市群产业分布合理化、疏解北京市非首都功能、化解京津大城市病的关键点。站在打造世界级城市群的战略高度，京津冀地区的整体发展有赖于统筹三地资源、整体系统规划，从空间布局、产业布局、人口集聚、基础设施建设、公共服务供给等各层面全面提升城镇化水平，坚持"集约、智能、绿色、低碳"的发展模式，打造新型城镇化发展路径。

一　新型城镇化与城乡统筹

（一）新型城镇化的内涵

　　党的十六大提出"坚持大中小城市和小城镇协调发展，走中国特色的城镇化道路"，我国随之进入加快推进社会主义现代化建设和全面建设小康社会的新阶段。统筹城乡发展，加快转移农村剩余劳动力，提高城镇化水平，成为这一阶段城镇化探索的一项中心任务。党的十八大明确提出，要"坚持走中国特色新型工业化、信息化、城镇化、农业现代化道路，推动信息化和工业化深度融合、工业化和城镇化良性互动、城镇化和农业现代化相互协调，促进工业化、信息化、城镇化、农业现代化同步发展"，新型城镇化的概念被正式提出。

新型城镇化，是"集约、智能、绿色、低碳"的城镇化，是"以人为核心"的城镇化，它以"集约高效"、"统筹发展"和"创新驱动"为主要特征，从传统的总量与速度扩张向品质升级"转型"，以城乡统筹、城乡一体、产业互动、节约集约、生态宜居、和谐发展为基本原则，要求转变之前粗放的经济发展模式，城乡统筹，着眼农民，涵盖农村，缩小城乡间基础设施建设差距，促进公共服务均等化，提升农村经济，提高农村居民生活水平，实现共同富裕，关注民生，关注大中小城市、新型小城镇、中心村以及农村社区建设与发展，实现城乡互促共进。

（二）城乡统筹是新型城镇化的必由之路

城乡统筹是结合我国经济发展和新型城镇化特点，旨在解决城乡居民生活差距过大、城乡对立矛盾的重要改革手段。

当前，新型城镇化的主要空间载体正从大中城市向县级以下的中小城市延伸。在2.8亿农民工每年候鸟式的迁徙过程中，人们选择进入城镇的等级和方式正在悄然发生转变。目前，我国中小城镇人口增长是各层级城镇中增长最快的，乡村居民不仅为城市和小城镇提供了大量新增劳动力，也成为推动消费的重要群体，其生活水平高低和流动意愿深刻地影响着中国城镇化的模式和质量。农村及小城镇基础设施建设和公共服务严重滞后于城市，农村及小城镇居民生活质量受到制约，导致青年居民外流，流向城镇和城市，形成大量空心村，荒废大量的耕地和土地资源。同时，小城镇经济活力和吸纳劳动力能力有限，造成大量隐性失业，而大城市则因过度集聚产业和人口，与有限土地资源间的矛盾日渐锐化。城乡间的资源和发展失衡制约了新型城镇化的进一步发展。

在这样的背景下，中国城镇化的核心问题已经不只是城市群、大城市、中等城市和少数重点城镇的建设发展问题，关注城市、城镇与乡村空间资源

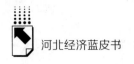
的重新布局，妥善解决城乡各种累积问题，引导城乡协调健康发展，已经成为保持中国城镇化可持续发展的重大命题，必须深入到完整的城乡体系之中，兼顾城乡空间的整体城镇化。城、乡问题自身的复杂性，再加上中国的地域辽阔、地形复杂、人口众多且多民族共生等这些复杂的背景条件，可以预见，城乡统筹将成为解决不同地域多元城镇化问题的关键解决手段之一。

二　全面统筹城乡资源，提升城镇化水平

京津冀区域长期面临城镇化非均衡发展的困境。北京与天津两市为城市属性，其城镇化水平均已超过 80%，两地又以其首都和直辖市的特定地位聚集了资金、技术、人才等充裕资源，城市服务设施完备，城市经济规模庞大，具有充分的发展潜力。而河北省是传统工业大省和人口大省，在京津冀地区中经济发展相对落后，城镇化水平偏低，既缺乏能够起辐射和带动作用的特大城市，小城镇和农村建设又相对滞后，是京津冀新型城镇化水平提升的短板。

要谋求区域新型城镇化的协调发展，河北省城镇化水平的整体提升是前提和关键，统筹城乡资源、实现与京津的对接是有效途径。

（一）统筹城乡人口资源，城镇化水平渐趋平衡

2002 年新型城镇化概念提出以后，河北省加快了产业转型升级步伐，经济快速增长，城镇化水平持续上升，人口向城镇集中的趋势日渐明显。尤其在"十一五"规划之后，河北省城镇化率以年均 3% 的速度递增，从2005 年的 37.7% 直线上升至 2015 年的 51.33%，城镇常住人口达到 3811 万人，首次超过农村人口，实现了质的跨越。同时，北京市城镇人口则出现增速放缓迹象，城镇人口保持相对稳定，遏制了人口向城市的过度集中的趋势，缓解了北京市的人口承载压力。天津市的人口增长也基本保持了平稳状态。京津冀地区人口的城乡结构逐渐优化（见图 1）。

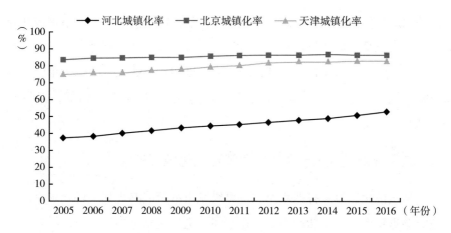

图1 京津冀地区城镇化水平变化（2005～2016年）

资料来源：相关年份的河北经济年鉴、北京统计年鉴、天津统计年鉴；2016年京津冀三地国民经济和社会发展统计公报。

如图2所示，从河北省内各城市看，各市城镇化水平也不均衡，差异较大，但整体均呈现快速增长的良好态势。当前，唐山市与石家庄市常住居民规模位列前茅，城镇化水平最高，达到60%左右，起到了引领全省的积极作用。秦皇岛市始终保持相对较高的城镇化水平，而廊坊和张家口市占据环

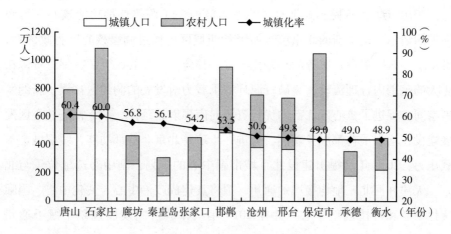

图2 河北省城镇化示意

资料来源：2016年京津冀三地国民经济和社会发展统计公报。

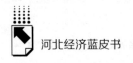

京津的地理区位优势，又受到京津冀协同发展战略推进、冬奥会申报成功等因素的正面影响，城镇化水平快速增长，跻身全省前列。邯郸市也是人口和经济大市，常住人口超过900万，城镇人口则超过400万，城镇化率已达到53.5%，超过全省平均水平。其余各市城镇化水平则相对偏低，保持在50%左右。

（二）统筹城乡土地资源，调整和优化城镇布局

新型城镇化建设和打造京津冀世界级城市群等战略规划，都要求京津冀三地能够重新审视城市功能划分，在空间上进行规划调整，一方面缓解京津城市压力，促进城区内平衡发展，另一方面使河北省能够紧跟北京市、天津市经济发展步伐，围绕京津建设一批经济发达、社会文明、人居环境优良、居民生活富足的国际化大都市。为此京津冀三地统筹城乡土地资源，对各市区划及功能划分进行了重大调整，缓解了京津城市承载压力，明确了河北省省域的空间布局和功能划分，促进了土地的集约节约使用，有效支撑了新型城镇化的发展。

1. 京津两市的城区布局调整

2010年，国务院正式批复了北京市政府关于调整首都功能核心区行政区划的请示，设立新的北京市东城区和西城区，通过调整核心区行政区划，推动了要素、资源、服务的均等化配置，整合利用核心区资源，促进资源在更大的范围内合理流动，突破资源环境承载力对发展的制约，拓展了新的发展空间，促进了核心区北部的优势资源向南辐射、延伸，最终推进核心区发展建设，增强了首都服务功能。为进一步疏解北京非首都功能，缓解城市承载压力，2012年又提出建设北京城市副中心的规划，副中心选址位于与北京、天津和河北三地均接壤的通州，拟将其建成政治中心、文化中心、国际交往中心和科技创新中心，并在2014年京津冀协同发展规划中赋予通州"桥头堡"的发展重任，承载了北京市的部分城市功能。

天津市的城市空间区划调整主要体现于滨海新区的建设。建立滨海新区的计划最早于1994年提出，初步规划以塘沽地区（包括塘沽城区、天津经

济技术开发区、天津港、天津港保税区）为中心，向汉沽城区、大港城区和海河下游工业区辐射，形成"一心三点"组合型城市布局结构。2005年，《天津市城市总体规划（2005～2020）》又提出重新分解城市内部空间结构，运用了轴带发展空间理念，提出天津市要以沿海河和京津塘高速公路的城市发展主轴，以东部滨海城市为发展带，以滨海新区核心区、汉沽新城和大港新城为三大城区，简称为"一轴、一带、三城区"的城市空间结构。2009年11月，国务院正式批复滨海新区行政体制改革方案，并计划依托京津冀、服务环渤海、辐射"三北"、面向东北亚，努力建设成为中国北方对外开放的门户、高水平的现代制造业和研发转化基地、北方国际航运中心和国际物流中心，逐步成为经济繁荣、社会和谐、环境优美的宜居生态型新城区。滨海新区的建立，为天津市寻找到了新的经济增长点，成为天津市对外开放的门户，带动了天津市的整体经济发展。

2. 河北省行政区划的重大调整

河北省缺乏具有重要影响力的次级中心城市，城市规模层级低，大城市规模小，中等城市数量少，小城镇特色不突出，城市的整体经济发展程度及对周边区域经济的带动能力较弱，与发展目标有很大差距。其中一个重要原因在于原有城市布局严重束缚了城市的发展空间，成为约束城市发展的瓶颈。

2014年河北省进行行政区划调整前，共有城市31个（含县级市），城市数量在全国位列第7，总人口数量为7592.7万人，位列全国第6。但是根据国务院2014年印发的《关于调整城市规模划分标准的通知》，按照城区常住人口规模划分城市等级，仅有石家庄和唐山两市市辖区人口超过300万，可列入Ⅰ型大城市，能够列入Ⅱ型大城市的也仅邯郸与保定两市，其余七市均为中等城市，而与全国具有相同人口总规模的省份相比，大城市数量过少，与本省的人口规模、经济规模均不匹配，城市对人口的凝聚力及城市经济极化效应明显偏弱，整体尚处于城镇化的中期阶段，有较大的提升空间。

与之相对应的是城市建城区区划与空间面积对城市发展的束缚。2014年前，河北省建城区面积最大的城市是唐山，为247平方公里，在全国排名第30，其次是石家庄市，面积为216平方公里，排名第37，但是在全国省

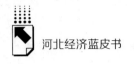

会城市中排名第24，其余各市中仅保定、邯郸、承德的区划面积列入了全国前100名。狭小的城市空间在一定程度上约束和限制了各城市的经济与人口承载能力，亟须调整。

京津冀协同发展纲要发布后，顶层设计要求河北省根据城市区位及功能划分尽快培育具有良好发展潜力的城市，成为世界级城市群中规模较大、具备凝聚力和辐射力的次级重要城市，因而突破原有行政区划约束，扩大城市体量成为首要工作。据此，河北省从省级层面进行了城市空间布局的整体规划，对区域中心城市和主要节点城市的行政区划进行了重大调整。

2014～2016年，国务院分别通过了石家庄市、保定市、邯郸市和张家口市行政区划调整的请示，四市市区面积及人口规模大幅提升，以石家庄市为例，其市区面积为2000多平方公里，人口从300多万增至455万，核心区城市经济总量也有大幅度的增加，为2000多亿元，财政收入也接近400亿元。

行政区划调整后，按照中国城市最新划分标准，邯郸市已跨入"中国Ⅰ型大城市"行列，河北Ⅱ型大城市也增至3个，使城市具有了新的发展空间，有利于省内城市在京津冀协同发展中承接更多功能，实现统一产业布局和社会管理，统筹城乡基础设施建设和土地资源利用，可进一步完善城市功能、改善城市环境，为打造区域中心城市、节点城市奠定基础。

3. 雄安新区的建立

2017年4月1日，中共中央、国务院决定在河北省保定市雄县、容城、安新等3个小县及周边部分区域设立国家级新区——雄安新区。新区的设立是统筹规划城乡土地、空间资源的重大举措，对于集中疏解北京非首都功能、探索人口经济密集地区优化开发新模式、调整优化京津冀城市布局和空间结构、培育创新驱动发展新引擎，具有重大现实意义和深远历史意义。

目前，雄安新区的建设正在规划中，新区规划的总体原则是建设水城相融、蓝绿互映的生态宜居之城，构建面向国际、辐射全国、服务区域的空铁一体化的交通网络，服务京津冀同时也辐射张北、崇礼地区，推进河北省两翼齐飞的发展格局。雄安新区的设立是震惊世人的重要战略举措，其意义绝不只是一个新兴城市的建立，而是中国调整经济空间布局，探索全新发展模式，引领全国乃至世界经济发展的重要尝试。

（三）统筹产业资源，加速产业转移与升级

京津冀区域产业转移从顶层设计上开始加强产业协同发展的谋划，将北京的科技创新资源与河北、天津的产业发展形成联动，优化三地产业布局，创新协同发展体制机制。曹妃甸协同发展示范区、北京新机场临空经济合作区、中关村与河北科技园区的合作项目率先启动。其中，京、津高科技制造业向河北省沧州市的转移已成为成功样板。

2016 年 6 月 29 日，工业和信息化部、北京市人民政府、天津市人民政府、河北省人民政府联合发布《京津冀产业转移指南》（下称《指南》），京津冀地区的产业发展未来进一步被明确。《指南》要求京津冀地区要"坚持产业转移与产业转型升级、创新能力提升相结合，与培育产业集群竞争力、适应资源环境承载力相结合，不断调整优化区域产业布局，构建'一个中心、五区五带五链、若干特色基地'（简称'1555N'）的产业发展格局"。并对三地各产业园区的承接方向进行了明确规定。

在此基础上，京津冀都针对本地产业发展特色和区域功能定位进行了产业规划。北京市提出 2016 年要重点协调推进一批产业合作园区，继续加快推进产业转移工作。天津市主要通过行政区划分的方式，内部整合了"1 + 11"个承接平台，其中，"1"是指天津滨海新区，"11"是指分布在各个区县的功能承接平台，包括武清京津产业园、宁河未来科技城等产业。河北省在承接产业转移上，采取了多元化模式，按照四个功能区的划分组织承接。

（四）统筹公共资源，提升城镇化质量

近几年，京津冀地区紧紧围绕协同发展规划的要求，统筹三地公共资源，在基础设施建设和公共服务方面有效对接，京津冀基础设施建设一体化发展得到有序推进。

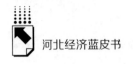
1.京津冀交通一体化全面铺开

位处京冀两地的北京新机场主体工程全面开工，京津冀铁路网建设也全面启动。津冀区间已开通多次高铁列车，打破原来河北省中南部与天津市的直达交通阻隔。针对京津冀地区高速公路网，河北省与京津之间着力解决"断头路""瓶颈路"问题，加强三地互通互联。

2.河北省着力统筹城乡基础设施建设

近十年，河北省政府统筹资金，在城市和小城镇市容市貌建设上投入了大量人财物，着力改变省内城镇"路狭、街乱、楼矮、管少、服务缺失"等弊病，转变人们对河北省"旧脏乱差"城市面貌的传统认知，从城市发展的顶层设计入手，着眼未来，目光长远，科学规划，大胆突破，强力推进，自2008年开始调整城市政规划，加大基础设施建设投资，对城市人居环境进行改造，在较短时间内实现了城市承载能力显著提高、居住条件大为改观、基础设施全面覆盖等工作目标，使省内城市及小城镇面貌发生了重大变化。

在道路建设方面，河北省加快完善城市道路网络系统，大幅提高支路网密度建设各主次干道和支路。同时，依托旧城开发工作，加大支路建设，增加支路网密度，通过增加支路，打通断头路、卡脖路等形式对老城区路网进行改造。在公共交通设施方面，除加强与京津对接外，河北省积极发展省内城市轨道交通，推进地铁、轻轨和大运量快速交通设施建设，增加客运枢纽、换乘枢纽、充电桩、充电站等基础设施建设，规划公交线路的新建主次干路建设港湾式停靠站。在城市排水防涝等基础设施建设方面，河北省加快配套地表水厂和配水管网的规划与设置，加大雨水滞渗、收集利用等削峰调蓄设施建设，实现"所有设市城市和县城建成标准规范的城市统一供水系统"，全面提高城市供水保证率和供水质量。

（五）统筹社会资源，缩小河北省与京津居民生活质量差距

1.统筹城乡居民养老、医疗保障制度

京津冀协同发展规划实施后，河北省加大了社会保障制度的城乡统筹力度。2015年，全省城乡居民参加养老保险人数已达3440万人，基本医疗保

险参保人数达到 1702 万人，新型农村合作医疗参合率达到 98%，基本实现全覆盖，统筹城乡的医疗保险制度初步确立。2017 年 4 月，河北省建立了统一的城乡居民基本医疗保险制度，理顺了管理体制，全民医保等三项制度统一由人社部门管理，实现整个医疗保险一体化运行与社会化管理服务。至此，在全省范围内建立并完善了城乡居民基本医疗保险制度，在城乡之间统一了覆盖范围、筹资政策和保障待遇，实现了统一的基本医疗保险目录、定点管理和基金管理，推动医疗保障体系的完善和医疗管理服务的规范化、科学化，使医疗资源利用更加有效，促进全民医疗保险体系持续健康发展。

2．共享教育、文化等公共资源

河北省采取了异地合作项目建设等方式，积极主动对接京津两市优质教育、文化资源。

当前已经确定的包括北京—河北燕达医疗合作、北京—曹妃甸医疗合作等 6 个重点项目，合作的主要方式包括建立合作医院（如北京中医医院、张家口市中医院合作医院），在当地现有医院内建设合作中心或科室［如北京天坛医院（张家口）脑科中心］，简化异地人员就诊、医疗报销手续，为异地就医提供便利，在北京和河北地方医院的特定科室间建立对口合作关系，为地方医院医护人员培训学习拓展优质资源。

在教育资源对接方面，京津冀地区已经签署了十余项教育合作交流协议，包括基础教育优质数字化资源互通协议，组建了包括 8 个高校创新发展联盟，成立了 7 个高校协同创新中心。京津冀地区还组建了基础教育合作联盟，如南开中学与邯郸市第二中学签署合作协议。

3．着力改善生活环境

河北省不断加大污染整治力度，对违反环保政策的企业进行严格管理，空气质量恶化的趋势得到遏制。加大城区绿化力度，结合城乡环境整治、老城区改造、弃置地生态修复等，加快社区公园、街头游园等建设，实施立体增绿工程。大力提升改造现有公园绿地、单位和小区附属绿地，完善园林城市指标体系，加强园林城市创建工作指导，推动园林城市建设。2015 年底，

省内公园总数已突破 500 座，人均公园绿地面积达到 14.18 平方米，建成区绿化覆盖率达到 41%。

三　解析非均衡发展，走出新型城镇化困局

通过城乡统筹、京津冀协同发展，三地新型城镇化已经取得一定成效。但是，城市群建设的提出仅经过了短短三年，三地长期相对孤立的发展模式较难在短期内完全破除，经济社会的协调发展仍缺乏坚实的经济基础，内外部环境束缚将长期存在，而三地政府部门间、政府与潜在的迁移企业间以及相关的居民间仍存在复杂的博弈，要在短期内打造世界级的城市群仍然面临诸多困难。

（一）缺乏低层级区域空间规划，不利于土地资源的集约使用

当前，京津冀地区的空间发展特征较为明显，城市规模的不断扩大导致空间挤占现象加剧，城市与农村用地矛盾突出。在环保压力下，第二产业逐步从城市中心城区向城郊，进一步向县域迁移，即使在国家严格控制土地用途变更的情况下，仍然发生了工业与农业用地矛盾的激化，同时，城市经济极化效应下，农村人口向城市的持续聚集，"空心村""老人村"大量涌现，导致偏远乡村耕地荒芜、住房空置，出现了用地紧张与土地闲置并存的特殊现象，土地使用的空间规划势在必行。

国家已提出京津冀地区空间规划的上位指导，省级层面、个别城市的行政区划调整和城市规划基本完成，但中小城市尤其是小城镇和村庄三级空间规划普遍缺失，导致乡镇数量过多、普遍规模偏小，"空心村"、农村用地散乱无序的状况缺乏管理，产生"小、散、弱"的现象，既无法集约高效地利用可贵的土地资源，又不利于农村的有序发展。

（二）城镇化发展失衡，制约着三地协同发展

1.区域内经济规模失衡

2015 年底，河北省作为拥有 11 个设区市和 7425 万人口的大省，其经

济总量仅比北京市高出 30%，人均地区生产总值不足北京市、天津市的
40%，城市经济发展动力不足，总体规模相对落后，大城市经济带动性弱，
没有形成对周边城镇的经济辐射。总体上，河北省经济形势处于相对弱势的
状态，同时，京、津城市经济的虹吸效应远大于其涓滴效应，不仅没有带动
周边河北省城市经济的发展，反而造成环京津贫困圈，加剧了经济发展的非
均衡性。

2. 津冀两地产业结构仍待优化

北京市经济结构中，第三产业比重已达 80%，经济结构良好。但河北
省与天津市结构转型压力都较大。河北省为能源大省，对能源与钢铁行业依
赖严重。2015 年河北省三次产业中第二产业占比仍达 48%，而工业产值中
重工业比重高达 75%，产业结构单一、经济活力不足、可持续性弱，且易
受到经济波动的冲击，结构有待优化。天津市也仍然保持类似的产业结构，
第二产业比重为 47%，第三产业比重仅 52%，产业结构与天津市区域定位
还存在一定差距，转型升级也是天津市近期经济发展的重要任务。

3. 河北省城镇建设差距明显

河北省城镇建设，尤其是小城镇建设起步较晚，要建立与京津间的协同
规划和有效对接仍需时日。虽然经历了近十年大刀阔斧式的建设，但是从各
方面建设成果来看，河北省城镇建设仍和京津甚至和国内条件相近的省份有
很大差距。这些差距集中表现为：大城市医疗、教育等资源质量有待提升；
科技文化相对落后；城市功能尚不完善；小城镇基础设施落后，基本的医
疗、卫生、教育供给不完全，居民基本生活服务没有稳定的保障等。

4. 河北省资源凝聚能力相差甚远

首都和直辖市的属性使京津两市在政府政策与资金投入等方面具有天然
优势，城市化的快速发展也使两市经济发展的极化作用凸显，形成巨大的虹
吸效应，吸引资金、人才及先进技术向两地集聚。相较而言，河北省资源的
凝聚能力则较弱。

从教育资源看，河北省缺乏优质高校作为人才培养的基地。2015 年底，
北京市共有普通高校 90 所，其中包括 8 所 985 高校和 26 所 211 高校；天津

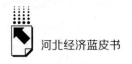

拥有高校 55 所，包括 985 高校 2 所，211 高校 3 所；而河北省虽然高校数量众多，有 132 所，但是师生比严重偏低，教育资源匮乏，且高校中没有一所为 985 高校，211 高校仅河北工业大学一所，其驻地还在天津市。从优质高等教育资源的汇聚看，河北省还要充分利用既有院校，提高教学和科研质量，提升教育层次。

从外来投资看，由于整体经济规模较小，缺少上规模、高效益的大型企业，制造企业中经营模式相对僵化的国有企业比重较大，且外来投资的政策环境等均和北京、天津有一定的差距，而中小企业管理层经营观念落后、管理水平偏低，经济开放度也受到地域和经济结构的约束而略显不足，导致河北省缺乏吸引外来投资金的资源和能力。

（三）缺乏产业转移的内在动力机制，限制了产业发展

从长远看，产业转移是解决北京、天津的"大城市病"，缓解城市承载压力的有效手段，也是促进天津、河北产业转型升级、提振经济、提升城镇化水平的重要途径。但是，政府主导下的产业转移在一定程度上以行政手段代替市场调节，缺乏内在动力机制，产业承接渠道不顺畅，将产生巨大的转移成本和负外部性，限制京津冀新型城镇化的发展。

北京市制造业以汽车制造、生物医药、微电子等高端制造产业为主，而河北省与北京市产业结构契合度和产业关联度低，产业链可衔接性差，缺乏产业自然迁移的产业基础。加之河北省城镇化水平与京、津存在较大差距，道路、电力、通信、地下管网等生产基础设施相对落后，企业迁移的基建成本高，投资回收期长，产业梯度转移的动力机制不足，而且省内医疗、教育、文化等优质生活资源相对缺失，缺乏对高端人才的吸引力，要让长期享有北京优质资源的北京企业和个人迁出京城，进入河北有较大的困难，将影响地区间的产业转移效果，对京津冀地区的产业升级与发展形成制约。

（四）大城市经济的辐射与带动力不足，制约中小城镇发展

北京市城镇化水平高，发展动力强劲，但并未像深圳与上海两市一样对

周边经济产生辐射，反而在环绕北京的周边区域形成了较为明显的经济贫困带。在北京市与河北省之间也没有形成完整的产业链条，两地区既未出现纵向的产业对接，也没有形成横向的产业扩张，河北省的整体经济也未像广东和江浙地区那样出现相应的快速增长。在京津冀协同发展规划落地前，京、冀基本处于独立发展状态。

从河北省内部发展关联性看，大城市的协同发展及对中小城市、小城镇经济的带动同样乏力。省内工业发达地区产业布局雷同，产业间联合少、恶性竞争多，产业具有扁平化特征，产业链条未能有效延深，市场环境不利于城市联合发展。而对于省内其他中小城市，与大中城市间缺乏产业关联点，企业运行机制比较僵化，委托—代理形式下的激励机制与监督机制不健全，企业运营中存在非理性行为，导致经济扩散的市场渠道不畅通，无法形成产业对接。从中小城市及小城镇角度看，市场经济不活跃又使中小企业缺少市场竞争的磨炼，企业经营理念、管理水平落后，创新意识差，对市场信息变化不敏锐，也造成企业活力受限，竞争力和发展潜力受多方约束，企业自身和中小城市、小城镇经济均无法承接大城市产业转移，实现跨越式发展。

（五）能源和环境制约凸显，激化了经济增长与生态建设间的矛盾

京津冀三地工业发展模式多以粗放型为主，经济增长依赖于能源的大量消耗，污染严重，能源与环境长期处于过度消耗状态，日积月累，不断加重能源与环境的承载压力，使原本"地大物博"的京津冀地区变成了能源匮乏和环境污染的重灾区，对生产、生活产生了不容忽视的影响。要摆脱工业增长的负面效应，就必须在增长与生态间进行取舍，牺牲经济增长、换得青山绿水，能源集约利用和生态环境保护便成为提高企业运营成本、制约企业产值增长的重要因素。

（六）小城镇发展受到制约，影响了城镇化整体水平的提升

小城镇发展主要受到外在环境和要素资源两种约束。长期以来政府采取

非均衡经济发展战略，经济发展向城市，尤其是大型城市倾斜，导致中小城市、小城镇与大城市的基础设施、人居环境存在巨大差异，生产与经营受到外在条件制约，影响企业与资金、人才等要素的区位选择，在技术创新与技术转移受限条件下导致规模报酬不变，经济处于收敛增长状态，在要素价格均等化规律下，小城镇丧失价格与成本优势，进一步削弱产业向小城镇的迁移，进而使小城镇经济发展受到阻碍。

四　对接京津，统筹河北省城镇化发展

河北省城镇化的水平与质量总体上与京津存在较大差距，这是目前制约京津冀城镇化进程的关键问题。无论从全局出发还是从自身经济发展出发，都要求河北省步入经济快速运行轨道，统筹城乡一体化发展，全面提升各级城镇建设水平，加快推进城镇体系规划与京津对接。河北省必须把握机遇、迎接挑战，有序承接北京市非首都功能疏解，有效促进产业转型升级，推动新型城镇化与新型工业化、新型农业化、信息化同步发展，以城乡统筹、以人为本的原则创新城镇化发展的全新体制机制，打造国家新型城镇化与城乡统筹示范区，发挥示范和带动作用，是河北省融入京津冀协同发展、共同建设世界级城市群的必由之路。这要求河北省从以下几个方面进行重点建设。

（一）统筹规划城乡用地，优化空间布局

建立省、大城市、中小城市与地方县、乡镇四个层级的空间规划。

根据"河北省城镇化与城乡统筹示范区建设规划"的要求，按照"核心引领，多点支撑，轴带拓展，区域协同"的思路构筑"两翼、四区、五带、多点"的省域空间结构，打破城市发展的空间约束，优化空间布局，促进京津冀城市群多城联动、协同发展。

城市规划要明确特色定位和空间总体框架，设定城市区位功能，统筹城市建筑布局，协调城市景观，着力打造城市重要街区和建筑群的特色，做到

城市建设与城市历史、文化的协调统一。

进一步加强小城市和城镇空间规划，合理安排县域城镇的功能分区，优化城镇建设、农田保护、产业聚集、村落分布、生态涵养等空间布局，推动城镇规划与周边乡村规划在产业布局、基础设施网络、公共服务设施建设、生态空间布局等方面的衔接和协调。促进第二产业向小城市和城镇空间的有序转移，以工（产）业园区、经济开发区、产业集散地等形式组织承接，化解大城市用地困境，缓解城市发展的空间约束，同时谋求自身经济发展，达到城乡共建、合作共赢的目的。

开展农村乡镇空间规划工作，优化农村居民点布局，通过"增减挂钩"等政策，按照"以人为本"的原则，尊重农民意愿，在条件成熟的农村开展"建设用地缩减，建设中心村或新型农村市区，使农村建设用地的指标在县城范围内统筹配置"，并实施分区、分时序迁并策略。

（二）提升城镇发展水平，打破区域发展不平衡

做大做强中心城市，打造 1~2 个与京津冀"世界级城市群"定位相匹配的国际化大都市。以省会城市为核心，以具有发展潜力的区域性中心城市为重点，集中优势资源推进石家庄、唐山、保定、邯郸的城市建设，拓展城市空间，完善城市功能，为提振经济、集聚优质要素营造良好的城市环境。

深化中心城市市场化改革，增强中心城市经济活力和凝聚力，寻找城市经济发展的新动力引擎，提高城市的经济影响与扩散能力。加快京津冀产业布局的执行力度，创新产业承接管理的制度体系，谋求产业转出地与转入地的共赢，促进京、津产业转移的有序推进，借此吸引一批上规模、有效益的大型公司进入省内，完成资金、人才与技术的首轮引进，形成经济发展的新动力。做好中心城市与周边城市及小城镇间的产业布局，引导中小城市和小城镇围绕中心城市产业规划，发展相关产业，有意识地延长产业链条，增加大城市与中小城市、小城镇间的产业关联度，拓展经济辐射的传递渠道，为将来经济扩散做好铺垫。增强企业活力，加大国有企业改革力度，建立更加灵活的企业内部管理制度，推进国有企业的市场化运营，加大国有企业对周

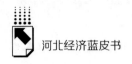

边经济的带动作用，促进国有企业、民营企业协调同步发展。营造良好市场竞争环境，鼓励私营经济发展，建立健全创新创业机制，促进私营企业转型升级。

进一步加强城市基础设施建设。优先发展城市交通，优化街区路网结构，建设快速路、主次干路和支路级配合理的道路交通网络，提高道路通达性和出行便利性。加快发展城市公共交通，加大大容量车型、客运枢纽、高度中心的建设投入，强化交通综合管理，提高运营服务水平，全面推进海绵城市建设。严格城市划线、绿线管控，加快排水管网雨污分流发行，增强道路绿化带对积水的消纳功能，在城市新区、各类园区、成片开发区和新建道路、广场等按照源头减排、过程控制、系统治理的要求进行规划建设。大力推进城市地下综合管廊建设，科学规划，合理布局，统筹安排，提高地下空间综合利用水平。

（三）提升城市管理服务能力，打造精品城市

转变政府部门管理理念，增强政府服务意识。学习沿海发达城市的管理经验，改革城市管理体制，改善城市事务多头管理、职责不清的现状，整合市政公用事业、市容环卫、园林绿化、城市管理执法等管理职能，明确执法权限与管理职责，实现城市管理执行机构综合设置、综合执法，避免因管理机制不当提高城市治理成本，造成管理混乱的局面。推行执法事项属地化管理，优化权力运行流程，推动执法重心下移，构建权责明晰、管理优化、执法规范、安全有序的城市管理体制。

推行精细化、网格化管理模式，建立市、区、街道、社区的管理体系，科学划分网络单元，完善道路交通、市政设施、公园广场、环卫设施等城市管理标准化体系，量化管理目标，细化管理标准，提高全民服务水平，实现城市管理工作人性化、标准化、精细化、社会化。鼓励企业与市民通过各种方式参与城市建设管理。建立市民行为规范，全面提升市民素质。

在城市管理中采用现代化手段，推行"智慧管理"。实施"互联网＋城市"行动，推动大数据、物联网、云计算等新一代信息技术参与城市管理，

加强城市基础数据和信息资源采集与动态管理，构建继往开来的城市基础数据库和城市公共信息平台。积极发展智能交通、智能电网、智能水务、智能管网，提高文化教育、医疗卫生、社会保障等公共服务领域智能手段的应用水平，促进城市管理信息化、基础设施智能化、公共服务便捷化、社会治理精细化。

（四）推进绿色城市建设，破解环境污染难题

强力推进大气污染治理，深入实施大气污染防治行动计划，加强企业排污治理的监管力度，针对河北省产业结构突出做好压钢、减煤、治企、控车、降尘等工作，推动主城区污染企业环保搬迁与环保设施升级改造，确保大气环境质量得到明显改善，缓解京、津环保压力，确保京津冀城市群拥有良好的人居环境。

加强张承生态涵养区功能区建设，加强生态防护林体系维护和原生生态系统保护，开展城郊生态防护绿地、水系、郊野公园、市区街头公园等绿地系统建设，推行绿道、绿廊网络建设，提升城市园林绿化水平，实现生态园林城市全覆盖。

五　开拓城镇化新路径，加快河北省特色小镇建设

特色小镇是伴随新型城镇化建设产生的新生事物，2015 年浙江省最先启动，以产城融合、城市功能导入、市场运作机制为主要特征，以"小城镇大发展、小区域大平台、小空间大集聚、小载体大创新"为城市空间发展思路，这种全新的农村发展模式在浙江省取得了良好的成效，是完成"农村绝不能成为荒芜的农村、留守的农村、记忆中的故园"嘱托的重要发展模式创新，是"自上而下"的顶层设计与"自下而上"的基层探索相结合推进新型城镇化的有效路径。2017 年 2 月，国务院印发《关于深入推进新型城镇化建设的若干意见》，要求加快培育中小城市和特色小城镇，推动小城镇发展与大城市中心城区功能相结合，与特色产业发展相结合，与服务

"三农"相结合，带动农业现代化和农民就近城镇化。7月，住建部、发展和财政部《关于开展特色小镇培育工作的通知》中提出，到2020年培育1000个左右各具特色、富有活力的特色小镇。

当前，根据住建部公布的两批国家"特色小镇"名单，北京市上榜小镇共计7个，天津市上榜小镇5个，河北省上榜小镇共12个，而三省（市）又根据地区发展特点及小城镇发展基础，各自出台了本地区建设特色小镇的指导意见，其中北京市规划将充分利用北京非首都功能疏解的重大机遇，调整重点镇规划布局，明确各类小城镇的功能定位。天津市力争到2020年，创建10个实力小镇、20个市级特色小镇，上述30个小镇达到花园小镇建设标准，每个区因地制宜自主创建2~3个区级特色小镇。河北省则规划在3~5年内，培育建设100个产业特色鲜明、人文气息浓厚、生态环境优美、多功能叠加融合、体制机制灵活的特色小镇。

浙江省的特色小镇建设提供了农村经济发展的新模式，具有巨大推广价值和借鉴意义。但是，京津冀地区与浙江省的区域环境、经济环境存在较大差异，区域内乡镇的情况也各自不同，因而在特色小镇建设上既要吸取浙江省的经验，也要因地制宜地挖掘本地区乡镇自身的特色，发展特色产业，传承传统文化，注重生态环境保护，做到"特色特建"，从以下几个方面组织开展。

（一）把握特色小镇定位，对特色小镇发展进行科学规划

特色小镇规划的制定应突出"人"的主体地位和中心地位，有效促进公众的主动参与，注重社会、经济与生态的长期可持续发展。首先，依托既有条件，挖掘小镇特色，设计好小镇的功能定位，以特色促发展，以特色统筹资源，加强本地资源的充分有效利用。同时，进一步加强基础设施建设，改善居民生活环境，使其具备吸引外来人口的基本条件，具备承接大城市人口、产业及其服务功能的能力，谋求区域可持续发展。其次，注重小城镇历史文化传统的传承与延续，挖掘、凝练小镇的历史脉络，以民俗、民风和地方文化的整理编撰及传统文艺活动的广泛开展和宣传延续当地文化传统。最

后，注重规划的弹性，维护市场与企业在小镇建设中的主体地位，同时针对文化及文化产业发展的经济特征弹性地制定规划，为市场的不确定性留出调整空间。

（二）发挥区域优势，依托大城市、建制镇、产业园区建设特色小镇

京津冀地区的小城镇总体上来说分布范围广、层次多、差异大，核心区域存在特大城市或超大城市，周边建制镇规模较浙江省更大，且土地空间资源比浙江省小城镇充裕，特色小镇的发展受空间约束相对较小，因而可摒弃其小型生态系统的发展模式，根据与城市、建制镇、工业园区的空间相对位置以及地理地貌环境、经济发展基础挖掘自身特点，谋求特色发展。对于被列入中心城区、同发达市区已融为一体的小镇，使其依托大城市，承接大城市新兴产业转移，继而依托产业发展特色；对于处在新城、新区的小城镇，则依托工业园区、农业园区建设发展周边产业，围绕与周边建立产业链条打造特色；对于处在贫困地带、人口密度和经济总量较小的城镇，则要挖掘其生态环境和传统文化优势，围绕打造特色旅游景区、文化景区展开建设，建设具有特色优势的休闲旅游、商贸物流、先进制造、民俗文化传承、教育体育休闲等魅力小镇。

（三）挖掘城镇经济发展潜能，强调产城融合，为增加小城镇产业发展活力

特色小镇发展要强调产业和文化在激发空间活力方面的作用，寻求差异性定位，利用优势资源进行整合创新。一方面，小镇建设中要求产业特色要明显，打造具有产业、文化、旅游的综合性空间平台，着重聚焦信息经济、金融、物流、先进制造、新能源、健康、旅游等支撑京津冀城市群未来发展的各大产业，坚持产业间融合和产业内融合，实现产业发展和城市建设并驾齐驱，推进产业集聚、产业创新和产业升级，实现产业带动就业，就业聚集人口，保障城市化发展进程的健康和可持续，形成"产、城、人、文"四

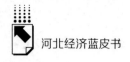

位一体的创新创业发展平台。另一方面，突出特色小镇主体功能，形成主题式、概念型小镇，通过专项建设，积极探索体育小镇、养老小镇古文化村落等多元化建设模式，挖掘小镇文化内涵，提升核心竞争力。

（四）转变政府职能，建立多方协同参与机制

一方面，地方政府必须坚持"小政府、大服务"改革方向，增强服务意识，提升公共管理与服务水平，政府角色从全能政府向"有限""有效"转变。与此同时，引进多元化的建设与管理机制，通过"社会化"模式引导社会资金参与基础设施建设，并引进市场管理和运营模式，引入企业资金、实现市场化运营模式，凸显企业主体地位，发挥企业在特色小镇建设中的主力军作用以及体现市场在资源配置中的重要作用。另一方面，引入居民维护、社会第三方参与的多元化主体，引入专业的规划团队及运营团队，实现小镇治理的委托代理机制，形成现代化、专业化的运营管理模式，搭建服务小镇治理与产业发展的公共平台，实现治理的网络化，加速小镇运营的相关信息传递，扩大中介服务和各类和规模，建立外在有效的第三方监督管理机制，用"互联网＋管理"和"互联网＋服务"，形成更加高效灵活，能够快速制定契合创业需求的政策和服务体系，同时提升小镇居民参与社区自治水平。

参考文献

工业和信息化部、北京市人民政府、天津市人民政府、河北省人民政府发布《京津冀产业转移指南》2016 年 6 月 7 日。

王彦林：《河北省新型城镇化现状分析与发展对策》，《河北工程大学学报》2017 年第 3 期。

《关于深入推进新型城镇化建设的若干意见》（国发〔2016〕8 号）2016 年 2 月 2 日。

《关于开展特色小镇培育工作的通知》2016 年 7 月 1 日。

张小力：《江苏省小城镇发展差异及其成长路径分析》，硕士学位论文，西北农林科技大学，2013。

曹璐：《新型城镇化视角下的省市域城乡统筹规划》，《城市规划》2014 年第 2 期。

闫明霞：《基于城乡统筹的县域新农村建设规划》，《工程技术研究》2016 年第 8 期。

范垚：《基于城乡统筹发展的农村土地综合整治绩效研究——以重庆市典型项目区为例》，《中国土地科学》2016 年第 11 期。

B.10
以中关村为核心的全国科技创新中心
与津冀协同引领研究

李子彪 李少帅*

摘　要：　创新无疑已经成为当今世界经济与社会发展的一个重要主题。
世界新一轮科技革命和产业变革蓄势待发，全球产业结构和
竞争格局的深度调整正在孕育，未来各个领域的颠覆式创新
可能取得不断突破，全国科技创新中心是首都的核心功能，
同时也是新时期北京重要的城市战略定位。在京津冀协同发
展过程中，作为首个国家自主创新示范区，中关村是国家自
主创新的战略高地、辐射之源，发挥其在京津冀协同发展中
的辐射、引领作用至关重要。本报告从科技辐射能力分析评
价、技术辐射、产业辐射和创新合作等几方面对以中关村为
核心的全国科技创新中心对津冀协同发展引领进行研究和分
析。

关键词：　科技创新中心　协同发展　京津冀　中关村

一　研究背景及意义

（一）研究背景

2014年2月，习近平总书记在北京视察工作时强调，要坚持和强化首

---

*　李子彪，河北工业大学人文与法律学院院长、教授、博士生导师；李少帅，河北工业大学经
济管理学院博士研究生。

都全国政治中心、文化中心、国际交往中心、科技创新中心的核心功能。同时明确了北京全国科技创新中心的定位。全国科技创新中心是首都的核心功能，也是新时期北京的城市发展战略定位。2016 年 9 月 11 日，国务院印发了《北京加强全国科技创新中心建设总体方案》，明确了北京加强全国科技创新中心建设的总体思路、发展目标、重点任务和保障措施，指出要按照"三步走"方针，不断加强北京全国科技创新中心建设。

第一步，到 2017 年，科技创新动力、活力和能力明显增强，科技创新质量实现新跨越，开放创新、创新创业生态引领全国，北京全国科技创新中心建设初具规模。第二步，到 2020 年，北京全国科技创新中心的核心功能进一步强化，创新体系更加完善，科技创新能力引领全国，形成全国高端引领型产业研发集聚区、创新驱动发展示范区和京津冀协同创新共同体的核心支撑区，成为具有全球影响力的科技创新中心，支撑我国进入创新型国家行列。第三步，到 2030 年，北京全国科技创新中心核心功能更加优化，成为全球创新网络的重要力量，成为引领世界创新的新引擎，为我国跻身创新型国家前列提供有力支撑。

京津冀协同发展战略是国家主席习近平推动的一项国家重大发展战略，京津冀地区的协同发展对于优化国家发展区域布局、优化社会生产力空间结构、推进新的经济发展方式具有深远影响，也是实现上述目标的重要方面。科技协同创新作为协同发展战略的重中之重，推进京津冀地区科技协同创新要与北京建设科技创新中心紧密联系，把北京打造成自主创新和原始创新的发源地。同时推动大型科学仪器设备设施、数据文献等科技资源和创新要素开放共享，搭建科技成果转化与产业化载体，建立区域技术交易市场和成果转移转化服务体系。

（二）发展布局

1. 自身实力逐步壮大

当前，中关村自身朝着更加健全的体系发展，正将自身科技创新资源、科研院所成果辐射到津冀区域。2014 年及以后，中关村企业通过推动传统

产业升级、人才共享、输送管理模式等途径与津冀两地实现了多种创新要素的共享。2014 年 4 月,天津宣布同中关村共同打造具有世界创新影响力的京津创新共同体,开始共同建立武清、北辰、宝坻、东丽、滨海科技园五大创新社区。2014 年 5 月,中关村海淀园秦皇岛分园挂牌,承接中关村高端制造、高新技术、节能环保产业和高端人才转移,还同廊坊市共建固安中关村高新技术产业基地,已有 10 个亿元以上项目签约。

2. 辐射引领能力不断增强

创新驱动促进区域产业升级是京津冀地区协同发展战略的关键所在,北京将强化与津冀两地创新联动,打造产学研结合的产业创新链条,加强辐射引领能力。2015 年北京技术合同成交额达 3452.6 亿元,占全国 1/3 强,这其中 70% 以上的技术辐射到国内其他省区市和国外地区,持续推动首都科技资源向社会放射,发挥全国科技创新中心辐射带动作用。同时北京科技资源也向津冀进行辐射转化,2015 年北京向津冀输出技术合同成交额为 111.5 亿元。

二 全国科技创新中心内涵、特征和功能

(一)科技创新中心内涵

全国科技创新中心指的是拥有大量的科技资源和成果,同时具有良好机制和创新环境,具有较强的自主创新能力,科技支撑引领作用突出,创新驱动发展成效显著,在全球科技创新版图中占有重要地位,对全国科技创新具有示范引领和辐射带动作用的城市或区域。

(二)科技创新中心特征

通过对前人研究成果的总结和归纳,本报告认为全国科技创新中心具有以下五个主要特征。

1. 创新基础雄厚性

全国科技创新中心拥有大量的科研仪器设备,拥有极为丰富的网络科技

资源、海量的科学研究数据、健全的人才体系，这使得其在原始创新上具备了强大的基础条件，可以保障这个研究的系统性和全面性，同时也使得研究得以持续推进，从而保障其前沿性，在自主创新成果的源头供给方面占有重要地位。

2. 创新资源凝聚性

全国科技创新中心由于本身聚集了大量的高端创新要素，创造了大量的科技成果，顺应国家实施创新驱动发展的宏观形势，在国家实施创新驱动发展战略中占有非常重要的地位，对于国家创新发展具有极强的导向作用，同时对全国其他区域的创新发展具有很强的辐射带动作用。

3. 创新效应示范性

全国科技创新中心由于产生大量科技成果，其无论是在区域还是在国家层面上，都具极强的示范性和标杆性。不仅如此，在对全国各区域实施双创的思想观念、创新环境和文化氛围的建立上也同样具有示范和引领作用。全国科技创新中心处于不同类型创新网络的核心位置，其连接着国家、政府和社会、企业、高校、研究机构等不同类型的创新主体，同它们有着千丝万缕般的联系，其软实力示范效应同样强大。

4. 创新领域广义性

全国科技创新中心领域不仅局限于科技创新，而且向科技创新协调发展，深化产学研合作，多学科交叉，推进产业化衔接配套，促进科技、产品、品牌、产业组织、商业模式创新和体制创新的融合，提高创新驱动发展的整体效能。

5. 创新格局世界性

创新是无国界和民族的，全国科技创新中心具有全球化视野的高度和广度。当今时代，以互联网产业化、工业智能化和工业一体化为代表，以人工智能技术、清洁能源技术、无人控制技术、量子信息技术、虚拟现实（VR）以及生物技术为主要代表的全新技术革命正在悄然而来，全球科技创新在这个时期内呈现出不同于以往的发展特色。

谁把握住其中的发展规律并大力发展，谁就无疑在新一轮的世界创新赛

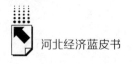

跑中把握住了战略先机，科技创新中心作为我们国家和世界先进科技创新交流对话的"窗口"，同时也是我们国家看世界变化的一双"眼睛"，更是我们国家利用好国内外两种科技资源的重要主体，在当今全球科技格局的形成和演变中发挥着重要作用。

（三）科技创新中心功能

全国科技创新中心发挥的功能与其内涵、特征紧密相关，是首都、科技创新和中心城市等三项功能的复合体，主要发挥以下四个方面的功能。

1. 服务和示范功能

从国家发展大局出发，按照自主创新、重点跨越、支撑发展、引领未来的指导方针，努力在创新驱动发展上率先示范，更好地发挥服务和示范功能。做优做强商务服务、信息服务、金融服务等高端服务，同时也要深化科技体制改革，完善人才发展制度、优化创新环境，为继续树立科技创新中心，对全国创新发展发挥示范引领作用而不懈努力。

2. 支撑和引领功能

支撑功能包括：①为国家重大科技决策、产业化项目、研发和基础设施建设提供支撑，②为保持经济健康发展、产业结构转型升级区域协调发展等提供保障，③为周边区域和全国其他地区经济发展提供智力支持、技术供给等。

引领功能包括：①引领国家创新发展的方向和进程；②推动创新技术的广泛深入应用，成为我国重要的创新成果应用地和新兴产业策源地；③成为我国创新文化的重要领航者；④积极参加国际竞争合作，抢占科技发展的战略制高点，成为我国科技发展的重要的"桥头堡"。

3. 集聚和融合功能

科技创新中心聚集了大量的创新资源，包括人才、技术等。但由于创新要素类型和总量巨大，如何高效地配置这些资源，从而发挥出应有效果，都是创新中心需要直面的问题，其关键在于融合和创新，促进各要素的流动和配置，建立完善的协调发展机制，促进政产学研用协同创新，加快完善知识创新体系、技术创新体系、科技服务体系、军民融合创新体系和区域创新体系，提高首都创新体系的整体效能。

4. 辐射和带动功能

科技创新辐射和带动功能主要包括：①提供科技基础设施服务，包括科学数据、文献资源等；②技术、资本、人才、信息、管理等创新要素向周边地区和其他省市辐射溢出，创新成果在周边地区和其他省区市得到转移转化和产业化；③促进不同区域间的交流和融合；④本身制度机制和政策措施发挥示范辐射作用。

三 中关村科技创新中心发展及在津冀情况

（一）中关村自身建设发展情况

中关村国家自主创新示范区源于 20 世纪 80 年代初期的中关村电子一条街，它是中国改革开放的产物。最新统计数据显示，2016 年中关村自主创新示范区实现总收入达 46047.6 亿元，同比增长 12.83%；示范区实现工业产值 9937.7 亿元，同比增长 3.93%。同时，科研活动人员达到 65.7 万人，新技术产品销售收入达到 4565.6 亿元，比 2015 年增加 168.3 亿元。2012～2016 年中关村国家自主创新示范区发展指标如表 1 所示。

表1　2012～2016 年中关村国家自主创新示范区发展指标

年份	企业总数（个）	科技活动人（人）	工业总产值（亿元）	总收入（亿元）			进出口总额（亿美元）	科技活动经费支出（亿元）
				技术收入	产品销售收入	商品销售收入		
2012	14929	402330	6494.7	3403.1	8741.2	10077.4	752.0	918.2
2013	15455	499870	7890.3	4032.4	10788.4	11339.6	889.6	1165.1
2014	15645	531609	9078.2	4837.7	12474.2	12832.6	995.8	1540.5
2015	16693	604674	9561.7	6623.0	13298.7	13339.0	879.0	1776.1
2016	19869	657015	9937.7	7580.4	14752.5	14522.4	781.4	1972.4

资料来源：《中关村指数 2016》。

（二）中关村在河北设立创新中心

近些年来，基于中关村向京外疏解非首都功能的要求和支持京津冀协同发展国家战略需要，中关村分园区纷纷在河北多地落地生根。如中关村海淀园秦皇岛分园、保定·中关村创新中心和石家庄（正定）中关村集成电路产业基地等。

1. 中关村海淀园秦皇岛分园

2014 年 5 月 12 日，中关村海淀园秦皇岛分园在秦皇岛经济技术开发区揭牌成立，这是中关村海淀园在全国建立的首个分园。同时来自中关村的北京千方科技、碧水源等 6 家高科技企业入驻该园区，并将在"智慧交通、智慧医疗、智慧城市、污水处理、服务外包"等方面进行转化应用，使得其从揭牌开始就进入实质性运作。同时也标志着京秦两地在资源、空间、产业、技术、人才等方面实现了有效对接，在推进京津冀协同发展战略进程中迈出了坚实的一步。

2. 保定·中关村创新中心

为实施京津冀协同发展和创新驱动发展国家战略，推进"双创"，落实京冀"6＋1"中关村与河北科技园区共建合作协议。2015 年 4 月，中关村国内第一家创新中心正式落户保定，同时也是全国第一家由中关村在北京外设立的创新中心。"保定·中关村创新中心"是由保定市投资 5.2 亿元建设的电谷国际商务中心改造而成。由中关村发展集团所属企业中关村信息谷管理有限责任公司负责运营，把中关村创业孵化、科技金融服务、成果转移转化等领域的思想和实际做法植入保定，引导全国创新资源和高端要素聚焦保定，营造跨区域的创新创业生态系统，成为促进区域协调发展与经济增长的新动力。

3. 中关村互联网文创产业园承德园

这是中关村在北京之外首家落地的互联网文创产业园区，该园将采用北京运营管理理念，同时突出承德城市特色，着力构建以"互联网"为主导，以创意设计为支撑，以文化、科技、金融紧密融合，多层次、多类别的发展格局，打造京津冀极具影响力的文化产业园区。2015 年 12 月，迎来 13 家首批入园企业和协会。

中关村互联网文化创意产业园（承德园）作为互联网文化的体验平台，将容纳众多互联网文化企业，提供互联网文化衍生品开发，并为互联网文化企业提供金融、培训等中介服务。展示最前沿数字互动技术，以应用型最新数字技术表现和演绎文化内容、丰富和深化演艺体验和娱乐体验。在"平台为王"的当下，承德园以打造文化科技融合的产业链为纽带，多项目结合，以最具联动效益的方式创造更多经济价值。

4. 中关村海淀创业园石家庄分园

2016 年 10 月 14 日，中关村海淀创业园石家庄分园宣布正式开园，该分园位于新华区西三庄河北互联网大厦，是京津冀地区跨区域、全方位、一体化、创新型的双创公共服务平台，该园区将平移中关村海淀创业园的运营和管理模式，帮助企业"零成本""零门槛"创业，并赋予项目全链条孵化服务。园区服务中心将为入驻企业提供政务、科技金融、政策咨询、人力资源、知识产权和法律"六位一体"的一站式服务。

（三）中关村在天津设立创新中心

2016 年 11 月 22 日，天津滨海 – 中关村科技园在天津滨海新区正式揭牌。滨海新区和北京中关村将会联合建设成立天津滨海中关村科技园区，从北京中关村分出部分移动互联网、文化创意、生物医药、集成电路、高端制造业等领域的高新企业。天津滨海新区借助京津合作之机遇，围绕新区自身8 人支柱产业和重人科技项目，吸引上下游、同行业企业落户新区，推动京津冀地区经济一体化发展。

此外，天津滨海新区还会在支持科技型企业发展、孵化载体和服务平台建设、科技合作和重大成果转化、科技创新创业环境建设等 4 个方面加大投入，吸引中关村的科技型中小企业转至滨海新区发展，对落户到该园区的企业给予税收、资金支持、融资贷款、房屋租金等全方位支持和服务。

中关村在津冀地区设立主要园区汇总如表 2 所示。

表2　中关村在津冀地区主要园区设立情况

园区名称	创立时间	园区定位	园区现状	发展方向
中关村海淀园秦皇岛分园	2014年5月11日	以集聚人才、完善服务、营造氛围为抓手,探索系统性复制中关村模式,建设优化创新创业生态环境	已有千方科技、碧水源等上百家中关村高新技术企业落户	着力搭建区域产业转移合作平台、跨区域产学研合作和资源共享平台和形成以市场为导向的合作机制
保定·中关村创新中心	2015年4月28日(首家由中关村在京以外设立的创新中心)	通过植入中关村创新基因,配置创新资源,集聚高端要素,打造跨区域的创新创业生态系统	入驻企业包括中国网库、用友等75家,入住率90%,其中50%企业来自北京	①2018年初步建成保定市创新示范基地②2020年基本建成京津冀地区创新基地③2025年全面建成国内具有重要影响力的区域科技创新中心
中关村互联网文创产业园承德园	2015年11月13日	复制北京运营理念,突出承德特色,着力构建以"互联网+"为主导,以创意设计为支撑,以文化、科技、金融紧密融合,构建多层次、多类别的发展格局	2015年12月21日,中关村互联网文创产业园承德园迎来13家首批入园企业和协会	构建以"互联网+"为主导,创意设计产业为支撑的,科技、金融、文化融合发展,多层次、多类别的产业格局,将产业园逐步建成创新型的互联网文化产业基地
中关村海淀创业园石家庄分园	2016年10月14日	平移中关村海淀创业园先进的运营和管理模式,帮助企业"零成本""零门槛"创业,并赋予项目全链条的孵化服务	当前,该园区共吸引26家企业入驻	经过2~3年的培育、扶持和发展壮大,逐渐形成河北省乃至全国的特色产业聚集区、以创新驱动推动转型发展的"双创"区
石家庄(正定)中关村科技新城(规划中)	—	重点打造"2-4-2"产业体系。优先发展泛半导体、智能硬件2大引领产业,积极培育新能源汽车、高端装备、节能环保、现代物流4大产业,同步发展生产性服务业和生活性服务业	—	
中关村科技园区昌平园怀来分园(规划中)	—		确定首批引进6家企业	

园区名称	创立时间	园区定位	园区现状	发展方向
天津滨海-中关村科技园	2016年11月22日	积极从北京中关村分流一部分移动互联网、文化创意、生物医药、集成电路、高端制造业等领域的高新企业,同时支持科技型企业发展、平台建设、科技成果转化等	优势企业项目有12个,还有15个项目与滨海新区各功能区签约落户,6个项目入驻天津滨海-中关村科技园辐射区	围绕新区自身八大支柱产业和重大科技项目,充分利用业内企业渠道,吸引上下游、同行业企业落户新区,推进京津冀区域经济一体化发展

资料来源:作者通过对网上资料收集整理得到。

四 科技创新中心对区域协同引领机理

(一)理论基础

1. 增长极理论

增长极理论由法国经济学家佩鲁在1950年首次提出,被认为是西方区域经济学中经济区域观念的基石,是不平衡发展论的重要依据之一。该理论认为:一个国家要实现平衡发展只是一种理想,在现实中是不可能的,经济增长通常是从一个或数个"增长中心"逐渐向其他部门或地区传导。

根据增长极理论,可把科技创新中心看成区域增长极,中关村在津冀两地的科技创新中心作为科技、信息、创新等资源聚集地,不仅拥有完善的基础设施,而且更有国家、省市等自上而下的政策支持,良好的科研和生活环境,对当地乃至跨省市的企业等团体都有极强的吸引效应。总而言之,科技创新中心所具有的一系列资源聚集、设施、政策等优势,完全可作为增长极的动量,推动区域向更高、更大、更强、更全面和更健康的方向发展。

2. 区域创新理论

英国卡迪夫大学的库克教授(Philip Nicholas Cooke,1996)在弗里曼(Freeman,1987)提出并研究国家创新体系(NIS)的基础上,又对区域创

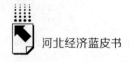

新的体系（RIS）实施了全方位理论和实践研究，认为区域创新体系指"地理空间上临近的，由通过互相的分工和互相的联系的生产企业、研究机构和大学等组成的区域性体系，并且这种体系能够互相支持和产生创新的组织体系"。后来通过进一步研究，其观点改为"在一定区域内，经常而密切地与区域内企业的创新投入相互作用的组织网络和制度安排"。

区域创新系统理论的理论基础来源于四个理论，包括国家创新系统理论、渐进经济学理论、新区域科学和现代区域发展理论及新产业区理论。这是一个相对新兴的理论。

3. 极化效应和扩散效应理论

瑞典经济学家谬尔达尔在 1957 年出版的《经济理论与不发达地区》一书中把发达地区对周围地区的阻碍作用当作极化效应。把发达地区对周围地区的推动作用当作扩散效应。在区域经济发展中，极化效应和扩散效应总是相互依存的，极化效应使得区域发展从分散型逐步向局部发展不平衡的方向发展，而扩散效应则使得区域发展从资源由个别区域的聚集向全区域扩散发展，达到新的均衡态势。

4. 核心—边缘理论

核心—边缘理论是现代空间经济学的核心部分，美国空间经济学家弗里德曼与 1966 年根据拉美国家的经济特征进行研究而正式提出这个理论。其含义是在一个空间范畴的经济地域内，各个组织会形成一个"核心辐射边缘，边缘支持核心"的动态演化过程。

（二）组织结构框架

科技创新中心对区域的协同引领是通过一定的机理进行的，包括科技创新内部的创新主体和管理及服务主体间的相互作用，创新主体间为了取得更好的发展，获取更多经济利益，利用科技创新中心的优越环境，密切联系，相互配合，管理和服务主体发挥其管理服务功能。及时提供有效信息，包括来自政府政策、市场反馈等等，收集科技创新内部各创新主体在协同合作中所遇到的困难，了解实际情形。有针对性地对服务进行改进，使得管理更加科学规范，服务更加细致周到。

除了科技创新内部相互协同配合之外，科技创新中心还同中心外的区域的创新主体诸如高等院校、科研院所、各类企业、中介机构政府和服务机构通过市场机制和行政手段进行多方面创新合作，以此形成科技创新中心对跨区域的辐射和引领效应的有效连接点，构建跨区域创新网络。在这个过程中科技创新所能影响到的区域内，各创新主体也在进行着各种连接，通过资源、信息等相互交换和合作，使得该区域也形成一个稳定的创新网络并且比创新中心本身更加丰富多彩（见图1）。

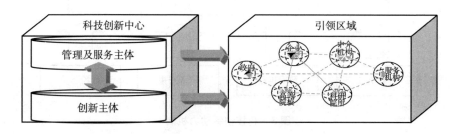

图1　科技创新中心与引领区域组织结构框架

图1表示单个科技创新中心和引领区域的组织结构框架，现实中往往是多对多的情形，将其推广到多个创新中心和引领区域组织结构框架如图2所示。

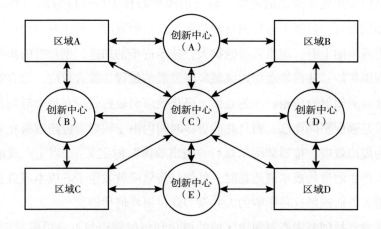

图2　多对多情况下科技创新中心和引领区域组织结构框架

（三）动力机制

科技创新中心的驱动力可以分为内部动力和外部动力两大类，内部动力包括创新主体的利益驱动力（见图3），外部动力包括政策推动、环境约束、竞争和变革压力等，具体来讲，有利益诱导机制、政府推动机制、资源约束机制、市场驱动机制。

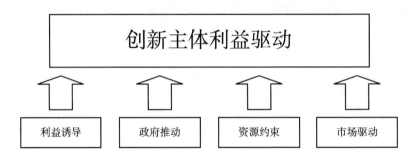

图3　科技创新动力机制

（四）运行规律

极化效应：劳动力、资金、技术、资源等受到要素收益差异而发生的落后地区向发达地区流动的现象。科技创新中心作为所在区域的科技活动中心，如同磁石一般吸引着周围资源的聚集。辐射效应：经济发展会伴随着内部人力成本的上升，规模效益的扩大，技术进步的加速，创新群的集结，逐步向周围扩散，从而推动周边区域经济发展的过程。综合效应：综合效应是极化效应和辐射效应相叠加的效果。极化效应和辐射效应在每个时刻都会存在，只是强度不同而已，而且此后更多时间内由于辐射效应超过极化效应而表现为溢出效应。按照萨缪尔森对"溢出效应"的定义："当生产或消费对其他人产生附带的成本或效益时，外部经济效应就发生了。成本或效益被加于其他人，而施加这种影响的人并没为此付出任何代价。"

通常科技创新中心对周边区域的极化和辐射效应与本身规模呈正相关，与辐射区域的距离呈负相关。而在时间维度上，往往呈现出极化效应减弱和辐射效应增强的变化规律。为直观进行表达，现分为横向和纵向两个维度进行梳理和详细分析每种情形，整理如表 3 所示。

表 3　科技创新中心极化和辐射效应发展规律

	具体情形	表现形式	含义
横向规律	极化和辐射效应并存	$H = H_0 \times e^{-\delta x}$ x 表示距离，H_0 表示规模	①极化和辐射效应同科技创新中心规模呈正相关关系 ②极化和辐射效应同科技创新中心与辐射区域距离呈负相关关系
纵向规律	极化效应 > 辐射效应	极化效应	初始阶段，科技创新中心极化效应很强，而辐射效应则几乎为 0，极化效应远大于此时的辐射效应
	极化效应 = 辐射效应	均衡效应	发展阶段，科技创新中心极化效应减弱，辐射效应增强，某一时刻两者产生效果总体上相当，表现为短暂的均衡效应
	极化效应 < 辐射效应	溢出效应	继续发展阶段，科技创新中心极化效应进一步减弱，辐射效应进一步增强，表现为溢出效应强度越来越大，范围越来越广

资料来源：作者对文献进行整理得到。

科技创新中心对区域协同发展极化效应曲线、辐射效应曲线和综合效应曲线如图 4 所示。

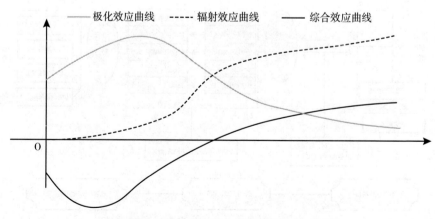

图 4　科技创新中心极化、辐射和综合效应曲线

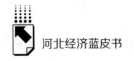
（五）运行机制

运行机制方面，科技创新中心对区域协同引领所产生的推动作用主要通过五个层面来实现。包括：企业层面进行技术和创新合作，产业层面进行深度融合，产学研层面协同创新，制度层面深化改革，设施信息层面进行共享。这五个层面不仅在科技创新中心内部的创新主体间展开，还包括跨区域间的创新要素的流动、创新主体间的分工协作。

具体来讲，科技创新中心本身的设立就是一种对如技术、资金、人才等资源聚集的认可和强化，反映在两个方面，一是科技创新所选地区本省就具有相当的资源禀赋优势和区位优势，这使得其本身能自发地对区域资源产生一定的吸附效果，二是科技创新中心内部和外部动力共同驱动使其吸附能力进一步增强，以上两点合力促进区域资源向科技创新中心流动，极化效应由此呈现。资源聚集到一定量的时候，首先在科技创新内部产生多种维度的相互作用效果，表现在企业进行技术合作，产学研协同创新，产业深度合作，制度深化改革，设施和信息共享，等使得科技创新中心内部实现效率和效益双重提升、结构升级和优化、服务规范和完善、资源配置更加合理。

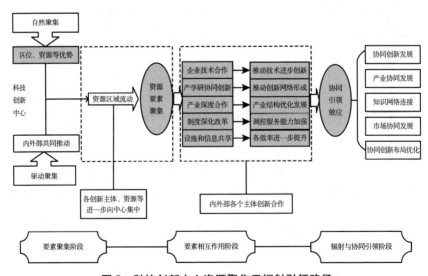

图5　科技创新中心资源聚集于辐射引领路径

当科技创新中心成为区域增长极之后，会产生空间辐射效应。科技创新中心实现"走出去"。此时，科技创新中心仍具有极化和辐射两种效应，只不过极化效应同辐射效应在此时达到平衡点。此后，辐射效应逐步凸显，为区域发展带来强大助推力，产生"涓流效应"。各个创新主体间通过要素的频繁流动和扩散，产生知识溢出效应。而不同创新主体通过共享各自的资源（基础设施，技术、科技信息等）使得同类和非同类的创新主体都能产生一定的相互协作，从而实现协同效应。最终走向对区域的协同引领效应，从而带动区域间的协同与发展（见图5）。

五　中关村辐射与津冀协同引领效应研究

科技创新中心作为区域经济增长极和区域创新活动中心，外在表现为对区域经济发展的辐射和带动效果，其内部表现为极化效应和扩散效应的双重过程。具体来讲，以中关村为核心的全国科技创新中心主要是通过产业传导、技术扩散、智力支持、区域服务和创新合作等方式来发挥对津冀区域发展的协同引领作用。

《中关村指数2016》显示，中关村示范区加快向具有全球影响力的科技创新迈进，整体呈现深化改革、引领双创、结构优化、协同发展、辐射全国、连接全球的新特点和新趋势，创新创业活力充分释放，京津冀地区发展内生动力显著增强，保持了速度稳、结构优、效益好的良好发展势头，在创新驱动发展战略中，北京发挥着至关重要的引领支撑和辐射带动作用。

如图6所示，2015年中关村示范区企业对外辐射能力稳步提升，综合辐射带动指数为358.3，较上年提高68.2。分项指数上，技术辐射指数增至408.6，产业辐射指数达307.9。中关村加强整合优质资源，在助力打造京津冀协同创新共同体的同时，引领带动全国创新发展。中关村对外辐射活动呈现出"总量提升、技术引领、资本驱动"三大特征。

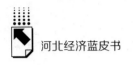

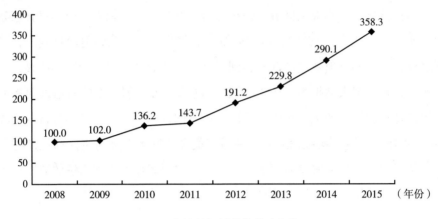

图6 中关村辐射整体带动指数

资料来源:《中关村指数2016》。

(一)中关村科技辐射能力分析评价

1.中关村科技辐射引领能力测度及评价

为测度北京中关村科技创新辐射引领能力,在综合考虑已有成果对科技创新辐射引领能力和指标全面性、科学性、可获得性和可操作性基础上,选取企业总数、科技活动人员、工业总产值、总收入、进出口总额、实缴税费总额、利润总额、资产总计、科技活动经费支出总额、流向省外技术合同数和技术合同成交额为表征其科技创新辐射能力指标,利用中关村2012~2015年数据做因子分析,得到其2012~2015年科技创新辐射引领能力综合评价结果(见表4)。

表4 2012~2015年中关村科技创新辐射引领能力综合评价结果

年份	因子1	因子2	综合辐射引领能力
2012	-1.174	-0.565	-1.101
2013	-0.359	0.168	-0.307
2014	0.367	1.333	0.444
2015	1.166	-0.936	0.965

从表4中关村科技辐射引领能力看，2012～2015年4年内，中关村综合辐射引领能力逐步增强，尤其是2014年以来，综合辐射引领能力显著提高。

2. 中关村科技资源聚集辐射引领空间效应

为测度北京中关村科技资源聚集及空间辐射引领效应，本报告通过对文献资料的查阅，拟采用威尔逊模型开展计算，威尔逊在1970年提出了"最大熵原理"，该模型认为如果两个区域或者城市间常常发生资源的流动和空间相互作用，则其强度与距离、区域的规模和资源的连通性质相关。

首先，测度其科技资源聚集程度，根据影响科技资源集聚的因素共计选取5个指标来进行衡量：科技活动人员、工业总产值、技术收入、新产品收入、科技活动经费支出。本报告选择土地和人口两个维度来构建指标体系，即从地均和人均两个维度来反映科技资源聚集度（见表5）。

表5　科技资源聚集度指标体系

名称	指标
地均科技资源聚集度	地均科技活动人员
	地均工业总产值
	地均技术收入
	地均新产品收入
	地均科技活经费支出
人均科技资源聚集度	人均科技活动人员
	人均工业总产值
	人均技术收入
	人均新产品收入
	人均科技活经费支出

其次，在具体计算时科技辐射力一般采用科技资源对其周边地区的溢出效应，通过对威尔逊模型的应用，测度出某区域的科技资源辐射半径。威尔逊模型认为 a 区域对于 b 区域资源吸引力可表示为：

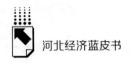

$$T_{ab} = KO_aD_b\exp(-\beta r_{ab}) \tag{1}$$

$$\theta = D_b\exp(-\beta r_{ab}) \tag{2}$$

$$\beta = \sqrt{2T/t_{\max}D} \tag{3}$$

D 表示的是相互作用域的尺度，$t_{\max}$ 表示的是具有辐射能力的最大的个数，T 表示的是传递因子在域元内的平均数，对上述式子进行变形得到：

$$r = \frac{1}{\beta} \times \ln\frac{D_b}{\theta} \tag{4}$$

最后，将数据代入上述公式可得到中关村近几年的科技资源辐射范围（见表6）。

表6　2012～2015 年中关村科技资源空间辐射范围

年份	因子1	因子2	科技资源聚集度	辐射半径（公里）	辐射面积（平方公里）
2012	- 1.234	- 0.392	- 1.024	—	—
2013	- 0.353	0.244	- 0.204	—	—
2014	0.575	1.252	0.744	47.602	7118.693
2015	1.012	- 1.104	0.484	42.853	5769.156

从表6中关村科技资源空间辐射效应看，中关村科技资源聚集和空间辐射效应整体呈现增长态势，2015 年相比 2014 年虽然辐射半径和辐射范围略有减小，但整体辐射范围仍不断扩大。京津冀三地形成了以中关村为核心的科技资源辐射网络。

（二）技术辐射与津冀协同创新发展

本报告所指技术辐射主要是指不同区域间通过技术交易形成的技术输出。2012～2015 年，中关村技术辐射指数始终保持较快增长，2015 年更是达到408.6（见图7），表明其间由中关村这个技术辐射源辐射力度在逐步加大，流向外省市技术合同成交额大幅增长。对外技术辐射能力持续增强，

输出到津冀的技术合同成交额快速增长。2015 年中关村输出技术成交额
2905.5 亿元，占全市技术合同成交总额的八成。从技术领域看，流向外省
市的技术主要集中在现代交通、电子信息领域，核应用技术交易实现爆炸式
增长。流向外省市技术以技术服务为主要形式。

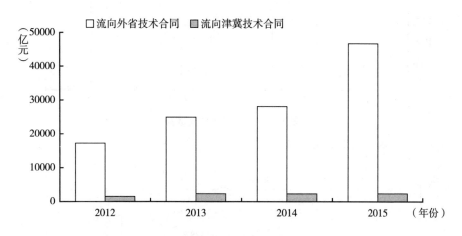

图 7　中关村技术合同成交量

资料来源：《中关村指数 2016》。

中关村对津冀技术交易数据显示，与津、冀地区的技术交易不断活跃。
2015 年，中关村流向津冀两地的技术合同为 2565 项，较上年增加 65 项
（见图 8），技术合同成交额为 89.4 亿元，同比增长 60.5%（见图 9）。中关
村企业发挥在大数据、云计算等技术领域的优势，加强与津冀地区创新合
作，如神州数码与秦皇岛、沧州、承德签署了智慧城市战略合作协议，开展
公共信息服务平台建设。

同时，保定·中关村创新中心加速京津保协同创新升温。2015 年 4 月
28 日，中关村国内首个京外创新中心正式落户保定。截至 2016 年底，该创
新中心签约入驻企业机构 86 家，签约面积 3.2 万平方米，其中京籍企业超
过半数，入驻率已超 70%，入驻企业累计研发投入 3500 万元，实现年营业
额 3.2 亿元。该创新中心与保定市高新区深度合作，营造创业氛围，构建创
新生态系统，现已成为协同创新的热点地区。

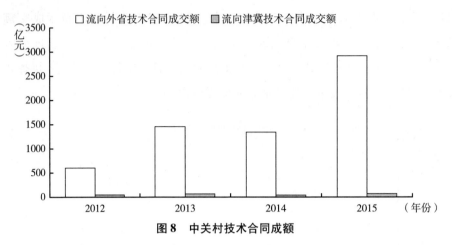

图 8　中关村技术合同成额

资料来源:《中关村指数 2016》。

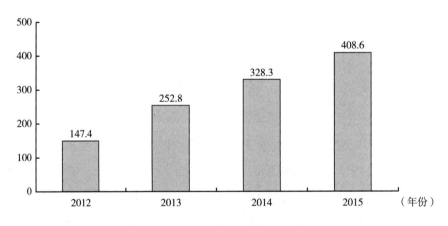

图 9　中关村技术辐射指数

资料来源:《中关村指数 2016》。

(三)产业辐射与津冀产业协同发展

2015 年关村示范区产业发展指数达 265.4,产业规模、产业效益平稳提升。总收入和净利润等主要经济指标已经遥遥领先于其他地区。中关村加快构建"高精尖"经济结构,现代服务业、高技术服务业领跑增长,"互联网+"、分享经济等新业态、新模式不断涌现,成为经济发展的新动能。2015年中关村国家自主创新示范区十大行业主要经济指标如表7所示。

表7 2015年中关村国家自主创新示范区十大行业主要经济指标

行业名称	企业数量（家）	总收入（亿元）	新产品销售收入占总收入的比重(%)	从业人员（万人）	企业内部科技活动经费支出（亿元）
土木工程建筑业	83	2577.4	0.0	4.8	47.8
计算机、通信和其他电子设备制造业	419	2272.7	51.1	10.44	130.7
汽车制造业	113	1931.7	19.8	8.46	82.9
软件和信息技术服务业	4398	4026.9	7.3	51.55	475.4
专业技术服务业	1033	3554.8	2.3	17.76	130.3
商务服务业	785	1928.4	0.6	10.42	32.3
科技推广和应用服务业	2904	1414.1	6.1	13.23	117.1
互联网和相关服务	320	1022.7	0.4	10.49	135.0
研究和实验发展	500	756.3	13.8	6.22	279.8
电信、广播电视和卫星传输服务	215	695.6	0.2	5.82	38.5

注：依据大类行业的企业数量、经济总量规模、从业人数等指标，综合选定下列十个行业为中关村示范区十大行业，其中第二产业占3席，第三产业占7席。

科技创新中心可以通过技术辐射改造当地传统产业，更为重要的是可以催生大量的新兴产业。促进科研同生产、科研与市场领域相结合，加速科技成果的转化和高新技术产业化，推动区域经济产业结构的调整和升级。

从中关村产业辐射情况来看，2012~2015年，中关村产业辐射指数除2013年略有下降外，整体上涨势头强劲（见图10），2015年猛增至307.9，同比增长22.2%。中关村围绕节能环保、新能源、高端制造等重点领域，支持京津冀创新主体开展联合开发、成果转化和示范应用。推动产业上下游高校连接，发挥新型产业组织作用，依托科技条件平台优势，为津冀两地企业提供服务，从而促进产业转型升级和产业协同发展。

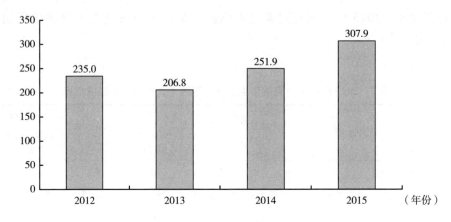

图10 中关村产业辐射指数

资料来源:《中关村指数2016》。

(四)创新合作与津冀协同创新布局优化

以中关村为核心的科技创新中心在推动津冀地区协同创新,促进创新资源充分流动与合理配置,激发区域创新活力,提高创新效能等方面发挥了作用。当前正在打造产业链、创新链、园区链的多链融合,引领构建京津冀协同创新共同体。

2015年,中关村示范区坚持以协同创新为引领,深入开展京津冀地区的创新合作,推动创新资源开放共享,着力推进形成京津冀协同创新共同体,努力实现京津冀协同创新布局的优化。①优化产业链布局,谋划打造以"中关村数据研发服务-张家口、承德数据存储-天津数据装备制造"为主线的"京津冀大数据走廊",同石家庄市人民政府签署共建集成电路封装测试产业基地的合作框架协议,中关村将发挥在集成电路设计、高端制造及装备领域的优势,为石家庄联通整个集成电路产业链,做大做强集成电路产业集群,并由此带动智能硬件、智能制造、节能环保等产业的创新发展做出贡献。②部署和优化创新链布局,主动实现创新资源的开放共享。整合北京科技平台、中关村开放实验室等科技创新资源,支持京津冀三地企业、高等院校资源开放。③打造和优化科技创新园区产业链布局,积极打造京津冀

"4 + N"产业格局，探究跨区域科技创新园区链建设模式和合作机制。④探索和优化管理体制和利益共享机制。中关村海淀园秦皇岛分园已有 6 个项目达成合作意向，继续探索管理体制和利益共享机制。⑤瞄准和优化高端领域，与保定共建保定·中关村创新中心，锁定智能电网、新能源、新一代信息技术、高端装备制造四大领域，2015 年 4 月中心挂牌以来，来访企业数百家，超六成来自北京。

六　主要结论及建议

在京津冀协同发展的进程中，中关村一直是国家自主创新的战略高地和辐射源泉，发挥出中关村在京津冀协同发展中的辐射和引领作用，显得尤为迫切和重要。在京津冀协同发展的战略框架下，中关村担负着发挥"智力引擎"效能、带动产业转型升级、改善创新环境、构建区域创新创业生态系统、优化京津冀协同创新布局的重任。

（一）科技创新中心辐射引领现阶段的初步判断

根据极化效应和扩散效应的理论，科技园区在起步阶段往往是一种各类资源聚集的过程，而多种数据统计以及现象表明当前以中关村为核心的全国科技创新对于津冀的辐射已处于相互要素作用后期和辐射扩散初期。创新中心对于临近区域的辐射和引领程度如何，主要取决于自身的实力情况，当自身实力较弱时，对周围辐射影响是有限的。当自身发展壮大时，创新中心内部的资源大量聚集和相互作用，产业间联系紧密程度极强，创新主体间相互作用非常频繁，协同效应突出，对外部区域的辐射范围和辐射强度随之明显加强。

（二）科技创新中心建设取得实质性进展

北京全国科技创新中心建设不断取得新进展，2016 年中关村高新技术企业实现收入 4.6 万亿元，对北京市经济增长贡献率将近四成，比 2010 年翻了 1 倍还多。中关村及北京市技术成交额为 3940.8 亿元，中关村一直致

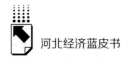

力于建设全国科技创新中心核心区，打造高端创新创业示范区，坚持实施创新驱动发展战略，推动经济与科技深度融合，争取实现到 2020 年北京成为具有全球影响力的创新创业地区的目标。

（三）创新环境的提升对中关村辐射引领效应具有积极的影响

在全球经济迅速发展的今天，各区域间都在积极地为创新发展营造一个良好的创新环境，为知识、技术、产品和服务的流动和交流打造适宜的环境。基础设施硬件创新环境上，改善现有交通网络状况，实现三地区创新合作重点区域的交通无缝对接；创新软环境营造上，加大公共服务和生活环境对辐射引领的有力支撑，增强学术交流场所和各类交流活动的规划，加快园区内外企业信息流、技术人员的流动性，促进园区内部创新活动协同效应发挥及对外部的扩散及渗透效应，有助于促进京津冀地区创新成果产生与转化。此外，科技创新服务体系对于中关村有效整合创新资源，提升创新能力，促进创新创业，推动成果转化，等都有重要作用，同时也是建立健全科技创新顶层设计，加快推进创新驱动发展战略的重要行动。

（四）科技创新中心促进京津冀地区产业转型升级

京津冀地区协同发展的最大特点是创新驱动，中关村要发挥在创新驱动发展过程中的"中流砥柱"作用，引领京津冀地区产业转型升级，使得三地产业最终进入国内甚至是国际产业链的高端。依托北京科技资源和平台优势，为京津冀三地区提供"总工式"服务，探索"北京研发—津冀制造"模式，逐步形成以区域协同为支撑的产业创新格局。加快构建区域科技创新园区链，推进特色园区、基地建设，服务北京新机场临空经济区建设，推动要素聚集、资源共享、产业上下游高效连接。

同时，要特别注意高技术产业对于京津冀地区的辐射带动效应，由于高技术产业作为推进型产业，由此带动产业结构的升级和转型，最后经由产业的关联效应带动区域经济的全面发展。

（五）发挥中关村协同引领津冀协同发展要有新理念、新思路和新部署

要想进一步发挥中关村作为全国科技创新中心的辐射和引领效应，就必须在理念、思路和部署上有所创新。在未来发展中，中关村要以新发展理念为指引，深入贯彻落实《国家创新驱动发展战略纲要》，在推进体制机制改革和政策先行先试、建设中关村人才管理改革试验区、构建"高精尖"经济结构、建设国家科技金融创新中心、打造链接全球创新网络的重要枢纽等方面积极探索。

（六）持续推进中关村对于优化津冀协同创新布局作用

2016年中关村企业已在津冀地区如雨后春笋般涌现，京津冀协同创新共同体效果初步彰显。统计数据显示，仅上半年，中关村企业在津冀两地新设立分公司、子公司就达近700家，其辐射带动了区域的技术创新，加快了跨区域协同创新格局的形成。

要持续推进中关村对于优化津冀协同创新布局的作用，持续完善政策互动、资源共享、市场开放等机制，持续探索共建联合实验室、协同创新联盟合作模式。建立跨区域协同创新平台、科技资源服务平台、成果转化对接与技术转移绿色通道，推动产业联盟、"双创"平台等持续活跃，引领企业参与技术创新、体制创新、政策创新、金融创新，助力构建区域创新创业生态系统。

参考文献

伍建民：《建设全国科技创新中心的内涵与形势》，《前线》2014年第10期。

杨维凤：《京津冀协同发展背景下的首都科技创新中心建设》，《劳动保障世界》2016年第6期。

胡珑瑛、杨任远：《高技术园区对区域经济的辐射和带动效应分析》，《技术经济》

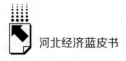
1999 年第 8 期。

马妍娇：《京津冀金融资源集聚的空间辐射效应研究》，硕士学位论文，首都经济贸易大学，2015。

王鹏：《跨行政区域创新系统的核心特征与动力支持研究》，《未来与发展》2009 年第 1 期。

陈子凤、官建成：《合作网络的小世界性对创新绩效的影响》，《中国管理科学》2009 年第 3 期。

P. cook, M. Heidenreich & H. Braczyk, *Regional Innovation Systems：the Role of Govermance in a Globalized world*, UCL press, 1996.

P. cooke & G. Sehienstock, "Structural Competiveness and Learning Regions," *Enterprise & Innovation Management Studies*, 2000.

P. cooke & G. Sehienstock, "Structural Competiveness and Learning Regions," *Enterprise & Innovation Management Studies*, 2000.

B.11
京津冀协同发展与
"环京津贫困带"出路探讨

马林靖　严雪晴*

摘　要： 作为中国经济增长的第三极，京津冀地区具有重要的战略与经济意义。然而，在京津高地的周边，却长期存在着一条由河北22个县组成的"环京津贫困带"。本报告深入剖析了"环京津贫困带"的贫困程度及其与京津周边郊县的贫困差距，运用计量模型检验了导致贫困的主要影响因素，并就如何利用京津冀协同发展的契机，帮助贫困地区实现脱贫减贫提出了有效的对策建议。

关键词： 环京津贫困带　京津冀协同发展　出路探讨

一　问题的提出

京津冀地区作为继珠三角、长三角之后的中国经济增长第三极，位于环渤海地区的中心位置，包括北京、天津两个直辖市和河北省全域，当前，京津冀地区的总人口已超过1亿，土地面积有21.6万平方公里，战略地位十分重要。然而，河北省的经济发展状况和北京、天津两市相比仍然相对落后，尤其是京津周边存在的"环京津贫困带"，它与京津接壤，

---

* 马林靖，河北工业大学经济管理学院副研究员、硕士生导师，南开大学滨海开发研究院特约研究员，天津农业经济学会理事，研究方向为发展经济学、城市经济学；严雪晴，河北工业大学经济管理学院硕士研究生。

包括 3798 个贫困村、32 个贫困县，贫困人口甚至达到 272.6 万（兰传海，2015）。

亚洲开发银行 2004 年在其技术援助项目《河北省发展战略研究》中首次提到了"环京津贫困带"的概念，问题一经提出就引起了社会各界的广泛关注。"环京津贫困带"紧邻京津，环抱渤海，却已成为我国东部沿海地区城乡差别最严重的地区之一，一些发展指标甚至还不如我国最贫穷区域之一的"三西地区"——甘肃河西、定西和宁夏西海固。从历史发展看，改革开放初期，该地区与北京、天津二市远郊县的经济发展大致处于同一水平（张佰瑞，2007），但是经过 30 多年的发展，"环京津贫困带"和京津远郊县之间的经济水平产生了巨大的差距，并有不断扩大的趋势。以 2015 年为例，"环京津贫困带" 22 个集中连片贫困县的农民人均纯收入、人均 GDP 和人均地方财政收入分别为京津远郊区的 38%、36% 和 19%。如今，"环京津贫困带"不仅面临脱贫的问题还要想办法摆脱返贫的困境，而实施的许多脱贫措施都未见成效，贫困县难以脱离贫困状态，成为一条环绕京津的经济塌陷地带，不利于京津冀区域的整体发展。

2014 年 2 月 26 日，京津冀协同发展工作座谈会如期举行，习近平总书记在大会上明确提出，"实现京津冀协同发展，是一个重大的国家战略，要加快走出一条科学持续的协同发展路子来"。这是习近平总书记首次公开把京津冀协同发展作为国家战略提出，标志着京津冀一体化协同发展迈向了一个全新的实质性的阶段，各类生产要素将进行重新的调整分布。推进京津冀协同发展，要找出各自的比较优势，因地制宜、突出特色，本着京津冀区域之间优势互补、区域一体的原则，进行区域合作，实现互利共赢，根据现代产业分工的要求，以京津冀城市群建设为载体，优化产业分工和布局，合理配置资源要素，建立长期有效的体制机制，促进区域的快速协调发展。北京、天津两市的联动发展要摆脱经济运行中容易出现的体制机制障碍，加快消除行政壁垒，首先要实现基础设施一体化，联合解决京津冀地区严重的大气污染问题，重点要调整产业结构，加快产业结构优化升级，实施创新驱动发展战略，以创新实现联动，带动区域联合发展。

京津冀地缘相接，人缘相亲，怎样利用其地域一体与协同发展得天独厚的契机，改善"环京津贫困带"与京津发展高地的巨大落差，已成为区域经济与产业协同布局的关键所在。本报告从地区经济、产业发展与农民收入等角度系统比较了"环京津贫困带"与京津地区郊县的发展差距，并运用计量模型深入剖析了导致贫困的主要决定因素和贫困原因，在此基础上得出相关结论，并提出适时抓住京津冀协同的机遇，以京津冀一体化为契机，促进资源共享，坚持区域一体、协同发展，协调解决生态环境保护，产业空间布局、结构调整，基础设施一体化建设，劳动力素质提升和合理配置，等问题，帮助贫困带实现脱贫和切实针对贫困帮扶的政策建议，以期为当地贫困县政府的决策制定给出参考和借鉴。

"环京津贫困带"有三个划定标准。①"亚行"标准。"环京津贫困带"首次出现是在亚洲开发银行的技术援助项目《河北省发展战略》专题报告中，该报告指出"环京津贫困带"的出现是主客观多方面的原因造成的，是长期发展形成的一条接壤京津，贫困人口分布集中的贫困带。为解决突出问题和矛盾，把重点研究对象定为京津以北的张家口、承德两市所属全部区县加上保定的易县、涞水、涞源共24个县（区）。②国家级贫困县标准。1986年确定的国家级贫困县有331个，1994年启动"八七扶贫攻坚计划"确定的国家级贫困县有592个，2006年和2012年经过调整，贫困县总数仍然为592个。2012年3月在国务院扶贫开发领导小组办公室发布的《国家扶贫开发工作重点县名单》中，确定的国家级环京津冀贫困县共有19个，包括保定市的4个县、承德市的5个县和张家口的10个县。③集中连片贫困县标准。2012年6月，国务院扶贫办在《中国农村扶贫开发纲要（2011～2020年）》的基础上公布了全国连片特困地区分县名单，我国共有14个集中连片贫困区，其中燕山—太行山区的环京津集中连片贫困县包括张家口市的9个县、承德市的5个县和保定市的8个县，共计22个县。

考虑时间因素与大多数学者的选择，本报告选择的研究对象范围是集中连片贫困县，具体县域包括保定市的8个县：涞水县、阜平县、唐县、涞源

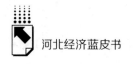
县、望都县、易县、曲阳县、顺平县。张家口市的 9 个县：宣化县、张北县、康保县、沽源县、尚义县、蔚县、阳原县、怀安县、万全县。承德市的 5 个县：承德县、平泉县、丰宁县、围场县、隆化县，共计 22 个贫困县。

二 文献综述

（一）贫困的定义

贫困一直以来都是社会各界广泛关注的焦点，更是学术界重点研究的课题。对于贫困问题学者们提出了各种各样的理论，包括贫困的定义、贫困的类型、贫困发生的原因，为寻找脱贫出路提供了理论基础，使得扶贫开发工作能够更快更有效地进行。

国内外学者对贫困定义的研究经历了一个由单向到多维，由静态到动态的过程。学术界最初给贫困下的定义是物质资料的缺乏，是从收入和消费的角度来说的。比如贫困是一定数量的货物和服务不足以满足家庭和个人的生存和福利（朗特里，1901）。国家统计局的贫困研究课题组（1990）从物质缺乏的角度来认识贫困，认为个人或家庭的生活水平达不到社会可接受的最低标准，缺乏必要的生活资料和服务即为贫困。康晓光（1995）认为人们的生活水准达不到维持个人生理和社会文化能接受的状态就是贫困。随着人们对贫困研究的不断深入，贫困的内涵也越来越丰富。诺贝尔经济学奖得主阿马蒂亚·森（1985）将能力贫困引入贫困的研究范围，他关注落后的底层人民，把研究视角从区域转向了人，认为贫困不只表现为收入水平的低下，也体现为发展能力的缺乏，能力贫困比收入贫困能更加准确地进行贫困的识别。当前，对于贫困的主流看法是贫困不只局限于收入低的问题，而是一个多维贫困问题，要从多维度来衡量，包括资源、权利、抵御风险的能力等。世界银行（2001）对贫困进行了重新界定，不仅从收入和消费的角度，还要考虑受教育的机会、营养和健康状况以及应对风险的能力。中国学者叶普万等（2003）将能力贫困解读为贫困主体缺乏基本的人类能力。

关于贫困的类型，郭犹焕、蒋路安（1990）从静态的角度把贫困分为绝对贫困和相对贫困，从动态的角度将贫困分为生活贫困和发展贫困。绝对贫困是个人的温饱问题得不到满足，相对贫困体现为人们收入之间的差距，生活贫困包括上述的绝对贫困和相对贫困，发展贫困是指一区域缺乏发展动力。谢维营（2002）根据贫困的性质和引起的原因把贫困分为制度型、体制型、政策型、环境型、灾祸型、风险型、懒惰型、愚昧型、恶习型、综合型10种贫困类型。张立群（2012）对连片特困地区的贫困类型进行了说明，认为贫困类型可以分为资源性贫困（自然资源缺乏或开发利用不足导致的贫困）、生产性贫困（生产效率低下、产业结构单一导致的贫困）、主体性贫困（劳动主体自身的知识水平不高、技能不强导致的贫困）、政策性贫困（政府政策的差别化导致的贫困）。

纵观国内外关于贫困成因的研究，英国经济学家马尔萨斯最早研究贫困问题，并提出了经典的"人口法则"。他从人口学的角度进行探讨，认为贫困是自身造成的，人口以几何级数增加，而生活资料以算术级数增加，人口的增长速度超过了生活资料的增长速度，因而产生了贫困和失业。20世纪50年代后期，经济学家们开始研究贫困的原因及脱贫的措施，认为阻碍经济发展的主要原因是资源稀缺。美国经济学家罗格纳·纳克斯（Ragnar Nurkse）强调外部经济的重要性，他在1953年提出了"贫困恶性循环理论"，认为国家的贫困阻碍了资本的形成，而缺少投资又不利于经济增长，这就产生了一个恶性循环，贫困问题难以解决。瑞典经济学家贡纳尔·缪尔达尔（Gunnar Myrdal）提出了"循环积累因果关系"的理论，从经济、制度、文化等广泛的层面上研究不发达国家贫困的原因。20世纪90年代以来，阿马蒂亚·森针对致贫原因的研究提出了新的思路，从发展的视角进行研究，认为贫困之所以存在，究其根本是生存、适应和发展能力的缺乏（阿马蒂亚·森，2001）。韩林芝、邓强（2009）对农村的贫困原因进行了分析，采用灰色关联分析方法，定量研究了致贫因子间的影响程度以及因子对主行为的贡献测度，找出了贫困产生的最大贡献度因子，即农村

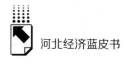

义务教育、人均水资源、耕地面积、自然灾害、农业机械化、财政支农等方面。

贫困的产生是一个过程，在这个过程中学者们不断地研究寻找解决的办法，反贫困策略研究对于解决贫困问题非常重要。刘易斯认为农村过剩的劳动力加深了发展中国家的二元经济结构的矛盾，可以通过剩余劳动力转移的方式将农村剩余劳动力转移到城市工业部门，从而降低农村的贫困程度。国内学者的相关研究涉及面广，学科的交叉度强。戴庆中认为我国的反贫困需要进行制度创新和组织重建；魏江茹、宋岭认为要重视人力资源在脱贫中的作用，实施人力资源可持续开发策略；林万龙、钟玲、陆汉文认为合作型反贫困可以解决贫困人口权利贫困、扶贫资源整合及农村治理等难题；王曙光、胡维金分析了金融反贫困的作用机制，认为为贫困群体提供适当的金融服务可以帮助其提高收入，改善贫困状况。2013 年，习近平总书记首次提出精准扶贫，刘彦随、周扬、刘继来揭示了农村贫困化地域分异规律，提出了科学推进精准扶贫的战略，即深化理论研究、强化制度创立、重视扶贫新模式的总结、创建动态评估机制。

（二）环京津贫困带的研究情况

2004 年"环京津贫困带"问题被提出以来，得到了学术界的广泛关注，大多数学者从生态的角度来研究"环京津贫困带"。河北省发展改革委宏观经济研究所课题组对解决"环京津贫困带"贫困与生态问题进行了研究，认为"环京津贫困带"伴随着贫困与生态问题，特殊的区位条件、恶劣的自然条件等自然因素和严重超采、人为破坏等人为因素形成了环京津贫困带，体制和机制陈旧是难以消除的症结，提出了发展"环京津贫困带"的新思路是建立生态经济特殊示范区。张柏瑞基于"环京津贫困带"对我国生态性贫困的双重抑制效应进行了研究，他认为初始贫困、机制贫困、民族贫困、社会贫困、区域贫困、职业贫困、性别贫困这些经典的反贫困理论对解释"环京津贫困带"是失效的，"环京津贫困带"的典型特征是生态性贫困，它既有生态环境恶化导致的直接抑制，又有外部对资源开发限制的间接抑制，即受到生态恶化和保护压力的双重抑制。王玫、李文廷（2008）认为行政区划限制了区域生态环境合作共建，必须要把"环京津贫困带"生态建设纳入京津冀发展框架联手共建。2014年以后，京津冀协同发展上升为国家战略，曾静、李书领（2015）就京津冀一体化背景下如何进行"环京津贫困带"的生态建设提出了战略思考，认为可以从产业模式转型，转变经济增长方式，建立长效生态补偿机制，打造环京津休闲旅游产业带，加强京津冀生态建设领域的高层次合作这几个方面实现突破。赵弘、何芬、李真（2015）认为"环京津贫困带"长期处于贫困状态是由自然资本、人力资本、资金资本、物质资本和社会资本构成的生计五边形显著缩小造成的，因此建议通过创新扶贫机制与政策、跨区域合作减贫、发展生态经济、加强教育培训、强化生态修复与生态建设等促进"生计五边形"扩张，进而达到减贫脱贫的目的。殷阿娜、邓思远（2017）在现有研究的基础上引入了博弈分析，认为在各自为政的情况下京津政府没有对"环京津贫困带"进行生态补偿的动机，这就需要京津冀大区域政策的顶层设计和协同发展。

有学者从旅游扶贫的角度对"环京津贫困带"问题进行了研究。比如张祖群（2012）对扶贫旅游的机理和研究趋向进行了分析，认为"环京津贫困带"应该以此为鉴，通过旅游业改善贫困现状。王淑娟等（2015）对"环京津贫困带"旅游扶贫的研究最多，她从旅游产业链的视角对"环京津贫困带"的旅游扶贫困境进行了分析，又对农业和旅游业的融合互动发展进行了研究。王淑娟等（2017）对"环京津贫困带"休闲旅游的发展进行了研究，认为环京津地区的旅游业发展远不如京津地区，提出构建环京津便捷休闲旅游区，通过发展休闲旅游来扶持环京津地区旅游事业。孙怡（2017）则是从区域合作的角度分析了京津冀开展区域旅游合作的必要性，认为各方可以实现互惠互利。

有学者从金融的角度分析"环京津贫困带"问题。比如刘莉等（2013）认为发展创意农业是有利于"环京津贫困带"经济发展的新型农业发展模式，而金融支持的缺乏对其产生了限制，因此提出构建"环京津贫困带"

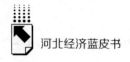

创意农业发展的多元金融支持体系，加大财政性和商业性金融的支持力度。陈建华对"环京津贫困带"的金融扶贫模式进行了分析，指出"环京津贫困带"的金融扶贫面临信贷风险、财政压力大、资金管理乱等困境，分析了造成困境的原因，认为应该强化政府在扶贫模式中的主体地位、创新适合本地区的金融扶贫模式、建立全方位的金融支持扶贫体系。

还有学者从交通、教育、城市化等角度研究"环京津贫困带"问题。比如王辉、李占平（2015）认为京津冀一体化背景下的跨区域轨道交通建设有利于消除"环京津贫困带"。高兵（2010）提出依托职业教育打造"环京津人力资源储备带"，并对京津冀区域教育空间格局进行了构想，认为应重视基础教育的均衡发展，缩小区域教育差距。罗俊、马艳坤（2015）从城镇化的视角分析了推进城镇化对"环京津贫困带"减贫的作用，提出了改革创新城镇化政策、加强基础设施规划建设、提高劳动力外出务工技能、有选择性地承接产业转移、发展生态旅游和现代化农业、成立城镇化减贫基金等六个方面的政策建议。

综上所述，对于"环京津贫困带"的研究主要是国内学者，主要从生态、旅游、金融、交通、教育、城市化等方面进行了研究，并且形成了较为丰富的研究成果。但是，由于数据的可得性等原因，研究以定性研究为主，定量分析较少，尤其是应用计量经济学等经济学方法进行研究的成果更少。本报告正是在已有的研究成果的基础上，通过对"环京津贫困带"贫困程度、贫困差距和贫困原因的统计分析，运用实证模型，对造成"环京津贫困带"的多方面原因进行了分析，并给出了具体的对策建议。

三 "环京津贫困带"的贫困程度与贫困差距分析

（一）"环京津贫困带"与京津远郊县域综合经济情况对比

根据相关统计部门收集的最新数据显示，2015年"环京津贫困带"与北京、天津远郊县（区）的人均GDP、人均财政收入、农民人均纯收入指标都存在明显差距，其中尤以人均财政收入为最，而农民人均纯收入的比分别为1:2.7（与北京）和1:2.5 倍（与天津），人均 GDP 的比则分别为1:2.1（与北京）和1:3.5（与天津）（见图1）。

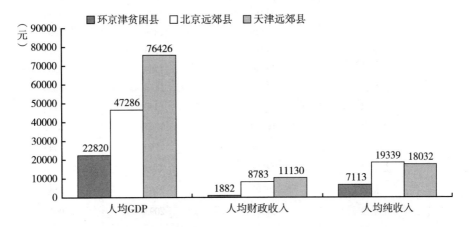

图1　2015 年环京津贫困带与北京、天津远郊的主要经济指标比较

资料来源：《河北农村统计年鉴 2016》。

人均 GDP 最低的是河北曲阳县，只有 10904 元，人均 GDP 最高的天津宁河县是 106289 元，后者是前者的将近 10 倍。人均财政收入最低的是唐县，仅 720 元，而人均财政收入最高的武清区则有 22403 元，是唐县的 30多倍，差距明显。农民人均纯收入最低的顺平县是 5421 元，最高的平谷区是 20147 元，后者是前者的将近 4 倍（见表1）。

表1　2015 年"环京津贫困带"与京津远郊县域的综合经济情况对比

单位：元

省份	县　域	人均 GDP	人均财政收入	农民人均纯收入
河北	涞水县	16808	2894	7468
	阜平县	16090	1237	5815
	唐　县	10981	720	5585
	涞源县	24618	2694	5442
	望都县	19569	1110	10114
	易　县	18995	1020	6657

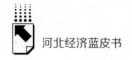
续表

省份	县　域	人均GDP	人均财政收入	农民人均纯收入
河北	曲阳县	10904	768	5674
	顺平县	16377	1559	5421
	宣化县	33234	2421	9572
	张北县	30128	2816	7662
	康保县	21316	903	7317
	沽源县	25544	1709	7305
	尚义县	21673	1144	6656
	蔚　县	17479	1440	7445
	阳原县	16460	1363	6887
	怀安县	29866	2799	7945
	万全县	28338	3405	7220
	承德县	29702	2861	8149
	平泉县	34443	2093	9057
	丰宁县	26194	2888	6152
	围场县	23929	1479	6385
	隆化县	29393	2074	6560
北京	平谷区	46586	12553	20147
	怀柔区	60990	10313	19937
	密云区	47378	7967	19183
	延庆区	34188	4299	18088
天津	武清区	85983	22403	18699
	宝坻区	66204	8315	17565
	宁河县	106289	10401	18105
	静海县	80921	10012	18141
	蓟　县	42733	4517	17650

资料来源:《河北农村统计年鉴2016》。

通过数据对比可以看出,"环京津贫困带"的综合经济实力远不如京津远郊县,"环京津贫困带"与京津远郊区县相邻,但经济发展水平却差距很大,"环京津贫困带"迫切需要寻找新的发展路径,迎头赶上,以逐步缩小与京津远郊县的差距。

（二）"环京津贫困带"与北京远郊县城的收入结构比较

前面对比了农民人均纯收入的总体差异，这部分主要对收入结构进行对比分析，从工资性收入、经营性收入、财产性收入、转移性收入的角度分析找出造成收入差距的具体原因。

"环京津贫困带"和北京远郊区县的收入构成比即工资性收入、经营性收入、财产性收入、转移性收入占总收入的比重。如图2、图3所示，"环京津贫困带"的工资性收入占了总收入的41%，而北京远郊区县为62%，差距较大，北京远郊县城的工资性收入占据了主要部分，而"环京津贫困带"的工资性收入虽然也为总收入的增加做了一定的贡献，但并不能占据主要部分。"环京津贫困带"的经营性收入占总收入的37%，北京远郊区县为24%。说明"环京津贫困带"农村居民更倾向于依赖以第一产业为主的家庭经营来增收。"环京津贫困带"的转移性收入占总收入的20%，北京远郊区县为10%，说明"环京津贫困带"的农村居民更多依靠政府补贴获得收入。二者的财产性收入占总收入的比重差不多。

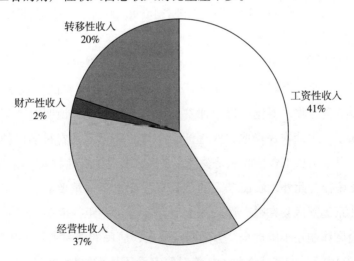

图2　"环京津贫困带"的收入构成占比

资料来源：《河北农村统计年鉴2016》。

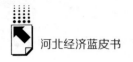

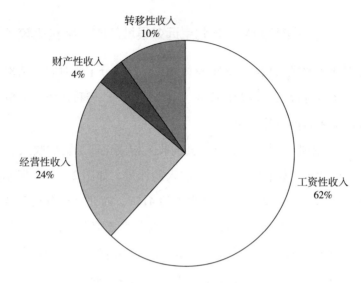

图3　北京远郊区县的收入构成占比

资料来源：《河北农村统计年鉴 2016》。

工资性收入是造成收入差距的主要原因。如表 2 所示，"环京津贫困带"的工资性收入远远低于北京远郊区县，工资性收入最低的是沽源县，只有 291. 37 元，而最高的怀柔区达到了 14896. 00 元，后者是前者的 50 多倍，差距巨大。北京远郊县城的非农产业发达程度与农村城镇化的程度要比"环京津贫困带"高出许多，交通、信息、劳动力市场较为发达，乡镇企业、外资企业比较密集，为农村的劳动力提供了非常丰富的非农就业机会，因此使得工资性收入要比"环京津贫困带"高出很多。说明对"环京津贫困带"来说，要使农民增收，并逐渐缩小与北京远郊县农村居民的收入差距，想方设法增加工资性收入是关键。要提高农民工资性收入，增加非农就业是主要途径，此外，农民个人的受教育程度也至关重要。"环京津贫困带"与北京远郊区县在财产性收入上也存在一定差距，说明"环京津贫困带"的金融体制还不够健全，金融网点缺乏，居民的理财意识也比较淡薄。"环京津贫困带"的转移性收入从绝对值上看还是不如北京远郊县，说明政府发放的救济抚恤金并没有向"环京津贫困带"倾斜，因此，政府分配机制还需要进一步改进，以达到真正补贴对这部分收入有迫切需求的"环京津贫困带"的农村贫困家庭或人口的作用。如果分配机制得不到改进，收入差距会进一步拉大。

表2　2015年"环京津贫困带"与北京远郊县城的收入构成对比

单位：元

省份	县域	工资性收入	经营性收入	财产性收入	转移性收入
河北	宣化县	5156.36	2780.52	48.84	1653.68
	张北县	3072.33	2935.79	172.3	2143.40
	康保县	2127.98	3417.17	56.99	1867.80
	沽源县	291.37	5983.26	91.16	1243.37
	尚义县	2382.77	2750.37	95.46	1504.50
	蔚　县	2864.52	2766.50	60.75	1893.31
	阳原县	2336.25	3113.64	—	1521.25
	怀安县	2092.28	3251.14	51.73	2610.60
	万全县	3663.18	1542.11	1285.49	824.81
	承德县	4401.73	2560.53	33.22	1153.48
	平泉县	3439.97	2817.65	119.84	2679.78
	丰宁县	3163.48	1563.39	59.46	1365.82
	围场县	3286.43	2237.74	200.57	660.25
	隆化县	4594.58	1464.92	56.41	444.08
北京	平谷区	13705.00	3657.00	336.00	2449.00
	怀柔区	14896.00	942.00	1062.00	3037.00
	密云区	13326.00	3031.00	1044.00	1782.00
	延庆区	5611.00	10780.00	1001.00	696.00

资料来源：《河北农村统计年鉴2016》。

（三）"环京津贫困带"与京津远郊县的产业构成比较

总的来说，第二、三产业贡献率都要比第一产业大，说明第二、三产业是保证GDP增长的主要力量。第一产业贡献率虽然很小，但是"环京津贫困带"的第一产业贡献率却占了不小的分量，甚至快赶上第三产业贡献率。"环京津贫困带"与北京、天津远郊区县三次产业贡献率的比较见图4。

"环京津贫困带"第一产业贡献率要远远高于京津远郊区县，但是"环京津贫困带"贫困县第二、三产业的贡献率相比京津远郊县则较低，尤其是第三产业。如表3所示，"环京津贫困带"第一产业贡献率为25.2%，天津远郊县第一产业贡献率仅为5.6%，"环京津贫困带"第三产业贡献率为36.3%，而北京远郊县为49.8%。说明京津远郊县的发展以第二、三产业为绝对主导产业，而贫困带太过依赖农业发展，农民对土地依然有很强的依赖性，产业结构不够合理，没有能够充分利用工业和服务业的发展为农民增收。

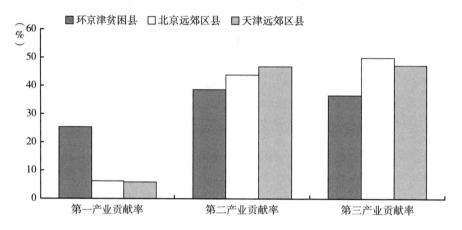

图4 "环京津贫困带"与北京、天津远郊区县的产业贡献率对比

资料来源：《河北农村统计年鉴2016》。

表3 "环京津贫困带"与京津远郊县的三次产业贡献率比较

单位：%

省份	县域	第一产业贡献率	第二产业贡献率	第三产业贡献率
河北	涞水县	19.80	24.30	55.90
	阜平县	22.10	23.40	54.50
	唐县	27.50	39.80	32.70
	涞源县	6.20	61.20	32.60
	望都县	31.00	40.30	28.70
	易县	23.80	44.60	31.60
	曲阳县	17.20	35.80	47.00
	顺平县	36.10	39.20	24.70
	宣化县	28.10	37.90	34.00
	张北县	24.00	50.70	25.30

省份	县域	第一产业贡献率	第二产业贡献率	第三产业贡献率
河北	康保县	11.80	50.00	38.20
	沽源县	43.60	28.40	28.00
	尚义县	32.40	39.60	28.00
	蔚　县	20.00	24.80	55.20
	阳原县	26.70	29.00	44.30
	怀安县	18.50	32.10	49.40
	万全县	18.10	46.50	35.40
	承德县	22.30	46.90	30.80
	平泉县	19.70	43.00	37.30
	丰宁县	25.20	38.90	35.90
	围场县	42.80	23.80	33.40
	隆化县	27.30	44.60	28.10
北京	平谷区	9.50	46.00	44.50
	怀柔区	3.00	56.30	40.70
	密云区	7.20	44.50	48.30
	延庆区	7.30	27.20	65.50
天津	武清区	3.90	53.90	42.20
	宝坻区	6.20	44.40	49.40
	宁河县	6.30	48.70	45.00
	静海县	3.80	56.40	39.80
	蓟　县	8.00	30.80	61.20

资料来源：《河北农村统计年鉴 2016》。

四 "环京津贫困带"贫困原因的计量模型分析

（一）数据来源和指标说明

为了分析造成"环京津贫困带"22 县贫困以及和京津远郊县发展差距的原因，本报告选取了《河北农村统计年鉴》、《保定经济统计年鉴》、《张家口经济统计年鉴》和《承德经济统计年鉴》的 2013～2015 年河北省环京津 22 个县域的人均 GDP、耕地面积、全社会固定资产投资、常住人口、公

路里程、规模以上工业企业、第一产业占比、农用机械总动力、乡村从业人员数值进行研究，并且列出方程所需的变量简要说明如下。

人均GDP（P）：县域GDP总量和常住人口之比，用来反映各县域经济发展情况。

耕地面积（LA）：以万亩为单位，用来反映农业用地资源的占有情况。

全社会固定资产投资：以亿为单位，用来反映固定资产的投资速度、规模、比例关系和用途，说明了对22个贫困县的投资情况。

常住人口（PR）：在某一时期内（通常指半年以上）实际经常居住在某一区域的人口。按照人口普查和抽样调查的相关规定，常住人口主要包括：在本地居住，户口也在本地的人口；户口在外地，但在本地居住半年以上者，或离开户口地半年以上而调查时在本地居住的人口；调查时居住在本地，但在任何地方都没有登记常住户口的人口。

公路里程（H）：各县通公路的长度，用来反映各县的基础设施状况。

规模以上工业企业（IE）：以年主营业务收入作为企业规模的标准，把超过一定规模要求的企业称为规模以上工业企业。在我国，主营业务收入为2000万元以上标准的工业企业就是规模以上工业企业，用来反映县域的工业发展情况。

第一产业占比（A）：第一产业增加值占GDP的比重，反映了县域第一产业的产值大小及其对GDP的贡献率。由此也可以看出第二、三产业占GDP的比重，因此也反映了县域的产业结构和第一产业能为贫困县居民提供的就业和劳动岗位。

农用机械总动力（AMP）：以千瓦为单位，指排灌机械、耕作机械、收获机械、农用运输机械等主要用于第一产业的各种动力机械。用来反映农业的机械化情况和剩余劳动力。

乡村从业人员（R）：在乡村人口中实际参加生产经营活动并取得货币或实物收入的超过16岁的人员，这里既包含劳动年龄以内实际参加劳动的人员，也包含超过劳动年龄但实际参加劳动的人员，但是不包含户口留在家里人在外地上学的学生、正在服役的军人和已经丧失了劳动能力的人，也不包含处于失业状态正等待就业的人员和专门从事家庭劳务的人员。用来反映乡村劳动力就业情况。

面板数据模型同时具有时间序列和截面数据模型的优点，特别是面板数据需要同时在时间和截面上取得二维数据，与单取时间序列数据或截面数据相比，面板数据更能为我们提供更多与客观事实相关的信息，并能控制个体的特异性，并且大大增强自由度和尽量降低变量的多重共线性。而本报告使用的横截面固定效应估计模型，本质上是在做一个有线性约束的时间序列回归，其估计结果等于对每一个横截面进行时间序列回归得到的系数的加权平均。

本报告利用 2013~2015 年"环京津贫困带"22 个县域的面板数据，根据面板模型的经验，构建固定效应模型如下：

$$P_i = \alpha 0 + \beta_i + \alpha 1 LA_i + \alpha 2 PR_i + \alpha 3 H_i + \alpha 4 IE_i + \alpha 5 A_i + \alpha 6 AMP_i + \alpha 7 R_i + \varepsilon$$

等式中被解释变量 Pi 为第 i 县的人均 GDP。α_1、α_2、α_3、α_4、α_5、α_6、α_7 分别表示解释变量 LA_i、PR_i、H_i、IE_i、A_i、AMP_i、R_i 的变化对人均 GDP（P）变化的贡献度。ε 是随机误差项。i 表示不同县域，LA_i 为第 i 县的耕地面积，PR_i 为第 i 县的常住人口，H_i 为第 i 县的公路里程，IE_i 为第 i 县的规模以上工业企业，A_i 为第 i 县的第一产业占比，AMP_i 为第 i 县的农用机械总动力，R_i 为第 i 县的乡村从业人员。α_0 是常数项。β_i 为第 i 县的特殊变量，因县域的不同而不同。其他因素对人均 GDP 的影响就由残差项来体现。

（二）结果分析

本报告运用 Eviews8.0 对上述模型进行实证模拟（见表4），结果中显示的 R^2 为 0.974，表示所有数据的 97.5% 可以被模型所解释，这已高于标准的 95% 指标，因此结果反映出拟合优度已经达到要求，而且检验面板数据 F 对应的 P 值大部分小于 0.1，其显示结果显著。

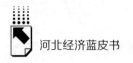

表4 河北省22个"环京津贫困带"人均GDP的面板分析结果

变量	系数估计	标准误差	T值	P值
耕地面积	26.93078 *	15.91127	1.692561	0.0992
全社会固定资产投资	30.77312	20.83406	1.477058	0.1484
常住人口	-1523.26 ***	201.7186	-7.551413	0
公路里程	3.241863 *	1.68808	1.920444	0.0628
规模以上工业企业	122.4799 **	57.16886	2.142423	0.039
第一产业占比	-71.71304	56.05448	-1.279345	0.209
农用机械总动力	0.021187 *	0.012342	1.716679	0.0946
乡村从业人员	-0.023377	0.028728	-0.813717	0.4212
R^2	0.974	—	F	46.47
调整后 R^2	0.953	—	ProbF	0

注：*** 表示在1%显著性水平下平稳，** 表示在5%显著性水平下平稳，* 表示在10%显著性水平下平稳，无标志说明在10%显著性水平下不平稳。

从表4中可以看出，该模型修正后的 $R^2 = 0.953$，表明模型拟合很好。同时，$F = 46.47$ 大于5%显著水平下的临界值，说明整个模型通过显著性检验。从各变量的检验结果来看，除了全社会固定资产投资的 T 值 1.477058、第一产业占比的 T 值 -1.279345、乡村从业人员的 T 值 -0.813717 小于10%显著水平下的临界值以外，常住人口、规模以上工业企业大于5%显著水平下的临界值，耕地面积、公路里程、农用机械总动力大于10%显著水平下的临界值，均达到统计显著。

总体来看，耕地面积、常住人口、公路里程、规模以上工业企业、农用机械总动力均对贫困县人均 GDP 有显著影响。此外，全社会固定资产投资对贫困县人均 GDP 也有非常积极的影响。下面根据固定效应模型的结果，具体分析变量的影响。

规模以上工业企业促进人均 GDP 的增长，对人均 GDP 的增长影响很大。由模型结果可知，当规模以上工业企业每增加一个单位时，人均 GDP 增加 122 个单位。由此可以说明，规模以上工业企业确实大幅提高了贫困县的人均 GDP，未来贫困县可以考虑扩大工业企业的规模，增加规模以上工业企业的个数，积极促进规模以上工业企业的发展。

耕地面积显著提高"环京津贫困带"贫困县的人均 GDP，说明农业的发展对贫困县来说十分重要，农民依靠耕地来创造更高的 GDP，对土地依然有很强的依赖性，耕地面积的增加有利于 GDP 的增长。"环京津贫困带"山区面积广，耕地面积有限，再加上为了生态实施的退耕还林，耕地面积就更少了，在有限的耕地上，还存在土地政策的不完善导致的耕地荒废现象。耕地要实现规模化、集约化经营，搞活土地流转是关键，把耕地充分利用起来。在耕地的使用上，要加大经济作物的种植面积，同时增加一些农用生物技术如地膜、温室等的使用，让农民获得更多的收入。

农用机械总动力也对"环京津贫困带"贫困县的人均 GDP 有显著的促进作用，能有效地帮助农民增收。农用机械总动力反映农业的机械化程度，农用机械总动力的增加能够提高农业劳动生产率、增加单产，并且可以解放滞留在土地上的过多劳动力，使其自由地投入到非农产业的发展中去。

全社会固定资产投资对"环京津贫困带"贫困县人均 GDP 的影响并不显著，但也存在着积极的影响。基础设施建设水平对贫困县人均 GDP 的影响显著为正。当公路里程每增加 1% 时，人均 GDP 增加 3.24%。基础设施发达的地区，农民的交通通信条件便利，农产品的销售更加畅通，农产品销量更多，并且农产品流通的成本更低，农民收入增长更快。政府增加对公路、邮电、水利等基础设施建设的投资是农民脱贫致富的重要政策，政府投资帮助"环京津贫困带"发展道路等基础设施是推动"环京津贫困带"经济发展的重要途径。

常住人口显著降低了贫困县人均 GDP。常住人口每增加一个单位，贫困县人均 GDP 减少 1523 个单位。第一产业占比和乡村从业人员的系数为负，也对人均 GDP 的增长产生消极的影响，这说明贫困县的劳动力过剩、产业结构不合理，这也是造成"环京津贫困带"22 个县域贫困的原因。剩余劳动力的转移是农民增收的关键，同时，产业结构也需要由发展第一产业向大力发展第二、三产业调整，这也有利于剩余劳动力的转移，提高资源的利用效率。

五 结论和政策建议

（一）结论

本报告以"环京津贫困带"地区作为研究对象，通过对以往研究的梳理获取写作思路，然后通过多种途径收集数据，综合运用经济学知识的同时，借助对比分析法、图表法，从方法、内容和实证等多个角度进行逐层深入分析，得出如下结论。

第一，通过对2015年"环京津贫困带"22个县与京津远郊县的经济发展差异进行了分析，发现2015年"环京津贫困带"与京津远郊县在综合经济情况、收入构成、产业结构等方面存在很大的差距。"环京津贫困带"的综合经济实力较差，工资性收入低、产业结构不合理，这些都反映了"环京津贫困带"贫困的程度。

第二，以"环京津贫困带"2013~2015年的耕地面积、全社会固定资产投资、常住人口、公路里程、规模以上工业企业、第一产业占比、农用机械总动力、乡村从业人员为变量，通过固定效应模型来分析这些变量对"环京津贫困带"人均GDP的影响。结果显示：耕地面积、公路里程、规模以上工业企业、农用机械总动力均对贫困县人均GDP有显著的积极影响，要在建设基础设施、扩大工业企业规模、增加农用机械总动力上多下功夫。常住人口有显著的消极影响，这就需要疏散常住人口，减少剩余劳动力。全社会固定资产投资对人均GDP有积极的影响，要增加全社会固定资产投资，特别是基础设施投资。第一产业占比和乡村从业人员对贫困县人均GDP有消极的影响，这就要求"环京津贫困带"调整优化产业结构，积极发展第三产业，增加非农产业就业。实证结果也印证了前面对"环京津贫困带"贫困原因的分析。

总之，面对京津冀协同的机遇，"环京津贫困带"必须实现京津冀三地协调共建，在多领域密切协作，从生态补偿、产业结构优化、基础设施建设、剩余劳动力转移等方面着手，在联合中求发展，逐步缩小与京津远郊区县的贫富差距，提高当地居民的生活水平。

（二）政策建议

1. 进行跨区域生态建设，京津冀联合提供生态补偿

"环京津贫困带"地处燕山－太行山区，是非常典型的集中连片"生态抑制型贫困"地区，承载着为京津提供充足水源和保护生态环境的功能。其生态建设离不开京津的支持与协助，而京津的生态建设也离不开"环京津贫困带"的支持与协助，因此要联手共建区域生态环境。在京津冀协同发展的背景下，要把握"京津冀都市圈"战略带来的合作机遇，加强京、津、冀三省市的联合，打破行政区划的限制，加强生态环境合作共建、跨区域合作减贫，通过跨区域合作共同保护生态屏障，为"环京津贫困带"脱贫制造机会。京津冀三地可以联合成立生态环境方面的协调小组，对该地区的生态保护和环境建设进行协作。建设张承地区国家级生态经济示范区，加强跨区域的生态建设，建成生态旅游经济区，加快建设京津的生态后花园和休闲旅游通道，起到扶贫开发的积极作用。应把握北京疏解非首都功能的机遇，发挥"环京津贫困带"生态资源的比较优势，抓住京津产业结构调整，加快产业转移的机会，选择重点领域、重点产业，把"环京津贫困带"建成区域特色产业带，积极承接与环境保护相适应的产业，在不破坏当地生态环境的基础上带动该地区发展，形成环京津绿色产业带。京津冀应合作开展一些生态环境工程项目，增强京津在该地区进行生态扶贫的积极性和责任感。加强三地政府关于环保的对话沟通，积极召开由京、津、冀三方共同出席的会议，研究制定生态建设跨区域合作总体规划，让京津也参与到生态保护中来，而不是一味地享受环保带来的好处。

2. 优化产业结构，利用京津产业转移和资源互补积极发展第二、三产业

"环京津贫困带"的第一产业占比与人均 GDP 呈负相关，而贫困带的第一产业占 GDP 的比重明显比京津远郊县域要高，说明"环京津贫困带"的第一产业的发展限制了第二、三产业的发展，不利于"环京津贫困带"的

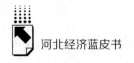

减贫，农民若要增收，就要积极发展非农产业，提高第二、三产业尤其是第三产业占 GDP 的比重。"环京津贫困带"要加快淘汰资源型产业及落后的生产工艺和生产技术，加快引进高新技术、文化创意、总部经济等新型业态，加快发展综合旅游、现代物流、生产服务等友好产业，培育新的经济增长点。

"环京津贫困带"要进一步改善农业结构。京津冀协同发展实现了京津冀市场一体化，为"环京津贫困带"农产品输出提供了更广阔的市场，京津城市居民对绿色农产品的需求越来越大，"环京津贫困带"要发展以绿色产品输出为主，农产品加工和农业服务业配套的现代化、市场化农业，提高农业产业化经营效率，拉长产业链。鼓励和支持符合产业政策的乡镇企业发展，着力培育一批竞争力、带动力强的龙头企业和企业集群示范基地，推广龙头企业、合作组织与农户有机结合的组织形式，让农户从产业化经营中得到更多的实惠。发展创意农业，建设一批集观光、休闲、体验于一体的现代农业观光园或旅游村，京津具备广泛的休闲旅游需求，为"环京津贫困带"的创意农业发展提供了广泛的群众基础和广阔的市场空间，农业和旅游业的有机结合有利于促进第一产业三产化，延伸产业链，提高农产品附加值，增加经济收入。"环京津贫困带"还能利用京津的农业科技研究成果，提高农业生产效率，合作减贫让更多优秀的人力资源为贫困带的发展做出贡献。

"环京津贫困带"的很多区域由于地理位置、气候条件、能源资源的影响，工业基础薄弱，并且煤炭等能源消耗造成严重的环境污染。因此，要改变粗放的发展模式，加强清洁能源的使用，重点发展高新技术产业。做好农业产业的工业延伸，利用资源优势进行绿色食品深加工，和京津一些相关企业进行分工合作，共享发展成果。利用京津居民对周边游的热情，开发旅游产品，发展和完善休闲制造业。要积极发展规模以上工业企业，扩大个体经济规模，增加经济总量，加快工业发展，提高企业的经济效益和技术进步。

"环京津贫困带"要积极发展以生态旅游为主的第三产业。"环京津贫困带"有着丰富的旅游资源，又紧邻京津，市场广阔。京津要利用特大型项目带动"环京津贫困带"参与合作，突破行政区划的限制，将"环京津贫困带"打造成"京郊旅游目的地"。京津冀协同发展为合作开发旅游业提供了机会,与京津丰富的人文旅游资源不同,"环京津贫困带"有丰富的自然旅游资源,形成独特的自然风光,可以填补市场空缺,作为京津旅游资源的补充,联合发展旅游业。北京、天津的居民看多了当地的人文风景,也会想在闲暇时间去看看美丽的自然风光,而"环京津贫困带"距离京津很近,很好地满足了观赏自然风景的要求,又不会耽误时间,京津冀一小时经济圈大大缩短了京津冀范围内的交通时间和成本。北京、天津的景点两三天就能逛完,对外地来京参观旅游的游客来说顺便到附近风景优美的地方看看也是不错的选择。如果对其所处的地理位置和客源市场进一步细分,并对各种资源进行整合开发,则会形成独具特色的旅游产品。利用京津冀协同发展,"环京津贫困带"可以得到京津冀三地政府更多的扶持,完善旅游设施和旅游接待条件,发展特色旅游业,积极依靠旅游实现脱贫增收。"环京津贫困带"矿产资源十分丰富,在贫困带新的功能定位条件下,要积极开发绿色产业,将集农业资源、矿业资源、旅游资源的开发、加工、创意于一体的三次产业整体推进,形成产业化开发、规模化经营的综合产业优势和经济优势。

3. 加快京津冀三地对基础设施联合共建,加强政府对基础设施建设的投资力度,提高城市化水平

从固定效应模型的结果可以看出,公路里程与人均 GDP 的增长呈正相关,加大对贫困县公路等基础设施建设的投资可以对贫困带经济发展带来一定的促进作用。人力资源、资金、产业等生产要素总是会向自然条件较好、交通便利、基础设施齐全、区位条件优越的区域集聚。基础设施建设是经济发展的基础,实现道路、信息的互联互通对经济发展至关重要。为更好地促进京津冀协同发展,实现交通一体化,政府正在致力于打造"轨道上的京津冀"——以北京为中心,50 ~ 70 公里半径范围内的一小时交通圈将在 4 年内建成,7 条国家高速放射线同时在建,未来 4 年内每年都有新路开通。

"环京津贫困带"作为京津冀基础设施最为薄弱的区域,要利用好紧邻京津的优势,在京津冀协同的机遇下,强化交通基础设施的互联互通,加快建立"网络化、低碳化、安全化"的区域交通运输体系。北京、天津、河北的交通运输基础设施建设规划要按照实现京津冀一体化的要求，相互之间做好衔接，协调区域内各种运输方式，提高交通资源综合利用效率，避免基础设施重复建设。借助京津冀协同发展，进行跨区域轨道交通建设，将京津冀三地整合，促进人力、资本、技术、产业等的自由流动，推动区域可持续发展。加大京津冀三地政府的政策扶持力度，对基础设施建设尤其是道路交通建设实施政策倾斜，实行优先立项、取消地方配套资金、地方性高速通行费用减半征收等措施。同时，通过京津冀金融一体化加强金融基础设施互联互通建设，增加"环京津贫困带"的金融网点，合理配置政策性银行、邮储银行等金融资源，为居民生产和创业提供贷款，让"环京津贫困带"的经济发展不会受到资金的制约。创新金融服务方式，优化金融产业布局，提高金融服务质量和效率，充分发挥金融协同作用。京津冀合作共建基础设施，加快"环京津贫困带"城市基础设施建设的进程，对于增大和完善城市功能，提升县域综合服务能力，优化县域经济发展环境帮助很大，有利于提高"环京津贫困带"的城市化水平，形成产业聚集能力和对农村的带动作用。

4. 转移剩余劳动力，提升劳动者素质和技能，实现劳动力在京津冀区域内的自由流动和合理配置

随着退耕还林草，"环京津贫困带"的人地关系日益紧张，贫困县中存在大量的剩余劳动力，阻碍了农村土地的规模化和集约化，制约了农业产业化和农业劳动生产率的提高，并最终限制了贫困县的发展与当地农村居民收入水平的提高。增加劳动力的非农就业是使其摆脱贫困的重要途径。

在京津冀协同发展背景下，自然地理条件十分恶劣区域的剩余劳动力可以往京、津大城市转移，还可以利用京津产业转移的机会，加入本地一些非农产业就业。要形成京津冀统一的劳动力市场，完善劳动力转移就业政策，消除京津冀劳动力市场分割，推进京津冀劳动力要素平等交换。自京津冀协同发展以来，逐渐取消了享受城市公共服务和户籍之间的关联性，使转移至城市中的劳动力能够享受到平等的公共服务，为其提供更舒适的生产生活环境。

在基础设施、城市环境建设提升的情况下，推动"环京津贫困带"农村剩余劳动力向城镇转移，可以提高城镇化水平，加快农村城市化的进程，促进农民增收和生活质量的改善。京津冀三地政府还可以联合实施重点工程，大力开发公益性岗位，千方百计增加农民就业。要采取开发式的扶贫措施，如以工代赈项目，可以利用京津冀协同发展专项资金对"环京津贫困带"的基础设施进行投资，让贫困人口参与工程项目，使其通过参加劳动来获得赈济，这也解决了当地剩余劳动力短期就业的问题，也会对他们在项目结束后的长期就业有所帮助，并且还解决了基础设施的问题。

同时，农村劳动力也要不断适应工业化和城市化的发展需要，与时俱进，加强自身文化修养，提高自身的素质和技术水平。教育水平至关重要，既要重视发展基础性的义务教育和全民教育，提高劳动力的整体素质，也要定期进行技能培训，加强科技类教育，从根本上改变人们的看法和态度，让他们认识到自身能力水平对发展的重要性，树立发展意识。要按照提高农民知识水平、技能水平的要求做农民的技术培训工作，从多个渠道，以多种形式进行农民技术培训。加大对低收入群体增收的帮扶力度，优先将有转移就业意愿的劳动力纳入培训范围，实行培训技能鉴定、职业介绍一条龙免费服务，鼓励扶持农民自主创业、就业，增加农民非农业收入。通过开展一些科学普及、科技入户等的专题活动，举办与科学、技能相关的电视讲座等途径，促进农业科学技术、市场状况、政策等的信息传递，加强农业实用技术的推广，把农民的科学文化素质和实用技能水平提起来。按照市场要求对劳动力进行技能和就业知识培训，京津应优先接收来自"环京津贫困带"的农民工。

参考文献

河北省发展改革委宏观经济研究所课题组：《解决环京津地带贫困与生态问题研究》，《宏观经济研究》2004 年第 7 期。

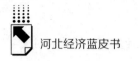
张佰瑞：《我国生态性贫困的双重抑制效应研究——基于环京津贫困带的分析》，《生态经济》2007 年第 5 期。

王玫、李文廷：《环京津贫困带生态环境现状及发展对策》，《河北学刊》2008 年第 6 期。

曾静、李书领：《京津冀一体化背景下对河北省生态文明建设的战略思考》，《中共石家庄市委党校学报》2015 年第 11 期。

赵弘、何芬、李真：《环京津贫困带减贫策略研究——基于"可持续生计框架"的分析》，《北京社会科学》2015 年第 9 期。

殷阿娜、邓思远：《环京津贫困带生态 - 贫困耦合关系困境的博弈分析》，《当代经济管理》2017 年第 3 期。

张祖群：《扶贫旅游的机理及其研究趋向——兼论对环京津贫困带启示》，《思想战线》2012 年第 2 期。

王淑娟、周丽娜、李诚：《环京津贫困带农业与旅游业融合互动发展研究》，《湖北农业科学》2015 年第 19 期。

王淑娟、李国庆：《环京津贫困带旅游扶贫困境分析——基于旅游产业链的视角》，《河北经贸大学学报》2015 年第 19 期。

王淑娟、赵海涛：《旅游扶贫视角下环京津贫困带休闲旅游发展研究》，《农村经济与科技》2015 年第 3 期。

孟超、宋伟：《旅游扶贫视角下环京津贫困带休闲旅游发展分析》，《经贸实践》2017 年第 9 期。

孙怡：《京津冀区域旅游合作与开发研究》，《中国商论》2017 年第 12 期。

刘莉、张娟、李龙飞：《环京津贫困带创意农业发展的金融支持研究》，《合作经济与科技》2013 年第 8 期。

陈建华：《环京津贫困带金融扶贫模式》，《中国金融》2017 年第 5 期。

王辉、李占平：《京津冀跨区域轨道交通一体化的实现路径》，《河北学刊》2015 年第 1 期。

高兵：《京津冀区域教育空间布局构想》，《北京教育》（高教）2014 年第 6 期。

罗俊、马艳坤：《基于城镇化视角的环京津贫困带减贫研究》，《经济师》2015 年第 2 期。

兰传海：《环京津贫困带扶贫开发研究》，《经济研究参考》2015 年第 2 期。

B.12
河北省地区工业绿色生产率研究[*]

武义青　陈俊先[**]

摘　要：　生产率的高低是衡量一个生产系统投入产生效率的主要指标，传统生产率反映了劳动和资本的产生效率，而绿色生产率是考虑了能源和资源消费的投入产生效率。本报告将能源和资源因素引入 C-D 生产函数，得出了基于扩展的 C-D 生产函数的绿色全要素生产率模型，测定并分析了河北省各设区市工业绿色全要素生产率及其变动情况和影响因素，提出了提高河北省各设区市工业绿色全要素生产率的对策建议。

关键词：　河北省　地区工业　绿色生产率　传统生产率

一　引言

过去三十多年，河北省实现了经济的快速增长，但同时也付出了较大的环境代价，粗放的经济增长方式，消耗了大量的能源和资源，环境污染比较严重，其中工业的污染影响较大。"十三五"规划在继续实行能源消费总量和消耗强度双控的基础上，对水资源和建设用地也实施总量和强度双控，所以应从工业绿色发展的角度，考虑能源和资源要素的消耗来重新审视河北省各设区市的工业

---

[*] 河北省决策咨询研究重点课题"河北省转型升级研究"（2017 – 02）；河北省科学技术协会委托项目"河北工业绿色生产率评估"。

[**] 武义青，河北经贸大学副校长、博士生导师，研究方向为区域经济、产业经济、数量经济；陈俊先，河北经贸大学经济研究所硕士研究生，研究方向为数量经济。

生产率，通过提高绿色生产率，探索一条绿色低碳的工业发展道路。

全要素生产率的分析框架由索罗提出，作为分析传统投入要素对经济增长影响发挥着重要作用，被广泛使用。而当前能源资源消耗和环境污染问题日益突出，所以一些学者从绿色角度来研究生产率的内涵。孟维华（2007）采用生态足迹的方法核算了资源生产率和全要素生产率，对自然资源的利用效率进行了衡量，赋予了生产率的绿色内涵。李俊和徐晋涛（2009）提出"绿色全要素生产率"的概念，即在全要素生产率计算中加入反映环境变化的变量，并将其作为衡量和评价经济发展质量的指标。杨文举和龙睿赟（2012）基于方向距离函数和跨期数据包络分析法，测度了中国地区工业绿色全要素生产率的增长，同时分析其影响因素。万伦来和朱琴（2013）运用生产前沿最新分析工具，基于 SBM 方向性距离函数的 Luenberger 生产率指数模型，分析了中国工业绿色全要素生产率的影响：R&D 投入。魏玮、谭林和刘希章（2015）的研究是基于 Malmquist-Lun-berger 指数和 Bootstrap 纠偏估计方法，测算了 1998 ~ 2014 年全国 29 个省份的工业绿色全要素生产率及其分解指标，分析了其演变特征。陈超凡（2016）研究了中国工业绿色全要素生产率及其影响因素，其采用的方法为 ML 生产率指数分析，采用的模型为动态面板模型。

关于绿色全要素生产率（以下简称绿色生产率）的研究方法日趋复杂。而本报告则从另外一个角度考虑，沿用武义青和贾雨文（2003）提出的引入势效系数的方法来对生产率进行测定。大多数经济学家认同生产率等于产出和投入之比，而在传统测定生产率的模型中往往仅考虑资本和劳动力这两个生产要素，忽略了在投入产出过程中能源和资源的消耗，而能源消耗和资源消耗则是反映绿色发展的重要指标。因此，本报告将能源和资源因素引入生产函数模型中，提出测定绿色生产率的一种实际可行的方法并应用于河北各市工业绿色发展的研究。

二 绿色生产率的测定

（一）测定模型

采用常用的柯布·道格拉斯（C-D）生产函数作为分析工具：

$$Y = AX_1^{a_1} X_2^{a_2} \mu$$

其中，Y 表示产出，X_1 为资本投入，X_2 为劳动投入，a_1、a_2 分别为资本、劳动力对产出的弹性系数，μ 是误差项。基于以上生产函数可以导出全要素生产率（TFP）模型

$$TFP = P_1^{a_1^*} P_2^{a_2^*} \qquad\qquad (1)$$

式中，$a_1^* = a_1/(a_1 + a_2)$，$a_2^* = a_2/(a_1 + a_2)$，$P_1 = Y/X_1$，$P_2 = Y/X_2$，P_1、P_2 分别为资本产出率、劳动生产率。该测定模型仅考虑了资本和劳动的投入，并未考虑伴随经济增长而产生的能源、资源消耗，所以有必要对 C-D 生产函数进行修正和改进。本报告将能源消耗和资源消耗纳入生产函数中，得出扩展的 C-D 生产函数：

$$Y = AX_1^{b_1} X_2^{b_2} X_3^{b_3} X_4^{b_4} \mu \qquad\qquad (2)$$

其中，Y 表示产出、X_1 为资本投入，X_2 为劳动投入，X_3 为能源消耗，X_4 为资源消耗，b_1、b_2、b_3 和 b_4 分别是资本投入、劳动力投入、能源消耗和资源消耗的产出弹性系数，μ 是误差项。

由此可以得到绿色全要素生产率的测定模型：

$$绿色\ TFP = P_1^{b_1^*} P_2^{b_2^*} P_3^{b_3^*} P_4^{b_4^*} \qquad\qquad (3)$$

式中，$b_i^* = b_i / \sum_{i=1}^{4} b_i$，$P_1 = Y/X_1$，$P_2 = Y/X_2$，$P_3 = Y/X_3$，$P_4 = Y/X_4$，$P_1$、$P_2$、$P_3$、$P_4$ 分别为资本产出率、劳动生产率、能源产出率和资源产出率。由式（3）测定的绿色全要素生产率考虑了能源产出率和资源产出率，等于各部分要素生产率的几何加权平均值。简洁起见，本报告在以后的分析中将绿色全要素生产率简称为"绿色生产率"，相对于绿色全要素生产率而言，我们将全要素生产率称为"传统生产率"。

同时将绿色生产率与传统生产率的比值定义为绿色化指数 G，即

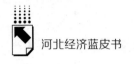

$$G = \frac{绿色\ TFP}{TFP} = \frac{P_1^{b_1^*}\ P_2^{b_2^*}\ P_3^{b_3^*}\ P_4^{b_4^*}}{P_1^{a_1^*}\ P_2^{a_2^*}} \times 100\% \tag{4}$$

$$= P_1^{(b_1^*-a_1^*)}\ P_2^{(b_2^*-a_2^*)}\ P_3^{b_3^*}\ P_4^{b_4^*} \times 100\%$$

令 $c_1^* = b_1^* - a_1^*$，$c_2^* = b_2^* - a_2^*$，则式（4）可转换为：

$$G = P_1^{c_1^*}\ P_2^{c_2^*}\ P_3^{b_3^*}\ P_4^{b_4^*} \times 100\%$$

由式（4）可知绿色化指数也可以表示为各单要素生产率的组合，并且 c_1^*，c_2^* 的数值较小，所以绿色化指数 G 凸显了能源产出率 P_3 和资源产出率 P_4 的作用。

（二）测定结果

本报告使用 2011～2015 年河北各设区市规模以上工业企业的面板数据，数据主要来源于河北省各年经济年鉴和相关统计部门。产出 Y 采用各市规模以上工业企业总产值，资本投入 X_1 采用各市规模以上工业企业固定资产净值，劳动投入 X_2 采用各市规模以上工业企业从业人员平均人数，能源消耗 X_3 采用各市规模以上工业企业综合能源消费量，资源消耗 X_4 在本报告中采用各市规模以上工业企业用水总量。根据估计的结果可计算得

$$b_1^* = 0.2564, b_2^* = 0.6292, b_3^* = 0.0648, b_4^* = 0.0495$$

所以各市规模以上工业企业绿色生产率的测定模型为：

$$绿色\ TFP = P_1^{0.2564}\ P_2^{0.6292}\ P_3^{0.0648}\ P_4^{0.0495}$$

此即 11 市规模以上工业企业绿色生产率测定模型。为便于比较，本报告还测定了各市规模以上工业企业的传统生产率，其测定模型为：

$$TFP = P_1^{0.2068}\ P_2^{0.7932}$$

为了便于比较，以全省平均水平为 1，得出各市工业企业的比较生产率。经测算，河北省各市 2011～2015 年规模以上工业企业比较传统生产率（m）和比较绿色生产率（q），见表 1。

表 1　2011～2015 年河北省各市规模以上工业企业传统生产率（m）
和绿色生产率（q）

各　市	2011 年		2012 年		2013 年		2014 年		2015 年	
	传统生产率（m）	绿色生产率（q）	传统生产率（m）	绿色生产率（q）	传统生产率（m）	绿色生产率（q）	传统生产率（m）	绿色生产率（q）	传统生产率（m）	绿色生产率（q）
石家庄	0.9309	0.9932	0.9370	1.0037	1.0434	1.1043	1.0758	1.1381	1.1443	1.2113
承　德	0.9894	0.9425	0.9482	0.9061	0.9693	0.9229	0.9296	0.8683	0.9245	0.8470
张家口	0.6835	0.6446	0.7003	0.6625	0.6177	0.5626	0.7810	0.7323	0.5916	0.5520
秦皇岛	0.8893	0.8582	0.8746	0.8841	0.8246	0.8550	0.8393	0.8704	0.8511	0.8880
唐　山	1.1818	1.0832	1.0938	1.0057	1.1033	1.0137	1.0744	0.9828	1.0561	0.9583
廊　坊	1.0957	1.2246	1.1311	1.2540	1.0948	1.2361	1.0849	1.2123	1.0745	1.2048
保　定	0.8857	1.0065	0.9155	1.0511	0.9192	1.0607	0.9111	1.0947	0.9051	1.0525
沧　州	1.0772	1.1279	1.0861	1.0735	1.1793	1.1718	1.1006	1.0825	1.1173	1.1257
衡　水	1.0057	1.1291	0.9820	1.0974	1.0037	1.1478	0.9967	1.1346	0.9367	1.0804
邢　台	0.7864	0.8225	0.8611	0.9124	0.8666	0.9380	0.8571	0.9254	0.8288	0.8943
邯　郸	1.1812	1.1310	1.2575	1.2175	1.0860	1.0560	1.0730	1.1382	1.0422	1.0185

三　绿色生产率和传统生产率的比较分析

由图 1 可知，河北省各市规模以上工业企业绿色化指数在 40%～56%
波动，即考虑了能源和资源消耗后的绿色生产率仅为传统生产率的一半左
右，甚至大部分地区低于 50%，比较明显的是唐山市，其绿色化指数基本
位于末位，2015 年的绿色化指数仅为 41.9%，这与实际情况也是符合的，
唐山市工业结构偏重，大量的能源和资源消耗拉低了其绿色生产率水平。同
时其绿色化指数在逐年降低，面临同样问题的还包括沧州市（2015 年有所
上升），逐年递减的绿色化指数说明其绿色生产率水平仍处于较低水平，见
表 2。

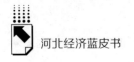
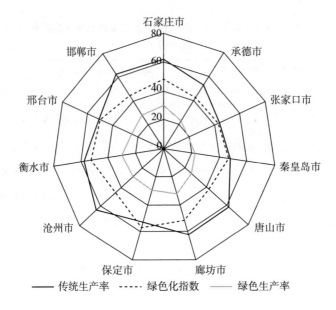

图 1　2015 年河北省各市规模以下工业企业绿色生产率和传统生产率比较

注：传统生产率和绿色生产率的单位是根据各自计算公式得出的复合单位；绿色化指数的单位为%。

表 2　绿色化指数变动

单位：%

地区	2011 年	2012 年	2013 年	2014 年	2015 年
唐山	43.38	43.16	42.59	42.41	41.90
沧州	49.56	46.39	46.06	45.59	46.52

可将河北 11 个设区市大致分为三类，如图 2 所示。

（1）双高型，即传统生产率和绿色生产率均高于全省平均水平，位于第一象限（Ⅰ），包括廊坊、石家庄、沧州和邯郸。由表 3 可知，近几年廊坊市处于双高型的原因是其 4 个单要素生产率均较高；石家庄市主要因为其资本产出率、能源产出率和水资源产出率较高，但其劳动生产率较低，说明其产业多为劳动密集型；沧州的劳动生产率和能源产出率较高导致其处于该种类型，但其资本产出率和水资源产出率偏低，说明其行业多为资本密集和高耗水类型；邯郸市仅能源产出率低于全省平均水平，说明其行业多为高能耗类型。

（2）双低型，即传统生产率和绿色生产率均低于全省平均水平，位于第三象限（Ⅲ），包括邢台、秦皇岛、承德和张家口。由表3可知，近几年张承地区处于双低的原因大致可归结为单要素生产率均较低；秦皇岛和邢台市工业企业的劳动生产率和能源产出率基本处于较低水平，多为劳动密集型和高能耗类型行业。

（3）单高型，即传统生产率和绿色生产率二者有其一高于全省平均水平，包括衡水、保定和唐山，其中，衡水和保定是传统生产率低于全省平均水平，绿色生产率高于全省平均水平，位于第四象限（Ⅳ），而唐山恰好相反，即传统生产率较高，而绿色生产率较低，位于第二象限（Ⅱ）。由表3可知，近几年衡水和保定工业企业的能源产出率和水资源产出率均较高，致使其绿色生产率高于全省平均水平。唐山市工业在2011～2013年度为双高型，2014年和2015年变为单高型，其绿色生产率低于全省平均水平。唐山市的4个单要素生产率中仅有劳动生产率高于全省平均水平，其他3个单要素生产率均较低。

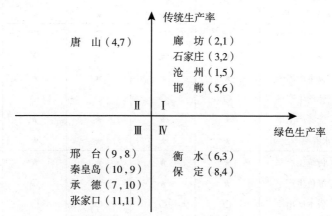

图2 2015年河北各市传统生产率和绿色生产率分类分析

注：图中括号内数字，左为该市2015年传统生产率位次，右为绿色生产率位次。

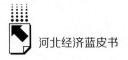

河北经济蓝皮书

石家庄、保定和衡水工业为劳动相对密集型且石家庄、保定、衡水及廊坊的能源产出率和水资源产出率相对较高，这是其绿色生产率高于全省平均水平的重要原因。唐山市工业属于资本相对密集型和高耗水、高耗能的行业类型，导致其2015年绿色生产率低于全省平均水平。沧州的劳动生产率和能源产出率较高导致其绿色生产率较高，但其资本产出率和水资源产出率偏低，说明其行业多为资本密集和高耗水的类型。邯郸市仅有能源产出率低于全省平均水平，说明其行业多为高能耗类型。张承地区的传统生产率和绿色生产率都比较低的原因大致可归结为单要素生产率均较低。秦皇岛和邢台市工业企业的劳动生产率和能源产出率基本处于较低水平，多为劳动密集型或高能耗类型行业。

表3　2011～2015年河北省各市规模以上工业企业生产率对比

地区	项目	2011年	2012年	2013年	2014年	2015年
石家庄	传统生产率	○	○	★	★	★
	绿色生产率	○	★	★	★	★
	资本产出率	★	★	★	★	★
	劳动生产率	○	○	○	○	○
	能源产出率	★	★	★	★	★
	水资源产出率	★	★	★	★	★
保定	传统生产率	○	○	○	○	○
	绿色生产率	★	★	★	★	★
	资本产出率	★	★	★	★	★
	劳动生产率	○	○	○	○	○
	能源产出率	★	★	★	★	★
	水资源产出率	★	★	★	★	★
唐山	传统生产率	★	★	★	★	★
	绿色生产率	★	★	★	○	○
	资本产出率	○	○	○	○	○
	劳动生产率	★	★	★	★	★
	能源产出率	○	○	○	○	○
	水资源产出率	○	○	○	○	○

318

续表

地区	项目	2011 年	2012 年	2013 年	2014 年	2015 年
邯郸	传统生产率	★	★	★	★	★
	绿色生产率	★	★	★	★	★
	资本产出率	★	★	★	★	★
	劳动生产率	★	★	★	★	★
	能源产出率	○	○	○	○	○
	水资源产出率	★	★	★	★	★
廊坊	传统生产率	★	★	★	★	★
	绿色生产率	★	★	★	★	★
	资本产出率	★	★	★	★	★
	劳动生产率	★	★	★	★	★
	能源产出率	★	★	★	★	★
	水资源产出率	★	★	★	★	★
沧州	传统生产率	★	★	★	★	★
	绿色生产率	★	★	★	★	★
	资本产出率	○	○	○	○	○
	劳动生产率	★	★	★	★	★
	能源产出率	★	★	★	★	★
	水资源产出率	★	○	○	○	○
衡水	传统生产率	★	○	★	○	○
	绿色生产率	★	★	★	★	★
	资本产出率	★	★	★	★	★
	劳动生产率	○	○	○	○	○
	能源产出率	★	★	★	★	★
	水资源产出率	★	★	★	★	★
承德	传统生产率	○	○	○	○	○
	绿色生产率	○	○	○	○	○
	资本产出率	○	○	○	○	○
	劳动生产率	★	○	★	○	○
	能源产出率	★	○	○	○	○
	水资源产出率	○	○	○	○	○

河北经济蓝皮书

续表

地区	项目	2011 年	2012 年	2013 年	2014 年	2015 年
张家口	传统生产率	○	○	○	○	○
	绿色生产率	○	○	○	○	○
	资本产出率	○	○	○	○	○
	劳动生产率	○	○	○	○	○
	能源产出率	○	○	○	○	○
	水资源产出率	○	○	○	○	○
秦皇岛	传统生产率	○	○	○	○	○
	绿色生产率	○	○	○	○	○
	资本产出率	○	○	○	★	★
	劳动生产率	○	○	○	○	○
	能源产出率	★	○	○	○	○
	水资源产出率	○	○	★	★	★
邢 台	传统生产率	○	○	○	○	○
	绿色生产率	○	○	○	○	○
	资本产出率	○	★	★	★	★
	劳动生产率	○	○	○	○	○
	能源产出率	○	○	★	○	○
	水资源产出率	★	★	★	★	★

注：表中○表示生产率低于全省平均水平；★表示生产率高于全省平均水平。

四 各市生产率的比较分析

如图3所示，从动态角度来看，各市规模以上工业的绿色生产率在2011～2015年都有不同程度的波动，其中廊坊稳居第一位，张家口处于第11位。石家庄、保定、邯郸、沧州、衡水、廊坊规模以上工业企业的绿色生产率高于全省平均水平，廊坊市能耗和水耗总量都较小，能源产出率和水资源产出率均较高，其绿色生产率稳居第一。石家庄市和保定市的绿色生产

320

率稳步上升，2015 年处于全省前列，邯郸市和沧州市的绿色生产率波动较
大，且有下降的趋势。

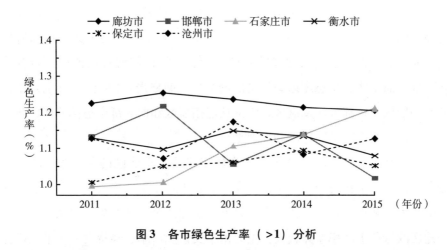

图3 各市绿色生产率（>1）分析

唐山市的绿色生产率逐年递减，2015 年低于全省平均水平，秦皇岛、
邢台的绿色生产率低于全省平均水平，作为生态水源涵养区的张承地区同样
也低于全省平均水平，尤其张家口市的绿色生产率偏低，位于全省末尾，见
图4。

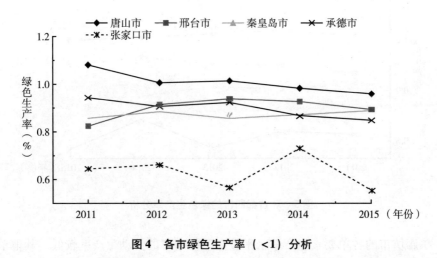

图4 各市绿色生产率（<1）分析

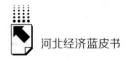

（一）环首都四市的生产率分析

京津冀确定了"功能互补、区域联动、轴向集聚、节点支撑"的布局思路，明确了以"一核、双城、三轴、四区、多节点"为框架，推动有序疏解北京非首都功能，构建以重要城市为支点，以战略性功能区平台为载体，以交通干线、生态廊道为纽带的网络型空间格局。"四区"分别是中部核心功能区、东部滨海发展区、南部功能拓展区和西北部生态涵养区，每个功能区都有明确的空间范围和发展重点。

由图5可知，2011～2015年作为环京津核心功能区的保定和廊坊，其绿色生产率处于相对较高的水平，高于全省平均水平，作为冀西北生态涵养区的张家口和承德，其绿色生产率较低，虽然两个地区均毗邻北京市，但两个地区的绿色生产率差异较大，主要由单要素生产率、经济发展水平和产业结构的差异造成的。如图6所示，2011～2015年冀西北生态涵养区的资本产出率、能源产出率和比较水资源产出率均较低，尤其是能源产出率和水资源产出率远远低于环京津核心功能区。

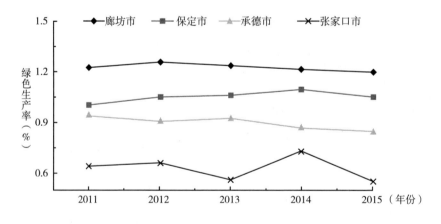

图5　环首都四市的绿色生产率分析

廊坊市的各单要素生产率水平较高，保定市的劳动生产率较低，其他单要素生产率相对较高。保定市应提高劳动生产率，廊坊和保定应该发挥其地

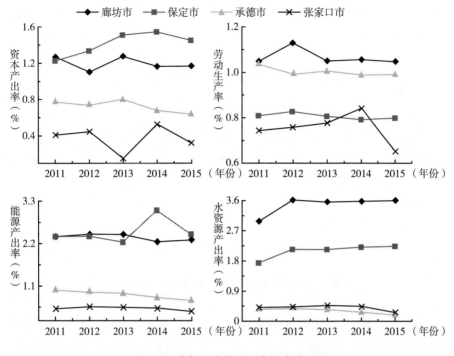

图6 环首都四市的单要素生产率分析

理位置和绿色产业的优势,提升非首都功能的承接能力。承德市绿色生产率逐年递减,其资本产出率和水资源产出率较低,劳动生产率和能源产出率略低于全省平均水平,张家口市的单要素生产率均较低,张承地区应借助地理优势,发展冰雪产业、低碳产业,通过这种方式促进经济增长,提高绿色生产率,实现绿色发展。

(二)冀中南功能拓展区的生产率分析

作为冀中南功能拓展区的石家庄、邢台、邯郸和衡水,这四个市中石家庄、衡水的绿色生产率相对较高,而邢台的绿色生产率较低,邯郸市的绿色生产率波动较大,呈递减状态,见图7。石家庄、衡水的资本产出率、能源产出率和水资源产出率均较高,只有劳动生产率较低,邯郸市能源产出率偏低,这与其产业结构偏重有关,邢台虽然劳动生产率和能源产出率较低,但是其水资源

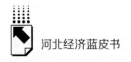
产出率高于全省平均水平，资本产出率于 2015 年高于平均水平。所以位于冀中南的四个市应加强合作，优势互补，发挥扩散效应，共同提高绿色生产率。

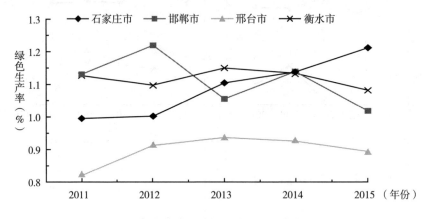

图7 冀中南功能拓展区的绿色生产率分析

由图 8 可知，石家庄市的各单要素生产率的逐年上升使得其绿色生产率不断提高，衡水市规模以上工业企业结构主要是轻工产业，资本产出率较高，

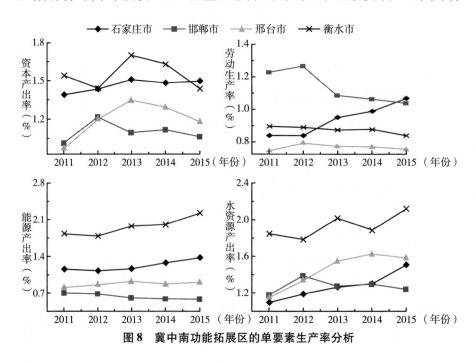

图8 冀中南功能拓展区的单要素生产率分析

能源产出率和水资源产出率均处于前列，节能降耗在稳步推进，使其绿色生产率处于较高位置。邯郸市主要因为劳动生产率的下降，其绿色生产率有所下降，邯郸市的能源产出率较低，邢台市的资本产出率和水资源产出率增幅较大，绿色生产率也在不断上升，但由于其基数较低，绿色生产率水平仍处于较低水平。

（三）沿海率先发展区的生产率分析

作为沿海率先发展区的唐山、沧州和秦皇岛，整体而言绿色生产率比较低，处于全省中后位，主要因为其在经济发展过程中注重经济的快速上升，而忽略了能源和资源的消耗问题，其中沧州市绿色生产率相对较高，唐山市其次，秦皇岛市的绿色生产率最低，见图9。整体来说，该地区的资本产出率相对较低，说明该地区在工业发展中投入了大量的资本，主要为资本密集型产业。沧州市的劳动生产率和能源产出率相对较高，但沧州市的能源产出率较高是因为河北省的能源产出率平均水平比较低，同时其水资源产出率较低，近年来降幅较大、波动明显，主要因为沧州市的产业以石油化工、管道装备及冶金等为主，虽然近年来各行业带动了经济的快速发展，但由于纺织业、造纸和纸制品业、石油加工等耗能耗水量大，其水资源利用效率逐渐降低，加上资本效率的低水平，资本产出率降幅明显，使沧州市规模以上工业的绿色生产率处于全省中游水平，见图10。

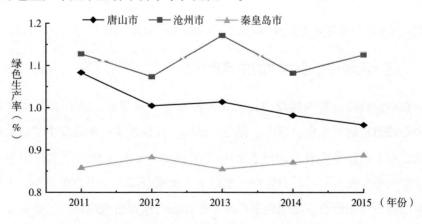

图9　沿海率先发展区的绿色生产率分析

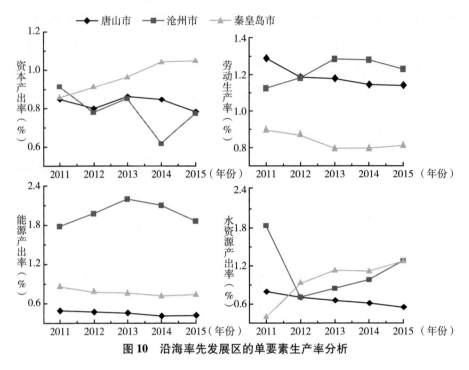

图 10 沿海率先发展区的单要素生产率分析

唐山市的绿色生产率水平基本处于全省平均水平，2015 年低于全省平均水平，唐山市的资本产出率、能源产出率和水资源产出率均较低，属于资本密集型行业，存在大量的高耗能和高耗水行业。秦皇岛市的劳动生产率与沧州市和唐山市相差较大，能源产出率较低，处于沿海地区的中游水平，针对高耗能高耗水的行业应该有所摒弃，发挥沿海城市的优势，加快产业转型升级。

（四）区域性中心城市的生产率分析

在京津冀城市群的建设中，河北省各市为"多节点"城市，其中区域性中心城市包括石家庄、唐山、保定、邯郸，其绿色生产率均发生了较大的变化，石家庄稳步上升，2015 年跃居全省第二位。石家庄的资本产出率和劳动生产率在逐步提高，石家庄规模以上工业水资源产出率也在上升。多种要素的综合作用使石家庄绿色生产率不断提高。保定市规模以上工业企业劳动生产率偏低，而能源产出率和水资源产出率较高，且远远高于全省平均水平。近年来唐山和邯郸的绿色生产率降幅较大，石家庄和保定相对在工业绿色发展方面较好，尤其保定的能源产出率近年来增长迅速，石家庄作为省会城市的产业结构偏轻，见图 11 和图 12。

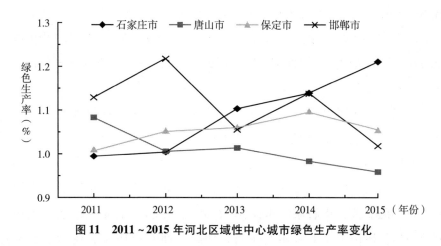

图 11　2011～2015 年河北区域性中心城市绿色生产率变化

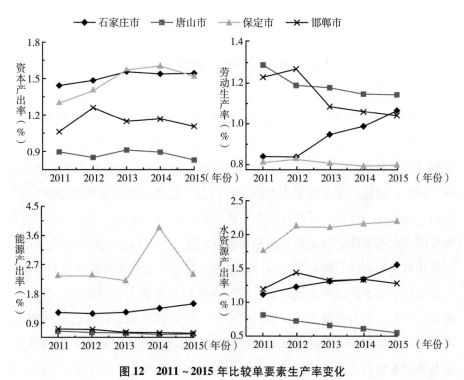

图 12　2011～2015 年比较单要素生产率变化

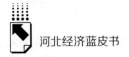

相比之下，唐山市的绿色生产率在逐年递减，唐山市是一座典型的"钢铁之城"，在经济发展过程中，逐渐形成了以钢铁、煤炭、建材等资源型工业为主导产业的经济结构，能源资源耗费量大、低端产能过剩，能源产出率和水资源产出率都处于双低的状态。唐山市的资本产出率低于全省平均水平，劳动生产率在逐年递减，说明在去产能和产业转型升级的过程中唐山面临着严峻的考验，邯郸面临着能源产出率偏低，劳动生产率逐渐降低的问题。

石家庄市和唐山市的工业企业各单要素生产率呈现较大的差异。石家庄市呈"三高一低"的状态，仅有劳动生产率低于全省平均水平；而唐山市恰好相反，呈"三低一高"的状态，仅有劳动生产率高于全国平均水平。唐山市的人均资本相比于石家庄市较高，2016 年唐山市人均资本为 66 万元/人，而石家庄市仅为 32.35 万元/人，石家庄市还不到唐山市的一半。唐山市工业资本密集特征明显，而石家庄市工业劳动密集特征明显。

五　产业结构的影响分析

2016 年，河北省能源生产总量中，原煤占 75.42%，能源消费总量中，原煤占 88.46%，偏重的产业结构和以煤为主的能源结构，使得河北省产业发展对环境影响较大。河北省工业布局总体呈现为：石化行业主要集中在沧州、唐山，钢铁产业主要集中在唐山、邯郸，装备制造业主要集中在保定、唐山、石家庄，纺织、医药行业主要集中在石家庄、保定，建材行业主要集中在唐山、石家庄，食品制造业相对在石家庄、张家口比较集中，电子信息行业相对在石家庄、保定、廊坊比较集中。唐山、沧州和承德等市的劳动生产率相比于资本产出率来说较高，属于资本相对密集型，相比较，石家庄、衡水、保定、邢台等属于劳动相对密集型。而能源产出率较低的包括唐山、张家口、邯郸等市，水耗效率较低的包括承德、张家口、沧州、唐山等市。这与各市不同的产业结构和类型密切相关。基于数据的可获得性，本报告使用各市产业结构作为分析指标，如图 13 所示，唐山的第二产业结构偏重，大约占 60%，偏重的产业结构加剧了资源环境超载。

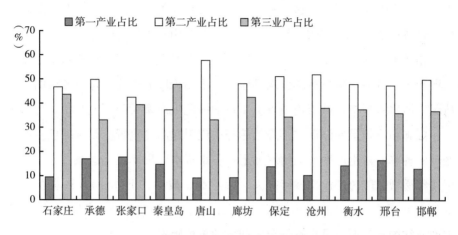

图 13　各市产业结构对比

资料来源：河北省各市 2016 年国民经济与社会发展统计公报。

唐山的产业结构偏重，六大高耗能产业比重较大，钢铁、煤炭、水泥等耗能耗水较多，导致能源产出率和水资源产出率较低，绿色生产率较低。而保定的能源产出率和水资源产出率呈现双高的态势，由于保定的主导产业为汽车、新能源等，这种结构导致了保定绿色生产率相对较高。

六　主要结论及对策建议

（一）主要结论

综上可知，考虑能源和资源消耗的绿色生产率是十分必要的，经济实力强并不意味着该地区工业的发展是环境友好的、绿色低碳的，特征比较明显的是唐山市和沧州市。所以考虑各市规模以上工业的绿色生产率对促进工业的转型升级和绿色发展有重要的现实意义。在两种衡量生产率的角度中，可以看出以传统生产率和以绿色生产率衡量的各市规模以上工业的生产率，其

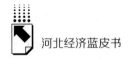

结果有明显的不同。2011～2015年，唐山市和沧州市规模以上工业的传统生产率基本高于绿色生产率，而考虑能耗和水耗以后石家庄、衡水规模以上工业的生产率相对更高，这与其产业结构偏轻有关。导致绿色生产率差异的原因是各单要素生产率的差距及各市的产业结构和类型的差异。

相较于传统生产率，绿色生产率更能反映新理念下河北省各市工业绿色发展水平，各市两项指标的位次排序有了不同程度的变化，符合各市的实际情况。河北省多节点城市规模以上工业的绿色生产率大致呈上升状态，但唐山、邯郸和沧州呈现波动式下降的趋势，应引起高度重视。影响绿色生产率变动的各单要素生产率变动情况如下：各市资本产出率逐年递减、劳动生产率逐年递增、能源产出率逐年提高（除承德呈波动式下降外）、水资源产出率基本呈上升状态（除沧州市降幅较大，唐山、承德略微下降外），同时各市产业结构和类型也是影响绿色生产率的重要因素。

（二）对策建议

河北省面临产能过剩、污染严重等问题，没有摆脱这种高投入、高消耗、高排放的粗放型的经济增长方式，应从提高工业绿色生产率及各单要素生产率出发，节能降耗，加快工业绿色转型发展。所以应做到以下几点。

一是加快结构调整，推进供给侧结构性改革，落实好"三去一降一补"的任务。在新旧动能的转换上，提升质量效益，补齐河北发展短板。调整工业结构，打造低碳产业链。实施传统行业的绿色转型升级，全面推进钢铁、化工、建材、造纸、印染等传统行业绿色化改造，要做精做优，继续处置"僵尸企业"，加快去产能的步伐，逐步淘汰生产方式落后、能源消耗高、污染环境严重的工艺、产品和设备。

二是培育新动能，提升科技创新能力，加快战略新兴产业、先进制造业和现代服务业的发展，推进"大智移云"和共享经济，增添河北发展新动能。积极引领新兴产业发展，加快推进新材料、新能源、高端装备、生物产业绿色低碳发展，加快重大生态技术的研究开发，推广低能耗技术，提升能效水平。

三是大力发展循环经济，推动重点领域节能减排，提高上、下游产业的能效。推进资源高效循环利用，原料互供、资源共享，强化技术装备支撑，提高大宗工业固体废弃物、废旧金属、废弃电子产品等综合利用水平。在工业能源消费结构中，应逐渐降低煤炭直接利用的比重，积极开发清洁能源，促进能源的有效利用，优化能源品种结构，提高能源产出率。加大投入和强化技术改造，尤其要加大对重点耗能企业节能技改的力度，提高能源利用和节能水平，从而实现经济效益、社会效益和环境效益的统一。

针对各市工业发展的不同情况，提出以下几点建议。

一是张家口、承德是京津两个特大城市的水源地和生态涵养区，一方面要转变发展理念，努力开拓生态产业化道路，引导绿色产业项目向张承生态功能区布局，如发展生态旅游，做强绿色电池、光伏、风电、智能电网等新能源产业链等，实现向绿色经济形态的跨越，同时张家口应借力冬奥会，打造冬奥品牌。另一方面，应争取把两地水源涵养生态功能区列为国家级生态功能示范区，加大转移支付力度，强化激励性补偿，建立横向和流域生态补偿机制，确保将生态功能区规划落到实处。环京津核心功能区在工业绿色发展方面相对较好，应借助其优势产业不断发展。同时应加强与京津的合作，充分利用京津优质资源，促进河北工业转型升级，加大研发力度，从而提高能源产出率和资源产出率，提高绿色生产率，实现工业绿色发展。努力做好先进制造的"加法"，节能降耗的"减法"，转型升级的"乘法"，集约节约的"除法"，打造京津冀区域良好的生态环境。

二是冀中南功能拓展区各个地区的绿色生产率有较大差异，应发挥虹吸和扩散效应，弥补自身短板，同时与其他地区优势互补，共同推动工业的绿色发展。石家庄应提高清洁能源的使用，发挥好石家庄市的循环经济发展模式，继续做好去产能的工作。邯郸市的工业高耗能产业比重过高，高耗能企业过多，给节能降耗工作带来了较大难度，应继续加大淘汰落后产能的工作力度，严控新上高污染、高耗能项目，努力降低高耗能的行业在工业经济中的比重，将有助于工业总体能耗水平的下降。冀中南功能拓展区与雄安新区毗邻，应抓住雄安新区建设的机遇，加强资金、项目的建设。

三是作为沿海率先发展区的沧州市，基础化工产业对水、电、气等资源

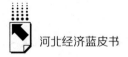
性产品需求巨大，其化工园区和化工企业应坚持发展循环经济，资源之间实行再利用，继续发挥临港化工基地的优势，主要提高资源产出率，另外，应做好北京市的项目承接，如与北京现代、北汽、中核集团、北京医药产业的合作，从而推动新型产业发展，带动传统产业转型升级，发展高端产品，提高产品附加值。对于秦皇岛市，工业上应与第三产业相结合，发挥其旅游资源的优势，同时发挥秦皇岛经济技术开发区循环经济的模式，进一步提高加工转换效率，从技术上和管理上持续提高能源利用效率，通过技术创新来利用和改造耗能系统，同时政府应该更多地在政策上进行扶持和鼓励，提高管理者的节能意识，从管理上提高能源利用效率，使高碳能源低碳化。

四是作为"多节点"城市中的四个区域性中心城市，石家庄和保定应加大优质、清洁和高效能源的使用，合理利用能源，开发与节能并重，发挥好石家庄绿色化工示范基地和保定光伏新能源等的循环经济发展模式，要通过节能技术改造不断提高能源的利用水平，继续做好去产能的工作，提升能源经济效益，促进能源与经济、能源与环境的协调发展。唐山市和邯郸市的工业高耗能产业比重过高，高耗能企业过多，应改造传统产业，重点发展具有成长性、低耗能和高附加值特点的行业和企业，引进高新技术产业，做大做强低耗能支柱产业，促进产业结构向低耗高效方向转变，走能源消耗低、环境污染少、经济效益好的新型工业化道路。同时应依托重化工业基础雄厚的优势，构建现代产业体系，高端引领与链型配套衔接，发展现代制造业。吐故纳新与优化升级结合，发展绿色基础工业，推动开发一些节能环保项目。石家庄和邯郸市属于冀中南功能拓展区，唐山市属于沿海率先发展区，保定市属于环京津核心功能区，应该加快四大区域性中心城市的绿色发展，带动整个区域的绿色发展。

参考文献

《中共河北省委关于制定河北省"十三五"规划的建议》，河北省人民政府网，2015

年 11 月 16 日。

孟维华：《生产率的绿色内涵——基于生态足迹的资源生产率和全要素生产率计算》，博士学位论文，厦门大学，2007。

李俊、徐晋涛：《省际绿色全要素生产率增长趋势的分析》，《北京林业大学学报》2009 年第 4 期。

杨文举、龙睿赟：《中国地区工业绿色全要素生产率增长》，《上海经济研究》2012 年第 7 期。

万伦来、朱琴：《R&D 投入对工业绿色全要素生产率增长的影响》，《经济学动态》2013 年第 9 期。

魏玮、谭林、刘希章：《中国工业绿色全要素生产率动态演变特征研究》，《价格理论与实践》2015 年第 9 期。

陈超凡：《中国工业绿色全要素生产率及其影响因素》，《统计研究》2016 年第 3 期。

武义青、贾雨文：《经济系统运行效能研究》，经济管理出版社，2003。

武义青、聂辰席：《我国地区工业生产率变动趋势分析》，《数量经济技术经济研究》2001 年第 5 期。

《京津冀协同规划纲要》，秦皇岛市国土资源局，2015 年 11 月 25 日。

孔凡斌：《中国生态补偿机制》，中国环境科学出版社，2010。

鲁晓东、连玉君：《中国工业企业全要素生产率估计：1999～2007》，《经济学》（季刊）2012 年第 2 期。

董锁成、于会录、李宇、李泽红、李飞、李富佳：《中国工业节能：循环经济发展的驱动因素分析》，《中国人口·资源与环境》2016 年第 6 期。

黄永春、石秋平：《中国区域环境效率与环境全要素的研究》，《中国人口·资源与环境》2015 年第 12 期。

B.13
河北省县域农业生产要素的势分析[*]

武义青 王延涛[**]

摘 要： 分析河北省各个地区在农业生产方面存在着哪些方面的优势
与劣势。研究方法：选取河北省 2011～2015 年 132 个县的农
业生产总值、农用机械总动力、化肥使用量、农林牧渔业从
业人数、总播种面积数 5 个指标数据。使用面板数据进行计
量分析并计算各个农业生产要素的势效系数以及综合势效系
数。研究发现：河北省农业生产综合效率冀西北生态涵养区
最高，该区的农业生产资本投入产出明显高于河北省其他地
区；沿海率先发展区次之，该区在农业生产劳动效率方面存
在着明显优势；环京津核心功能区和冀中南功能拓展区农业
生产效率最低。研究创新：基于河北省 132 个县的面板数据，
通过势分析的研究方法分析了河北省县域农业生产要素对农
业生产率的影响，为提高河北省不同区域农业生产率研究提
供参考。

关键词： 河北省 农业生产要素 势分析

一 引言

河北是农业大省，农业是全面建成小康社会和实现现代化的基础，"十

---

[*] 河北省决策咨询研究重点课题"河北省经济发展布局研究"（2017–01）。
[**] 武义青，河北经贸大学副校长、博士生导师，研究方向为区域经济、产业经济、数量经济；
王延涛，河北经贸大学经济研究所硕士研究生，研究方向为数量经济。

三五"规划纲要提出推进农业现代化。必须加快转变农业发展方式，着力构建现代农业产业体系、生产体系、经营体系，提高农业质量效益和竞争力，走产出高效、产品安全、资源节约、环境友好的农业现代化道路。本报告基于河北省132个县的面板数据，通过势分析的研究方法分析了河北省县域农业生产要素对农业生产率的影响，为提高河北省不同区域农业生产率提供参考。

二 研究方法

（一）单个要素的势效系数

本报告使用的是 CD 生产函数的扩展函数。首先讨论 2 个变元的乘积，即 CD 生产函数类型的情况，再推广到本报告 4 个变元的情形。

考虑函数形式为：

$$y = A x_1^{\alpha} x_2^{\beta} \qquad\qquad \alpha, \beta > 0 \qquad\qquad (1)$$

仅对某些特殊值，等式才能成立：

$$\overline{y} = A\, \overline{x_1}^{\alpha}\, \overline{x_2}^{\beta} \qquad\qquad (2)$$

各变量的几何平均值就是这样一组特殊值。但为了计算方便，我们常使用它们的算术平均值，此时式（2）近似成立。

对一般变量值，则需引入势效系数，才能成立：

$$y = A(r_1 x_1)^{\alpha} (r_2 x_2)^{\beta} \qquad\qquad (3)$$

把式（2）、式（3）变形，并引入分离条件，可以得出：

$$r_1 = \frac{\dfrac{y^{\frac{1}{\alpha+\beta}}}{x_1}}{\dfrac{\overline{y}^{\frac{1}{\alpha+\beta}}}{\overline{x_1}}}$$

$$r_2 = \frac{\dfrac{x_2}{y^{\frac{1}{\alpha+\beta}}}}{\dfrac{\overline{x_2}}{\overline{y}^{-\frac{1}{\alpha+\beta}}}} \tag{4}$$

易见，r_1 是由 $\dfrac{y}{x_1}$ 参数演变而来，r_2 是由 $\dfrac{y}{x_2}$ 参数演变而来，r_1 和 r_2 具有对称性，和单变量指数函数的结果类似。

容易推出，对于本报告 CD 生产函数的扩展函数：

$$y = A x_1^{\alpha} x_2^{\beta} x_3^{\gamma} x_4^{\delta} \qquad\qquad \alpha,\beta,\gamma,\delta > 0 \tag{5}$$

各生产要素的势效系数应为：

$$r_j = \frac{\dfrac{x_j}{y^{\frac{1}{\alpha+\beta+\gamma+\delta}}}}{\dfrac{\overline{x}}{\overline{y}^{-\frac{1}{\alpha+\beta+\gamma+\delta}}}} \qquad j = 1,2,3,4 \tag{6}$$

单个要素的势效系数反映的是该要素资源发挥效能的程度。

本报告中，y 为农业生产总值，x_1 为农用机械总动力，x_2 为化肥使用量，x_3 为农林牧渔业从业人数，x_4 为总播种面积。α 为 x_1 的产出弹性，β 为 x_2 的产出弹性，γ 为 x_3 的产出弹性，δ 为 x_4 的产出弹性。

（二）综合势效系数

综合势效系数表示全部资源投入发挥效能的程度。综合势效系数一般定义为：

$$r_c = \frac{y_{实际值}}{y_{理论值}} \tag{7}$$

当 $r_1 = r_2 = r_3 = r_4 = 1$ 为其理论值时，代入恒等式 $y = A(r_1 L)^{\alpha}(r_2 L)^{\beta}(r_3 L)^{\gamma}(r_4 L)^{\delta}$，得到具体计算公式如下：

$$r_c = r_1^{\alpha} r_2^{\beta} r_3^{\gamma} r_4^{\delta} \tag{8}$$

其中 r_1 为农机总动力势效系数，r_2 为化肥使用量势效系数，r_3 为农林牧渔业从业人数势效系数，r_4 为总播种面积势效系数。本报告中 r_e 表示以农用机械总动力、化肥使用量、农林牧渔业从业人数、总播种面积 4 个生产要素来反映河北省农业生产的综合效率。

三　农业生产要素分析

（一）河北省县域农业生产要素投入趋势分区分析

生产要素投入趋势反映生产要素投入总量变化趋势。一般用年均增速来反映这种变化趋势，年均增速指的是在测算的时间内指标平均每年的变化速度情况。计算公式如下：

$$y = A(r_1 x_1)^{\alpha}(r_2 x_2)^{\beta}$$
$$\text{年均增速} = \sqrt[t_2 - t_1]{x_2 - x_1} \times 100\%$$

式中 t_1 为测算期初年份，x_1 为期初指标数值；t_2 为期末年份，x_2 为期末指标数值。

河北省分区各指标年均增速测算结果如表 1 所示。

表 1　2011～2015 年河北省分区各指标年均增速

单位：%

地区	农业总产值	农用机械总动力	化肥使用量	农林牧渔业从业人数	总播种面积
环京津核心功能区	6.35	1.78	0.51	−0.58	−0.5
沿海率先发展区	7.40	1.71	0.40	−2.10	−0.56
冀中南功能拓展区	7.30	2.10	0.64	−1.40	−0.34
冀西北生态涵养区	11.52	4.28	1.44	−0.39	0.68

资料来源：根据《河北经济年鉴 2016》相关数据计算得出。

从表 1 可以看出：环京津核心功能区、沿海率先发展区和冀中南功能拓展区 2011～2015 年的各指标年均增速情况大致相同，三区的农业总产值的年均增速在 7% 左右，冀西北生态涵养区农业总产值年均增速较快，达到了

11.52%，农机总动力年均增速除冀西北生态涵养区达到 4.28% 之外，其余 3 个区域的年均增速都在 2% 左右。化肥使用量的年均增速冀西北生态涵养区也高于其他 3 个区域，年均增速达到了 1.44%，其余三区年均增速相差不大，都在 0.5% 左右。农林牧渔业从业人数整体都有所下降，其中环京津核心功能区和冀西北生态涵养区年均下降速度较慢，其余两个区域的年均降速较快；总播种面积年均增速冀西北生态涵养区 2011～2015 年有所上升，其余 3 个区域 2011～2015 年都有所下降。

河北省农业生产要素总体的趋势是农机和化肥等投资要素在增加，这要归因于科技进步。劳动力要素投入在减少，是因为从事农业生产带来的效益较低，劳动力从效益较低的第一产业向效益较高的第二、三产业转移。播种面积除冀西北生态涵养区外其他三区都有所减少，是由于城市化水平不断提高，而冀西北生态涵养区与其定位有关，近几年加强环境修复改善，所以耕地面积有所上升，农机和化肥投资要素较其他三区多，并且效果显著，产值年均增长速度较快。

（二）河北省县域农业生产要素投入强度分析

农业生产要素投入强度指的是单位播种面积各生产要素的投入量和人均使用农用机械动力。具体的计算公式如下：

$$农机密度 = 农用机械总动力 / 总播种面积$$
$$化肥使用密度 = 化肥使用量 / 总播种面积$$
$$劳动力密度 = 农林牧渔业从业人数 / 总播种面积$$
$$劳动力装备 = 农用机械总动力 / 农林牧渔业从业人数$$

各指标测算结果如表 2 所示。

表 2　2011～2015 年河北省分区要素投入密度

年份	地区	农机密度（千瓦/公顷）	化肥使用密度（吨/公顷）	劳动力密度（人/公顷）	劳动力装备（千瓦/人）
2011	环京津核心功能区	11.25	0.36	2.27	6.07
	沿海率先发展区	12.68	0.42	1.59	10.90
	冀中南功能拓展区	13.20	0.39	1.46	10.18
	冀西北生态涵养区	6.93	0.26	2.55	2.81

年份	地区	农机密度（千瓦/公顷）	化肥使用密度（吨/公顷）	劳动力密度（人/公顷）	劳动力装备（千瓦/人）
2012	环京津核心功能区	11.51	0.36	2.27	6.19
	沿海率先发展区	13.00	0.42	1.56	11.37
	冀中南功能拓展区	13.50	0.39	1.44	10.53
	冀西北生态涵养区	7.05	0.25	2.49	2.94
2013	环京津核心功能区	11.87	0.36	2.26	6.37
	沿海率先发展区	13.42	0.42	1.55	11.87
	冀中南功能拓展区	13.78	0.41	1.37	9.99
	冀西北生态涵养区	7.60	0.27	2.58	3.09
2014	环京津核心功能区	12.11	0.37	2.26	6.50
	沿海率先发展区	13.55	0.43	1.53	12.36
	冀中南功能拓展区	14.11	0.40	1.42	11.16
	冀西北生态涵养区	7.92	0.27	2.56	3.26
2015	环京津核心功能区	12.28	0.37	2.23	6.67
	沿海率先发展区	13.52	0.42	1.53	12.69
	冀中南功能拓展区	14.22	0.40	1.40	11.40
	冀西北生态涵养区	8.12	0.27	2.49	3.53

资料来源：根据《河北经济年鉴2016》相关数据计算得出。

从表2可以看出：2011～2015年农机密度除冀西北生态涵养区在七八千瓦/公顷，其余三个区域这几年都在10千瓦/公顷以上；化肥的使用密度2011～2015年除冀西北生态涵养区的0.27吨/公顷左右，其余三个区域都在0.4吨/公顷左右；劳动力密度2011～2015年环京津核心功能区和冀西北生态涵养区在2人/公顷以上，沿海率先发展区和冀中南功能拓展区在1.5人/公顷左右；劳动力装备2011～2015年沿海率先发展区和冀中南功能拓展区达到了10千瓦/人以上，而环京津功能区只有6千瓦/人左右，冀西北生态涵养区只有3千瓦/人左右。

从图1中可以看出，农机密度在冀西北生态涵养区明显低于其他三区，这是由于该地区山区较多无法使用大型农用机械进行农业生产，而其他三区大多处于河北省的平原地区，农业的生产多数依赖于大型机械，农机使用密度较高。化肥为土壤带来大量养分，提高了土壤基础含养量，中国60%的

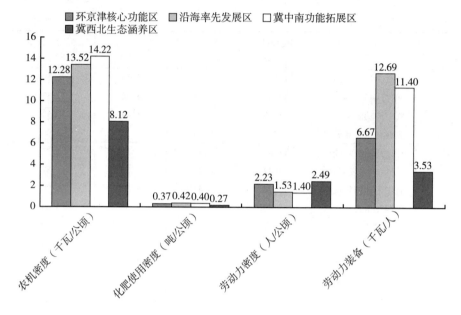

图1 2015年河北省农业生产要素投入密度

农田土壤有机质增加，原因在于作物生物量的增加和化肥使用率增加，化肥的使用对农产品产量的增加有非常大的贡献。化肥使用密度冀西北生态涵养区低于其他三个区域，这是由于化肥的使用需要投入资本，冀西北生态涵养区经济比较落后，没有足够的资本投入，因此使用的化肥较少，其他三个区域为了保证农业的产量使用的化肥较多。劳动力密度沿海率先发展区和冀中南功能拓展区较低是因为沿海率先开发区的经济较其他地区发达，劳动力成本较高，因此造成从事低收入的第一产业的人数较少，冀中南功能拓展区则是由于地处平原，耕地面积较多，再加上该区地处平原，以机械生产代替劳动力生产，因此两区的劳动密度较低。冀西北生态涵养区的劳动力密度较高是因为该区山地较多，造成耕地面积较少且无法实现农用机械生产代替劳动力生产，并且该区的劳动力成本较低，三个因素综合影响使得该区劳动力密度较高。劳动力装备沿海率先发展区和冀中南功能拓展区较高是因为两区地处河北省平原地区，农业机械使用较多，代替了劳动力，使得劳动力装备较高。冀西北生态涵养区则以劳动力为主，地处山区导致农业机械使用较少，因此劳动力装备较低。

观察表3中近几年的数据可以发现：沿海率先发展区和冀中南功能拓展区的情况大致相同，而环京津核心功能区和冀西北生态涵养区的情况类似，这是由于前两个区域大部分地处平原，而冀西北生态涵养区山区较多，环京津核心功能区的保定市也有一部分位于山区，因此要素投入情况有些相似。若剔除环京津核心功能区中的廊坊市单独计算保定市的要素投入情况，结果详见表3。

表3　2011~2015年保定市和环京津核心功能区要素投入对比

年份	地区	农机密度（千瓦/公顷）	化肥使用密度（吨/公顷）	劳动力密度（人/公顷）	劳动力装备（千瓦/人）
2011	环京津核心功能区	11.25	0.36	2.27	6.07
	保定市	9.96	0.36	2.58	4.28
2012	环京津核心功能区	11.51	0.36	2.27	6.19
	保定市	10.28	0.36	2.57	4.45
2013	环京津核心功能区	11.87	0.36	2.26	6.37
	保定市	10.58	0.36	2.55	4.65
2014	环京津核心功能区	12.11	0.37	2.26	6.50
	保定市	10.73	0.37	2.54	4.72
2015	环京津核心功能区	12.28	0.37	2.23	6.67
	保定市	10.67	0.37	2.50	4.82

资料来源：根据《河北经济年鉴2016》相关数据计算得出。

从表3中可以看出：保定市对比环京津核心功能区的农机密度有所下降，这是由于剔除了地处平原的廊坊市，保定市由于一部分地处山区，无法实现大面积的农机生产，所以农机密度较低。化肥的投入是受到经济条件影响的，而两地经济状况大致相同，因此化肥的使用无明显变化。由于山区的耕地较少且农用机械无法大面积地代替劳动力生产，因此在剔除了廊坊市后劳动力密度有所上升。劳动力装备由于山区是劳动密集型的，机械生产投资较少，因此，在剔除廊坊市后劳动力装备有所下降。

（三）河北省县域农业生产要素势效系数分析

由于河北省各地区农业生产要素投入强度的不同，再加上各地区本身自然环境、经济、社会等因素的不同，各个地区间农业生产要素的生产效率也会有不同。势效系数可以反映资源发挥效能程度。各指标势效系数测算结果如表4所示。

表4　2011～2015年河北省分区势效系数

年份	项目	农机总动力势效系数(r_1)	化肥使用量势效系数(r_2)	从业人数势效系数(r_3)	播种面积势效系数(r_4)	综合势效系数(r_5)
2011	全省平均	1.07	1.01	0.93	0.91	0.93
	环京津核心功能区	0.93	0.88	0.71	0.83	0.82
	沿海率先发展区	1.18	1.09	1.40	1.17	1.11
	冀中南功能拓展区	0.80	0.78	0.96	0.79	0.82
	冀西北生态涵养区	1.89	1.73	0.64	1.05	1.16
2012	全省平均	1.17	1.14	1.05	1.01	1.02
	环京津核心功能区	1.02	0.98	0.81	0.93	0.91
	沿海率先发展区	1.26	1.21	1.60	1.30	1.21
	冀中南功能拓展区	0.85	0.83	1.06	0.86	0.87
	冀西北生态涵养区	2.12	2.09	0.76	1.20	1.33
2013	全省平均	1.28	1.27	1.19	1.14	1.11
	环京津核心功能区	1.08	1.06	0.85	1.01	0.96
	沿海率先发展区	1.37	1.35	1.82	1.45	1.33
	冀中南功能拓展区	0.92	0.92	1.20	0.95	0.95
	冀西北生态涵养区	2.41	2.39	0.90	1.45	1.51
2014	全省平均	1.32	1.32	1.26	1.21	1.16
	环京津核心功能区	1.10	1.08	0.89	1.05	0.99
	沿海率先发展区	1.45	1.40	1.94	1.53	1.38
	冀中南功能拓展区	0.95	0.98	1.27	1.02	1.00
	冀西北生态涵养区	2.43	2.46	0.95	1.56	1.56
2015	全省平均	1.29	1.35	1.28	1.21	1.17
	环京津核心功能区	1.09	1.11	0.91	1.07	1.00
	沿海率先发展区	1.46	1.46	1.98	1.54	1.40
	冀中南功能拓展区	0.92	0.97	1.28	1.01	0.99
	冀西北生态涵养区	2.35	2.59	1.00	1.58	1.59

从表 4 中 2011～2015 年的数据可以看出：农机总动力势效系数 r_1 冀西北生态涵养区明显高于其他三区，沿海率先发展区略高于其余两个区域，环京津核心功能区和冀中南功能拓展区相差不多，其中，冀西北生态涵养区和沿海率先发展区高于全省平均水平，其余两个区域低于全省平均水平。化肥使用量势效系数 r_2 与 r_1 情况基本相同，冀西北生态涵养区明显高于其他三区，沿海率先发展区次之，其余两区最低，其中冀西北生态涵养区和沿海率先发展区高于全省平均水平，其余两个区域低于全省平均水平。从业人数势效系数 r_3 沿海率先发展区最高，冀中南功能拓展区次之，环京津核心功能区和冀西北生态涵养区最低，其中沿海率先开发区和冀中南功能拓展区高于全省平均水平，其余两个区域低于全省平均水平。播种面积势效系数 r_4 冀西北生态涵养区和沿海率先发展区较高，环京津核心功能区和冀中南功能拓展区较低，其中冀西北生态涵养区和沿海率先发展区高于全省平均水平，其余两个区域低于全省平均水平。综合势效系数 r_5 冀西北生态涵养区最高，沿海率先发展区次之，环京津核心功能区和冀中南功能拓展区最低，其中冀西北生态涵养区和沿海率先发展区高于全省平均水平，其余两个区域低于全省平均水平。

从图 2 可以看出：农机总动力势效系数冀西北生态涵养区最高是由于地处山区较多，农业机械投入程度低使得其资本投入产出的效率高，而其他平原地区由于农机投入程度高使得资本投入产出效率较低；化肥使用量势效系数西北生态涵养区最高是由于该地区经济较为落后，没有足够的资本投入使用足够的化肥，因此化肥使用密度低，因此化肥投入的产出效率较高，其余三区化肥投入密度高导致化肥的投入产出效率较低；从业人数势效系数沿海率先发展区最高，是因为该区的经济较为发达，劳动力成本高，因此从事第一产业的人数较少，使得该区的劳动效率较高，其余三区的劳动力投入较多，劳动效率低；播种面积势效系数冀西北生态涵养区较高是由于该区域地处山区，耕地较少，属于劳动密集型，人们精耕细作，因此单位面积产出较高，沿海率先发展区由于经济发达，技术先进，因此单位面积产出也较高，其余两个区域耕地面积

较多，是资本密集型的，但是由于技术不太先进，使得单位面积产出较低。

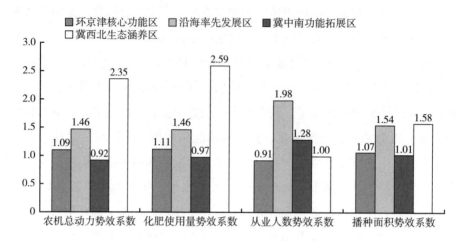

图2　2015年河北省农业生产要素势效系数

（四）河北省贫困县农业生产要素势效系数与全省平均水平比较结果

"十三五"时期是全面建成小康社会决胜期。坚决打赢脱贫攻坚战，坚持精准扶贫、精准脱贫，坚持大扶贫格局，重点攻克深度贫困地区的脱贫任务，确保到2020年，在我国现行标准下，农村贫困人口实现脱贫，贫困县全部摘帽，解决区域性整体贫困，做到脱真贫、真脱贫。分析河北省贫困县农业生产方面存在着哪方面的优势和劣势，对于精准扶贫具有重要意义。

从表5中2011～2015年的数据可以看出：农机总动力势效系数（r_1）河北省22各贫困县的平均值要高于全省平均水平；化肥使用量势效系数（r_2）与情况基本相同，22个贫困县的平均值高于全省平均水平；从业人数势效系数（r_3）河北省22个贫困县的平均值则要低于全省平均水平；播种面积势效系数（r_4）贫困县的平均值也低于全省平均水平；综合势效系数（r_5）贫困县则略高于全省平均水平。

表5　2011~2015年河北省农业生产要素平均势效系数与贫困县对比

年份	项目	农机总动力势效系数(r_1)	化肥使用量势效系数(r_2)	从业人数势效系数(r_3)	播种面积势效系数(r_4)	综合势效系数(r_5)
2011	全省平均	1.07	1.01	0.93	0.91	0.93
	22个贫困县平均值	1.54	1.36	0.52	0.77	0.95
2012	全省平均	1.17	1.14	1.05	1.01	1.02
	22个贫困县平均值	1.71	1.53	0.60	0.87	1.05
2012	全省平均	1.28	1.27	1.19	1.14	1.11
	22个贫困县平均值	1.92	1.78	0.71	1.00	1.19
2014	全省平均	1.32	1.32	1.26	1.21	1.16
	22个贫困县平均值	1.94	1.84	0.75	1.06	1.23
2015	全省平均	1.29	1.35	1.28	1.21	1.17
	22个贫困县平均值	1.87	1.93	0.77	1.05	1.25

贫困地区农业生产要素的势效系数大都高于河北省平均水平，说明其资本投入产出的效率高，而从业人数势能系数与播种面积势能系数低于全省平均水平，说明贫困地区的农业生产劳动效率低。

四　结论及建议

前文分析可得出如下结论。冀西北生态涵养区的农机总动力的势效系数明显高于全省平均水平，比如张家口的宣化县、尚义县、阳原县、怀安县、涿鹿县、赤城县，以及承德市的承德县都排在全省132个县的前10名。化肥使用量的势效系数也明显高于全省平均水平，比如张家口市的张北县、宣化县、康保县、沽源县、赤城县、崇礼县以及承德市的兴隆县、滦平县、宽城满族自治县也都排在了全省的前十名。从业人数势效系数则低于全省平均水平，比如张家口的尚义县、蔚县、阳原县、怀安县、万全县都排在了全省100名以后。播种面积的势效系数略高于全省平均水平。沿海率先发展区4个农业生产要素的势效系数都高于全省平均水平，其中从业人数势效系数明显高于其他地区，比如秦皇岛市的青龙满族自治县、昌黎县、抚宁县、卢龙县以及唐山的乐亭县、迁西县都排在了全省的前 10 名。环京津核心功能区 4 个农业生产要素的势效系数都低于全省平均水平，其中从业人数势效系数最低，比如廊坊的文安县以及保定的高阳县、涞源县、安新县、蠡县、雄县都排在了全省 100 名以后。冀中南功能拓展区从业人数势效系数和全省平均水平基本持平，其他 3 个生产要素的势效系数都低于全省平均水平，其中农用机械动力势效系数和化肥使用势效系数明显低于全省平均水平。比如农用机械动力势效系数石家庄的行唐县、平山县、赵县、新乐市，邢台的任县、新和县、清河县、临西县、南宫市、沙河市以及邯郸的邯郸县、涉县、磁县、武安市都排在了全省的 100 名以后。化肥使用势效系数比如石家庄市的元氏县、赵县，邢台市的临城县、内丘县、巨鹿县、沙河市以及邯郸的临漳县、大名县、魏县都排在全省 100 名以后。

增加对冀西北生态涵养区农民农业机械技能的培训。冀西北生态涵养区的农用机械效率最高，该地区地形多为山区，很难有大型的农用机械进行生产。要充分发挥该地区机械效率高的优势，可以对该地区农民进行小型农用机械生产的补贴，使该地区能更多地用小型农业机械进行生产。冀中南功能拓展区的农用机械效率低，可以增加对该地区农民的农业机械技能培训。

增加对冀西北生态涵养区农民的农业生产补贴。冀西北生态涵养区的化肥发挥效率最高，要充分发挥该地区在这方面的优势，采取的措施可以增加对该地区的农业补贴，因为该地区经济较为落后，用于农业生产资本投入有限，制约了其农业经济的发展。对比河北省沿太行山—燕山贫困带 22 个贫困县也发现这一规律。因此，要加大对该地区农民农业生产的经济、生产资料的补贴，使其充分发挥资本效用，加快实现"十三五"规划的全面建成小康社会的目标。冀中南功能拓展区的化肥使用的效率低，造成了资本的浪费，这是由于该地区农民的不合理使用造成的。比如许多地方的农村都存在着盲目施肥的现象，化肥在使用的时候，应拌在土里，适量地使用才能充分发挥效用，而很多农民只是简单地将其撒在土地的表面，造成化肥大部分都挥发了，农作物吸收的化肥营养元素很少，使得化肥发挥的效用很低。再比如农药的使用要适量，过多使用效用低且污染环境，过少使用又达不到效果。因此，应提高对该地区农民的职业技能教育，使其获得资本合理利用、发挥资本高效率的技能。

为环京津核心功能区和冀西北生态涵养区两区的农民提供一些相关联的就业岗位或提供一些专业的技能培训。环京津核心功能区和冀西北生态涵养区的劳动效率较低。要提高两地区的劳动力效率就要充分利用两地区的劳动力，可以采取在农忙时期进行农业生产，在非农忙时期则外出进行非农业生产赚取资本的兼业生产模式。这样的模式既保障了农业劳动力的供应，又不会造成劳动力的闲置，应鼓励这种生产模式。采取的措施比如对农民在非农忙时期外出务工进行适当的补贴，提供一些相关联的就业岗位，或者根据岗位需求提供一些专业的上岗技能培训等措施。

完善河北省农村社会保障体系，强化农村土地承包经营权的物权保护。土地在农业生产方面起着非常重要的作用。但是，目前河北省一些土地存在闲置、使用效率低的问题。随着社会的进步，土地的生产效率必须依靠现代技术才能提高，比如大规模的机械化生产，统一分配的劳动生产任务等都大大提高了土地生产效率，缩减了生产成本。但是，大面积的农业生产模式需要土地进入市场进行流通才能够实现。当前，存在着阻碍土地的流通、影响其发挥效用的因素。冀中南功能拓展区和环经济核心功能区土地利用效率低，要提高两区的土地利用效率可以采取的措施如下。首先，完善河北省的农村社会保障体系。近几年，河北省农村社会保障体系的不断推进和完善，在解决农民生活方面问题起到了越来越重要的作用。但是，就当前河北省的保障水平来看，社会保障还不能成为农民生活的依赖，他们赖以生存的还是进行农业生产的土地，只有不断完善社会保障体系，当社会保障可以解决农民的基本生存问题的时候，土地才有可能按照市场化规律被当作生产要素流通，充分发挥其生产效用。其次，强化对农村土地承包经营权的物权保护。目前，侵害农民土地承包权的现象有很多，这是由于对农村土地承包经营权的物权保护的政策不完善。许多农民由于这个原因宁愿让土地闲置、荒芜也不愿将土地承包出去，造成了土地资源的浪费。因此，需要法律不断完善，对农民的土地权益有一个清晰的界定，这样，土地才更有可能在市场上流

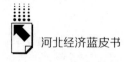
转，发挥更大的效用。

河北省农业生产在其经济中占有重要地位。但是由于河北省各地区之间的自然条件、经济、社会的差异，在农业生产方面也存在较大的差异。应因地制宜，对河北省不同地区采取不同的措施，努力做到发挥优势、优势互补、弥补劣势，这样才能对全面提高河北省的农业生产效率起到事半功倍的效果。

参考文献

武义青、贾雨文：《势分析方法及其应用研究—基于主动性决策理论》，中国社会科学出版社，2016。

京津冀大数据研究课题组：《基于企业大数据对河北吸纳京津投资的新动向分析与对策建议》，《经济与管理》2016 年第 6 期。

杨建利、邢娇阳：《我国农业供给侧结构性改革研究》，《农业现代化研究》2016 年第 4 期。

杨万江、李琪：《稻农化肥减量施用行为的影响因素》，《华南农业大学学报》（社会科学版）2017 年第 3 期。

王秀妹、余凌：《共享土地经营权模式下农业经营主体的困境摆脱及其体制创新》，《农业经济》2017 年第 7 期。

❖ 皮书起源 ❖

"皮书"起源于十七、十八世纪的英国,主要指官方或社会组织正式发表的重要文件或报告,多以"白皮书"命名。在中国,"皮书"这一概念被社会广泛接受,并被成功运作、发展成为一种全新的出版形态,则源于中国社会科学院社会科学文献出版社。

❖ 皮书定义 ❖

皮书是对中国与世界发展状况和热点问题进行年度监测,以专业的角度、专家的视野和实证研究方法,针对某一领域或区域现状与发展态势展开分析和预测,具备原创性、实证性、专业性、连续性、前沿性、时效性等特点的公开出版物,由一系列权威研究报告组成。

❖ 皮书作者 ❖

皮书系列的作者以中国社会科学院、著名高校、地方社会科学院的研究人员为主,多为国内一流研究机构的权威专家学者,他们的看法和观点代表了学界对中国与世界的现实和未来最高水平的解读与分析。

❖ 皮书荣誉 ❖

皮书系列已成为社会科学文献出版社的著名图书品牌和中国社会科学院的知名学术品牌。2016年,皮书系列正式列入"十三五"国家重点出版规划项目;2013~2018年,重点皮书列入中国社会科学院承担的国家哲学社会科学创新工程项目;2018年,59种院外皮书使用"中国社会科学院创新工程学术出版项目"标识。

权威报告·一手数据·特色资源

皮书数据库
ANNUAL REPORT(YEARBOOK)
DATABASE

当代中国经济与社会发展高端智库平台

所获荣誉

- 2016年，入选"'十三五'国家重点电子出版物出版规划骨干工程"
- 2015年，荣获"搜索中国正能量 点赞2015""创新中国科技创新奖"
- 2013年，荣获"中国出版政府奖·网络出版物奖"提名奖
- 连续多年荣获中国数字出版博览会"数字出版·优秀品牌"奖

成为会员

通过网址www.pishu.com.cn或使用手机扫描二维码进入皮书数据库网站，进行手机号码验证或邮箱验证即可成为皮书数据库会员（建议通过手机号码快速验证注册）。

会员福利

- 使用手机号码首次注册的会员，账号自动充值100元体验金，可直接购买和查看数据库内容（仅限使用手机号码快速注册）。
- 已注册用户购书后可免费获赠100元皮书数据库充值卡。刮开充值卡涂层获取充值密码，登录并进入"会员中心"—"在线充值"—"充值卡充值"，充值成功后即可购买和查看数据库内容。

社会科学文献出版社 皮书系列
SOCIAL SCIENCES ACADEMIC PRESS (CHINA)

卡号：852930224881
密码：

数据库服务热线：400-008-6695
数据库服务QQ：2475522410
数据库服务邮箱：database@ssap.cn
图书销售热线：010-59367070/7028
图书服务QQ：1265056568
图书服务邮箱：duzhe@ssap.cn

S 基本子库
UB DATABASE

中国社会发展数据库（下设 12 个子库）

全面整合国内外中国社会发展研究成果，汇聚独家统计数据、深度分析报告，涉及社会、人口、政治、教育、法律等 12 个领域，为了解中国社会发展动态、跟踪社会核心热点、分析社会发展趋势提供一站式资源搜索和数据分析与挖掘服务。

中国经济发展数据库（下设 12 个子库）

基于"皮书系列"中涉及中国经济发展的研究资料构建，内容涵盖宏观经济、农业经济、工业经济、产业经济等 12 个重点经济领域，为实时掌控经济运行态势、把握经济发展规律、洞察经济形势、进行经济决策提供参考和依据。

中国行业发展数据库（下设 17 个子库）

以中国国民经济行业分类为依据，覆盖金融业、旅游、医疗卫生、交通运输、能源矿产等 100 多个行业，跟踪分析国民经济相关行业市场运行状况和政策导向，汇集行业发展前沿资讯，为投资、从业及各种经济决策提供理论基础和实践指导。

中国区域发展数据库（下设 6 个子库）

对中国特定区域内的经济、社会、文化等领域现状与发展情况进行深度分析和预测，研究层级至县及县以下行政区，涉及地区、区域经济体、城市、农村等不同维度。为地方经济社会宏观态势研究、发展经验研究、案例分析提供数据服务。

中国文化传媒数据库（下设 18 个子库）

汇聚文化传媒领域专家观点、热点资讯，梳理国内外中国文化发展相关学术研究成果、一手统计数据，涵盖文化产业、新闻传播、电影娱乐、文学艺术、群众文化等 18 个重点研究领域。为文化传媒研究提供相关数据、研究报告和综合分析服务。

世界经济与国际关系数据库（下设 6 个子库）

立足"皮书系列"世界经济、国际关系相关学术资源，整合世界经济、国际政治、世界文化与科技、全球性问题、国际组织与国际法、区域研究 6 大领域研究成果，为世界经济与国际关系研究提供全方位数据分析，为决策和形势研判提供参考。

法律声明

"皮书系列"（含蓝皮书、绿皮书、黄皮书）之品牌由社会科学文献出版社最早使用并持续至今，现已被中国图书市场所熟知。"皮书系列"的相关商标已在中华人民共和国国家工商行政管理总局商标局注册，如LOGO（▧）、皮书、Pishu、经济蓝皮书、社会蓝皮书等。"皮书系列"图书的注册商标专用权及封面设计、版式设计的著作权均为社会科学文献出版社所有。未经社会科学文献出版社书面授权许可，任何使用与"皮书系列"图书注册商标、封面设计、版式设计相同或者近似的文字、图形或其组合的行为均系侵权行为。

经作者授权，本书的专有出版权及信息网络传播权等为社会科学文献出版社享有。未经社会科学文献出版社书面授权许可，任何就本书内容的复制、发行或以数字形式进行网络传播的行为均系侵权行为。

社会科学文献出版社将通过法律途径追究上述侵权行为的法律责任，维护自身合法权益。

欢迎社会各界人士对侵犯社会科学文献出版社上述权利的侵权行为进行举报。电话：010-59367121，电子邮箱：fawubu@ssap.cn。

社会科学文献出版社

皮书系列

2018年

智库成果出版与传播平台

社会科学文献出版社
SOCIAL SCIENCES ACADEMIC PRESS (CHINA)

社长致辞

蓦然回首，皮书的专业化历程已经走过了二十年。20年来从一个出版社的学术产品名称到媒体热词再到智库成果研创及传播平台，皮书以专业化为主线，进行了系列化、市场化、品牌化、数字化、国际化、平台化的运作，实现了跨越式的发展。特别是在党的十八大以后，以习近平总书记为核心的党中央高度重视新型智库建设，皮书也迎来了长足的发展，总品种达到600余种，经过专业评审机制、淘汰机制遴选，目前，每年稳定出版近400个品种。"皮书"已经成为中国新型智库建设的抓手，成为国际国内社会各界快速、便捷地了解真实中国的最佳窗口。

20年孜孜以求，"皮书"始终将自己的研究视野与经济社会发展中的前沿热点问题紧密相连。600个研究领域，3万多位分布于800余个研究机构的专家学者参与了研创写作。皮书数据库中共收录了15万篇专业报告，50余万张数据图表，合计30亿字，每年报告下载量近80万次。皮书为中国学术与社会发展实践的结合提供了一个激荡智力、传播思想的入口，皮书作者们用学术的话语、客观翔实的数据谱写出了中国故事壮丽的篇章。

20年跬步千里，"皮书"始终将自己的发展与时代赋予的使命与责任紧紧相连。每年百余场新闻发布会，10万余次中外媒体报道，中、英、俄、日、韩等12个语种共同出版。皮书所具有的凝聚力正在形成一种无形的力量，吸引着社会各界关注中国的发展，参与中国的发展，它是我们向世界传递中国声音、总结中国经验、争取中国国际话语权最主要的平台。

皮书这一系列成就的取得，得益于中国改革开放的伟大时代，离不开来自中国社会科学院、新闻出版广电总局、全国哲学社会科学规划办公室等主管部门的大力支持和帮助，也离不开皮书研创者和出版者的共同努力。他们与皮书的故事创造了皮书的历史，他们对皮书的拳拳之心将继续谱写皮书的未来！

现在，"皮书"品牌已经进入了快速成长的青壮年时期。全方位进行规范化管理，树立中国的学术出版标准；不断提升皮书的内容质量和影响力，搭建起中国智库产品和智库建设的交流服务平台和国际传播平台；发布各类皮书指数，并使之成为中国指数，让中国智库的声音响彻世界舞台，为人类的发展做出中国的贡献——这是皮书未来发展的图景。作为"皮书"这个概念的提出者，"皮书"从一般图书到系列图书和品牌图书，最终成为智库研究和社会科学应用对策研究的知识服务和成果推广平台这整个过程的操盘者，我相信，这也是每一位皮书人执着追求的目标。

"当代中国正经历着我国历史上最为广泛而深刻的社会变革，也正在进行着人类历史上最为宏大而独特的实践创新。这种前无古人的伟大实践，必将给理论创造、学术繁荣提供强大动力和广阔空间。"

在这个需要思想而且一定能够产生思想的时代，皮书的研创出版一定能创造出新的更大的辉煌！

社会科学文献出版社社长

中国社会学会秘书长

2017年11月

社会科学文献出版社简介

社会科学文献出版社（以下简称"社科文献出版社"）成立于1985年，是直属于中国社会科学院的人文社会科学学术出版机构。成立至今，社科文献出版社始终依托中国社会科学院和国内外人文社会科学界丰厚的学术出版和专家学者资源，坚持"创社科经典，出传世文献"的出版理念、"权威、前沿、原创"的产品定位以及学术成果和智库成果出版的专业化、数字化、国际化、市场化的经营道路。

社科文献出版社是中国新闻出版业转型与文化体制改革的先行者。积极探索文化体制改革的先进方向和现代企业经营决策机制，社科文献出版社先后荣获"全国文化体制改革工作先进单位"、中国出版政府奖·先进出版单位奖，中国社会科学院先进集体、全国科普工作先进集体等荣誉称号。多人次荣获"第十届韬奋出版奖""全国新闻出版行业领军人才""数字出版先进人物""北京市新闻出版广电行业领军人才"等称号。

社科文献出版社是中国人文社会科学学术出版的大社名社，也是以皮书为代表的智库成果出版的专业强社。年出版图书2000余种，其中皮书400余种，出版新书字数5.5亿字，承印与发行中国社科院院属期刊72种，先后创立了皮书系列、列国志、中国史话、社科文献学术译库、社科文献学术文库、甲骨文书系等一大批既有学术影响又有市场价值的品牌，确立了在社会学、近代史、苏东问题研究等专业学科及领域出版的领先地位。图书多次荣获中国出版政府奖、"三个一百"原创图书出版工程、"五个'一'工程奖"、"大众喜爱的50种图书"等奖项，在中央国家机关"强素质·做表率"读书活动中，入选图书品种数位居各大出版社之首。

社科文献出版社是中国学术出版规范与标准的倡议者与制定者，代表全国50多家出版社发起实施学术著作出版规范的倡议，承担学术著作规范国家标准的起草工作，率先编撰完成《皮书手册》对皮书品牌进行规范化管理，并在此基础上推出中国版芝加哥手册——《社科文献出版社学术出版手册》。

社科文献出版社是中国数字出版的引领者，拥有皮书数据库、列国志数据库、"一带一路"数据库、减贫数据库、集刊数据库等4大产品线11个数据库产品，机构用户达1300余家，海外用户百余家，荣获"数字出版转型示范单位""新闻出版标准化先进单位""专业数字内容资源知识服务模式试点企业标准化示范单位"等称号。

社科文献出版社是中国学术出版走出去的践行者。社科文献出版社海外图书出版与学术合作业务遍及全球40余个国家和地区，并于2016年成立俄罗斯分社，累计输出图书500余种，涉及近20个语种，累计获得国家社科基金中华学术外译项目资助76种、"丝路书香工程"项目资助60种、中国图书对外推广计划项目资助71种以及经典中国国际出版工程资助28种，被五部委联合认定为"2015-2016年度国家文化出口重点企业"。

如今，社科文献出版社完全靠自身积累拥有固定资产3.6亿元，年收入3亿元，设置了七大出版分社、六大专业部门，成立了皮书研究院和博士后科研工作站，培养了一支近400人的高素质与高效率的编辑、出版、营销和国际推广队伍，为未来成为学术出版的大社、名社、强社，成为文化体制改革与文化企业转型发展的排头兵奠定了坚实的基础。

宏观经济类

经济蓝皮书

2018年中国经济形势分析与预测

李平 / 主编　2017年12月出版　定价：89.00元

◆　本书为总理基金项目，由著名经济学家李扬领衔，联合中国社会科学院等数十家科研机构、国家部委和高等院校的专家共同撰写，系统分析了2017年的中国经济形势并预测2018年中国经济运行情况。

城市蓝皮书

中国城市发展报告 No.11

潘家华　单菁菁 / 主编　2018年9月出版　估价：99.00元

◆　本书是由中国社会科学院城市发展与环境研究中心编著的，多角度、全方位地立体展示了中国城市的发展状况，并对中国城市的未来发展提出了许多建议。该书有强烈的时代感，对中国城市发展实践有重要的参考价值。

人口与劳动绿皮书

中国人口与劳动问题报告 No.19

张车伟 / 主编　2018年10月出版　估价：99.00元

◆　本书为中国社会科学院人口与劳动经济研究所主编的年度报告，对当前中国人口与劳动形势做了比较全面和系统的深入讨论，为研究中国人口与劳动问题提供了一个专业性的视角。

中国省域竞争力蓝皮书

中国省域经济综合竞争力发展报告（2017～2018）

李建平　李闽榕　高燕京/主编　2018年5月出版　估价：198.00元

◆　本书融多学科的理论为一体，深入追踪研究了省域经济发展与中国国家竞争力的内在关系，为提升中国省域经济综合竞争力提供有价值的决策依据。

金融蓝皮书

中国金融发展报告（2018）

王国刚/主编　2018年2月出版　估价：99.00元

◆　本书由中国社会科学院金融研究所组织编写，概括和分析了2017年中国金融发展和运行中的各方面情况，研讨和评论了2017年发生的主要金融事件，有利于读者了解掌握2017年中国的金融状况，把握2018年中国金融的走势。

区 域 经 济 类

京津冀蓝皮书

京津冀发展报告（2018）

祝合良　叶堂林　张贵祥/等著　2018年6月出版　估价：99.00元

◆　本书遵循问题导向与目标导向相结合、统计数据分析与大数据分析相结合、纵向分析和长期监测与结构分析和综合监测相结合等原则，对京津冀协同发展新形势与新进展进行测度与评价。

社 会 政 法 类

社会蓝皮书

2018 年中国社会形势分析与预测

李培林　陈光金　张翼 / 主编　2017 年 12 月出版　定价：89.00 元

◆　本书由中国社会科学院社会学研究所组织研究机构专家、高校学者和政府研究人员撰写，聚焦当下社会热点，对 2017 年中国社会发展的各个方面内容进行了权威解读，同时对 2018 年社会形势发展趋势进行了预测。

法治蓝皮书

中国法治发展报告 No.16（2018）

李林　田禾 / 主编　2018 年 3 月出版　估价：118.00 元

◆　本年度法治蓝皮书回顾总结了 2017 年度中国法治发展取得的成就和存在的不足，对中国政府、司法、检务透明度进行了跟踪调研，并对 2018 年中国法治发展形势进行了预测和展望。

教育蓝皮书

中国教育发展报告（2018）

杨东平 / 主编　2018 年 4 月出版　估价：99.00 元

◆　本书重点关注了 2017 年教育领域的热点，资料翔实，分析有据，既有专题研究，又有实践案例，从多角度对 2017 年教育改革和实践进行了分析和研究。

社会体制蓝皮书

中国社会体制改革报告 No.6（2018）

龚维斌 / 主编　2018 年 3 月出版　估价：99.00 元

◆　本书由国家行政学院社会治理研究中心和北京师范大学中国社会管理研究院共同组织编写，主要对 2017 年社会体制改革情况进行回顾和总结，对 2018 年的改革走向进行分析，提出相关政策建议。

社会心态蓝皮书

中国社会心态研究报告（2018）

王俊秀　杨宜音 / 主编　2018 年 12 月出版　估价：99.00 元

◆　本书是中国社会科学院社会学研究所社会心理研究中心"社会心态蓝皮书课题组"的年度研究成果，运用社会心理学、社会学、经济学、传播学等多种学科的方法进行了调查和研究，对于目前中国社会心态状况有较广泛和深入的揭示。

华侨华人蓝皮书

华侨华人研究报告（2018）

贾益民 / 主编　2018 年 1 月出版　估价：139.00 元

◆　本书关注华侨华人生产与生活的方方面面。华侨华人是中国建设 21 世纪海上丝绸之路的重要中介者、推动者和参与者。本书旨在全面调研华侨华人，提供最新涉侨动态、理论研究成果和政策建议。

民族发展蓝皮书

中国民族发展报告（2018）

王延中 / 主编　2018 年 10 月出版　估价：188.00 元

◆　本书从民族学人类学视角，研究近年来少数民族和民族地区的发展情况，展示民族地区经济、政治、文化、社会和生态文明"五位一体"建设取得的辉煌成就和面临的困难挑战，为深刻理解中央民族工作会议精神、加快民族地区全面建成小康社会进程提供了实证材料。

产业经济类

房地产蓝皮书

中国房地产发展报告 No.15（2018）

李春华　王业强 / 主编　2018 年 5 月出版　估价：99.00 元

◆　2018 年《房地产蓝皮书》持续追踪中国房地产市场最新动态，深度剖析市场热点，展望 2018 年发展趋势，积极谋划应对策略。对 2017 年房地产市场的发展态势进行全面、综合的分析。

新能源汽车蓝皮书

中国新能源汽车产业发展报告（2018）

中国汽车技术研究中心　日产（中国）投资有限公司

东风汽车有限公司 / 编著　2018 年 8 月出版　估价：99.00 元

◆　本书对中国 2017 年新能源汽车产业发展进行了全面系统的分析，并介绍了国外的发展经验。有助于相关机构、行业和社会公众等了解中国新能源汽车产业发展的最新动态，为政府部门出台新能源汽车产业相关政策法规、企业制定相关战略规划，提供必要的借鉴和参考。

行业及其他类

旅游绿皮书

2017 ~ 2018 年中国旅游发展分析与预测

中国社会科学院旅游研究中心 / 编　2018 年 2 月出版　估价：99.00 元

◆　本书从政策、产业、市场、社会等多个角度勾画出 2017 年中国旅游发展全貌，剖析了其中的热点和核心问题，并就未来发展作出预测。

民营医院蓝皮书

中国民营医院发展报告（2018）

薛晓林 / 主编　2018 年 1 月出版　估价：99.00 元

◆　本书在梳理国家对社会办医的各种利好政策的前提下，对我国民营医疗发展现状、我国民营医院竞争力进行了分析，并结合我国医疗体制改革对民营医院的发展趋势、发展策略、战略规划等方面进行了预估。

会展蓝皮书

中外会展业动态评估研究报告（2018）

张敏 / 主编　　2018 年 12 月出版　估价：99.00 元

◆　本书回顾了 2017 年的会展业发展动态，结合"供给侧改革"、"互联网 +"、"绿色经济"的新形势分析了我国展会的行业现状，并介绍了国外的发展经验，有助于行业和社会了解最新的展会业动态。

中国上市公司蓝皮书

中国上市公司发展报告（2018）

张平　王宏淼 / 主编　　2018 年 9 月出版　　估价：99.00 元

◆　本书由中国社会科学院上市公司研究中心组织编写的，着力于全面、真实、客观反映当前中国上市公司财务状况和价值评估的综合性年度报告。本书详尽分析了 2017 年中国上市公司情况，特别是现实中暴露出的制度性、基础性问题，并对资本市场改革进行了探讨。

工业和信息化蓝皮书

人工智能发展报告（2017 ~ 2018）

尹丽波 / 主编　　2018 年 6 月出版　　估价：99.00 元

◆　本书国家工业信息安全发展研究中心在对 2017 年全球人工智能技术和产业进行全面跟踪研究基础上形成的研究报告。该报告内容翔实、视角独特，具有较强的产业发展前瞻性和预测性，可为相关主管部门、行业协会、企业等全面了解人工智能发展形势以及进行科学决策提供参考。

国际问题与全球治理类

世界经济黄皮书

2018 年世界经济形势分析与预测

张宇燕 / 主编　2018 年 1 月出版　估价：99.00 元

◆　本书由中国社会科学院世界经济与政治研究所的研究团队撰写，分总论、国别与地区、专题、热点、世界经济统计与预测等五个部分，对 2018 年世界经济形势进行了分析。

国际城市蓝皮书

国际城市发展报告（2018）

屠启宇 / 主编　2018 年 2 月出版　估价：99.00 元

◆　本书作者以上海社会科学院从事国际城市研究的学者团队为核心，汇集同济大学、华东师范大学、复旦大学、上海交通大学、南京大学、浙江大学相关城市研究专业学者。立足动态跟踪介绍国际城市发展时间中，最新出现的重大战略、重大理念、重大项目、重大报告和最佳案例。

非洲黄皮书

非洲发展报告 No.20（2017 ~ 2018）

张宏明 / 主编　2018 年 7 月出版　估价：99.00 元

◆　本书是由中国社会科学院西亚非洲研究所组织编撰的非洲形势年度报告，比较全面、系统地分析了 2017 年非洲政治形势和热点问题，探讨了非洲经济形势和市场走向，剖析了大国对非洲关系的新动向；此外，还介绍了国内非洲研究的新成果。

国别类

美国蓝皮书
美国研究报告（2018）

郑秉文 黄平 / 主编　2018 年 5 月出版　估价：99.00 元

◆　本书是由中国社会科学院美国研究所主持完成的研究成果，它回顾了美国 2017 年的经济、政治形势与外交战略，对美国内政外交发生的重大事件及重要政策进行了较为全面的回顾和梳理。

德国蓝皮书
德国发展报告（2018）

郑春荣 / 主编　2018 年 6 月出版　估价：99.00 元

◆　本报告由同济大学德国研究所组织编撰，由该领域的专家学者对德国的政治、经济、社会文化、外交等方面的形势发展情况，进行全面的阐述与分析。

俄罗斯黄皮书
俄罗斯发展报告（2018）

李永全 / 编著　2018 年 6 月出版　估价：99.00 元

◆　本书系统介绍了 2017 年俄罗斯经济政治情况，并对 2016 年该地区发生的焦点、热点问题进行了分析与回顾；在此基础上，对该地区 2018 年的发展前景进行了预测。

文 化 传 媒 类

新媒体蓝皮书

中国新媒体发展报告 No.9（2018）

唐绪军 / 主编　2018 年 6 月出版　估价：99.00 元

◆　本书是由中国社会科学院新闻与传播研究所组织编写的关于新媒体发展的最新年度报告，旨在全面分析中国新媒体的发展现状，解读新媒体的发展趋势，探析新媒体的深刻影响。

移动互联网蓝皮书

中国移动互联网发展报告（2018）

余清楚 / 主编　　2018 年 6 月出版　估价：99.00 元

◆　本书着眼于对 2017 年度中国移动互联网的发展情况做深入解析，对未来发展趋势进行预测，力求从不同视角、不同层面全面剖析中国移动互联网发展的现状、年度突破及热点趋势等。

文化蓝皮书

中国文化消费需求景气评价报告（2018）

王亚南 / 主编　2018 年 2 月出版　估价：99.00 元

◆　本书首创全国文化发展量化检测评价体系，也是至今全国唯一的文化民生量化检测评价体系，对于检验全国及各地＂以人民为中心＂的文化发展具有首创意义。

地方发展类

北京蓝皮书

北京经济发展报告（2017～2018）

杨松 / 主编　2018 年 6 月出版　估价：99.00 元

◆　本书对 2017 年北京市经济发展的整体形势进行了系统性的分析与回顾，并对 2018 年经济形势走势进行了预测与研判，聚焦北京市经济社会发展中的全局性、战略性和关键领域的重点问题，运用定量和定性分析相结合的方法，对北京市经济社会发展的现状、问题、成因进行了深入分析，提出了可操作性的对策建议。

温州蓝皮书

2018 年温州经济社会形势分析与预测

蒋儒标　王春光　金浩 / 主编　2018 年 4 月出版　估价：99.00 元

◆　本书是中共温州市委党校和中国社会科学院社会学研究所合作推出的第十一本温州蓝皮书，由来自党校、政府部门、科研机构、高校的专家、学者共同撰写的 2017 年温州区域发展形势的最新研究成果。

黑龙江蓝皮书

黑龙江社会发展报告（2018）

王爱丽 / 主编　2018 年 6 月出版　估价：99.00 元

◆　本书以千份随机抽样问卷调查和专题研究为依据，运用社会学理论框架和分析方法，从专家和学者的独特视角，对 2017 年黑龙江省关系民生的问题进行广泛的调研与分析，并对 2017 年黑龙江省诸多社会热点和焦点问题进行了有益的探索。这些研究不仅可以为政府部门更加全面深入了解省情、科学制定决策提供智力支持，同时也可以为广大读者认识、了解、关注黑龙江社会发展提供理性思考。

宏 观 经 济 类

城市蓝皮书
中国城市发展报告（No.11）
著(编)者：潘家华 单菁菁
2018年9月出版 / 估价：99.00元
PSN B-2007-091-1/1

城乡一体化蓝皮书
中国城乡一体化发展报告（2018）
著(编)者：付崇兰
2018年9月出版 / 估价：99.00元
PSN B-2011-226-1/2

城镇化蓝皮书
中国新型城镇化健康发展报告（2018）
著(编)者：张占斌
2018年8月出版 / 估价：99.00元
PSN B-2014-396-1/1

创新蓝皮书
创新型国家建设报告（2018～2019）
著(编)者：詹正茂
2018年12月出版 / 估价：99.00元
PSN B-2009-140-1/1

低碳发展蓝皮书
中国低碳发展报告（2018）
著(编)者：张希良 齐晔
2018年6月出版 / 估价：99.00元
PSN B-2011-223-1/1

低碳经济蓝皮书
中国低碳经济发展报告（2018）
著(编)者：薛进军 赵忠秀
2018年11月出版 / 估价：99.00元
PSN B-2011-194-1/1

发展和改革蓝皮书
中国经济发展和体制改革报告No.9
著(编)者：邹东涛 王再文
2018年1月出版 / 估价：99.00元
PSN B-2008-122-1/1

国家创新蓝皮书
中国创新发展报告（2017）
著(编)者：陈劲　2018年3月出版 / 估价：99.00元
PSN B-2014-370-1/1

金融蓝皮书
中国金融发展报告（2018）
著(编)者：王国刚
2018年2月出版 / 估价：99.00元
PSN B-2004-031-1/7

经济蓝皮书
2018年中国经济形势分析与预测
著(编)者：李平　2017年12月出版 / 定价：89.00元
PSN B-1996-001-1/1

经济蓝皮书春季号
2018年中国经济前景分析
著(编)者：李扬　2018年5月出版 / 估价：99.00元
PSN B-1999-008-1/1

经济蓝皮书夏季号
中国经济增长报告（2017～2018）
著(编)者：李扬　2018年9月出版 / 估价：99.00元
PSN B-2010-176-1/1

经济信息绿皮书
中国与世界经济发展报告（2018）
著(编)者：杜平
2017年12月出版 / 估价：99.00元
PSN G-2003-023-1/1

农村绿皮书
中国农村经济形势分析与预测（2017～2018）
著(编)者：魏后凯 黄秉信
2018年4月出版 / 估价：99.00元
PSN G-1998-003-1/1

人口与劳动绿皮书
中国人口与劳动问题报告No.19
著(编)者：张车伟　2018年11月出版 / 估价：99.00元
PSN G-2000-012-1/1

新型城镇化蓝皮书
新型城镇化发展报告（2017）
著(编)者：李伟 宋敏 沈体雁
2018年3月出版 / 估价：99.00元
PSN B-2005-038-1/1

中国省域竞争力蓝皮书
中国省域经济综合竞争力发展报告（2016～2017）
著(编)者：李建平 李闽榕 高燕京
2018年2月出版 / 估价：198.00元
PSN B-2007-088-1/1

中小城市绿皮书
中国中小城市发展报告（2018）
著(编)者：中国城市经济学会中小城市经济发展委员会
中国城镇化促进会中小城市发展委员会
《中国中小城市发展报告》编纂委员会
中小城市发展战略研究院
2018年11月出版 / 估价：128.00元
PSN G-2010-161-1/1

区域经济类

东北蓝皮书
中国东北地区发展报告（2018）
著（编）者：姜晓秋　2018年11月出版 / 估价：99.00元
PSN B-2006-067-1/1

金融蓝皮书
中国金融中心发展报告（2017~2018）
著（编）者：王力 黄育华　2018年11月出版 / 估价：99.00元
PSN B-2011-186-6/7

京津冀蓝皮书
京津冀发展报告（2018）
著（编）者：祝合良 叶堂林 张贵祥
2018年6月出版 / 估价：99.00元
PSN B-2012-262-1/1

西北蓝皮书
中国西北发展报告（2018）
著（编）者：任宗哲 白宽犁 王建康
2018年4月出版 / 估价：99.00元
PSN B-2012-261-1/1

西部蓝皮书
中国西部发展报告（2018）
著（编）者：瑞勇 任保平　2018年8月出版 / 估价：99.00元
PSN B-2005-039-1/1

长江经济带产业蓝皮书
长江经济带产业发展报告（2018）
著（编）者：吴传清　2018年11月出版 / 估价：128.00元
PSN B-2017-666-1/1

长江经济带蓝皮书
长江经济带发展报告（2017~2018）
著（编）者：王振　2018年11月出版 / 估价：99.00元
PSN B-2016-575-1/1

长江中游城市群蓝皮书
长江中游城市群新型城镇化与产业协同发展报告（2018）
著（编）者：杨刚强　2018年11月出版 / 估价：99.00元
PSN B-2016-578-1/1

长三角蓝皮书
2017年创新融合发展的长三角
著（编）者：刘飞跃　2018年3月出版 / 估价：99.00元
PSN B-2005-038-1/1

长株潭城市群蓝皮书
长株潭城市群发展报告（2017）
著（编）者：张萍 朱有志　2018年1月出版 / 估价：99.00元
PSN B-2008-109-1/1

中部竞争力蓝皮书
中国中部经济社会竞争力报告（2018）
著（编）者：教育部人文社会科学重点研究基地南昌大学中国
中部经济社会发展研究中心
2018年12月出版 / 估价：99.00元
PSN B-2012-276-1/1

中部蓝皮书
中国中部地区发展报告（2018）
著（编）者：宋亚平　2018年12月出版 / 估价：99.00元
PSN B-2007-089-1/1

区域蓝皮书
中国区域经济发展报告（2017~2018）
著（编）者：赵弘　2018年5月出版 / 估价：99.00元
PSN B-2004-034-1/1

中三角蓝皮书
长江中游城市群发展报告（2018）
著（编）者：秦尊文　2018年9月出版 / 估价：99.00元
PSN B-2014-417-1/1

中原蓝皮书
中原经济区发展报告（2018）
著（编）者：李英杰　2018年6月出版 / 估价：99.00元
PSN B-2011-192-1/1

珠三角流通蓝皮书
珠三角商圈发展研究报告（2018）
著（编）者：王先庆 林至颖　2018年7月出版 / 估价：99.00元
PSN B-2012-292-1/1

社会政法类

北京蓝皮书
中国社区发展报告（2017~2018）
著（编）者：于燕燕　2018年9月出版 / 估价：99.00元
PSN B-2007-083-5/8

殡葬绿皮书
中国殡葬事业发展报告（2017~2018）
著（编）者：李伯森　2018年4月出版 / 估价：158.00元
PSN G-2010-180-1/1

城市管理蓝皮书
中国城市管理报告（2017-2018）
著（编）者：刘林 刘承水　2018年5月出版 / 估价：158.00元
PSN B-2013-336-1/1

城市生活质量蓝皮书
中国城市生活质量报告（2017）
著（编）者：张连城 张平 杨春学 郎丽华
2018年2月出版 / 估价：99.00元
PSN B-2013-326-1/1

城市政府能力蓝皮书
中国城市政府公共服务能力评估报告（2018）
著(编)者：何艳玲　2018年4月出版 / 估价：99.00元
PSN B-2013-338-1/1

创业蓝皮书
中国创业发展研究报告（2017~2018）
著(编)者：黄群慧 赵卫星 钟宏武
2018年11月出版 / 估价：99.00元
PSN B-2016-577-1/1

慈善蓝皮书
中国慈善发展报告（2018）
著(编)者：杨团　2018年6月出版 / 估价：99.00元
PSN B-2009-142-1/1

党建蓝皮书
党的建设研究报告No.2（2018）
著(编)者：崔建民 陈东平　2018年1月出版 / 估价：99.00元
PSN B-2016-523-1/1

地方法治蓝皮书
中国地方法治发展报告No.3（2018）
著(编)者：李林 田禾　2018年3月出版 / 估价：118.00元
PSN B-2015-442-1/1

电子政务蓝皮书
中国电子政务发展报告（2018）
著(编)者：李季　2018年8月出版 / 估价：99.00元
PSN B-2003-022-1/1

法治蓝皮书
中国法治发展报告No.16（2018）
著(编)者：吕艳滨　2018年3月出版 / 估价：118.00元
PSN B-2004-027-1/3

法治蓝皮书
中国法院信息化发展报告 No.2（2018）
著(编)者：李林 田禾　2018年2月出版 / 估价：108.00元
PSN B-2017-604-3/3

法治政府蓝皮书
中国法治政府发展报告（2018）
著(编)者：中国政法大学法治政府研究院
2018年4月出版 / 估价：99.00元
PSN B-2015-502-1/2

法治政府蓝皮书
中国法治政府评估报告（2018）
著(编)者：中国政法大学法治政府研究院
2018年9月出版 / 估价：168.00元
PSN B-2016-576-2/2

反腐倡廉蓝皮书
中国反腐倡廉建设报告 No.8
著(编)者：张英伟　2018年12月出版 / 估价：99.00元
PSN B-2012-259-1/1

扶贫蓝皮书
中国扶贫开发报告（2018）
著(编)者：李培林 魏后凯　2018年12月出版 / 估价：128.00元
PSN B-2016-599-1/1

妇女发展蓝皮书
中国妇女发展报告 No.6
著(编)者：王金玲　2018年9月出版 / 估价：158.00元
PSN B-2006-069-1/1

妇女教育蓝皮书
中国妇女教育发展报告 No.3
著(编)者：张李玺　2018年10月出版 / 估价：99.00元
PSN B-2008-121-1/1

妇女绿皮书
2018年：中国性别平等与妇女发展报告
著(编)者：谭琳　2018年12月出版 / 估价：99.00元
PSN G-2006-073-1/1

公共安全蓝皮书
中国城市公共安全发展报告（2017~2018）
著(编)者：黄育华 杨文明 赵建辉
2018年6月出版 / 估价：99.00元
PSN B-2017-628-1/1

公共服务蓝皮书
中国城市基本公共服务力评价（2018）
著(编)者：钟君 刘志昌 吴正杲
2018年12月出版 / 估价：99.00元
PSN B-2011-214-1/1

公民科学素质蓝皮书
中国公民科学素质报告（2017~2018）
著(编)者：李群 陈雄 马宗文
2018年1月出版 / 估价：99.00元
PSN B-2014-379-1/1

公益蓝皮书
中国公益慈善发展报告（2016）
著(编)者：朱健刚 胡小军　2018年2月出版 / 估价：99.00元
PSN B-2012-283-1/1

国际人才蓝皮书
中国国际移民报告（2018）
著(编)者：王辉耀　2018年2月出版 / 估价：99.00元
PSN B-2012-304-3/4

国际人才蓝皮书
中国留学发展报告（2018）No.7
著(编)者：王辉耀 苗绿　2018年12月出版 / 估价：99.00元
PSN B-2012-244-2/4

海洋社会蓝皮书
中国海洋社会发展报告（2017）
著(编)者：崔凤 宋宁而　2018年3月出版 / 估价：99.00元
PSN B-2015-478-1/1

行政改革蓝皮书
中国行政体制改革报告No.7（2018）
著(编)者：魏礼群　2018年6月出版 / 估价：99.00元
PSN B-2011-231-1/1

华侨华人蓝皮书
华侨华人研究报告（2017）
著(编)者：贾益民　2018年1月出版 / 估价：139.00元
PSN B-2011-204-1/1

环境竞争力绿皮书
中国省域环境竞争力发展报告（2018）
著（编）者：李建平 李闽榕 王金南
2018年11月出版 / 估价：198.00元
PSN G-2010-165-1/1

环境绿皮书
中国环境发展报告（2017~2018）
著（编）者：李波　2018年4月出版 / 估价：99.00元
PSN G-2006-048-1/1

家庭蓝皮书
中国"创建幸福家庭活动"评估报告（2018）
著（编）者：国务院发展研究中心"创建幸福家庭活动评估"课题组
2018年12月出版 / 估价：99.00元
PSN B-2015-508-1/1

健康城市蓝皮书
中国健康城市建设研究报告（2018）
著（编）者：王鸿春 盛继洪　2018年12月出版 / 估价：99.00元
PSN B-2016-564-2/2

健康中国蓝皮书
社区首诊与健康中国分析报告（2018）
著（编）者：高和荣 杨叔禹 姜杰
2018年4月出版 / 估价：99.00元
PSN B-2017-611-1/1

教师蓝皮书
中国中小学教师发展报告（2017）
著（编）者：曾晓东 鱼霞　2018年6月出版 / 估价：99.00元
PSN B-2012-289-1/1

教育扶贫蓝皮书
中国教育扶贫报告（2018）
著（编）者：司树杰 王文静 李兴洲
2018年12月出版 / 估价：99.00元
PSN B-2016-590-1/1

教育蓝皮书
中国教育发展报告（2018）
著（编）者：杨东平　2018年4月出版 / 估价：99.00元
PSN B-2006-047-1/1

金融法治建设蓝皮书
中国金融法治建设年度报告（2015~2016）
著（编）者：朱小黄　2018年6月出版 / 估价：99.00元
PSN B-2017-633-1/1

京津冀教育蓝皮书
京津冀教育发展研究报告（2017~2018）
著（编）者：方中雄　2018年4月出版 / 估价：99.00元
PSN B-2017-608-1/1

就业蓝皮书
2018年中国本科生就业报告
著（编）者：麦可思研究院　2018年6月出版 / 估价：99.00元
PSN B-2009-146-1/2

就业蓝皮书
2018年中国高职高专生就业报告
著（编）者：麦可思研究院　2018年6月出版 / 估价：99.00元
PSN B-2015-472-2/2

科学教育蓝皮书
中国科学教育发展报告（2018）
著（编）者：王康友　2018年10月出版 / 估价：99.00元
PSN B-2015-487-1/1

劳动保障蓝皮书
中国劳动保障发展报告（2018）
著（编）者：刘燕斌　2018年9月出版 / 估价：158.00元
PSN B-2014-415-1/1

老龄蓝皮书
中国老年宜居环境发展报告（2017）
著（编）者：党俊武 周燕珉　2018年1月出版 / 估价：99.00元
PSN B-2013-320-1/1

连片特困区蓝皮书
中国连片特困区发展报告（2017~2018）
著（编）者：游俊 冷志明 丁建军
2018年4月出版 / 估价：99.00元
PSN B-2013-321-1/1

流动儿童蓝皮书
中国流动儿童教育发展报告（2017）
著（编）者：杨东平　2018年1月出版 / 估价：99.00元
PSN B-2017-600-1/1

民调蓝皮书
中国民生调查报告（2018）
著（编）者：谢耘耕　2018年12月出版 / 估价：99.00元
PSN B-2014-398-1/1

民族发展蓝皮书
中国民族发展报告（2018）
著（编）者：王延中　2018年10月出版 / 估价：188.00元
PSN B-2006-070-1/1

女性生活蓝皮书
中国女性生活状况报告No.12（2018）
著（编）者：韩湘景　2018年7月出版 / 估价：99.00元
PSN B-2006-071-1/1

汽车社会蓝皮书
中国汽车社会发展报告（2017~2018）
著（编）者：王俊秀　2018年1月出版 / 估价：99.00元
PSN B-2011-224-1/1

青年蓝皮书
中国青年发展报告（2018）No.3
著（编）者：廉思　2018年4月出版 / 估价：99.00元
PSN B-2013-333-1/1

青少年蓝皮书
中国未成年人互联网运用报告（2017~2018）
著（编）者：李为民 李文革 沈杰
2018年11月出版 / 估价：99.00元
PSN B-2010-156-1/1

人权蓝皮书
中国人权事业发展报告No.8（2018）
著(编)者：李君如　2018年9月出版 / 估价：99.00元
PSN B-2011-215-1/1

社会保障绿皮书
中国社会保障发展报告No.9（2018）
著(编)者：王延中　2018年1月出版 / 估价：99.00元
PSN G-2001-014-1/1

社会风险评估蓝皮书
风险评估与危机预警报告（2017～2018）
著(编)者：唐钧　2018年8月出版 / 估价：99.00元
PSN B-2012-293-1/1

社会工作蓝皮书
中国社会工作发展报告（2016~2017）
著(编)者：民政部社会工作研究中心
2018年8月出版 / 估价：99.00元
PSN B-2009-141-1/1

社会管理蓝皮书
中国社会管理创新报告No.6
著(编)者：连玉明　2018年11月出版 / 估价：99.00元
PSN B-2012-300-1/1

社会蓝皮书
2018年中国社会形势分析与预测
著(编)者：李培林 陈光金 张翼
2017年12月出版 / 定价：89.00元
PSN B-1998-002-1/1

社会体制蓝皮书
中国社会体制改革报告No.6（2018）
著(编)者：龚维斌　2018年3月出版 / 估价：99.00元
PSN B-2013-330-1/1

社会心态蓝皮书
中国社会心态研究报告（2018）
著(编)者：王俊秀　2018年12月出版 / 估价：99.00元
PSN B-2011-199-1/1

社会组织蓝皮书
中国社会组织报告（2017-2018）
著(编)者：黄晓勇　2018年1月出版 / 估价：99.00元
PSN B-2008-118-1/2

社会组织蓝皮书
中国社会组织评估发展报告（2018）
著(编)者：徐家良　2018年12月出版 / 估价：99.00元
PSN B-2013-366-2/2

生态城市绿皮书
中国生态城市建设发展报告（2018）
著(编)者：刘举科 孙伟平 胡文臻
2018年9月出版 / 估价：158.00元
PSN G-2012-269-1/1

生态文明绿皮书
中国省域生态文明建设评价报告（ECI 2018）
著(编)者：严耕　2018年12月出版 / 估价：99.00元
PSN G-2010-170-1/1

退休生活蓝皮书
中国城市居民退休生活质量指数报告（2017）
著(编)者：杨一帆　2018年5月出版 / 估价：99.00元
PSN B-2017-618-1/1

危机管理蓝皮书
中国危机管理报告（2018）
著(编)者：文学国 范正青
2018年8月出版 / 估价：99.00元
PSN B-2010-171-1/1

学会蓝皮书
2018年中国学会发展报告
著(编)者：麦可思研究院
2018年12月出版 / 估价：99.00元
PSN B-2016-597-1/1

医改蓝皮书
中国医药卫生体制改革报告（2017～2018）
著(编)者：文学国 房志武
2018年11月出版 / 估价：99.00元
PSN B-2014-432-1/1

应急管理蓝皮书
中国应急管理报告（2018）
著(编)者：宋英华　2018年9月出版 / 估价：99.00元
PSN B-2016-562-1/1

政府绩效评估蓝皮书
中国地方政府绩效评估报告 No.2
著(编)者：贠杰　2018年12月出版 / 估价：99.00元
PSN B-2017-672-1/1

政治参与蓝皮书
中国政治参与报告（2018）
著(编)者：房宁　2018年8月出版 / 估价：128.00元
PSN B-2011-200-1/1

政治文化蓝皮书
中国政治文化报告（2018）
著(编)者：邢元敏 魏大鹏 龚克
2018年8月出版 / 估价：128.00元
PSN B-2017-615-1/1

中国传统村落蓝皮书
中国传统村落保护现状报告（2018）
著(编)者：胡彬彬 李向军 王晓波
2018年12月出版 / 估价：99.00元
PSN B-2017-663-1/1

中国农村妇女发展蓝皮书
农村流动女性城市生活发展报告（2018）
著(编)者：谢丽华　2018年12月出版 / 估价：99.00元
PSN B-2014-434-1/1

宗教蓝皮书
中国宗教报告（2017）
著(编)者：邱永辉　2018年8月出版 / 估价：99.00元
PSN B-2008-117-1/1

产业经济类

保健蓝皮书
中国保健服务产业发展报告 No.2
著(编)者：中国保健协会　　中共中央党校
2018年7月出版 / 估价：198.00元
PSN B-2012-272-3/3

保健蓝皮书
中国保健食品产业发展报告 No.2
著(编)者：中国保健协会
　　　　中国社会科学院食品药品产业发展与监管研究中心
2018年8月出版 / 估价：198.00元
PSN B-2012-271-2/3

保健蓝皮书
中国保健用品产业发展报告 No.2
著(编)者：中国保健协会
　　　　国务院国有资产监督管理委员会研究中心
2018年3月出版 / 估价：198.00元
PSN B-2012-270-1/3

保险蓝皮书
中国保险业竞争力报告（2018）
著(编)者：保监会　　2018年12月出版 / 估价：99.00元
PSN B-2013-311-1/1

冰雪蓝皮书
中国冰上运动产业发展报告（2018）
著(编)者：孙承华 杨占武 刘戈 张鸿俊
2018年9月出版 / 估价：99.00元
PSN B-2017-648-3/3

冰雪蓝皮书
中国滑雪产业发展报告（2018）
著(编)者：孙承华 伍斌 魏庆华 张鸿俊
2018年9月出版 / 估价：99.00元
PSN B-2016-559-1/3

餐饮产业蓝皮书
中国餐饮产业发展报告（2018）
著(编)者：邢颖
2018年6月出版 / 估价：99.00元
PSN B-2009-151-1/1

茶业蓝皮书
中国茶产业发展报告（2018）
著(编)者：杨江帆 李闽榕
2018年10月出版 / 估价：99.00元
PSN B-2010-164-1/1

产业安全蓝皮书
中国文化产业安全报告（2018）
著(编)者：北京印刷学院文化产业安全研究院
2018年12月出版 / 估价：99.00元
PSN B-2014-378-12/14

产业安全蓝皮书
中国新媒体产业安全报告（2016~2017）
著(编)者：肖丽　　2018年6月出版 / 估价：99.00元
PSN B-2015-500-14/14

产业安全蓝皮书
中国出版传媒产业安全报告（2017~2018）
著(编)者：北京印刷学院文化产业安全研究院
2018年3月出版 / 估价：99.00元
PSN B-2014-384-13/14

产业蓝皮书
中国产业竞争力报告（2018）No.8
著(编)者：张其仔　　2018年12月出版 / 估价：168.00元
PSN B-2010-175-1/1

动力电池蓝皮书
中国新能源汽车动力电池产业发展报告（2018）
著(编)者：中国汽车技术研究中心
2018年8月出版 / 估价：99.00元
PSN B-2017-639-1/1

杜仲产业绿皮书
中国杜仲橡胶资源与产业发展报告（2017~2018）
著(编)者：杜红岩 胡文臻 俞锐
2018年1月出版 / 估价：99.00元
PSN G-2013-350-1/1

房地产蓝皮书
中国房地产发展报告No.15（2018）
著(编)者：李春华 王业强
2018年5月出版 / 估价：99.00元
PSN B-2004-028-1/1

服务外包蓝皮书
中国服务外包产业发展报告（2017~2018）
著(编)者：王晓红 刘德军
2018年6月出版 / 估价：99.00元
PSN B-2013-331-2/2

服务外包蓝皮书
中国服务外包竞争力报告（2017~2018）
著(编)者：刘春生 王力 黄育华
2018年12月出版 / 估价：99.00元
PSN B-2011-216-1/2

工业和信息化蓝皮书
世界信息技术产业发展报告（2017~2018）
著(编)者：尹丽波　　2018年6月出版 / 估价：99.00元
PSN B-2015-449-2/6

工业和信息化蓝皮书
战略性新兴产业发展报告（2017~2018）
著(编)者：尹丽波　　2018年6月出版 / 估价：99.00元
PSN B-2015-450-3/6

客车蓝皮书
中国客车产业发展报告（2017~2018）
著（编）者：姚蔚　2018年10月出版 / 估价：99.00元
PSN B-2013-361-1/1

流通蓝皮书
中国商业发展报告（2018~2019）
著（编）者：王雪峰 林诗慧
2018年7月出版 / 估价：99.00元
PSN B-2009-152-1/2

能源蓝皮书
中国能源发展报告（2018）
著（编）者：崔民选 王军生 陈义和
2018年12月出版 / 估价：99.00元
PSN B-2006-049-1/1

农产品流通蓝皮书
中国农产品流通产业发展报告（2017）
著（编）者：贾敬敦 张东科 张玉玺 张鹏毅 周伟
2018年1月出版 / 估价：99.00元
PSN B-2012-288-1/1

汽车工业蓝皮书
中国汽车工业发展年度报告（2018）
著（编）者：中国汽车工业协会
　　　　　　中国汽车技术研究中心
　　　　　　丰田汽车公司
2018年5月出版 / 估价：168.00元
PSN B-2015-463-1/2

汽车工业蓝皮书
中国汽车零部件产业发展报告（2017~2018）
著（编）者：中国汽车工业协会
　　　　　　中国汽车工程研究院深圳市沃特玛电池有限公司
2018年9月出版 / 估价：99.00元
PSN B-2016-515-2/2

汽车蓝皮书
中国汽车产业发展报告（2018）
著（编）者：中国汽车工程学会
　　　　　　大众汽车集团（中国）
2018年11月出版 / 估价：99.00元
PSN B-2008-124-1/1

世界茶业蓝皮书
世界茶业发展报告（2018）
著（编）者：李闽榕 冯廷佺
2018年5月出版 / 估价：168.00元
PSN B-2017-619-1/1

世界能源蓝皮书
世界能源发展报告（2018）
著（编）者：黄晓勇　2018年6月出版 / 估价：168.00元
PSN B-2013-349-1/1

体育蓝皮书
国家体育产业基地发展报告（2016~2017）
著（编）者：李颖川　2018年4月出版 / 估价：168.00元
PSN B-2017-609-5/5

体育蓝皮书
中国体育产业发展报告（2018）
著（编）者：阮伟 钟秉枢
2018年12月出版 / 估价：99.00元
PSN B-2010-179-1/5

文化金融蓝皮书
中国文化金融发展报告（2018）
著（编）者：杨涛 金巍
2018年5月出版 / 估价：99.00元
PSN B-2017-610-1/1

新能源汽车蓝皮书
中国新能源汽车产业发展报告（2018）
著（编）者：中国汽车技术研究中心
　　　　　　日产（中国）投资有限公司
　　　　　　东风汽车有限公司
2018年8月出版 / 估价：99.00元
PSN B-2013-347-1/1

薏仁米产业蓝皮书
中国薏仁米产业发展报告No.2（2018）
著（编）者：李发耀 石明 秦礼康
2018年8月出版 / 估价：99.00元
PSN B-2017-645-1/1

邮轮绿皮书
中国邮轮产业发展报告（2018）
著（编）者：汪泓　2018年10月出版 / 估价：99.00元
PSN G-2014-419-1/1

智能养老蓝皮书
中国智能养老产业发展报告（2018）
著（编）者：朱勇　2018年10月出版 / 估价：99.00元
PSN B-2015-488-1/1

中国节能汽车蓝皮书
中国节能汽车发展报告（2017~2018）
著（编）者：中国汽车工程研究院股份有限公司
2018年9月出版 / 估价：99.00元
PSN B-2016-565-1/1

中国陶瓷产业蓝皮书
中国陶瓷产业发展报告（2018）
著（编）者：左和平 黄速建
2018年10月出版 / 估价：99.00元
PSN B-2016-573-1/1

装备制造业蓝皮书
中国装备制造业发展报告（2018）
著（编）者：徐东华　2018年12月出版 / 估价：118.00元
PSN B-2015-505-1/1

行业及其他类

"三农"互联网金融蓝皮书
中国"三农"互联网金融发展报告（2018）
著(编)者：李勇坚 王弢
2018年8月出版 / 估价：99.00元
PSN B-2016-560-1/1

SUV蓝皮书
中国SUV市场发展报告（2017~2018）
著(编)者：靳军　2018年9月出版 / 估价：99.00元
PSN B-2016-571-1/1

冰雪蓝皮书
中国冬季奥运会发展报告（2018）
著(编)者：孙承华 伍斌 魏庆华 张鸿俊
2018年9月出版 / 估价：99.00元
PSN B-2017-647-2/3

彩票蓝皮书
中国彩票发展报告（2018）
著(编)者：益彩基金　2018年4月出版 / 估价：99.00元
PSN B-2015-462-1/1

测绘地理信息蓝皮书
测绘地理信息供给侧结构性改革研究报告（2018）
著(编)者：库热西·买合苏提
2018年12月出版 / 估价：168.00元
PSN B-2009-145-1/1

产权市场蓝皮书
中国产权市场发展报告（2017）
著(编)者：曹和平　2018年5月出版 / 估价：99.00元
PSN B-2009-147-1/1

城投蓝皮书
中国城投行业发展报告（2018）
著(编)者：华景斌
2018年11月出版 / 估价：300.00元
PSN B-2016-514-1/1

大数据蓝皮书
中国大数据发展报告（No.2）
著(编)者：连玉明　2018年5月出版 / 估价：99.00元
PSN B-2017-620-1/1

大数据应用蓝皮书
中国大数据应用发展报告No.2（2018）
著(编)者：陈军君　2018年8月出版 / 估价：99.00元
PSN B-2017-644-1/1

对外投资与风险蓝皮书
中国对外直接投资与国家风险报告（2018）
著(编)者：中债资信评估有限责任公司
　　　　　中国社会科学院世界经济与政治研究所
2018年8月出版 / 估价：189.00元
PSN B-2017-606-1/1

工业和信息化蓝皮书
人工智能发展报告（2017~2018）
著(编)者：尹丽波　2018年6月出版 / 估价：99.00元
PSN B-2015-448-1/6

工业和信息化蓝皮书
世界智慧城市发展报告（2017~2018）
著(编)者：尹丽波　　2018年6月出版 / 估价：99.00元
PSN B-2017-624-6/6

工业和信息化蓝皮书
世界网络安全发展报告（2017~2018）
著(编)者：尹丽波　　2018年6月出版 / 估价：99.00元
PSN B-2015-452-5/6

工业和信息化蓝皮书
世界信息化发展报告（2017~2018）
著(编)者：尹丽波　　2018年6月出版 / 估价：99.00元
PSN B-2015-451-4/6

工业设计蓝皮书
中国工业设计发展报告（2018）
著(编)者：王晓红 于炜 张立群　2018年9月出版 / 估价：168.00元
PSN B-2014-420-1/1

公共关系蓝皮书
中国公共关系发展报告（2018）
著(编)者：柳斌杰　　2018年11月出版 / 估价：99.00元
PSN B-2016-579-1/1

管理蓝皮书
中国管理发展报告（2018）
著(编)者：张晓东　　2018年10月出版 / 估价：99.00元
PSN B-2014-416-1/1

海关发展蓝皮书
中国海关发展前沿报告（2018）
著(编)者：千春晖　　2018年6月出版 / 估价：99.00元
PSN B-2017-616-1/1

互联网医疗蓝皮书
中国互联网健康医疗发展报告（2018）
著(编)者：芮晓武　　2018年6月出版 / 估价：99.00元
PSN B-2016-567-1/1

黄金市场蓝皮书
中国商业银行黄金业务发展报告（2017~2018）
著(编)者：平安银行　2018年3月出版 / 估价：99.00元
PSN B-2016-524-1/1

会展蓝皮书
中外会展业动态评估研究报告（2018）
著(编)者：张敏 任中峰 聂鑫焱 牛盼强
2018年12月出版 / 估价：99.00元
PSN B-2013-327-1/1

基金会蓝皮书
中国基金会发展报告（2017~2018）
著(编)者：中国基金会发展报告课题组
2018年4月出版 / 估价：99.00元
PSN B-2013-368-1/1

基金会绿皮书
中国基金会发展独立研究报告（2018）
著(编)者：基金会中心网　　中央民族大学基金会研究中心
2018年6月出版 / 估价：99.00元
PSN G-2011-213-1/1

基金会透明度蓝皮书
中国基金会透明度发展研究报告（2018）
著（编）者：基金会中心网
　　　　　清华大学廉政与治理研究中心
2018年9月出版 / 估价：99.00元
PSN B-2013-339-1/1

建筑装饰蓝皮书
中国建筑装饰行业发展报告（2018）
著（编）者：葛道顺 刘晓一
2018年10月出版 / 估价：198.00元
PSN B-2016-553-1/1

金融监管蓝皮书
中国金融监管报告（2018）
著（编）者：胡滨　2018年5月出版 / 估价：99.00元
PSN B-2012-281-1/1

金融蓝皮书
中国互联网金融行业分析与评估（2018~2019）
著（编）者：黄国平 伍旭川　2018年12月出版 / 估价：99.00元
PSN B-2016-585-7/7

金融科技蓝皮书
中国金融科技发展报告（2018）
著（编）者：李扬 孙国峰　2018年10月出版 / 估价：99.00元
PSN B-2014-374-1/1

金融信息服务蓝皮书
中国金融信息服务发展报告（2018）
著（编）者：李平　2018年5月出版 / 估价：99.00元
PSN B-2017-621-1/1

京津冀金融蓝皮书
京津冀金融发展报告（2018）
著（编）者：王爱俭 王璟怡　2018年10月出版 / 估价：99.00元
PSN B-2016-527-1/1

科普蓝皮书
国家科普能力发展报告（2018）
著（编）者：王康友　2018年5月出版 / 估价：138.00元
PSN B-2017-632-4/4

科普蓝皮书
中国基层科普发展报告（2017~2018）
著（编）者：赵立新 陈玲　2018年9月出版 / 估价：99.00元
PSN B-2016-568-3/4

科普蓝皮书
中国科普基础设施发展报告（2017~2018）
著（编）者：任福君　2018年6月出版 / 估价：99.00元
PSN B-2010-174-1/3

科普蓝皮书
中国科普人才发展报告（2017~2018）
著（编）者：郑念 任嵘嵘　2018年7月出版 / 估价：99.00元
PSN B-2016-512-2/4

科普能力蓝皮书
中国科普能力评价报告（2018~2019）
著（编）者：李富强 李群　2018年8月出版 / 估价：99.00元
PSN B-2016-555-1/1

临空经济蓝皮书
中国临空经济发展报告（2018）
著（编）者：连玉明　2018年9月出版 / 估价：99.00元
PSN B-2014-421-1/1

旅游安全蓝皮书
中国旅游安全报告（2018）
著（编）者：郑向敏 谢朝武　2018年5月出版 / 估价：158.00元
PSN B-2012-280-1/1

旅游绿皮书
2017~2018年中国旅游发展分析与预测
著（编）者：宋瑞　2018年2月出版 / 估价：99.00元
PSN G-2002-018-1/1

煤炭蓝皮书
中国煤炭工业发展报告（2018）
著（编）者：岳福斌　2018年12月出版 / 估价：99.00元
PSN B-2008-123-1/1

民营企业社会责任蓝皮书
中国民营企业社会责任报告（2018）
著（编）者：中华全国工商业联合会
2018年12月出版 / 估价：99.00元
PSN B-2015-510-1/1

民营医院蓝皮书
中国民营医院发展报告（2017）
著（编）者：薛晓林　2018年1月出版 / 估价：99.00元
PSN B-2012-299-1/1

闽商蓝皮书
闽商发展报告（2018）
著（编）者：李闽榕 王日根 林琛
2018年12月出版 / 估价：99.00元
PSN B-2012-298-1/1

农业应对气候变化蓝皮书
中国农业气象灾害及其灾损评估报告（No.3）
著（编）者：矫梅燕　2018年1月出版 / 估价：118.00元
PSN B-2014-413-1/1

品牌蓝皮书
中国品牌战略发展报告（2018）
著（编）者：汪同三　2018年10月出版 / 估价：99.00元
PSN B-2016-580-1/1

企业扶贫蓝皮书
中国企业扶贫研究报告（2018）
著（编）者：钟宏武　2018年12月出版 / 估价：99.00元
PSN B-2016-593-1/1

企业公益蓝皮书
中国企业公益研究报告（2018）
著（编）者：钟宏武 汪杰 黄晓娟
2018年12月出版 / 估价：99.00元
PSN B-2015-501-1/1

企业国际化蓝皮书
中国企业全球化报告（2018）
著（编）者：王辉耀 苗绿　2018年11月出版 / 估价：99.00元
PSN B-2014-427-1/1

企业蓝皮书
中国企业绿色发展报告No.2（2018）
著(编)者：李红玉 朱光辉
2018年8月出版 / 估价：99.00元
PSN B-2015-481-2/2

企业社会责任蓝皮书
中资企业海外社会责任研究报告（2017～2018）
著(编)者：钟宏武 叶柳红 张蒽
2018年1月出版 / 估价：99.00元
PSN B-2017-603-2/2

企业社会责任蓝皮书
中国企业社会责任研究报告（2018）
著(编)者：黄群慧 钟宏武 张蒽 汪杰
2018年11月出版 / 估价：99.00元
PSN B-2009-149-1/2

汽车安全蓝皮书
中国汽车安全发展报告（2018）
著(编)者：中国汽车技术研究中心
2018年8月出版 / 估价：99.00元
PSN B-2014-385-1/1

汽车电子商务蓝皮书
中国汽车电子商务发展报告（2018）
著(编)者：中华全国工商业联合会汽车经销商商会
　　　　　北方工业大学
　　　　　北京易观智库网络科技有限公司
2018年10月出版 / 估价：158.00元
PSN B-2015-485-1/1

汽车知识产权蓝皮书
中国汽车产业知识产权发展报告（2018）
著(编)者：中国汽车工程研究院股份有限公司
　　　　　中国汽车工程学会
　　　　　重庆长安汽车股份有限公司
2018年12月出版 / 估价：99.00元
PSN B-2016-594-1/1

青少年体育蓝皮书
中国青少年体育发展报告（2017）
著(编)者：刘扶民 杨桦　　2018年1月出版 / 估价：99.00元
PSN B-2015-482-1/1

区块链蓝皮书
中国区块链发展报告（2018）
著(编)者：李伟　　2018年9月出版 / 估价：99.00元
PSN B-2017-649-1/1

群众体育蓝皮书
中国群众体育发展报告（2017）
著(编)者：刘国永 戴健　　2018年5月出版 / 估价：99.00元
PSN B-2014-411-1/3

群众体育蓝皮书
中国社会体育指导员发展报告（2018）
著(编)者：刘国永 王欢　　2018年4月出版 / 估价：99.00元
PSN B-2016-520-3/3

人力资源蓝皮书
中国人力资源发展报告（2018）
著(编)者：余兴安　　2018年11月出版 / 估价：99.00元
PSN B-2012-287-1/1

融资租赁蓝皮书
中国融资租赁业发展报告（2017～2018）
著(编)者：李光荣 王力　　2018年8月出版 / 估价：99.00元
PSN B-2015-443-1/1

商会蓝皮书
中国商会发展报告No.5（2017）
著(编)者：王钦敏　　2018年7月出版 / 估价：99.00元
PSN B-2008-125-1/1

商务中心区蓝皮书
中国商务中心区发展报告No.4（2017～2018）
著(编)者：李国红 单菁菁　　2018年9月出版 / 估价：99.00元
PSN B-2015-444-1/1

设计产业蓝皮书
中国创新设计发展报告（2018）
著(编)者：王晓红 张立群 于炜
2018年11月出版 / 估价：99.00元
PSN B-2016-581-2/2

社会责任管理蓝皮书
中国上市公司社会责任能力成熟度报告No.4（2018）
著(编)者：肖红军 王晓光 李伟阳
2018年12月出版 / 估价：99.00元
PSN B-2015-507-2/2

社会责任管理蓝皮书
中国企业公众透明度报告No.4（2017～2018）
著(编)者：黄速建 熊梦 王晓光 肖红军
2018年4月出版 / 估价：99.00元
PSN B-2015-440-1/2

食品药品蓝皮书
食品药品安全与监管政策研究报告（2016～2017）
著(编)者：唐民皓　　2018年6月出版 / 估价：99.00元
PSN B-2009-129-1/1

输血服务蓝皮书
中国输血行业发展报告（2018）
著(编)者：孙俊　　2018年12月出版 / 估价：99.00元
PSN B-2016-582-1/1

水利风景区蓝皮书
中国水利风景区发展报告（2018）
著(编)者：董建文 兰思仁
2018年10月出版 / 估价：99.00元
PSN B-2015-480-1/1

私募市场蓝皮书
中国私募股权市场发展报告（2017～2018）
著(编)者：曹和平　　2018年12月出版 / 估价：99.00元
PSN B-2010-162-1/1

碳排放权交易蓝皮书
中国碳排放权交易报告（2018）
著(编)者：孙永平　　2018年11月出版 / 估价：99.00元
PSN B-2017-652-1/1

碳市场蓝皮书
中国碳市场报告（2018）
著(编)者：定金彪　　2018年11月出版 / 估价：99.00元
PSN B-2014-430-1/1

体育蓝皮书
中国公共体育服务发展报告（2018）
著(编)者：戴健　　2018年12月出版 / 估价：99.00元
PSN B-2013-367-2/5

土地市场蓝皮书
中国农村土地市场发展报告（2017~2018）
著(编)者：李光荣　　2018年3月出版 / 估价：99.00元
PSN B-2016-526-1/1

土地整治蓝皮书
中国土地整治发展研究报告（No.5）
著(编)者：国土资源部土地整治中心
2018年7月出版 / 估价：99.00元
PSN B-2014-401-1/1

土地政策蓝皮书
中国土地政策研究报告（2018）
著(编)者：高延利 李宪文　　2017年12月出版 / 估价：99.00元
PSN B-2015-506-1/1

网络空间安全蓝皮书
中国网络空间安全发展报告（2018）
著(编)者：惠志斌 覃庆玲
2018年11月出版 / 估价：99.00元
PSN B-2015-466-1/1

文化志愿服务蓝皮书
中国文化志愿服务发展报告（2018）
著(编)者：张永新 良警宇　　2018年11月出版 / 估价：128.00元
PSN B-2016-596-1/1

西部金融蓝皮书
中国西部金融发展报告（2017~2018）
著(编)者：李忠民　　2018年8月出版 / 估价：99.00元
PSN B-2010-160-1/1

协会商会蓝皮书
中国行业协会商会发展报告（2017）
著(编)者：景朝阳 李勇　　2018年4月出版 / 估价：99.00元
PSN B-2015-461-1/1

新三板蓝皮书
中国新三板市场发展报告（2018）
著(编)者：王力　　2018年8月出版 / 估价：99.00元
PSN B-2016-533-1/1

信托市场蓝皮书
中国信托业市场报告（2017~2018）
著(编)者：用益金融信托研究院
2018年1月出版 / 估价：198.00元
PSN B-2014-371-1/1

信息化蓝皮书
中国信息化形势分析与预测（2017~2018）
著(编)者：周宏仁　　2018年8月出版 / 估价：99.00元
PSN B-2010-168-1/1

信用蓝皮书
中国信用发展报告（2017~2018）
著(编)者：章政 田侃　　2018年4月出版 / 估价：99.00元
PSN B-2013-328-1/1

休闲绿皮书
2017~2018年中国休闲发展报告
著(编)者：宋瑞　　2018年7月出版 / 估价：99.00元
PSN G-2010-158-1/1

休闲体育蓝皮书
中国休闲体育发展报告（2017~2018）
著(编)者：李相如 钟秉枢
2018年10月出版 / 估价：99.00元
PSN B-2016-516-1/1

养老金融蓝皮书
中国养老金融发展报告（2018）
著(编)者：董克用 姚余栋
2018年9月出版 / 估价：99.00元
PSN B-2016-583-1/1

遥感监测绿皮书
中国可持续发展遥感监测报告（2017）
著(编)者：顾行发 汪克强 潘教峰 李闽榕 徐东华 王琦安
2018年6月出版 / 估价：298.00元
PSN B-2017-629-1/1

药品流通蓝皮书
中国药品流通行业发展报告（2018）
著(编)者：佘鲁林 温再兴
2018年7月出版 / 估价：198.00元
PSN B-2014-429-1/1

医疗器械蓝皮书
中国医疗器械行业发展报告（2018）
著(编)者：王宝亭 耿鸿武
2018年10月出版 / 估价：99.00元
PSN B-2017-661-1/1

医院蓝皮书
中国医院竞争力报告（2018）
著(编)者：庄一强 曾益新　　2018年3月出版 / 估价：118.00元
PSN B-2016-528-1/1

瑜伽蓝皮书
中国瑜伽业发展报告（2017~2018）
著(编)者：张永建 徐华锋 朱泰余
2018年6月出版 / 估价：198.00元
PSN B-2017-625-1/1

债券市场蓝皮书
中国债券市场发展报告（2017~2018）
著(编)者：杨农　　2018年10月出版 / 估价：99.00元
PSN B-2016-572-1/1

志愿服务蓝皮书
中国志愿服务发展报告（2018）
著(编)者：中国志愿服务联合会
2018年11月出版 / 估价：99.00元
PSN B-2017-664-1/1

中国上市公司蓝皮书
中国上市公司发展报告（2018）
著(编)者：张鹏 张平 黄胤英
2018年9月出版 / 估价：99.00元
PSN B-2014-414-1/1

中国新三板蓝皮书
中国新三板创新与发展报告（2018）
著(编)者：刘平安 闻召林
2018年8月出版 / 估价：158.00元
PSN B-2017-638-1/1

中医文化蓝皮书
北京中医药文化传播发展报告（2018）
著(编)者：毛嘉陵 2018年5月出版 / 估价：99.00元
PSN B-2015-468-1/2

中医文化蓝皮书
中国中医药文化传播发展报告（2018）
著(编)者：毛嘉陵 2018年7月出版 / 估价：99.00元
PSN B-2016-584-2/2

中医药蓝皮书
北京中医药知识产权发展报告No.2
著(编)者：汪洪 屠志涛 2018年4月出版 / 估价：168.00元
PSN B-2017-602-1/1

资本市场蓝皮书
中国场外交易市场发展报告（2016～2017）
著(编)者：高杰 2018年3月出版 / 估价：99.00元
PSN B-2009-153-1/1

资产管理蓝皮书
中国资产管理行业发展报告（2018）
著(编)者：郑智 2018年7月出版 / 估价：99.00元
PSN B-2014-407-2/2

资产证券化蓝皮书
中国资产证券化发展报告（2018）
著(编)者：纪志宏 2018年11月出版 / 估价：99.00元
PSN B-2017-660-1/1

自贸区蓝皮书
中国自贸区发展报告（2018）
著(编)者：王力 黄育华 2018年6月出版 / 估价：99.00元
PSN B-2016-558-1/1

国际问题与全球治理类

"一带一路"跨境通道蓝皮书
"一带一路"跨境通道建设研究报告（2018）
著(编)者：郭业洲 2018年8月出版 / 估价：99.00元
PSN B-2016-557-1/1

"一带一路"蓝皮书
"一带一路"建设发展报告（2018）
著(编)者：王晓泉 2018年6月出版 / 估价：99.00元
PSN B-2016-552-1/1

"一带一路"投资安全蓝皮书
中国"一带一路"投资与安全研究报告（2017～2018）
著(编)者：邹统钎 梁昊光 2018年4月出版 / 估价：99.00元
PSN B-2017-612-1/1

"一带一路"文化交流蓝皮书
中阿文化交流发展报告（2017）
著(编)者：王辉 2018年9月出版 / 估价：99.00元
PSN B-2017-655-1/1

G20国家创新竞争力黄皮书
二十国集团（G20）国家创新竞争力发展报告（2017～2018）
著(编)者：李建平 李闽榕 赵新力 周天勇
2018年7月出版 / 估价：168.00元
PSN Y-2011-229-1/1

阿拉伯黄皮书
阿拉伯发展报告（2016～2017）
著(编)者：罗林 2018年3月出版 / 估价：99.00元
PSN Y-2014-381-1/1

北部湾蓝皮书
泛北部湾合作发展报告（2017～2018）
著(编)者：吕余生 2018年12月出版 / 估价：99.00元
PSN B-2008-114-1/1

北极蓝皮书
北极地区发展报告（2017）
著(编)者：刘惠荣 2018年7月出版 / 估价：99.00元
PSN B-2017-634-1/1

大洋洲蓝皮书
大洋洲发展报告（2017～2018）
著(编)者：喻常森 2018年10月出版 / 估价：99.00元
PSN B-2013-341-1/1

东北亚区域合作蓝皮书
2017年"一带一路"倡议与东北亚区域合作
著(编)者：刘亚政 金美花
2018年5月出版 / 估价：99.00元
PSN B-2017-631-1/1

东盟黄皮书
东盟发展报告（2017）
著(编)者：杨晓强 庄国土
2018年3月出版 / 估价：99.00元
PSN Y-2012-303-1/1

东南亚蓝皮书
东南亚地区发展报告（2017～2018）
著(编)者：王勤 2018年12月出版 / 估价：99.00元
PSN B-2012-240-1/1

非洲黄皮书
非洲发展报告No.20（2017～2018）
著(编)者：张宏明 2018年7月出版 / 估价：99.00元
PSN Y-2012-239-1/1

非传统安全蓝皮书
中国非传统安全研究报告（2017～2018）
著(编)者：潇枫 罗中枢 2018年8月出版 / 估价：99.00元
PSN B-2012-273-1/1

国际安全蓝皮书
中国国际安全研究报告（2018）
著(编)者：刘慧　2018年7月出版 / 估价：99.00元
PSN B-2016-521-1/1

国际城市蓝皮书
国际城市发展报告（2018）
著(编)者：屠启宇　2018年2月出版 / 估价：99.00元
PSN B-2012-260-1/1

国际形势黄皮书
全球政治与安全报告（2018）
著(编)者：张宇燕　2018年1月出版 / 估价：99.00元
PSN Y-2001-016-1/1

公共外交蓝皮书
中国公共外交发展报告（2018）
著(编)者：赵启正 雷蔚真　2018年4月出版 / 估价：99.00元
PSN B-2015-457-1/1

金砖国家黄皮书
金砖国家综合创新竞争力发展报告（2018）
著(编)者：赵新力 李闽榕 黄茂兴
2018年8月出版 / 估价：128.00元
PSN Y-2017-643-1/1

拉美黄皮书
拉丁美洲和加勒比发展报告（2017～2018）
著(编)者：袁东振　2018年6月出版 / 估价：99.00元
PSN Y-1999-007-1/1

澜湄合作蓝皮书
澜沧江-湄公河合作发展报告（2018）
著(编)者：刘稚　2018年9月出版 / 估价：99.00元
PSN B-2011-196-1/1

欧洲蓝皮书
欧洲发展报告（2017～2018）
著(编)者：黄平 周弘 程卫东
2018年6月出版 / 估价：99.00元
PSN B-1999-009-1/1

葡语国家蓝皮书
葡语国家发展报告（2016～2017）
著(编)者：王成安 张敏 刘金兰
2018年4月出版 / 估价：99.00元
PSN B-2015-503-1/2

葡语国家蓝皮书
中国与葡语国家关系发展报告·巴西（2016）
著(编)者：张曙光　2018年8月出版 / 估价：99.00元
PSN B-2016-563-2/2

气候变化绿皮书
应对气候变化报告（2018）
著(编)者：王伟光 郑国光　2018年11月出版 / 估价：99.00元
PSN G-2009-144-1/1

全球环境竞争力绿皮书
全球环境竞争力发展报告（2018）
著(编)者：李建平 李闽榕 王金南
2018年12月出版 / 估价：198.00元
PSN G-2013-363-1/1

全球信息社会蓝皮书
全球信息社会发展报告（2018）
著(编)者：丁波涛 唐涛　2018年10月出版 / 估价：99.00元
PSN B-2017-665-1/1

日本经济蓝皮书
日本经济与中日经贸关系研究报告（2018）
著(编)者：张季风　2018年6月出版 / 估价：99.00元
PSN B-2008-102-1/1

上海合作组织黄皮书
上海合作组织发展报告（2018）
著(编)者：李进峰　2018年6月出版 / 估价：99.00元
PSN Y-2009-130-1/1

世界创新竞争力黄皮书
世界创新竞争力发展报告（2017）
著(编)者：李建平 李闽榕 赵新力
2018年1月出版 / 估价：168.00元
PSN Y-2013-318-1/1

世界经济黄皮书
2018年世界经济形势分析与预测
著(编)者：张宇燕　2018年1月出版 / 估价：99.00元
PSN Y-1999-006-1/1

丝绸之路蓝皮书
丝绸之路经济带发展报告（2018）
著(编)者：任宗哲 白宽犁 谷孟宾
2018年1月出版 / 估价：99.00元
PSN B-2014-410-1/1

新兴经济体蓝皮书
金砖国家发展报告（2018）
著(编)者：林跃勤 周文　2018年8月出版 / 估价：99.00元
PSN B-2011-195-1/1

亚太蓝皮书
亚太地区发展报告（2018）
著(编)者：李向阳　2018年5月出版 / 估价：99.00元
PSN B-2001-015-1/1

印度洋地区蓝皮书
印度洋地区发展报告（2018）
著(编)者：汪戎　2018年6月出版 / 估价：99.00元
PSN B-2013-334-1/1

渝新欧蓝皮书
渝新欧沿线国家发展报告（2018）
著(编)者：杨柏 黄森　2018年6月出版 / 估价：99.00元
PSN B-2017-626-1/1

中阿蓝皮书
中国·阿拉伯国家经贸发展报告（2018）
著(编)者：张廉 段庆林 王林聪 杨巧红
2018年12月出版 / 估价：99.00元
PSN B-2016-598-1/1

中东黄皮书
中东发展报告No.20（2017～2018）
著(编)者：杨光　2018年10月出版 / 估价：99.00元
PSN Y-1998-004-1/1

中亚黄皮书
中亚国家发展报告（2018）
著(编)者：孙力　2018年6月出版 / 估价：99.00元
PSN Y-2012-238-1/1

国别类

澳大利亚蓝皮书
澳大利亚发展报告（2017-2018）
著(编)者：孙有中 韩锋　　2018年12月出版 / 估价：99.00元
PSN B-2016-587-1/1

巴西黄皮书
巴西发展报告（2017）
著(编)者：刘国枝　　2018年5月出版 / 估价：99.00元
PSN Y-2017-614-1/1

德国蓝皮书
德国发展报告（2018）
著(编)者：郑春荣　　2018年6月出版 / 估价：99.00元
PSN B-2012-278-1/1

俄罗斯黄皮书
俄罗斯发展报告（2018）
著(编)者：李永全　　2018年6月出版 / 估价：99.00元
PSN Y-2006-061-1/1

韩国蓝皮书
韩国发展报告（2017）
著(编)者：牛林杰 刘宝全　　2018年5月出版 / 估价：99.00元
PSN B-2010-155-1/1

加拿大蓝皮书
加拿大发展报告（2018）
著(编)者：唐小松　　2018年9月出版 / 估价：99.00元
PSN B-2014-389-1/1

美国蓝皮书
美国研究报告（2018）
著(编)者：郑秉文 黄平　　2018年5月出版 / 估价：99.00元
PSN B-2011-210-1/1

缅甸蓝皮书
缅甸国情报告（2017）
著(编)者：孔鹏 杨祥章　　2018年1月出版 / 估价：99.00元
PSN B-2013-343-1/1

日本蓝皮书
日本研究报告（2018）
著(编)者：杨伯江　　2018年6月出版 / 估价：99.00元
PSN B-2002-020-1/1

土耳其蓝皮书
土耳其发展报告（2018）
著(编)者：郭长刚 刘义　　2018年9月出版 / 估价：99.00元
PSN B-2014-412-1/1

伊朗蓝皮书
伊朗发展报告（2017～2018）
著(编)者：冀开运　　2018年10月 / 估价：99.00元
PSN B-2016-574-1/1

以色列蓝皮书
以色列发展报告（2018）
著(编)者：张倩红　　2018年8月出版 / 估价：99.00元
PSN B-2015-483-1/1

印度蓝皮书
印度国情报告（2017）
著(编)者：吕昭义　　2018年4月出版 / 估价：99.00元
PSN B-2012-241-1/1

英国蓝皮书
英国发展报告（2017～2018）
著(编)者：王展鹏　　2018年12月出版 / 估价：99.00元
PSN B-2015-486-1/1

越南蓝皮书
越南国情报告（2018）
著(编)者：谢林城　　2018年1月出版 / 估价：99.00元
PSN B-2006-056-1/1

泰国蓝皮书
泰国研究报告（2018）
著(编)者：庄国土 张禹东 刘文正
2018年10月出版 / 估价：99.00元
PSN B-2016-556-1/1

文化传媒类

"三农"舆情蓝皮书
中国"三农"网络舆情报告（2017～2018）
著(编)者：农业部信息中心
2018年6月出版 / 估价：99.00元
PSN B-2017-640-1/1

传媒竞争力蓝皮书
中国传媒国际竞争力研究报告（2018）
著(编)者：李本乾 刘强 王大可
2018年8月出版 / 估价：99.00元
PSN B-2013-356-1/1

传媒蓝皮书
中国传媒产业发展报告（2018）
著(编)者：崔保国　　2018年5月出版 / 估价：99.00元
PSN B-2005-035-1/1

传媒投资蓝皮书
中国传媒投资发展报告（2018）
著(编)者：张向东 谭云明
2018年6月出版 / 估价：148.00元
PSN B-2015-474-1/1

非物质文化遗产蓝皮书
中国非物质文化遗产发展报告（2018）
著（编）者：陈平　2018年5月出版／估价：128.00元
PSN B-2015-469-1/2

非物质文化遗产蓝皮书
中国非物质文化遗产保护发展报告（2018）
著（编）者：宋俊华　2018年10月出版／估价：128.00元
PSN B-2016-586-2/2

广电蓝皮书
中国广播电影电视发展报告（2018）
著（编）者：国家新闻出版广电总局发展研究中心
2018年7月出版／估价：99.00元
PSN B-2006-072-1/1

广告主蓝皮书
中国广告主营销传播趋势报告No.9
著（编）者：黄升民　杜国清　邵华冬　等
2018年10月出版／估价：158.00元
PSN B-2005-041-1/1

国际传播蓝皮书
中国国际传播发展报告（2018）
著（编）者：胡正荣　李继东　姬德强
2018年12月出版／估价：99.00元
PSN B-2014-408-1/1

国家形象蓝皮书
中国国家形象传播报告（2017）
著（编）者：张昆　2018年3月出版／估价：128.00元
PSN B-2011-605-1/1

互联网治理蓝皮书
中国网络社会治理研究报告（2018）
著（编）者：罗昕　支庭荣
2018年9月出版／估价：118.00元
PSN B-2017-653-1/1

纪录片蓝皮书
中国纪录片发展报告（2018）
著（编）者：何苏六　2018年10月出版／估价：99.00元
PSN B-2011-222-1/1

科学传播蓝皮书
中国科学传播报告（2016~2017）
著（编）者：詹正茂　2018年6月出版／估价：99.00元
PSN B-2008-120-1/1

两岸创意经济蓝皮书
两岸创意经济研究报告（2018）
著（编）者：罗昌智　董泽平
2018年10月出版／估价：99.00元
PSN B-2014-437-1/1

媒介与女性蓝皮书
中国媒介与女性发展报告（2017~2018）
著（编）者：刘利群　2018年5月出版／估价：99.00元
PSN B-2013-345-1/1

媒体融合蓝皮书
中国媒体融合发展报告（2017）
著（编）者：梅宁华　支庭荣　2018年1月出版／估价：99.00元
PSN B-2015-479-1/1

全球传媒蓝皮书
全球传媒发展报告（2017~2018）
著（编）者：胡正荣　李继东　2018年6月出版／估价：99.00元
PSN B-2012-237-1/1

少数民族非遗蓝皮书
中国少数民族非物质文化遗产发展报告（2018）
著（编）者：肖远平（彝）柴立（满）
2018年10月出版／估价：118.00元
PSN B-2015-467-1/1

视听新媒体蓝皮书
中国视听新媒体发展报告（2018）
著（编）者：国家新闻出版广电总局发展研究中心
2018年7月出版／估价：118.00元
PSN B-2011-184-1/1

数字娱乐产业蓝皮书
中国动漫产业发展报告（2018）
著（编）者：孙立军　孙平　牛兴侦
2018年10月出版／估价：99.00元
PSN B-2011-198-1/2

数字娱乐产业蓝皮书
中国游戏产业发展报告（2018）
著（编）者：孙立军　刘跃军
2018年10月出版／估价：99.00元
PSN B-2017-662-2/2

文化创新蓝皮书
中国文化创新报告（2017·No.8）
著（编）者：傅才武　2018年4月出版／估价：99.00元
PSN B-2009-143-1/1

文化建设蓝皮书
中国文化发展报告（2018）
著（编）者：江畅　孙伟平　戴茂堂
2018年5月出版／估价：99.00元
PSN B-2014-392-1/1

文化科技蓝皮书
文化科技创新发展报告（2018）
著（编）者：于平　李凤亮　2018年10月出版／估价：99.00元
PSN B-2013-342-1/1

文化蓝皮书
中国公共文化服务发展报告（2017~2018）
著（编）者：刘新成　张永新　张旭
2018年12月出版／估价：00.00元
PSN B-2007-093-2/10

文化蓝皮书
中国少数民族文化发展报告（2017~2018）
著（编）者：武翠英　张晓明　任乌晶
2018年9月出版／估价：99.00元
PSN B-2013-369-9/10

文化蓝皮书
中国文化产业供需协调检测报告（2018）
著（编）者：王亚南　2018年2月出版／估价：99.00元
PSN B-2013-323-8/10

文化蓝皮书
中国文化消费需求景气评价报告（2018）
著(编)者：王亚南　2018年2月出版 / 估价：99.00元
PSN B-2011-236-4/10

文化蓝皮书
中国公共文化投入增长测评报告（2018）
著(编)者：王亚南　2018年2月出版 / 估价：99.00元
PSN B-2014-435-10/10

文化品牌蓝皮书
中国文化品牌发展报告（2018）
著(编)者：欧阳友权　2018年5月出版 / 估价：99.00元
PSN B-2012-277-1/1

文化遗产蓝皮书
中国文化遗产事业发展报告（2017~2018）
著(编)者：苏杨 张颖岚 卓杰 白海峰 陈晨 陈叙图
2018年8月出版 / 估价：99.00元
PSN B-2008-119-1/1

文学蓝皮书
中国文情报告（2017~2018）
著(编)者：白烨　2018年5月出版 / 估价：99.00元
PSN B-2011-221-1/1

新媒体蓝皮书
中国新媒体发展报告No.9（2018）
著(编)者：唐绪军　2018年7月出版 / 估价：99.00元
PSN B-2010-169-1/1

新媒体社会责任蓝皮书
中国新媒体社会责任研究报告（2018）
著(编)者：钟瑛　2018年12月出版 / 估价：99.00元
PSN B-2014-423-1/1

移动互联网蓝皮书
中国移动互联网发展报告（2018）
著(编)者：余清楚　2018年6月出版 / 估价：99.00元
PSN B-2012-282-1/1

影视蓝皮书
中国影视产业发展报告（2018）
著(编)者：司若 陈鹏 陈锐　2018年4月出版 / 估价：99.00元
PSN B-2016-529-1/1

舆情蓝皮书
中国社会舆情与危机管理报告（2018）
著(编)者：谢耘耕　2018年9月出版 / 估价：138.00元
PSN B-2011-235-1/1

地方发展类–经济

澳门蓝皮书
澳门经济社会发展报告（2017~2018）
著(编)者：吴志良 郝雨凡　2018年7月出版 / 估价：99.00元
PSN B-2009-138-1/1

澳门绿皮书
澳门旅游休闲发展报告（2017~2018）
著(编)者：郝雨凡 林广志　2018年5月出版 / 估价：99.00元
PSN G-2017-617-1/1

北京蓝皮书
北京经济发展报告（2017~2018）
著(编)者：杨松　2018年6月出版 / 估价：99.00元
PSN B-2006-054-2/8

北京旅游绿皮书
北京旅游发展报告（2018）
著(编)者：北京旅游学会
2018年7月出版 / 估价：99.00元
PSN G-2012-301-1/1

北京体育蓝皮书
北京体育产业发展报告（2017~2018）
著(编)者：钟秉枢 陈杰 杨铁黎
2018年9月出版 / 估价：99.00元
PSN B-2015-475-1/1

滨海金融蓝皮书
滨海新区金融发展报告（2017）
著(编)者：王爱俭 李向前　2018年4月出版 / 估价：99.00元
PSN B-2014-424-1/1

城乡一体化蓝皮书
北京城乡一体化发展报告（2017~2018）
著(编)者：吴宝新 张宝秀 黄序
2018年5月出版 / 估价：99.00元
PSN B-2012-258-2/2

非公有制企业社会责任蓝皮书
北京非公有制企业社会责任报告（2018）
著(编)者：宋贵伦 冯培　2018年6月出版 / 估价：99.00元
PSN B-2017-613-1/1

福建旅游蓝皮书
福建省旅游产业发展现状研究（2017~2018）
著(编)者：陈敏华 黄远水
2018年12月出版 / 估价：128.00元
PSN B-2016-591-1/1

福建自贸区蓝皮书
中国(福建)自由贸易试验区发展报告（2017~2018）
著(编)者：黄茂兴　2018年4月出版 / 估价：118.00元
PSN B-2016-531-1/1

甘肃蓝皮书
甘肃经济发展分析与预测（2018）
著(编)者：安文华 罗哲　2018年1月出版 / 估价：99.00元
PSN B-2013-312-1/6

甘肃蓝皮书
甘肃商贸流通发展报告（2018）
著(编)者：张应华 王福生 王晓芳
2018年1月出版 / 估价：99.00元
PSN B-2016-522-6/6

甘肃蓝皮书
甘肃县域和农村发展报告（2018）
著（编）者：朱智文 包东红 王建兵
2018年1月出版 / 估价：99.00元
PSN B-2013-316-5/6

甘肃农业科技绿皮书
甘肃农业科技发展研究报告（2018）
著（编）者：魏胜文 乔德华 张东伟
2018年12月出版 / 估价：198.00元
PSN B-2016-592-1/1

巩义蓝皮书
巩义经济社会发展报告（2018）
著（编）者：丁同民 朱军　2018年4月出版 / 估价：99.00元
PSN B-2016-532-1/1

广东外经贸蓝皮书
广东对外经济贸易发展研究报告（2017~2018）
著（编）者：陈万灵　2018年6月出版 / 估价：99.00元
PSN B-2012-286-1/1

广西北部湾经济区蓝皮书
广西北部湾经济区开放开发报告（2017~2018）
著（编）者：广西壮族自治区北部湾经济区和东盟开放合作办公室
　　　　　广西社会科学院
　　　　　广西北部湾发展研究院
2018年2月出版 / 估价：99.00元
PSN B-2010-181-1/1

广州蓝皮书
广州城市国际化发展报告（2018）
著（编）者：张跃国　2018年8月出版 / 估价：99.00元
PSN B-2012-246-11/14

广州蓝皮书
中国广州城市建设与管理发展报告（2018）
著（编）者：张其学 陈小钢 王宏伟　2018年8月出版 / 估价：99.00元
PSN B-2007-087-4/14

广州蓝皮书
广州创新型城市发展报告（2018）
著（编）者：尹涛　2018年6月出版 / 估价：99.00元
PSN B-2012-247-12/14

广州蓝皮书
广州经济发展报告（2018）
著（编）者：张跃国 尹涛　2018年7月出版 / 估价：99.00元
PSN B-2005-040-1/14

广州蓝皮书
2018年中国广州经济形势分析与预测
著（编）者：魏明海 谢博能 李华
2018年6月出版 / 估价：99.00元
PSN B-2011-185-9/14

广州蓝皮书
中国广州科技创新发展报告（2018）
著（编）者：于欣伟 陈爽 邓佑满　2018年8月出版 / 估价：99.00元
PSN B-2006-065-2/14

广州蓝皮书
广州农村发展报告（2018）
著（编）者：朱名宏　2018年7月出版 / 估价：99.00元
PSN B-2010-167-8/14

广州蓝皮书
广州汽车产业发展报告（2018）
著（编）者：杨再高 冯兴亚　2018年7月出版 / 估价：99.00元
PSN B-2006-066-3/14

广州蓝皮书
广州商贸业发展报告（2018）
著（编）者：张跃国 陈杰 荀振英
2018年7月出版 / 估价：99.00元
PSN B-2012-245-10/14

贵阳蓝皮书
贵阳城市创新发展报告No.3（白云篇）
著（编）者：连玉明　2018年5月出版 / 估价：99.00元
PSN B-2015-491-3/10

贵阳蓝皮书
贵阳城市创新发展报告No.3（观山湖篇）
著（编）者：连玉明　2018年5月出版 / 估价：99.00元
PSN B-2015-497-9/10

贵阳蓝皮书
贵阳城市创新发展报告No.3（花溪篇）
著（编）者：连玉明　2018年5月出版 / 估价：99.00元
PSN B-2015-490-2/10

贵阳蓝皮书
贵阳城市创新发展报告No.3（开阳篇）
著（编）者：连玉明　2018年5月出版 / 估价：99.00元
PSN B-2015-492-4/10

贵阳蓝皮书
贵阳城市创新发展报告No.3（南明篇）
著（编）者：连玉明　2018年5月出版 / 估价：99.00元
PSN B-2015-496-8/10

贵阳蓝皮书
贵阳城市创新发展报告No.3（清镇篇）
著（编）者：连玉明　2018年5月出版 / 估价：99.00元
PSN B-2015-489-1/10

贵阳蓝皮书
贵阳城市创新发展报告No.3（乌当篇）
著（编）者：连玉明　2018年5月出版 / 估价：99.00元
PSN B-2015-495-7/10

贵阳蓝皮书
贵阳城市创新发展报告No.3（息烽篇）
著（编）者：连玉明　2018年5月出版 / 估价：99.00元
PSN B-2015-493-5/10

贵阳蓝皮书
贵阳城市创新发展报告No.3（修文篇）
著（编）者：连玉明　2018年5月出版 / 估价：99.00元
PSN B-2015-494-6/10

贵阳蓝皮书
贵阳城市创新发展报告No.3（云岩篇）
著（编）者：连玉明　2018年5月出版 / 估价：99.00元
PSN B-2015-498-10/10

贵州房地产蓝皮书
贵州房地产发展报告No.5（2018）
著（编）者：武廷方　2018年7月出版 / 估价：99.00元
PSN B-2014-426-1/1

贵州蓝皮书
贵州册亨经济社会发展报告（2018）
著(编)者：黄德林　2018年3月出版 / 估价：99.00元
PSN B-2016-525-8/9

贵州蓝皮书
贵州地理标志产业发展报告（2018）
著(编)者：李发耀 黄其松　2018年8月出版 / 估价：99.00元
PSN B-2017-646-10/10

贵州蓝皮书
贵安新区发展报告（2017~2018）
著(编)者：马长青 吴大华　2018年6月出版 / 估价：99.00元
PSN B-2015-459-4/10

贵州蓝皮书
贵州国家级开放创新平台发展报告（2017~2018）
著(编)者：申晓庆 吴大华 季泓
2018年11月出版 / 估价：99.00元
PSN B-2016-518-7/10

贵州蓝皮书
贵州国有企业社会责任发展报告（2017~2018）
著(编)者：郭丽　2018年12月出版 / 估价：99.00元
PSN B-2015-511-6/10

贵州蓝皮书
贵州民航业发展报告（2017）
著(编)者：申振东 吴大华　2018年1月出版 / 估价：99.00元
PSN B-2015-471-5/10

贵州蓝皮书
贵州民营经济发展报告（2017）
著(编)者：杨静 吴大华　2018年3月出版 / 估价：99.00元
PSN B-2016-530-9/9

杭州都市圈蓝皮书
杭州都市圈发展报告（2018）
著(编)者：沈翔 戚建国　2018年5月出版 / 估价：128.00元
PSN B-2012-302-1/1

河北经济蓝皮书
河北省经济发展报告（2018）
著(编)者：马树强 金浩 张贵　2018年4月出版 / 估价：99.00元
PSN B-2014-380-1/1

河北蓝皮书
河北经济社会发展报告（2018）
著(编)者：康振海　2018年1月出版 / 估价：99.00元
PSN B-2014-372-1/3

河北蓝皮书
京津冀协同发展报告（2018）
著(编)者：陈璐　2018年1月出版 / 估价：99.00元
PSN B-2017-601-2/3

河南经济蓝皮书
2018年河南经济形势分析与预测
著(编)者：王世炎　2018年3月出版 / 估价：99.00元
PSN B-2007-086-1/1

河南蓝皮书
河南城市发展报告（2018）
著(编)者：张占仓 王建国　2018年5月出版 / 估价：99.00元
PSN B-2009-131-3/9

河南蓝皮书
河南工业发展报告（2018）
著(编)者：张占仓　2018年5月出版 / 估价：99.00元
PSN B-2013-317-5/9

河南蓝皮书
河南金融发展报告（2018）
著(编)者：喻新安 谷建全
2018年6月出版 / 估价：99.00元
PSN B-2014-390-7/9

河南蓝皮书
河南经济发展报告（2018）
著(编)者：张占仓 完世伟
2018年4月出版 / 估价：99.00元
PSN B-2010-157-4/9

河南蓝皮书
河南能源发展报告（2018）
著(编)者：国网河南省电力公司经济技术研究院
　　　　　河南省社会科学院
2018年3月出版 / 估价：99.00元
PSN B-2017-607-9/9

河南商务蓝皮书
河南商务发展报告（2018）
著(编)者：焦锦淼 穆荣国　2018年5月出版 / 估价：99.00元
PSN B-2014-399-1/1

河南双创蓝皮书
河南创新创业发展报告（2018）
著(编)者：喻新安 杨雪梅　2018年8月出版 / 估价：99.00元
PSN B-2017-641-1/1

黑龙江蓝皮书
黑龙江经济发展报告（2018）
著(编)者：朱宇　2018年1月出版 / 估价：99.00元
PSN B-2011-190-2/2

湖南城市蓝皮书
区域城市群整合
著(编)者：童中贤 韩未名　2018年12月出版 / 估价：99.00元
PSN B-2006-064-1/1

湖南蓝皮书
湖南城乡一体化发展报告（2018）
著(编)者：陈文胜 王文强 陆福兴
2018年8月出版 / 估价：99.00元
PSN B-2015-477-8/8

湖南蓝皮书
2018年湖南电子政务发展报告
著(编)者：梁志峰　2018年5月出版 / 估价：128.00元
PSN B-2014-394-6/8

湖南蓝皮书
2018年湖南经济发展报告
著(编)者：卞鹰　2018年5月出版 / 估价：128.00元
PSN B-2011-207-2/8

湖南蓝皮书
2016年湖南经济展望
著(编)者：梁志峰　2018年5月出版 / 估价：128.00元
PSN B-2011-206-1/8

湖南蓝皮书
2018年湖南县域经济社会发展报告
著(编)者：梁志峰　2018年5月出版 / 估价：128.00元
PSN B-2014-395-7/8

湖南县域绿皮书
湖南县域发展报告（No.5）
著(编)者：袁准 周小毛 黎仁寅
2018年3月出版 / 估价：99.00元
PSN G-2012-274-1/1

沪港蓝皮书
沪港发展报告（2018）
著(编)者：尤安山　2018年9月出版 / 估价：99.00元
PSN B-2013-362-1/1

吉林蓝皮书
2018年吉林经济社会形势分析与预测
著(编)者：邵汉明　2017年12月出版 / 估价：99.00元
PSN B-2013-319-1/1

吉林省城市竞争力蓝皮书
吉林省城市竞争力报告（2018~2019）
著(编)者：崔岳春 张磊　2018年12月出版 / 估价：99.00元
PSN B-2016-513-1/1

济源蓝皮书
济源经济社会发展报告（2018）
著(编)者：喻新安　2018年4月出版 / 估价：99.00元
PSN B-2014-387-1/1

江苏蓝皮书
2018年江苏经济发展分析与展望
著(编)者：王庆五 吴先满　2018年7月出版 / 估价：128.00元
PSN B-2017-635-1/3

江西蓝皮书
江西经济社会发展报告（2018）
著(编)者：陈石俊 龚建文　2018年10月出版 / 估价：128.00元
PSN B-2015-484-1/2

江西蓝皮书
江西设区市发展报告（2018）
著(编)者：姜玮 梁勇　2018年10月出版 / 估价：99.00元
PSN B-2016-517-2/2

经济特区蓝皮书
中国经济特区发展报告（2017）
著(编)者：陶一桃　2018年1月出版 / 估价：99.00元
PSN B-2009-139-1/1

辽宁蓝皮书
2018年辽宁经济社会形势分析与预测
著(编)者：梁启东 魏红江　2018年6月出版 / 估价：99.00元
PSN B-2006-053-1/1

民族经济蓝皮书
中国民族地区经济发展报告（2018）
著(编)者：李曦辉　2018年7月出版 / 估价：99.00元
PSN B-2017-630-1/1

南宁蓝皮书
南宁经济发展报告（2018）
著(编)者：胡建华　2018年9月出版 / 估价：99.00元
PSN B-2016-569-2/3

浦东新区蓝皮书
上海浦东经济发展报告（2018）
著(编)者：沈开艳 周奇　2018年2月出版 / 估价：99.00元
PSN B-2011-225-1/1

青海蓝皮书
2018年青海经济社会形势分析与预测
著(编)者：陈玮　2017年12月出版 / 估价：99.00元
PSN B-2012-275-1/2

山东蓝皮书
山东经济形势分析与预测（2018）
著(编)者：李广杰　2018年7月出版 / 估价：99.00元
PSN B-2014-404-1/5

山东蓝皮书
山东省普惠金融发展报告（2018）
著(编)者：齐鲁财富网
2018年9月出版 / 估价：99.00元
PSN B2017-676-5/5

山西蓝皮书
山西资源型经济转型发展报告（2018）
著(编)者：李志强　2018年7月出版 / 估价：99.00元
PSN B-2011-197-1/1

陕西蓝皮书
陕西经济发展报告（2018）
著(编)者：任宗哲 白宽犁 裴成荣
2018年1月出版 / 估价：99.00元
PSN B-2009-135-1/6

陕西蓝皮书
陕西精准脱贫研究报告（2018）
著(编)者：任宗哲 白宽犁 王建康
2018年6月出版 / 估价：99.00元
PSN B-2017-623-6/6

上海蓝皮书
上海经济发展报告（2018）
著(编)者：沈开艳
2018年2月出版 / 估价：99.00元
PSN B-2006-057-1/7

上海蓝皮书
上海资源环境发展报告（2018）
著(编)者：周冯琦 汤庆合
2018年2月出版 / 估价：99.00元
PSN B-2006-060-4/7

上饶蓝皮书
上饶发展报告（2016~2017）
著(编)者：廖其志　2018年3月出版 / 估价：128.00元
PSN B-2014-377-1/1

深圳蓝皮书
深圳经济发展报告（2018）
著(编)者：张骁儒　2018年6月出版 / 估价：99.00元
PSN B-2008-112-3/7

四川蓝皮书
四川城镇化发展报告（2018）
著(编)者：侯水平 陈炜
2018年4月出版 / 估价：99.00元
PSN B-2015-456-7/7

四川蓝皮书
2018年四川经济形势分析与预测
著(编)者: 杨钢　2018年1月出版 / 估价: 99.00元
PSN B-2007-098-2/7

四川蓝皮书
四川企业社会责任研究报告（2017~2018）
著(编)者: 侯水平 盛毅　2018年5月出版 / 估价: 99.00元
PSN B-2014-386-4/7

四川蓝皮书
四川生态建设报告（2018）
著(编)者: 李晟之　2018年5月出版 / 估价: 99.00元
PSN B-2015-455-6/7

体育蓝皮书
上海体育产业发展报告（2017~2018）
著(编)者: 张林 黄海燕　2018年10月出版 / 估价: 99.00元
PSN B-2015-454-4/5

体育蓝皮书
长三角地区体育产业发展报告（2017~2018）
著(编)者: 张林　2018年4月出版 / 估价: 99.00元
PSN B-2015-453-3/5

天津金融蓝皮书
天津金融发展报告（2018）
著(编)者: 王爱俭 孔德昌　2018年3月出版 / 估价: 99.00元
PSN B-2014-418-1/1

图们江区域合作蓝皮书
图们江区域合作发展报告（2018）
著(编)者: 李铁　2018年6月出版 / 估价: 99.00元
PSN B-2015-464-1/1

温州蓝皮书
2018年温州经济社会形势分析与预测
著(编)者: 蒋儒标 王春光 金浩
2018年4月出版 / 估价: 99.00元
PSN B-2008-105-1/1

西咸新区蓝皮书
西咸新区发展报告（2018）
著(编)者: 李扬 王军
2018年6月出版 / 估价: 99.00元
PSN B-2016-534-1/1

修武蓝皮书
修武经济社会发展报告（2018）
著(编)者: 张占仓 袁凯声
2018年10月出版 / 估价: 99.00元
PSN B-2017-651-1/1

偃师蓝皮书
偃师经济社会发展报告（2018）
著(编)者: 张占仓 袁凯声 何武周
2018年7月出版 / 估价: 99.00元
PSN B-2017-627-1/1

扬州蓝皮书
扬州经济社会发展报告（2018）
著(编)者: 陈扬
2018年12月出版 / 估价: 108.00元
PSN B-2011-191-1/1

长垣蓝皮书
长垣经济社会发展报告（2018）
著(编)者: 张占仓 袁凯声 秦保建
2018年10月出版 / 估价: 99.00元
PSN B-2017-654-1/1

遵义蓝皮书
遵义发展报告（2018）
著(编)者: 邓彦 曾征 龚永育
2018年9月出版 / 估价: 99.00元
PSN B-2014-433-1/1

地方发展类-社会

安徽蓝皮书
安徽社会发展报告（2018）
著(编)者: 程桦　2018年4月出版 / 估价: 99.00元
PSN B-2013-325-1/1

安徽社会建设蓝皮书
安徽社会建设分析报告（2017~2018）
著(编)者: 黄家海 蔡宪
2018年11月出版 / 估价: 99.00元
PSN B-2013-322-1/1

北京蓝皮书
北京公共服务发展报告（2017~2018）
著(编)者: 施昌奎　2018年3月出版 / 估价: 99.00元
PSN B-2008-103-7/8

北京蓝皮书
北京社会发展报告（2017~2018）
著(编)者: 李伟东
2018年7月出版 / 估价: 99.00元
PSN B-2006-055-3/8

北京蓝皮书
北京社会治理发展报告（2017~2018）
著(编)者: 殷星辰　2018年7月出版 / 估价: 99.00元
PSN B-2014-391-8/8

北京律师蓝皮书
北京律师发展报告 No.3（2018）
著(编)者: 王隽　2018年12月出版 / 估价: 99.00元
PSN B-2011-217-1/1

北京人才蓝皮书
北京人才发展报告（2018）
著(编)者：敏华　　2018年12月出版 / 估价：128.00元
PSN B-2011-201-1/1

北京社会心态蓝皮书
北京社会心态分析报告（2017~2018）
北京市社会心理服务促进中心
2018年10月出版 / 估价：99.00元
PSN B-2014-422-1/1

北京社会组织管理蓝皮书
北京社会组织发展与管理（2018）
著(编)者：黄江松
2018年4月出版 / 估价：99.00元
PSN B-2015-446-1/1

北京养老产业蓝皮书
北京居家养老发展报告（2018）
著(编)者：陆杰华　周明明
2018年8月出版 / 估价：99.00元
PSN B-2015-465-1/1

法治蓝皮书
四川依法治省年度报告No.4（2018）
著(编)者：李林　杨天宗　田禾
2018年3月出版 / 估价：118.00元
PSN B-2015-447-2/3

福建妇女发展蓝皮书
福建省妇女发展报告（2018）
著(编)者：刘群英　　2018年11月出版 / 估价：99.00元
PSN B-2011-220-1/1

甘肃蓝皮书
甘肃社会发展分析与预测（2018）
著(编)者：安文华　包晓霞　谢增虎
2018年1月出版 / 估价：99.00元
PSN B-2013-313-2/6

广东蓝皮书
广东全面深化改革研究报告（2018）
著(编)者：周林生　涂成林
2018年12月出版 / 估价：99.00元
PSN B-2015-504-3/3

广东蓝皮书
广东社会工作发展报告（2018）
著(编)者：罗观翠　　2018年6月出版 / 估价：99.00元
PSN B-2014-402-2/3

广州蓝皮书
广州青年发展报告（2018）
著(编)者：徐柳　张强
2018年8月出版 / 估价：99.00元
PSN B-2013-352-13/14

广州蓝皮书
广州社会保障发展报告（2018）
著(编)者：张跃国　　2018年8月出版 / 估价：99.00元
PSN B-2014-425-14/14

广州蓝皮书
2018年中国广州社会形势分析与预测
著(编)者：张强　郭志勇　何镜清
2018年6月出版 / 估价：99.00元
PSN B-2008-110-5/14

贵州蓝皮书
贵州法治发展报告（2018）
著(编)者：吴大华　　2018年5月出版 / 估价：99.00元
PSN B-2012-254-2/10

贵州蓝皮书
贵州人才发展报告（2017）
著(编)者：于杰　吴大华
2018年9月出版 / 估价：99.00元
PSN B-2014-382-3/10

贵州蓝皮书
贵州社会发展报告（2018）
著(编)者：王兴骥　　2018年4月出版 / 估价：99.00元
PSN B-2010-166-1/10

杭州蓝皮书
杭州妇女发展报告（2018）
著(编)者：魏颖　　2018年10月出版 / 估价：99.00元
PSN B-2014-403-1/1

河北蓝皮书
河北法治发展报告（2018）
著(编)者：康振海　　2018年6月出版 / 估价：99.00元
PSN B-2017-622-3/3

河北食品药品安全蓝皮书
河北食品药品安全研究报告（2018）
著(编)者：丁锦霞　　2018年10月出版 / 估价：99.00元
PSN B-2015-473-1/1

河南蓝皮书
河南法治发展报告（2018）
著(编)者：张林海　　2018年7月出版 / 估价：99.00元
PSN B-2014-376-6/9

河南蓝皮书
2018年河南社会形势分析与预测
著(编)者：牛苏林　　2018年9月出版 / 估价：99.00元
PSN B-2005-043-1/9

河南民办教育蓝皮书
河南民办教育发展报告（2018）
著(编)者：胡大白　　2018年9月出版 / 估价：99.00元
PSN B-2017-642-1/1

黑龙江蓝皮书
黑龙江社会发展报告（2018）
著(编)者：谢宝禄　　2018年1月出版 / 估价：99.00元
PSN B-2011-189-1/2

湖南蓝皮书
2018年湖南两型社会与生态文明建设报告
著(编)者：卞鹰　　2018年5月出版 / 估价：128.00元
PSN B-2011-208-3/8

湖南蓝皮书
2018年湖南社会发展报告
著(编)者：卞鹰　　2018年5月出版 / 估价：128.00元
PSN B-2014-393-5/8

健康城市蓝皮书
北京健康城市建设研究报告（2018）
著(编)者：王鸿春　盛继洪　　2018年9月出版 / 估价：99.00元
PSN B-2015-460-1/2

江苏法治蓝皮书
江苏法治发展报告No.6（2017）
著(编)者: 蔡道通 龚廷泰　2018年8月出版 / 估价: 99.00元
PSN B-2012-290-1/1

江苏蓝皮书
2018年江苏社会发展分析与展望
著(编)者: 丁庆五 刘旺洪　2018年8月出版 / 估价: 128.00元
PSN B-2017-636-2/3

南宁蓝皮书
南宁法治发展报告（2018）
著(编)者: 杨维超　2018年12月出版 / 估价: 99.00元
PSN B-2015-509-1/3

南宁蓝皮书
南宁社会发展报告（2018）
著(编)者: 胡建华　2018年10月出版 / 估价: 99.00元
PSN B-2016-570-3/3

内蒙古蓝皮书
内蒙古反腐倡廉建设报告No.2
著(编)者: 张志年　2018年6月出版 / 估价: 99.00元
PSN B-2013-365-1/1

青海蓝皮书
2018年青海人才发展报告
著(编)者: 王宇燕　2018年9月出版 / 估价: 99.00元
PSN B-2017-650-2/2

青海生态文明建设蓝皮书
青海生态文明建设报告（2018）
著(编)者: 张西明 高华　2018年12月出版 / 估价: 99.00元
PSN B-2016-595-1/1

人口与健康蓝皮书
深圳人口与健康发展报告（2018）
著(编)者: 陆杰华 傅崇辉　2018年11月出版 / 估价: 99.00元
PSN B-2011-228-1/1

山东蓝皮书
山东社会形势分析与预测（2018）
著(编)者: 李善峰　2018年6月出版 / 估价: 99.00元
PSN B-2014-405-2/5

陕西蓝皮书
陕西社会发展报告（2018）
著(编)者: 任宗哲 白宽犁 牛昉　2018年1月出版 / 估价: 99.00元
PSN B-2009-136-2/6

上海蓝皮书
上海法治发展报告（2018）
著(编)者: 叶必丰　2018年9月出版 / 估价: 99.00元
PSN B-2012-296-6/7

上海蓝皮书
上海社会发展报告（2018）
著(编)者: 杨雄 周海旺
2018年2月出版 / 估价: 99.00元
PSN B-2006-058-2/7

社会建设蓝皮书
2018年北京社会建设分析报告
著(编)者: 宋贵伦 冯虹　2018年9月出版 / 估价: 99.00元
PSN B-2010-173-1/1

深圳蓝皮书
深圳法治发展报告（2018）
著(编)者: 张骁儒　2018年6月出版 / 估价: 99.00元
PSN B-2015-470-6/7

深圳蓝皮书
深圳劳动关系发展报告（2018）
著(编)者: 汤庭芬　2018年8月出版 / 估价: 99.00元
PSN B-2007-097-2/7

深圳蓝皮书
深圳社会治理与发展报告（2018）
著(编)者: 张骁儒　2018年6月出版 / 估价: 99.00元
PSN B-2008-113-4/7

生态安全绿皮书
甘肃国家生态安全屏障建设发展报告（2018）
著(编)者: 刘举科 喜文华
2018年10月出版 / 估价: 99.00元
PSN G-2017-659-1/1

顺义社会建设蓝皮书
北京市顺义区社会建设发展报告（2018）
著(编)者: 王学武　2018年9月出版 / 估价: 99.00元
PSN B-2017-658-1/1

四川蓝皮书
四川法治发展报告（2018）
著(编)者: 郑泰安　2018年1月出版 / 估价: 99.00元
PSN B-2015-441-5/7

四川蓝皮书
四川社会发展报告（2018）
著(编)者: 李羚　2018年6月出版 / 估价: 99.00元
PSN B-2008-127-3/7

云南社会治理蓝皮书
云南社会治理年度报告（2017）
著(编)者: 晏雄 韩全芳
2018年5月出版 / 估价: 99.00元
PSN B-2017-667-1/1

地方发展类-文化

北京传媒蓝皮书
北京新闻出版广电发展报告（2017~2018）
著(编)者: 王志　2018年11月出版 / 估价: 99.00元
PSN B-2016-588-1/1

北京蓝皮书
北京文化发展报告（2017~2018）
著(编)者: 李建盛　2018年5月出版 / 估价: 99.00元
PSN B-2007-082-4/8

创意城市蓝皮书
北京文化创意产业发展报告（2018）
著(编)者：郭万超 张京成　　2018年12月出版 / 估价：99.00元
PSN B-2012-263-1/7

创意城市蓝皮书
天津文化创意产业发展报告（2017～2018）
著(编)者：谢思全　　2018年6月出版 / 估价：99.00元
PSN B-2016-536-7/7

创意城市蓝皮书
武汉文化创意产业发展报告（2018）
著(编)者：黄永林 陈汉桥　　2018年12月出版 / 估价：99.00元
PSN B-2013-354-4/7

创意上海蓝皮书
上海文化创意产业发展报告（2017～2018）
著(编)者：王慧敏 王兴全　　2018年8月出版 / 估价：99.00元
PSN B-2016-561-1/1

非物质文化遗产蓝皮书
广州市非物质文化遗产保护发展报告（2018）
著(编)者：宋俊华　　2018年12月出版 / 估价：99.00元
PSN B-2016-589-1/1

甘肃蓝皮书
甘肃文化发展分析与预测（2018）
著(编)者：王俊莲 周小华　　2018年1月出版 / 估价：99.00元
PSN B-2013-314-3/6

甘肃蓝皮书
甘肃舆情分析与预测（2018）
著(编)者：陈双梅 张谦元　　2018年1月出版 / 估价：99.00元
PSN B-2013-315-4/6

广州蓝皮书
中国广州文化发展报告（2018）
著(编)者：屈哨兵 陆志强　　2018年6月出版 / 估价：99.00元
PSN B-2009-134-7/14

广州蓝皮书
广州文化创意产业发展报告（2018）
著(编)者：徐咏虹　　2018年7月出版 / 估价：99.00元
PSN B-2008-111-6/14

海淀蓝皮书
海淀区文化和科技融合发展报告（2018）
著(编)者：陈名杰 孟景伟　　2018年5月出版 / 估价：99.00元
PSN B-2013-329-1/1

河南蓝皮书
河南文化发展报告（2018）
著(编)者：卫绍生　　2018年7月出版 / 估价：99.00元
PSN B-2008-106-2/9

湖北文化产业蓝皮书
湖北省文化产业发展报告（2018）
著(编)者：黄晓华　　2018年9月出版 / 估价：99.00元
PSN B-2017-656-1/1

湖北文化蓝皮书
湖北文化发展报告（2017~2018）
著(编)者：湖北大学高等人文研究院
　　　　　中华文化发展湖北省协同创新中心
2018年10月出版 / 估价：99.00元
PSN B-2016-566-1/1

江苏蓝皮书
2018年江苏文化发展分析与展望
著(编)者：王庆五 樊和平　　2018年9月出版 / 估价：128.00元
PSN B-2017-637-3/3

江西文化蓝皮书
江西非物质文化遗产发展报告（2018）
著(编)者：张圣才 傅安平　　2018年12月出版 / 估价：128.00元
PSN B-2015-499-1/1

洛阳蓝皮书
洛阳文化发展报告（2018）
著(编)者：刘福兴 陈启明　　2018年7月出版 / 估价：99.00元
PSN B-2015-476-1/1

南京蓝皮书
南京文化发展报告（2018）
著(编)者：中共南京市委宣传部
2018年12月出版 / 估价：99.00元
PSN B-2014-439-1/1

宁波文化蓝皮书
宁波"一人一艺"全民艺术普及发展报告（2017）
著(编)者：张爱琴　　2018年11月出版 / 估价：128.00元
PSN B-2017-668-1/1

山东蓝皮书
山东文化发展报告（2018）
著(编)者：涂可国　　2018年5月出版 / 估价：99.00元
PSN B-2014-406-3/5

陕西蓝皮书
陕西文化发展报告（2018）
著(编)者：任宗哲 白宽犁 王长寿
2018年1月出版 / 估价：99.00元
PSN B-2009-137-3/6

上海蓝皮书
上海传媒发展报告（2018）
著(编)者：强荧 焦雨虹　　2018年2月出版 / 估价：99.00元
PSN B-2012-295-5/7

上海蓝皮书
上海文学发展报告（2018）
著(编)者：陈圣来　　2018年6月出版 / 估价：99.00元
PSN B-2012-297-7/7

上海蓝皮书
上海文化发展报告（2018）
著(编)者：荣跃明　　2018年2月出版 / 估价：99.00元
PSN B-2006-059-3/7

深圳蓝皮书
深圳文化发展报告（2018）
著(编)者：张骁儒　　2018年7月出版 / 估价：99.00元
PSN B-2016-554-7/7

四川蓝皮书
四川文化产业发展报告（2018）
著(编)者：向宝云 张立伟　　2018年4月出版 / 估价：99.00元
PSN B-2006-074-1/7

郑州蓝皮书
2018年郑州文化发展报告
著(编)者：王哲　　2018年9月出版 / 估价：99.00元
PSN B-2008-107-1/1

❖ 皮书起源 ❖

"皮书"起源于十七、十八世纪的英国，主要指官方或社会组织正式发表的重要文件或报告，多以"白皮书"命名。在中国，"皮书"这一概念被社会广泛接受，并被成功运作、发展成为一种全新的出版形态，则源于中国社会科学院社会科学文献出版社。

❖ 皮书定义 ❖

皮书是对中国与世界发展状况和热点问题进行年度监测，以专业的角度、专家的视野和实证研究方法，针对某一领域或区域现状与发展态势展开分析和预测，具备原创性、实证性、专业性、连续性、前沿性、时效性等特点的公开出版物，由一系列权威研究报告组成。

❖ 皮书作者 ❖

皮书系列的作者以中国社会科学院、著名高校、地方社会科学院的研究人员为主，多为国内一流研究机构的权威专家学者，他们的看法和观点代表了学界对中国与世界的现实和未来最高水平的解读与分析。

❖ 皮书荣誉 ❖

皮书系列已成为社会科学文献出版社的著名图书品牌和中国社会科学院的知名学术品牌。2016 年，皮书系列正式列入"十三五"国家重点出版规划项目；2013~2018 年，重点皮书列入中国社会科学院承担的国家哲学社会科学创新工程项目；2018 年，59 种院外皮书使用"中国社会科学院创新工程学术出版项目"标识。

中国皮书网

（网址：www.pishu.cn）

发布皮书研创资讯，传播皮书精彩内容
引领皮书出版潮流，打造皮书服务平台

栏目设置

关于皮书：何谓皮书、皮书分类、皮书大事记、皮书荣誉、
皮书出版第一人、皮书编辑部

最新资讯：通知公告、新闻动态、媒体聚焦、网站专题、视频直播、下载专区

皮书研创：皮书规范、皮书选题、皮书出版、皮书研究、研创团队

皮书评奖评价：指标体系、皮书评价、皮书评奖

互动专区：皮书说、社科数托邦、皮书微博、留言板

所获荣誉

2008 年、2011 年，中国皮书网均在全
国新闻出版业网站荣誉评选中获得"最具商
业价值网站"称号；

2012 年，获得"出版业网站百强"称号。

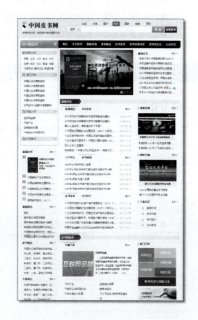

网库合一

2014 年，中国皮书网与皮书数据库端
口合一，实现资源共享。

权威报告·一手数据·特色资源

皮书数据库
ANNUAL REPORT(YEARBOOK)
DATABASE

当代中国经济与社会发展高端智库平台

所获荣誉

- 2016年，入选"'十三五'国家重点电子出版物出版规划骨干工程"
- 2015年，荣获"搜索中国正能量 点赞2015""创新中国科技创新奖"
- 2013年，荣获"中国出版政府奖·网络出版物奖"提名奖
- 连续多年荣获中国数字出版博览会"数字出版·优秀品牌"奖

成为会员

通过网址www.pishu.com.cn或使用手机扫描二维码进入皮书数据库网站，进行手机号码验证或邮箱验证即可成为皮书数据库会员（建议通过手机号码快速验证注册）。

会员福利

- 使用手机号码首次注册的会员，账号自动充值100元体验金，可直接购买和查看数据库内容（仅限使用手机号码快速注册）。
- 已注册用户购书后可免费获赠100元皮书数据库充值卡。刮开充值卡涂层获取充值密码，登录并进入"会员中心"—"在线充值"—"充值卡充值"，充值成功后即可购买和查看数据库内容。

数据库服务热线：400-008-6695 图书销售热线：010-59367070/7028
数据库服务QQ：2475522410 图书服务QQ：1265056568
数据库服务邮箱：database@ssap.cn 图书服务邮箱：duzhe@ssap.cn

更多信息请登录

皮书数据库
http://www.pishu.com.cn

中国皮书网
http://www.pishu.cn

皮书微博
http://weibo.com/pishu

皮书微信"皮书说"

请到当当、亚马逊、京东或各地书店购买，也可办理邮购

咨询/邮购电话：010-59367028　59367070

邮　　箱：duzhe@ssap.cn

邮购地址：北京市西城区北三环中路甲29号院3号楼
　　　　　华龙大厦13层读者服务中心

邮　　编：100029

银行户名：社会科学文献出版社

开户银行：中国工商银行北京北太平庄支行

账　　号：0200010019200365434